南傳佛教史

淨海法師——著

斯里蘭卡聖菩提樹：佛陀在菩提伽耶菩提樹下成等正覺，後來此樹分枝移植斯里蘭卡阿耨羅陀城，被認為是聖樹，一直受到信徒們頂禮朝拜。（陳慧蓉攝）

斯里蘭卡丹波羅佛窟：丹波羅石窟早期時，原是僧人修行居住的洞穴。公元前一世紀，杜多伽摩尼王曾到此避難，後改建為一座岩石寺院，編為一排五處洞窟。最大的第二窟有佛像五十三尊，大小與人相仿。（淨海法師攝）

斯里蘭卡悉耆利耶山：悉耆利耶山，在阿耨羅陀東南約六十一公里，高約一八〇公尺，約公元五世紀在岩石頂上開鑿了許多石窟，內有雕刻非常精美的天女散花場面。（淨海法師攝）

斯里蘭卡康提佛牙寺：佛陀一切舍利中，佛牙最為珍貴，公元四世紀初傳入斯里蘭卡，現供奉於康提佛牙寺。佛牙寺主要部分建築於一六九七年。前為八角藏經樓，藏有貝葉經等，後為二層佛牙殿。（葉青霖攝）

緬甸蒲甘阿難陀塔寺：
阿難陀塔寺為蒲甘著名佛寺，公元十一世紀末江喜陀王建造。
（淨海法師攝）

緬甸仰光瑞德宮佛塔：
瑞德宮佛塔，華人通稱大金塔，塔高一一二公尺，相傳塔內藏佛髮八根，塔身塗刷黃金，頂嵌無數寶石，輝煌燦爛，外圍有六十四座小塔環繞。（葉青霖攝）

緬甸萬塔古都——蒲甘：蒲甘王朝二百多年中（一〇四四－一二八七），在都城內建造佛塔大小達四千多座，現存約二二一七座。

（王欣欣攝）

緬甸摩訶牟尼佛塔：摩訶牟尼佛塔是緬甸最著名的佛塔之一。傳說摩訶牟尼佛像一七八四年從若開邦請來，為金屬質地，端坐，高約三點七公尺，一直以來非常受緬甸國王和人民的禮拜。

（陳榮嬌攝）

泰國佛統大塔：佛統大塔在泰國佛統府，距曼谷之西五十六公里。塔內有一古塔，據說建於佛滅五百七十年，也有說佛滅千年後建。現在罩在外邊的大塔，高一二〇點六五公尺，加建於一八五三年。
（淨海法師攝）

泰國阿瑜陀耶：泰國古都阿瑜陀耶（中譯大城）廢墟佛教遺跡。
（淨海法師攝）

東埔寨安哥寺：安哥是東埔寨吉蔑人真臘帝國（五五〇－八〇二）和安哥王朝（八〇二－一四三二）之古都，文化與建築藝術發達。安哥建築群，占地數十公里，有大小建築物六百多座，規模最偉大的為安哥寺。（王欣欣攝）

東埔寨巴戎寺：巴戎寺為王城中心建築物，中央為一主塔，四周及其下二層台基，拱繞五十四座大小不一的石塔。台基內外迴廊上，刻有各種浮雕，極為生動精美。（王欣欣攝）

寮國永珍大舍利塔：大舍利塔建於公元一五六六年，十八及十九世紀重修，塔體為方型，風格獨特，為寮國著名勝跡。

（李麗英攝）

寮國永珍玉佛寺：玉佛寺約建於公元一五六二年，供奉玉佛，一八七三及一九三〇年重修，高三層，殿堂深奧，佛壇巨大。

（李麗英攝）

中國雲南西雙版納曼飛龍佛塔：位於景洪縣勐龍區曼飛龍寨的後山上，已有四百年歷史，中央主塔高二十公尺，呈螺旋形，周圍有八座小塔，高十五公尺，每個塔內都供有一尊佛像，遠眺塔形甚似一窩竹筍，直指上空，故俗稱為筍塔。（淨海法師攝）

中國雲南西雙版納勐罕曼春滿佛寺：曼春滿佛寺在傣族園內，這裡是觀看潑水節和傣家樓閣的地方，也靠近美麗的熱帶雨林，因此頗具聲名。此寺毀於上世紀六十年代，七十年代重建。西雙版納的傣族與泰國的泰族、老撾的老族、緬甸的撣族具有相同的族源，都信仰南傳上座部佛教。（王永士攝）

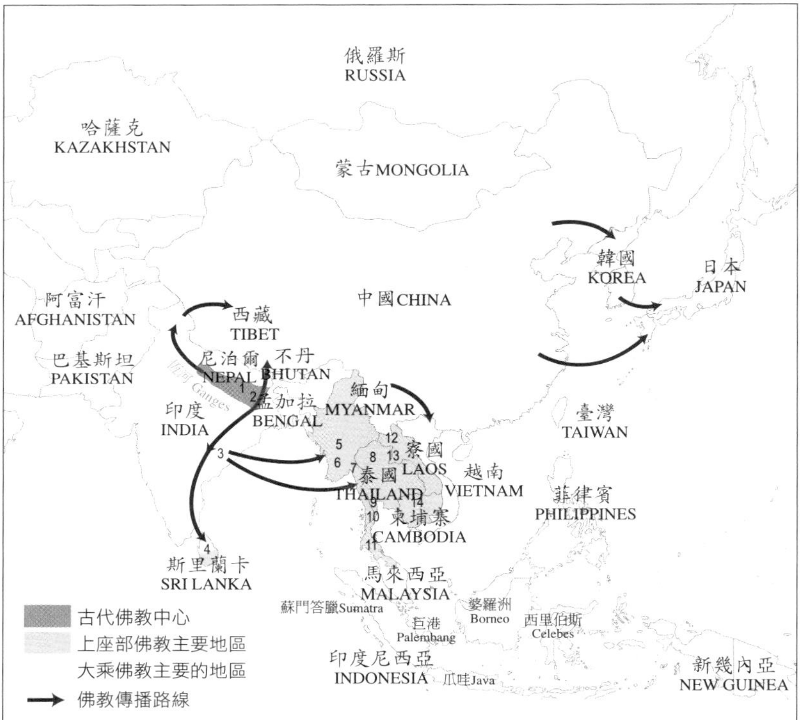

說明：

1 Benares波羅奈（貝那拉斯）
2 Bodhi Gaya菩提伽耶
3 Amarāvatī阿摩羅缽底
4 Anurādhapura阿耨羅陀城
5 Pagan蒲甘
6 Sriksetra室利差呾羅國
7 Thaton打端（直通）
8 Lamphun南奔（清邁）
9 Bangkok曼谷
10 Nakhon Pathom佛統
11 Nakhon Si Thammarat洛坤
12 Luang Prabang琅勃拉邦
13 Vientiane永珍
14 Angkor安哥

圖1：佛教在亞洲地區的傳播

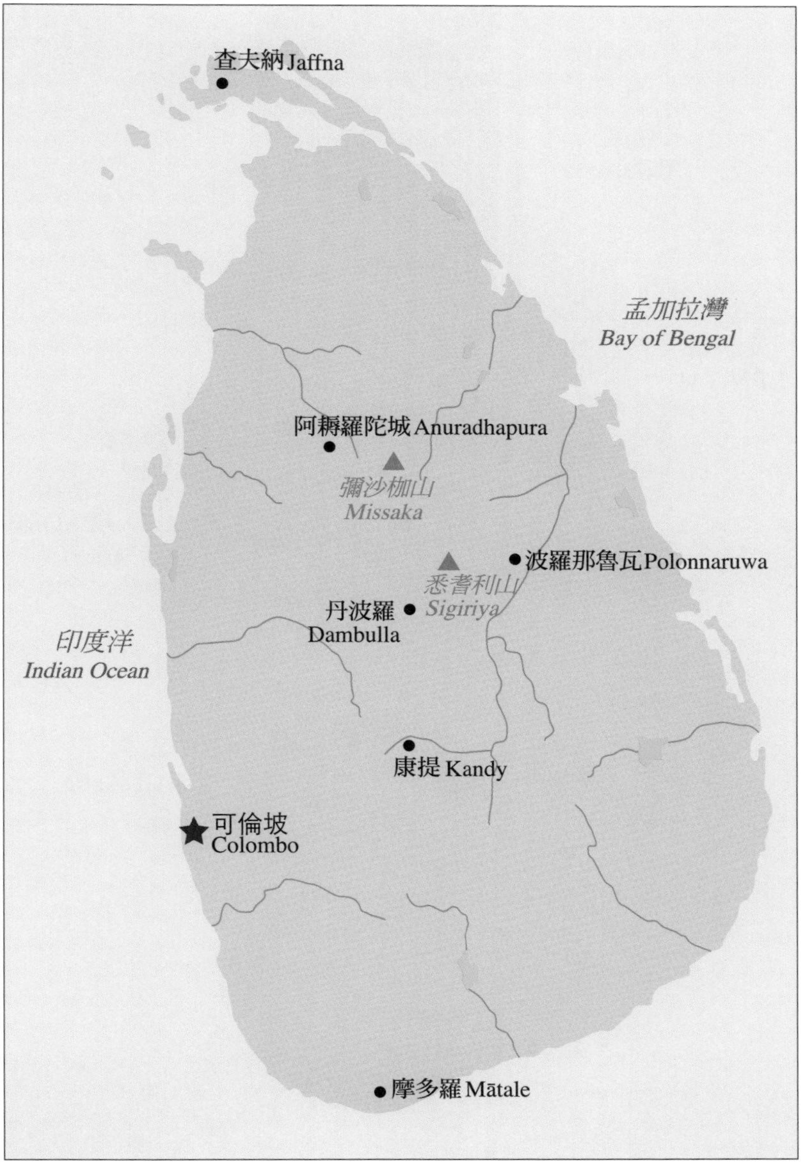
查夫納Jaffna
孟加拉灣
Bay of Bengal
阿耨羅陀城Anuradhapura
彌沙枷山
Missaka
波羅那魯瓦Polonnaruwa
悉耆利山
Sigiriya
丹波羅
Dambulla
印度洋
Indian Ocean
康提 Kandy
可倫坡
Colombo
摩多羅 Mātale

圖2：斯里蘭卡地圖

印度
INDIA
密支那Myitkyina
中國 CHINA
八莫Bhamo
孟加拉
BENGAL
實皆
Sagaing
伊
曼德勒
Mandalay
洛
薩
景棟
Keng Tung
蒲甘Pagan
爾
東枝Taunggyi
寮國
LAOS
Irrawaddy
溫
Salween
瓦
江
奈比多
Nay Pyi Taw
底
勃朗Prome
江
孟加拉灣
Bay of Bengal
勃固Bago
直通Thaton
泰國
THAILAND
仰光
Yangon
毛淡棉
Moulmein
安達曼海
Andaman Sea

圖3：緬甸地圖

清萊Chiang Rai
清邁Chiang Mai
南邦Lampang
寮國
LAOS
素可泰
Sukhothai
彭世洛Phitsanulok
烏隆他尼Udon Thani
緬甸
MYANMAR
昭
披
耶
河
Chaophraya
Irrawaddy
烏汶（叻差他尼）
Ubon Ratchathani
阿瑜陀耶（大城）
Ayutthaya
佛統
Nakhon Pathom
曼谷 Bangkok
春武里Chonburi
柬埔寨
CAMBODIA
安達曼海
Andaman Sea
泰國灣
Gulf of Thailand
那空是貪瑪叻（洛坤）
Nakhon Si Thammarat
宋卡Songkhla
合艾Hat Yai
馬來西亞
MALAYSIA

圖4：泰國地圖

泰國 THAILAND
寮國 LAOS
柏威夏Preah Vihear
安哥Angkor
詩梳風Sisophon
暹粒Siem Reap
馬德望Battambang
洞里薩湖
Tonle Sap Lake
蒙勒塞Moung Roessei
松戈山
Phnom Samkoh
磅清揚Kampong Chhnang
奧拉山
Phnom Aural
湄
Mekong
公
河
高涅Kaoh Nhek
桔井Kracheh
森莫諾隆
Senmonorom
磅湛
Kampong Cham
波羅勉
Prey Veng
金邊
Phnom Penh
紫楨
Svay Rieng
越南
VIETNAM
泰國灣
Gulf of Thailand
西哈努克市
Sihanoukville

圖5：柬埔寨地圖

中國CHINA
緬甸
MYANMAR
越南
VIETNAM
豐沙里
Phongsaly
琅南塔
Louang Namtha
桑怒
Xam Nua
琅勃拉邦
Luang Prabang
普比亞山
Phu Bia
川壙
Xiang Khoang
沙耶武里
Xaignabouri
永珍
Vientiane
甘蒙
Khammouan
泰國
THAILAND
沙灣拿吉
Savannakhet
沙拉灣
Saravan
占巴塞
Champasak
柬埔寨
CAMBODIA

圖6：寮國地圖

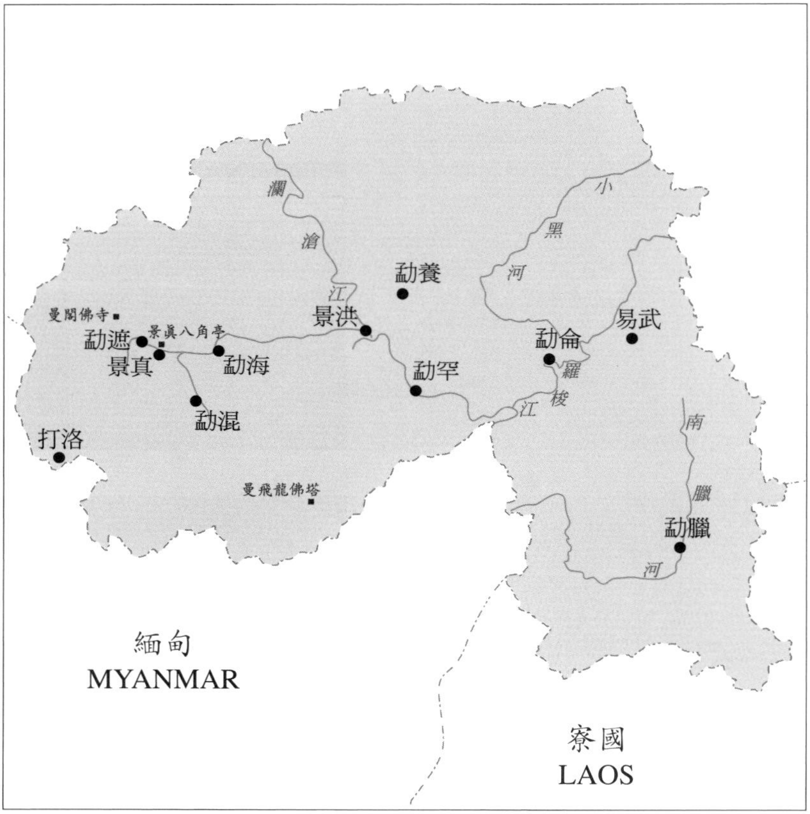

圖7：中國雲南上座部佛教地區

初版序

編寫《南傳佛教史》，是我十多年來想要實現的心願。不過這不是一件容易做的工作，因為南傳佛教史所涉及的範圍很廣，需要具備多種語文，以及要有鴻博的學識，才足以勝任。在這方面我確實自感能力不足，尤其是南傳佛教各國佛教史，本身資料有限，或者暗昧不明，更增加了很多困難。但因感於我國佛教徒，對於南傳佛教教理的研究、歷史的發展，及其現在實際的情況，都缺少認識，也缺乏專書文獻的論著；所以十多年來，我一方面讀書，忙於自己的功課，一方面也留心蒐集各種資料，斷斷續續地試著編寫這本書，直至現在才完成。這是我個人嘗試研究的一種心得，提供我國一般佛教徒參考，算不上是一本夠學術水準的專著。如果有任何價值可言的話，應該歸功於以前各國學者對這方面研究的成果。

佛教發源於印度，後來向外國傳播發展，分兩大主流：向北方流傳的，經過中央亞細亞傳到中國及西藏，然後再傳到韓國、日本、越南等地，是屬於北傳大乘佛教；向南方流傳的，傳到斯里蘭卡，然後再傳到東南亞的緬甸、泰國、柬埔寨、寮國（老撾）五國，及中國雲南傣族地區，是屬於南傳上座部佛教。所謂南傳佛教，是指後者這五國及中國傣族地區，主要以盛行斯里蘭卡大寺派為傳承的上座部佛教而言。但是從歷史上考察，斯里蘭卡的大寺派，是出於上座部分別說系的銅鍱部（印度佛教稱傳入斯里蘭卡的佛教為銅鍱部）；以後又從斯里蘭卡傳入東南亞一些國家中。不過他們長久以來一向自稱是正統的上座部佛教，這種推崇自己的宗派，在佛教史上並不乏其例，也有它一定的意義。早期的南傳佛教國家中，並不完全是純粹流行上座部佛教，而是還有其他部派的傳播，這包括不同的小乘部派、大乘佛教、密宗等。甚至還涉及到婆羅門教（公元五世紀後葉形成為印度教）、伊斯蘭教、基督教、土著宗教，都在這些國家中交替興衰存在過。

公元前二四七年頃，摩哂陀長老由印度往斯里蘭卡傳教，佛教發展非常迅速，經過二百年，純以大寺為中心統一全國教團。至公元前二十九年以後，教團發生分裂，主要為大寺派（Mahāvihāra）與無畏山寺派（Abhayagirivihāra），這兩派佛教長期形成對抗，歷經有十個世紀之久。大寺派堅持保守上座部佛教傳統精神，不接受新興思想觀念；而無畏山寺派採取開放態度，與印度各派佛教進行交流，更容納大乘佛教。至公元四世紀初，從無畏山寺派之中又再分裂一派為沙竭羅部（Sāgaliya），亦稱祇園寺（Jetavanavihāra）派。自此三派鼎立，而無畏山寺派最盛，住五千僧，大寺派住三千僧，祇園寺住二千僧。公元四三〇年頃，佛音論師在斯里蘭卡大寺註釋三藏完成，更奠定了大寺派復興和教學的基礎，影響最為深遠，而形成日後及今日流傳的南傳佛教。

佛教傳入東南亞，最早的說法，始於阿育王時派遣傳教師須那與鬱多羅二位長老往金地弘法。但金地的方位不能考證確定，也未發現公元二世紀以前任何的遺物。有人認為金地是泛指下緬甸以迄馬來亞一帶。據學者考證，印度人早在公元前四、五百年，已向東南亞的印尼、馬來亞、緬甸等地經商。至公元初，印度移民開始大規模湧入東南亞，從事經商活動，同時帶來了宗教文化，也因而便建立了一些印度化國家。宗教文化的傳入，先是婆羅門教，其次是佛教。

佛教傳入東南亞地區，除須那與鬱多羅往金地傳教之說外，根據學者從出土古物及遺址考證，最早的地方，應在今日下緬甸的勃朗（或譯卑謬），或在泰國中部的佛統。這與公元二、三世紀時，印度古國案達羅（Andhra）有密切的關係（為當時向外國傳布佛教的中心）。案達羅位於印度東岸基斯特那河（Kistna R.），它為南印度人所建，與北方大月氏人所建的貴霜王朝（Kuṣana），成為印度的南北朝時代。在介於兩種民族文化彼此交流激盪之間，出現了阿摩羅鉢底（Amarāvatī）藝術的影響。在東南亞地區，如泰國中部、占婆、蘇島、爪哇、西里伯斯群島（Celebes），都曾發現阿摩羅鉢底形式的佛像，其特色為衣著之褶紋精巧顯露。公元三世紀前葉，案達羅滅亡後，印度東南跋羅婆國（Pallava）興起，據建志補羅（Kāñcīpura）為都城，亦為當時佛教中心。所以最初移殖至東南亞的印度人，都是印度東南隅的人民。

至公元五世紀，南印度建志補羅小乘佛教盛行，而印度北方則為笈多王朝佛教藝術的輝煌時代。笈多王朝形式的佛像等，在泰國中部、馬來亞西北部、婆羅洲（Borneo）等地都曾有發現，這是經由建志補羅城越過孟加拉灣而向東南亞傳布的。跋羅婆人在東南亞保持商業上和政治上的影響力，直至公元七五〇年頃為止。

古代東南亞佛教，小乘和大乘彼此興廢交替不定，但後期以南傳上座部勢力為大，影響最為深遠，不只與其他小乘部派相頡頏，且與大乘佛教爭雄。公元七世紀末葉，義淨稱當時印度及南海小乘佛教部派有四：大眾部（Mahāsaṅghika）、上座部（Sthaviravāda或Theravāda）、根本說一切有部（Mūlasarvāstivāda）、正量部（Sammatīya）。其情形大概是這樣的：下緬甸之孟人及泰國中部墮羅缽底，信仰上座部；占婆以信仰婆羅門教為主，亦多有正量部，少兼有部；柬埔寨之扶南時代信仰婆羅門教，大乘佛教也同時流行。至於爪哇及蘇門答臘等島，據法顯《佛國記》所說：「其國外道婆羅門興盛，佛法不足言。」可知公元五世紀初以前，都在婆羅門教支配之下。稍後於公元四二三年，求那跋摩（Guṇavarman，中譯功德鎧）抵爪哇，王與母都皈依受戒，佛法乃流行。至義淨抵爪哇時，各島已「咸遵佛法，多是小乘；唯末羅遊（Malayu，指今占碑）少有大乘耳。」這裡義淨指的小乘佛教，是以根本說一切有部為主。

爪哇的信佛，可能是從三佛齊王朝開始，後改稱室利佛逝，至公元七世紀後葉，向外擴張成為東南亞最強大的王國。其流行的小乘佛教，是由南印度的跋羅婆傳來的。但到公元七五〇年前後，爪哇的嶽帝王朝（Sailendra）興起，奉行大乘佛教，則是由東印度之波羅王朝（Pāla）傳來的。大乘佛教在爪哇流行達四百年，且曾越海傳至馬來半島北部、柬埔寨、泰國南部和北部，以及蘇門答臘等島，廣為流傳，至公元十二世紀始式微。爪哇大乘佛教式微的原因，主要是馬打藍王朝（Mataram）在中爪哇的興起，後來兼併了嶽帝，便重建婆羅門教濕婆教派的勢力，取代了大乘佛教的信仰。不過這時佛教並不是滅亡，而是濕婆教派教理，已混入大乘佛教而形成一個新的教派，即所謂「濕婆佛教」，這也影響到柬埔寨等地。

到公元十二世紀中期，東印度波羅王朝由衰微而滅亡，婆羅門教在印度復興。大乘佛教不能再繼續扶持海外；而且印度後期的佛教，密宗盛行，與外道日益混淆，佛教已不純正。所以在公元一〇五七年，先有緬甸蒲甘國王阿奴律陀，迎請下緬甸孟人之上座部佛教，排斥原有流行密教的阿利僧派。到公元十二世紀中期，斯里蘭卡國王波洛羅摩婆訶一世（一一五三—一一八六）實行佛教改革，因而佛教大興，特別支持大寺派，且令三派佛教和合團結，後漸統一歸為大寺派的上座部佛教。斯里蘭卡佛教與盛後，東南亞一些佛教國家，此後都派比丘或自願前往斯里蘭卡留學，及在大寺重受比丘戒。如此經過一、二百年，佛教文化互相交流，至公元十四世紀，東南亞的緬甸、泰國、柬埔寨、寮國，已完全變成以斯里蘭卡大寺派為傳承的上座部佛教了。

東南亞各國中，除以上四國為斯里蘭卡之上座部佛教外，唯有越南自古一向受到中國文化的影響，因而傳入大乘佛法，而受阻於占婆。其他如西里伯斯、北婆羅、菲律賓，古代亦受到佛法的熏沐，但佛教未能長久盛行及建立鞏固基礎，且缺乏歷史記載。至於爪哇、蘇門答臘、馬來亞婆羅門教與佛教之滅亡，則是公元十三世紀後，因阿拉伯的伊斯蘭教及其文化傳入，便取而代興。

我在泰國、日本讀書時，曾將信施者供養部分的生活費節省下來，購置了約近二千冊有價值的書籍。在語文方面包括中文、日文、泰文、英文、巴利文、梵文等；在性質方面多數為經律論三藏、佛教語文、佛教藝術、中外佛教史、歷史、地理、文學等。其中特別注意蒐集的是南傳佛教各種文獻資料。我編寫《南傳佛教史》的各種參考書，多數是我多年蒐集購置的，這樣用起來特別比較方便。

再略談我編寫《南傳佛教史》的經過：在一九六五年夏，我首先編寫的是〈緬甸佛教簡史〉，當時蒐集的資料不多。寫完後登載在泰京《世界日報》每月一次的〈佛學〉版上（龍華佛教社主編）。一九六七年，繼續寫〈泰國佛教史〉，但寫到一半，因泰國佛教史資料不足，中間發生多處斷層不能銜接，不得不停筆。接著進行編寫〈斯里蘭卡佛教史〉，陸續連載於《海潮音》月刊上。一九七〇年春，因蒐集了一些新資料，重寫〈緬甸佛教史〉，增至五萬餘字，之後供給《獅子吼》雜誌登出。一九七二年夏，編寫〈寮國佛教史〉，由新加坡《南洋佛教》登載。一九七四春夏，編寫了〈柬埔寨佛教史〉及繼續完成〈泰國佛教史〉，並增刪了〈斯里蘭卡佛教史〉。上面五國南傳佛教史撰寫完成後，還有做為重要補助資料的，所以又增加了〈巴利文獻簡介〉及〈南傳佛教大事年表〉兩篇，添加在本書後面為附錄。（下略）

一九七四年十一月二十日

修訂版序

南傳佛教的範圍，是指盛行南傳上座部佛教的國家和地區，這包括斯里蘭卡、緬甸、泰國、柬埔寨、寮國（老撾）五國及中國雲南傣族地區，教義內容上屬於早期斯里蘭卡大寺派的傳承。

《南傳佛教史》這次有因緣在中國大陸出版，情形是這樣的：一九九九年夏，中國社會科學院魏德東博士來美做學術交流，考察美國宗教及華僑佛教的情況，常來我們德州佛教會訪談或小住，知我有《南傳佛教史》之作，希望能在大陸出版，他願意協助推薦出版社。魏博士回到北京後，即向宗教文化出版社接洽，很快地得到響應。於是我即將已經輸入電腦的文字檔案，略做修改後，同意使此書有機會在大陸出版簡字體面世。

（下略）

二〇〇〇年十二月六日

增訂版序

《南傳佛教史》一九七五年在臺灣初版用鉛字排版，由臺北「正聞出版社」發行。二〇〇〇年時，將全書輸入中文電腦，是為了便於修改和保存，在輸入後，順便略做了一些修訂和改正。後來有緣在大陸出版簡體字版，交給北京「宗教文化出版社」，於二〇〇二年出版。可惜此書在電腦排版時，有許多巴利語和梵語專有名詞羅馬拼音，一些字母上下不同的符號，在重新打入時，或由於當時外語字母符號輸入困難，輸入後也未做詳細校對，有很多錯亂（巴利語和梵語採用羅馬拼音，一些字母上下不同的符號，是代表著不同的字母）。還有新蒐集的南傳佛教各國名勝彩色圖片及地圖，也沒有被採用，而仍沿用臺灣初版時舊圖片翻印，是為美中不足。

二〇一〇年，在我年將滿八十歲半退休情況下，便計畫決定將我過去的一些舊作和翻譯，希望能有機會再做一次更大的整理和修改。特別是《南傳佛教史》一書，離開初版面世以來已近四十年了，在這段期間中，各個南傳佛教國家又發生了許多歷史事件，是應該要連續編寫加入於此書中。

近代我國一些佛教學者，認為中國雲南上座部佛教（西雙版納傣族地區），已具有七百年的歷史，同樣是屬於「南傳佛教文化圈」範圍內，所以我又增加寫了《中國雲南上座部佛教史》，列為此書的第六篇。

但有兩件可惜的事，其一是我以前蒐集的一些參考書，因放在本會的圖書館中，開放給大家借閱，由於是義工們發心管理，方法未至完善，已經散失了不少。後來圖書繼續增加，存放地方不足用，義工們認為一些非英文類的外文佛書，因為少人閱讀，以及一般社會上普通書籍，不屬於佛教書類，便作淘汰處理掉了。其二就是我過去學習過的幾種外文，因為原來基礎就不好，沒有深厚的底子，經過三十多年，創立道場，忙於弘法和雜事，長期不用，荒蕪太久，已經完全忘記了。現在要重新增訂《南傳佛教史》，幾乎要完全依靠中文參考書了。

所幸近二、三十年來，已有多位學者對南亞、東南亞各國的歷史、文化和宗教，出現了一些新的研究和著作，或將有關的外語歷史名著譯成了中文出版。以及中國近代有多位學者，對雲南傣族地區流傳的上座部佛教，也做了多方面的研究，出版不少書籍和專文。還有近年網絡資訊發展，也可搜索到一些資料參考。同時我為了重新蒐集中文歷史類參考書，有兩次回國之行，在兩岸三地（大陸、臺灣、香港），購置參考書，或托人代轉購，而獲得約近百本。

這次增訂本的《南傳佛教史》，我確實認真地花了二年多時間，先將南傳佛教各個國家，近四十年來的歷史，繼續補寫完成，然後再將全書做了多次增刪和修改。多在深夜人靜時，孤燈下尋思搜索，雖感疲倦，亦有其樂。

這次增訂本的出版，還得到很多位教友的協助，伍秉華、王仲蕙、王雪娟諸位居士熱心幫助校對，高麗月居士幫助文字輸入中文；王偉頤、石璞慧、張麗霞、陸燕玲、陸燕琪諸位居士幫助我出資及購置參考書等。特別是在此書增訂本完成後，又徵得香港劉錦華老師、陳敏儀居士慨允，再為我做最後的精校，改正了我不少錯別字及很多用詞的統一，還有徐瑋佑居士協助編製地圖，王欣欣居士為我與臺灣法鼓山法鼓文化電傳文稿與聯絡，並最後做全書的審查，在此一併都致以誠摯的謝意！

最後我也要特別感謝臺灣法鼓山法鼓文化，承擔出版我的書。他們佛教出版事業組織龐大，選材嚴格認真，精心編排校對，設計新穎，出版的佛教系列叢書，都具有很高的水準。我的《南傳佛教史》等書，經過他們專業的多次精校，減少很多錯誤，就是有要修改的地方，都先徵求著者的同意。這一切因緣的成熟，在此尤為使我衷心的感念！

總之，編寫《南傳佛教史》，是一項艱巨的工作，本書雖想盡量提供南傳佛教史更多正確的資料，使之成為佛教界一本參考書，由於個人智力不足，掛一漏萬失真或錯誤之處仍不能免，希望高明有識者多予指教！

二〇一二年八月二十七日於休士頓玉佛寺

目錄

第二篇　緬甸佛教史

第四篇　柬埔寨佛教史

圖錄

南傳佛教史緒論

南傳佛教

佛教發源於印度，後來向國外傳播發展，分成兩大系統：向北方流傳的，經過中央亞細亞傳到中國及西藏；再傳到韓國、日本、越南等地，是屬於北傳大乘佛教；向南方流傳的，傳到斯里蘭卡，然後再傳到東南亞的緬甸、泰國、柬埔寨、寮國，及中國雲南傣族等地區，是屬於南傳佛教。

公元前三世紀，佛教由印度傳入斯里蘭卡，經過斯國大寺派（Mahāvihāra）保守傳統比丘的整理，然後再傳入緬、泰、柬、寮等東南亞地區，傳統上他們自稱是正統的上座部（Theravāda）佛教。然從歷史上考察，斯里蘭卡的大寺派，是出於上座部分別說❶系傳到斯里蘭卡的銅鍱部（Tambapaṇṇīya）。亦有說是屬於上座部系的法藏部南派。但斯里蘭卡佛教認為自己保存的是最原始、最純淨的教義。

早期的南傳佛教國家，並不純粹流行上座部佛教，而是還有其他的部派，這包括不同的小乘佛教部派、大乘佛教、密宗等。甚至婆羅門教、伊斯蘭教、基督教、土著宗教等，也在這些國家中交替興衰存在過。

南傳佛教三藏及註釋因用巴利語（Pāli），故又稱巴利佛教。巴利語原是古印度的一種口頭方言俗語，與梵語很接近，沒有獨立的文字。佛陀住世時也常以巴利語為人民說法，使聽眾更容易了解。公元前三世紀佛教傳入斯里蘭卡，巴利語三藏亦以記憶口授相傳承。到公元前二十九年，大寺比丘們為了保持佛典的正確性，便用僧伽羅語（Sinhalese）字母拼音書寫在貝葉上，以作永久的流傳。後來佛教傳入緬甸、泰國、柬埔寨、寮國、中國雲南傣族地區，他們又各自用自己的語言字母音譯書寫巴利語聖典。而在印度自十四世紀佛教滅亡後，基本上巴利語也絕滅了。

也有人稱為南方佛教，因為這一系統的佛教，是由印度恆河流域向南方流傳，傳到斯里蘭卡，再傳到東南亞，這些地區都在印度之南。如就所屬部派來講，凡是信仰上座部佛法及皈依其教團的，都可稱為上座部佛教或南傳佛教。如盛行中國雲南傣族已有六、七百年的上座部佛教❷，流行於越南南部的上座部佛教❸，甚至近代傳到歐美西方的上座部佛教，我們亦可稱為南傳佛教。

早期我們習慣上稱北傳佛教為大乘佛教，稱南傳佛教為小乘佛教。不過南傳佛教的信仰者，自始就非常排斥小乘佛教的稱呼，而自認是正統的上座部佛教。

南傳佛教的系統化，多半由斯里蘭卡大寺派的比丘們，在公元前第一世紀末舉行巴利三藏結集，及在公元第五世紀初完成大量的三藏註釋，奠定了穩固的基礎。這種傳統佛教被引進東南亞的時間及經過情形，並沒有確定的說法。大概在公元十一世紀才開始，首先是緬甸，其次是泰國。直到公元十二世紀末，受到斯里蘭卡大寺派佛教的影響，一個傳統的上座部僧團才在緬甸成立。泰國正式承認上座部佛教，是在公元十三世紀中期；柬埔寨及寮國，是在公元十四世紀初期❹，公元十四及十五世紀，由緬甸景棟及泰國清邁再傳入中國雲南西雙版納和德宏等地區。

斯里蘭卡、緬甸、泰國佛教史上，都記載佛陀住世時曾經親往訪問過他們的國家，還留下佛足印等遺跡，這種說法僅可認為是信仰上的傳說而已，並非歷史事實。因為佛陀住世時，遊化區域僅及印度中部及北部，是在恆河中下流地帶，足跡從未到過南印度，更不可能去到斯里蘭卡及東南亞地區了。公元前三世紀後期，印度阿育王在位（公元前二七三？—二三二）❺護持佛教，舉行第三次結集後，決定向邊區和外國派遣九個傳教僧團，其中一支由摩哂陀長老領導的至斯里蘭卡，一支由須那與鬱多羅二位長老率領的到達金地。但金地的方位至今尚不能考證確定，也未發現公元二世紀以前的任何遺物證據。有人認為金地是泛指下緬甸以迄馬來亞一帶，泰人則主張是在泰國的佛統地域。

公元二世紀，有小乘佛教在泰南出現過；公元五世紀時在緬甸中部舊勃朗（Old

Prome）存在過。在孟族人建國的墮羅鉢底（Dvāravati）信奉上座部，是從公元六至十一世紀，這包括今日泰國及下緬甸的大部分。墮羅鉢底的佛教是受到南印度阿摩羅鉢底（Amarāvatī）的影響，也可能是受到斯里蘭卡佛教的影響。緬族、泰族、柬族等，依次受到小乘佛教[6]的影響，是通過與孟族人接觸的結果。

古代東南亞佛教，小乘和大乘是彼此興廢交替不定的，初期大乘佛教較為興盛，但後期南傳上座部勢力增強，影響最為深遠，不只與其他小乘部派相頡頏，且與大乘佛教爭雄。公元七世紀末葉，義淨稱當時印度及南海小乘佛教部派有四：大眾部、上座部、根本說一切有部、正量部。其情形大概是這樣的：下緬甸之孟人及泰國中部墮羅鉢底，信仰上座部；占婆（Champa，約在今越南順化至芽莊等地）以信仰婆羅門教為主，亦多有正量部，少兼有部；柬埔寨之扶南時代，信仰婆羅門教，大乘佛教也同時流行。至於爪哇及蘇門答臘等島，在公元五世紀初以前，都在婆羅門教支配之下。公元四二三年，求那跋摩抵達爪哇，王與母都皈依受戒，佛法乃流行。至義淨抵達爪哇時，各島已「咸遵佛法，多是小乘；唯末羅遊（Malayu，指今印尼占碑）少有大乘耳。」這裡指的小乘佛教，是以根本說一切有部為主。

所以東南亞緬甸和泰國等地，自公元二至十一世紀，婆羅門教和大乘佛教，比南傳上座部佛教更具影響力；但自此以後南傳上座部傳播取得明顯的進展，情況發生了很大的變化，在公元十一至十四世紀已逐漸完全形成南傳上座部佛教文化圈了❼。

二千三百多年前，南傳上座部佛教由印度傳入斯里蘭卡，在斯國本土裡生根成長了。自公元十一至十四世紀，南傳上座部佛教又由斯里蘭卡逐漸傳入東南亞緬、泰、柬、寮等地。當斯里蘭卡在十八世紀中期佛教接近衰亡時，又從泰、緬兩國回流傳進南傳上座部佛教，而形成近代斯國佛教的三個新宗派。斯國佛教僧伽既施恩於東南亞，而後也接受了東南亞佛教的回報，這是一種佛教文化雙向的傳播，僧團關係非常密切，互相往來，互相學習，互相補助，形成佛教史上互為因果的關係。

經現代學者研究，由摩哂陀長老傳入斯里蘭卡的佛教，為出於「分別說上座」一，這一系的佛教南傳之後，即現在所說的南傳上座部佛教，實際上始終是以大寺為正統的佛教。這一派傳入斯里蘭卡，仍稱為上座部，到了分裂為大寺、無畏山寺、祇園寺三大派之後，而大寺派仍代表保守的上座部，到公元十一世紀後並逐漸傳播到東南亞各處。所謂保守是指他們對於教義的解說，保持傳統的純潔性，不輕易接受其他部派的理論，在戒律行持的態度，則不容許寺院僧規有鬆馳現象，甚至細節戒條也要遵守。現在的南傳上座部佛教，並不一定就是原始佛教，也可能與早期印度根本上座部有些區別，但學術界公認是比較接近原始佛教的。從他們傳承中顯示，經過兩千多年的變遷，仍保留了一部完整的巴利語三藏和許多重要論著，受到許多學者的重視、研究和翻譯。在盛行流傳南傳佛教的國家和地區，比丘們嚴格遵守佛陀所制定的戒律，至今依然能看到過著簡單的生活方式，身披黃色三衣，沿門托缽，過午不食，研讀經論，講經說法，修習禪定的比丘。佛教繼續發展興盛，信徒眾多，幾乎全民信仰，具有強韌的生命力，形成南傳佛教文化圈。而歷史上許多其他佛教部派，都逐漸衰微或已經湮滅無聞了，僅留存一部分經典論著，沒有一個部派僧團能非常完整地傳承下來❽。

縱觀整部佛教歷史，曾經有多少可以稱得上是思想自由、學術氣氛活躍的宗派，雖然在接受外來學說影響時，不斷充實豐富自己、不斷變革更新，但後來卻往往失去了自己的本來特色、面目全非，有的甚至被歷史沖刷乃至銷聲匿跡。而所謂「保守」、「拘泥」的南傳上座部斯國大寺派佛教，不但沒有因為「落後」而被時代淘汰，反而發揚光大整個南傳佛教文化圈，近代還為德、英、法、美、澳、日等先進國家的知識文化界所重視、研究和接受❾。

斯里蘭卡佛教

斯里蘭卡古稱楞伽（Laṅkā），或稱楞伽島（梵Laṅkā-dvīpa，巴Laṅkā-dīpa），楞伽是一座山名。玄奘在《大唐西域記》裡，稱僧伽羅國（梵Siṃhala，巴Siṅhala），意譯師子、執師子國，僧伽羅是民族名及僧伽羅語系。公元一九七二年改稱斯里蘭卡（Śri Lanka；梵Śri Laṅka），即在古國名楞伽（Laṅkā）之前加一個形容詞師利（Śri），合為師利楞伽，意譯吉祥的楞伽。楞伽和蘭卡，都是巴利語Laṅkā的音譯，師利和斯里與Śri同音，所以師利楞伽是古譯，斯里蘭卡是現代人的新譯。

斯里蘭卡為南傳上座部佛教主要的根據地，也是佛教巴利三藏聖典編集傳承下來的國家。依巴利語歷史記載，印度阿育王出家的兒子摩哂陀，約於公元前二四六年頃，率領五位比丘、一位沙彌、一位居士，一行七人抵達斯里蘭卡傳教，與當時統治斯國的天愛帝須王相見。初次說法即得到國王的信仰和皈依，使上座部佛教在斯國弘揚，得到迅速的發展；並在首都阿耨羅陀（Anurādhapura）建造大寺（Mahāvihāra）供養僧團。不久，阿育王出家的女兒僧伽密多比丘尼也受到邀請，帶著十一位比丘尼和菩提樹分枝，於公元前二三六年抵達斯國，成立比丘尼僧團。在以後約二百年間佛教的發展，都以大寺教團為中心。

約在公元前四十三年，南印度陀密羅族人侵入斯里蘭卡，因戰爭而發生饑荒多年，很多僧人被迫逃難，佛寺也被放棄。一些有遠見的比丘們，由佛授及帝須領導，選在斯國中部較平靜的摩多羅（Mātale），集會阿盧精舍（Alu-vihāra），形成以中部為佛教中心，集會決定將一向以記憶口誦相傳的巴利三藏及註釋，完成書寫於貝葉上，以做永遠的保存和傳承，這是巴利聖典在斯國非常重要的一次結集，使得巴利三藏的內容被確定下來。

據說這次結集，阿盧精舍住持坤德帝須長老在會議中問：「諸位尊者，今有經、律二藏，當以何為先？」眾答：「長老，律藏乃佛教生命之所在，律藏健全，佛法才能久住，因之先誦律藏。」因此遂決定把律藏放在第一位，然後是經藏和論藏。

公元前二十九年後，斯里蘭卡僧團分裂為大寺派與無畏山寺派，兩派佛教各自弘揚教義，也常彼此形成對抗，歷時達十個世紀之久。大寺派堅守傳統精神，一直保持上座分別說部（Vibhajjavāda）的立場，而無畏山寺派採取開放態度，與印度各派佛教進行交流，更容納大乘佛教各派。至公元四世紀初，從無畏山寺派之中又再分出祇園寺派，或稱沙竭羅部，至此形成三派鼎立。其中以無畏山寺最盛，住五千僧，大寺住三千僧，祇園寺住二千僧。

公元四○○至四三○年頃，佛音論師至斯里蘭卡大寺求學，著《清淨道論》，成為三藏註釋的綱要書，其後更領導註釋巴利三藏。同時代的佛授及稍後護法二人，繼續註釋巴利三藏未盡完成的部分，遂奠定了大寺派復興和教學的基礎，影響最為深遠，而成為日後及今日流傳的南傳佛教。

公元十一世紀初，南印度陀密羅族朱羅人侵入斯里蘭卡，統治斯國達五十三年，斯國的陀密羅族人因信仰婆羅門教，便大力提倡婆羅門教。至維舍耶巴忽一世（一〇五五—一一一四）復國後，見到佛教的衰微，清淨比丘不足十人，於是遣使至緬甸，邀請緬甸孟族僧團到斯國弘揚佛法及傳授比丘戒法。

公元十二世紀下半葉，波羅迦摩巴忽一世（Parākramabāhu I，一一五三—一一八六）協助佛教推行改革，促使大寺、無畏山寺、祇園寺三派團結，雖未能完全達成，但從此大寺派勢力逐漸繁榮起來，東南亞佛教國家有不少比丘旅行到斯里蘭卡求戒及接受教育，促成斯里蘭卡大寺派的僧團，而後傳到緬甸和泰國等地。當後來斯國佛教衰微時，又從緬甸和泰國返饋引進教團及戒法，這種佛教文化交流，互相學習及補充，歷時達四、五百年，對南傳佛教的發展起了非常重要的作用，影響力深廣。

公元十三世紀以後，斯里蘭卡因為長期戰亂頻仍，到公元十六世紀以後，西方殖民者入侵，前後經過葡萄牙、西班牙、英國統治斯國長達四百四十一年，他們提倡天主教、基督教信仰，佛教受到極大的壓迫和破壞。

公元十九世紀後葉，一群有志護國衛教的佛教徒，喚醒民眾起來用非暴力的間接方法抵抗英國殖民統治。其中有位傑出的比丘羯那難陀（Mahotti Vatta Guṇānanda），舉行佛教與基督教五次公開大辯論，一八六四至一八七三的九年間，在不同場地，辯論結果都是佛教取得勝利，徹底擊敗了基督教徒，大大振奮了斯國人心。而引起國際人士的反應與同情。當時還有斯國的達摩波羅居士及美國奧爾高特上校夫婦，推行斯國佛教復興和復國運動，取得極大的進展。斯國終於在一九四八年二月四日脫離英國獲得獨立。

斯里蘭卡僧伽羅人統治者和人民，極力保護佛教，推動佛教事業的發展和繁榮，把佛教做為凝聚民族精神的力量。在歷史上發生多次反抗異族侵略和外國殖民的鬥爭中，國家都打出保衛佛教的旗號，而佛教僧團也都堅決地給與支持，起了極大的作用。每當佛教處於衰落階段，國家都會盡力振興佛教。波隆那魯瓦時期和康提時期，僧團衰敗到快斷承時，就派出使者遠赴東南亞尋求緬甸、泰國僧團的幫助。因此，斯里蘭卡佛教歷經滄桑而綿延不斷地存在了兩千多年。

緬甸佛教

佛教什麼時候傳入緬甸，學術界至今還沒有定論。緬甸佛教史記載，阿育王曾派遣傳教師須那與鬱多羅至金地弘法，有人認為金地即是緬甸南方的現法城（即今直通）；泰人堅稱是泰國的佛統。也有人說是東南亞某一個部分。從考古學上發現，顯示公元二世紀時，早期小乘佛教曾在這些地方存在過，但沒有資料確證公元前佛教傳到這些地方。公元五〇〇年時，在室利差呾羅國（Śriksetra），即緬甸中部舊勃朗，有小乘佛教流傳過。八世紀時密教一度在民間也影響很大。

公元十一世紀，阿奴律陀王（一〇四四—一〇七七）統一緬甸後，佛教史上記載，曾有兩派僧人存在：一是首都蒲甘一帶的阿利僧派（Ari），有阿利僧三十人，可能屬於後期密宗的一系，行為墮落放蕩，信眾六萬餘人❿。一派是南方孟族人直通的上座部佛教，僧眾戒律莊嚴，精研三藏。因此，阿奴律陀王迎請直通上座部僧團及巴利三藏至蒲甘弘揚，驅逐了阿利僧派。其子江喜陀王（一〇八四—一一一二）更為英明勇敢，他是一位極虔誠的佛教徒，是孟族文化上座部佛教和傳播的關鍵人物，使孟族上座部佛教在蒲甘普及起來，消滅了原有的大乘密教。

這時期的斯里蘭卡在波羅迦摩巴忽統治下，以及在公元十二、十三世紀，佛教得到極大的昌盛，吸引很多東南亞比丘至斯國受戒及求學。緬甸孟族僧人車波多，在斯國大寺留學十年，公元一一九〇年回緬，創立了斯里蘭卡系僧團，與直通舊有的上座部僧團形成對立。

到公元十五世紀，原有孟族僧團及斯里蘭卡系的僧團互相對立，此時斯國系的僧團又分裂為數派，更由於多種民族的不同，緬甸上座部佛教更形複雜。南方庇古王朝達磨悉提王（一四七二—一四九二在位）提倡佛教改革和淨化，選派僧眾四十四人至斯里蘭卡，在大寺重新受比丘戒。他們回國後，建立「莊嚴結界」戒壇，依斯里蘭卡大寺派制度，舉行如法如律的傳戒儀式，規定比丘重新受戒，不合法的僧人命令捨戒還俗，至此緬甸三百多年僧團的分裂，重歸統一。

此後歷代國王大多護持佛教，廣造佛塔僧寺，鼓勵僧眾研究三藏，特別是對《阿毘達磨》的探究，成為緬族佛教的傳統學風。一八八六年元旦，英人宣布統治緬甸。後來很多佛教徒起來號召反抗英人的殖民統治，緬甸於一九四八年一月四日獲得獨立。

泰國佛教

泰國在未立國前，佛教已傳入泰境。依泰國著名歷史學者丹隆親王的研究，可分為四個時期：

一、上座部佛教的傳入：公元前三世紀，印度阿育王護持第三次結集後，曾派遣九支僧團傳教師往外地弘法。其中一團由須那與鬱多羅率領前往金地，但金地的方位不能確定。有人認為金地是泛指下緬甸，泰人則主張以泰國佛統為中心。公元六世紀，孟族人在佛統一帶建立了墮羅缽底國，從考古遺物上判斷，是流傳上座部佛教。墮羅缽底國在公元九、十世紀時，被柬埔寨安哥王朝所滅。

二、大乘佛教的傳入：公元八世紀，印尼室利佛逝王朝國勢強盛，信仰大乘佛教，傳教師越海傳教至馬來亞、泰境南部、柬埔寨等地。公元九至十二世紀，柬埔寨安哥王朝興盛，信仰婆羅門教及大乘佛教，勢力伸展至泰境各地，如羅斛、素可泰、披邁等地。在出土文物中，有多種佛像及菩薩像，並使用梵文佛典。

三、蒲甘佛教的傳入：公元一〇四四年，緬甸阿奴律陀建立強盛的蒲甘王朝後，實行佛教改革，熱心推行上座部佛教。泰族人在泰境北方建立了蘭那和蘭滄兩個小國，因受到蒲甘佛教的影響，接受信仰上座部佛教。後來蘭滄一系向泰境東北發展，就成了以後的寮國。

四、斯里蘭卡佛教的傳入：在公元一二五七年以前，據傳有一位斯里蘭卡羅睺羅比丘，由蒲甘到泰南的洛坤弘法，成立斯里蘭卡僧團，深得國王和人民的信仰。泰族人於一二五七年正式建立素可泰王朝（一二五七—一四三六）後，即建造佛寺供養來自洛坤的斯里蘭卡僧團。至此原先傳自柬埔寨的大乘佛教開始逐漸衰亡，而早先由蒲甘傳入的上座部也一蹶不振。

素可泰王朝建國後，即提倡弘揚斯里蘭卡系佛教。到第三代坤藍甘亨王（一二七七—一三一七），與斯國通好，特別致力弘揚斯里蘭卡佛教，選派比丘或開放比丘自由前往斯國求戒和學習，當他們回國後，即成立僧團，以戒德莊嚴及精研三藏著稱。不久素可泰全國就完全轉變信仰斯國大寺派上座部佛教。以後的大城王朝（一三五〇—

一七六六）、吞武里王朝（一七六七—一七八三）、曼谷王朝（一七八二至今）都以南傳上座部佛教為唯一的信仰，熱心發揚，建寺造塔，編集經典，提倡巴利語教理研究，建立僧伽制度，注重僧眾教育。

曼谷王朝拉瑪四世（一八五一—一八六八），在未即王位之前，曾出家二十七年，創立法宗派，而原有舊僧團就稱大宗派，因此泰國僧團分成兩派沿襲至今。由於泰國佛教的興盛，曾影響到傳入柬埔寨及寮國。當公元一七五〇年時，斯里蘭卡佛教衰微時，泰國僧團曾受邀分三批往斯國傳授戒法，又復興了斯里蘭卡僧團。

柬、寮、傣族佛教

柬埔寨在公元一世紀時，即建立強大的國家，初稱扶南（公元一世紀頃—五五〇），受印度文化及宗教影響，信婆羅門教和大乘佛教。公元六世紀中期，國號真臘（五五〇—八〇二），以信仰婆羅門教為主，次為大乘密教。公元九世紀初建立安哥王朝（八〇二—一四三二），也是信仰婆羅門教及大乘密教。於此時期中建造了安哥王城及安哥寺等多座石雕藝術，成為亞洲宗教藝術史上不朽的偉大創造。至公元十三世紀，即安哥後期，斯里蘭卡上座部佛教開始傳入，梵文漸趨衰退。公元一三〇九年柬埔寨一塊最古巴利語碑銘上記載，舍耶跋摩波羅彌斯羅王，曾首先正式護持斯里蘭卡佛教僧團。他的女婿法昂，後來統治寮族人而建立了南掌國。公元十五世紀以後，柬埔寨從泰國傳入上座部佛教，全國普遍信崇。

寮國史上明確記載有佛教信仰的，是從法昂王（一三五三—一三七三）建立南掌國開始。法昂自幼在柬埔寨長大，從高僧受教育，接受熏陶，當他回寮國時，攜帶了著名的勃拉邦佛像，並引進柬埔寨的上座部佛教，大力發揚。公元十六世紀，福提沙拉王敕令全國獨尊佛教。至公元一六三七年，蘇利那旺沙王時，國家長期安定繁榮，政治修明，重視佛教發展，使寮國成為當時東南亞的佛教中心，不少泰國及柬埔寨僧人都前往永珍學習佛法。以後由於國家戰亂及法國殖民統治，佛教亦隨國勢而衰微。

雲南傣族上座部佛教是屬於中國佛教的一支，但也可劃歸在南傳上座部佛教文化圈內。經現代多位歷史學者考證，都認為在公元十四世紀初由緬甸和泰國傳入，盛行於中國雲南的西雙版納、德宏等地區，近代頗受國人佛教徒及學者的注意。這裡都是邊疆民族，占雲南省少數民族人口的百分之八點三五，住有傣族一百一十五萬人、布朗族九萬人、崩龍族一萬五千人、阿昌族三萬四千人、佤族三十八萬人，幾乎全民信仰上座部佛教，保存有傣文拼音的巴利語三藏。佛寺、佛塔，著黃色袈裟的僧人，到處可見，呈現一片清淨祥和的景象。傣族地區自古是中國的一部分，公元八世紀後曾先後屬於南詔和大理，但在民族和宗教文化上則相異。傣族地區民族和泰國的泰族、寮國的寮族、緬甸的撣族，屬於同一族系，語言也很相似。所以在宗教文化上，受到緬甸、泰國、寮國、斯里蘭卡佛教的影響。

結語

公元前三世紀，上座部佛教由印度傳入斯里蘭卡，發展迅速，定為國教。至公元五世紀佛教特別隆盛，大寺、無畏山寺、祇園寺三派鼎立，而且無畏山寺接受印度大小乘各派佛教的傳入。公元六世紀以後國家政局陷入紛亂，佛教跟著式微。至公元十一世紀末，斯里蘭卡佛教經過改革，大寺派上座部佛教勃興，而後逐漸影響到東南亞上座部佛教的發展⓫。

公元十二世紀後葉，緬甸僧人至斯國留學，學習完成後回國，致力引進斯國大寺派的上座部佛教信仰，全國風行。至公元十三、十四世紀，泰族人在泰北及湄南河地區，迎請斯里蘭卡高僧至素可泰弘法，成立僧團，並鼓勵青年僧人至斯國留學。隨後柬埔寨、寮國，以及鄰接東南亞的中國雲南的西雙版納，也接受了上座部佛教的信仰⓬。如此一來，就共同形成了一個「南傳佛教文化圈」。

❶ 佛教最初分裂為上座部和大眾部，後來由於上座部對佛說和解釋佛說採取分別地看待，所以亦稱「分別說部」。阿育王時舉行第三次結集，就由帝須在分別說者中選擇比丘千人參加完成。摩哂陀至斯里蘭卡傳播佛教，就是這一系的學說。

❷ 有人說南傳上座部佛教傳入雲南傣族地區已有一千三百多年，如早期確有佛教存在，應為其他部派，而非南傳上座部。因為雲南傣族地區的上座部佛教，是經由緬北和泰北傳入的。在公元十二世紀中期，緬甸蒲甘王朝很強盛，統治了泰國北部清邁，並傳入上座部佛教；到公元十四、十五世紀，又由清邁傳入緬甸北部撣族人的景棟等地，再經由景棟而傳入中國雲南傣族地區，所以南傳上座部佛教（大寺派系統）傳入雲南傣族等地區，不會早於公元十四世紀以前。

❸ 越南南部鄰近泰國和寮國，在公元二十世紀中期，自泰、寮傳入部分上座部佛教，發展迅速，有僧眾約三千人，寺院約四百座。

❹ Robert C. Lester: *Theravada Buddhism in Southeast Asia*, p.66。

❺ 據近代學者考證，阿育王在公元前二七六年即位，公元前二七二年舉行加冕典禮，但歷史上一般記載在公元前二七三年即位。（見葉均譯：《攝阿毗達摩義論》附錄：〈錫蘭佛教傳播及其宗派〉第七十九頁註三）

❻ 小乘佛教之名，原是大乘佛教對原始佛教和部派佛教的貶稱。後來學術界亦沿用，則無貶抑意。但現在有些歷史學者寫斯里蘭卡、緬、泰等國歷史時，仍稱他們為小乘佛教，其意則是指南傳佛教。而現在應改用南傳佛教或南傳上座部佛教。

❼ 賀聖達著：《東南亞文化發展史》，第一九四頁。

❽ 葉均譯：《攝阿毗達摩義論》附錄：〈南傳上座部佛教源流及其主要文獻略講〉一文，第九十三—九十四頁。

❾ 林欣著：〈試論南傳佛教的傳承〉，載於香港《內明》第二八一期，一九九五年八月。

❿ 漢譯緬甸史名著：《琉璃宮史》上卷，第一九九頁。

⓫ 陳炯彰著：《印度與東南亞文化史》，第十八頁。

⓬ 今日緬甸的景棟、泰國的清邁、雲南的西雙版納，因為地理鄰接，種族同源，政治上卻分屬緬、泰、中三國，但宗教文化上是不能分割的。

第一篇
斯里蘭卡佛教史

第一章　佛教未傳入前的社會與宗教

第一節　社會情形

斯里蘭卡（Śrī Laṅkā）位於印度南部印度洋中，從地圖上看，北部較尖，南部寬圓，形似一個梨子。地勢四面沿海低平，中央山地高聳。位置北緯五點五五度至九點五一度，東經七十九點四二度至八十一點五三度，面積六萬五千六百一十平方公里。西北隔保克海峽與印度相對，距離約四十多公里，有一連串小島，而構成著名的亞當斯橋（Adam's Bridge），將斯里蘭卡島與印度大陸連成一氣。

斯里蘭卡人口，依公元一九九六年統計一千八百一十萬；依公元二〇〇八年北京奧運會信息，公元二〇〇五年四月人口增至一千九百零一萬。在總人口中，僧伽羅族占百分之八十一點九，泰米爾族占百分之九點五，摩爾族占百分之八，其他占百分之零點六。又在總人口中，人民百分之七十六點七信奉佛教，百分之七點九信奉印度教，百分之八點五信奉伊斯蘭教，百分之六點九信奉基督教。其中僧伽羅人是主體民族，佛教也是主要的宗教。僧伽羅語、泰米爾語同為官方語言和全國語言，上層社會通用英語❶。

斯里蘭卡古稱「楞伽」（Laṅkā），或「楞伽島」（Laṅkā-dvīpa），至今斯里蘭卡本國及東南亞上座部佛教國家，仍都稱為「楞伽」。楞伽本是一座山名，也以此名稱全島。當雅利安人抵達斯里蘭卡時，起梵文名「獅子島」（Siṅhala-dvīpa），後阿拉伯人依此音稱為Serendib，大食人也稱Sirandib。中國高僧法顯《佛國記》中說：「（由印度海口）載商人大舶泛海，西南行得冬初信風晝夜十四日到師子國。」（《大正藏》第五十一冊，第八六四頁）。《十二遊行經》作「斯黎」，玄奘《大唐西域記》稱「僧伽羅國」。《經行記》稱「師子國」、亦名「新檀」，《嶺外代答》、《諸蕃記》稱「細蘭」，《宋史．注輦傳》稱「悉蘭池國」，《島夷志略》、《瀛涯勝覽》、《星槎勝覽》及《明史》稱「錫蘭山」，《元史》稱「僧伽剌」，又作「信合納」，西人稱「錫蘭」（Ceylon），這些都是獅子（Siṅhala）的對音。公元一九七二年正式宣布改國名為斯里蘭卡。

斯里蘭卡的另一古名稱「紅掌島」（Tambapaṇṇi-dvīpa），亦譯「銅掌島」、「銅鍱島」。其典故是當斯里蘭卡第一代王維舍耶（Vijaya，公元前四八三—四四五）與隨從❷自印度至斯里蘭卡西北登岸時，以手取土而染紅手掌，如紅銅一樣。後來希臘人及羅馬人稱斯里蘭卡為「多波羅槃」（Taprobane），可能是從巴利語「銅掌」（Tambapaṇṇī 或 Tampapāṇī）轉變而來。

按梵語dvīpa及巴利語dīpa，意為「洲間之域」，即「島」、「洲」、「嶼」之意。斯里蘭卡史記載，島上原有黑矮種民族，稱自己的國土為「伊蘭」（Ilam），古語為「伊盧」（Elu），都與「獅子」義相近❸。

據歷史學家考證，斯里蘭卡遠古的民族為一種「夜叉族」（或譯「鬼族」），崇拜夜叉為祖先神靈。再後有「那伽族」（Nāga），那伽譯為龍、蛇、象等義。這是因為夜叉族信奉鬼神，那伽族崇拜龍、蛇的關係。他們可能就是原有之「野蠻族」（Dravidian或Milakkha）。斯里蘭卡歷史記載，當雅利安人侵入印度時，原有印度土人野蠻族，有的被征服為奴隸，有的逃抵印度南方，然後渡海至斯里蘭卡島上居住。

夜叉族人較多，文化也略高，散居島上中南部各地區，祭拜鬼神，有各種奇異的儀式。那伽族人抵島上，大多住在北部平低地區。後來兩族都被後到的雅利安族征服及同化，彼此通婚，信仰和語言漸趨一致，因而混合成為「獅子族」❹。

約公元前五、六世紀，雅利安人從印度西垂海岸到達斯里蘭卡，同時也引進了雅利安文化，重要的有五種：一、建築，其構型、塗色、繪刻，都與當時印度非常相同。二、技術，如耕種方法、器具應用、武器等。三、語言，初至斯里蘭卡的雅利安人，多數為農民，他們所採用的是當時印度北方一種通用語言，這種語言與巴利語有混合發展的關係，後來漸轉變成「僧伽羅語」（即「獅子語」）。四、風俗習慣，即雅利安人社會各種制度，如種族階級、禮儀等。五、宗教，即婆羅門教的宣揚和信仰。

據羅睺羅著《錫蘭佛教史》年表記載：自維舍耶王至斯里蘭卡後，於公元前四八三年建立維舍耶王朝，傳至第四代半荼迦婆耶王（Paṇḍukābhaya，公元前三七七—三〇七），以阿耨羅陀城（Anurādhapura）為永遠王都❺，前後連續達一千二百年之久。

佛教未傳入斯里蘭卡以前，當時的社會情形，人種階級已經形成，主要分為四姓：一、王族，統治國家軍政。二、婆羅門，即宗教師，負責教育和技藝的傳授。三、商農，負責經商和耕種。四、首陀，受雇為人工作。四姓階級畫分極為嚴格，很不平等。王族和婆羅門是屬貴族，分掌政治和宗教權力，商農為普通平民，首陀屬奴隸賤民。而且各族世代沿襲相承，不相通婚。在各種族中，又分很多等級。

這時島上已流行兩種節日慶祝：一種稱「戲水節」（僧伽羅語為Salilakīḷita），時間在斯國曆法七月十五月圓日，即陽曆五、六月之間。全國人民到處歡樂地做潑水遊戲，時為最熱的夏季，國王亦參加此種慶祝❻。另一種稱「狩鹿節」，即集體用弓箭射獵鹿群等，國王也同樣參加。除此，還有耕種和收穫的慶典。據斯里蘭卡史記載，在半荼迦婆耶王時，政治已很進步，設立地方政府，進行各種水利工程建設，如在阿耨羅陀都城，掘了很多蓄水池、水井等。

第二節　宗教情形❼

在半荼迦婆耶王時，斯里蘭卡信仰一種宗教，這種宗教分為兩派：一是白衣派，一是裸體派，都屬外道。後者教區在阿耨羅陀都城各處，國王建寺及房舍供養他們。除裸體教徒，當時還有各種苦行外道，國王也建寺供養他們居住。

在佛教未傳入斯里蘭卡前，島上已流行崇拜祖先。史書上記載，半荼迦婆耶王及他的人民，認為忠實和擁護國王的人死後，將變成鬼神，時刻會以神識來保護與他們有關係的人。這種觀念，後來就由崇拜祖先，轉變為崇拜天神，認為天神有大威力可以保護人，也可以懲罰作惡的人。還有人相信人死後，有些會變為家宅鬼神，來保護家宅，同時他們也可以毀壞惡人的家宅。從崇拜祖先，變為崇拜天神，後來產生很多神的名稱，如各種工藝神、城神、山嶽神等，有些並建祠供奉。

斯里蘭卡人未有佛教前，也流行崇拜樹木，認為樹木有靈，具有神力。有些樹木被敬稱為「支提」（Cetiya，塔或廟之意，即在樹前建祠），特別受人民崇拜的樹，為榕樹和多羅樹（棕櫚）。

除以上所說，又證明在佛教未傳入斯里蘭卡前，婆羅門教及裸體外道（耆那教徒）已先傳入。如在半荼迦婆耶王時，曾建有婆羅門教神殿及教徒居住的寺廟，耆那教徒也有寺廟。後來天愛帝須王（Devānaṃpiyatissa，公元前二四七—二〇七）在佛教傳入時，曾限制他們居住的地區。在天愛帝須王以前，耆那教在斯國是很興盛的，建築了多所寺廟。其中三座較著名的寺廟，立有三位教領，寺廟就是用他們的名字。其中一寺稱「室利寺」（Śri Ārāma），最為發達。據斯國歷史記載：此耆那教寺後來被摧毀，就建立了佛教的無畏山寺（Abhayagirivihāra）。到佛教在斯國興盛後，耆那教漸趨衰亡，各耆那教寺，也為佛教寺院所代替。

在半荼迦婆耶王時代，還有很多外道僧人，如邪命外道、梵志、苦行外道、外道沙門等。此外，在佛教未傳入斯國前，也流行星相卜卦及符術等。

❶ 公元二〇〇八年北京奧運會新華網及新浪網公布。

❷ 《島史》（Dīpavaṃsa）IX. 30及《大史》（Mahāvaṃsa）VI. 47記載，北印度有一個拉拉國，統治者出生獅子族，由於內部的紛爭，他的長子維舍耶與隨從七百人一船，妻子七百人一船，子女等一船，分三船向遠島航行，其中兩船行方不明，只維舍耶王一船抵達銅掌島。後來征服島上的土著，成為斯里蘭卡開創維舍耶王朝的第一位國王。

❸ Chusukdi Dipayaksorn：《錫蘭佛教史》（泰文），第二—三頁。

❹ Chusukdi Dipayaksorn：《錫蘭佛教史》（泰文），第二—三頁，第五—八頁。

❺ Walpola Rahula: *History of Buddhism in Ceylon*, p.14。但韓廷傑中譯《大史》下冊的〈歷代國王表〉中說，半荼迦婆耶王在位年期為公元前三九四—三〇七。

❻ Walpola Rahula: *History of Buddhism in Ceylon*, p. 30。

❼ 本節取材自：Walpola Rahula: *History of Buddhism in Ceylon*, p. 34-47。

第二章　佛教傳入斯里蘭卡的初期

斯里蘭卡的《島史》（Dīpavaṃsa）和《大史》（Mahāvaṃsa）二書，開頭第一章就依傳說記載，佛陀曾三次往訪斯里蘭卡島❶。第一次在成道後第九個月，地點在現在摩醯央伽那塔（Mahiyaṅgaṇa-cetiya），當時為土著夜叉族所居之地，見佛來臨，受到驚嚇而逃走，未能達到教化目的。第二次在成道後第五年，到達龍島（Nāgadīpa），訓誨大腹龍（Mahodara）和小腹龍（Cūḷodara）舅甥之間互相爭奪摩尼珠座床之事，佛陀使他們歸於和睦。第三次在成道後第八年，隨行有五百比丘，到達迦耶尼（Kalyāṇī），受大腹龍之伯父摩尼眼龍王供養；然後升至須摩那峰（Sumanakūṭa）留下足印，此處後來被稱為「聖足山」（Sripāda），亦稱佛足山，西人稱亞當峰（Adam's Peak）。中譯《善見律》卷三也有類似傳說：「於此師子洲，釋迦如來已三到往：第一往者，教化夜叉已，即便敕言：『我若涅槃後，我舍利留住於此。』第二往者，教化舅妹子生龍王。此前二到，如來獨往。第三往者，有百比丘圍繞……。」❷此一聖足山，特別受到斯國佛教徒的信奉和崇拜，全國各地很多信眾常前來朝拜，山高二千三百公尺。距可倫坡乘火車約五小時，然後再搭小汽車沿曲折的山路走一小時可達。每年三月的月圓日，登臨山頂的信眾特別踴躍，接近山頂時，有一條石階窄道，由於石階很陡，一邊修建了鐵扶欄，增加遊人的安全，到達佛足山頂後，沿著寺院佛足堂的迴廊跪下，雙手合十，口誦經文，向著佛陀的足跡膜拜，或環繞迴廊而經行。他們將此山當作佛陀說法的場所，故來此朝拜。他們認為即使佛陀並不存在這個足跡中，仍存在他們的心中，具有如此極為虔誠的精神❸。

約在公元前三世紀，佛教正式從印度傳入斯里蘭卡，此即印度名王佛教護法者阿育王，在第三次結集後，派遣佛教傳教師至印度邊區和國外弘法，成立僧團。當時派遣至斯里蘭卡的，是由摩哂陀（Mahinda）長老領導，據傳是在公元前二四六年，他是阿育王的兒子❹，是被公認將佛教傳入島上的第一人。

事實上，印度和斯里蘭卡兩國，自維舍耶王時起，關係就非常密切，領導階級的種族和文化都來自雅利安族。在摩哂陀未至斯國前，可能是先有印度佛教徒把佛法帶到斯國，但基礎尚未穩固，也沒有顯著的發展。至阿育王統治印度盛世時，與斯國的天愛帝須王，兩國關係更為友好，阿育王也可能先派使節至斯國，增進邦交及介紹佛教給天愛帝須王。

隨摩哂陀同至斯國的有四位比丘：伊帝耶（Itiya）、鬱帝耶（Uttiya）、三婆樓（Sambala）、跋陀沙羅（Bhaddasāla）。原因是為了適應在邊區國家，至少有五位比丘依律制可以傳授戒法。一位沙彌須摩那（Sumaṇa），是摩哂陀妹妹（亦有說是摩哂陀之姊）的兒子。摩哂陀之妹即後來出家的僧伽密多（Saṅgha-mittā）比丘尼，及一名半茶迦（Bhaṇḍuka）居士，是摩哂陀姨母的女兒之子，後來也在斯國出家❺。

巴利文獻記載此事，摩哂陀的僧團七人，到達斯國是在七月十五日，與天愛帝須王在彌沙迦山（Missaka）相見。此山在阿耨羅陀城東九里，那時國王正在狩獵一隻鹿。因斯里蘭卡王和阿育王很友好，當與阿育王派遣的摩哂陀僧團到來相會時，非常驚訝，很熱忱的接待❻。

摩哂陀與天愛帝須王的初次會見，是一次很睿智的談話，非常契機。摩哂陀知道國王可以接受佛法，於是第一次即為王講說《象跡喻小經》。此經內容：開始敘述信仰三寶，次說皈依佛教，再次說出家比丘法，修學梵行，棄惡為善，目的是為了證悟涅槃。經中也提到四聖諦等法的內容❼。

摩哂陀又向天愛帝須王解說組織完善僧團的情形。國王和大臣們聽完後，歡喜得未曾有，而皈依佛教。當天即想恭請摩哂陀前往都城，但摩哂陀希望就住在彌沙迦山上。

第二天早晨，摩哂陀和隨員一起進城，受到國王盛大的歡迎，並迎請至王宮中供養。因為國王對佛法非常的虔信，摩哂陀心中感覺到佛教已可在島上弘揚。受食完，摩哂陀在王宮中為說《餓鬼事》及《天宮事》。此二經是講述人在死後，依憑個人的業力，上生天宮或下墮地獄的情形。同時二經的內容，也很適合當時聽者的根機。因為那時斯國人也信仰人在死後心識的轉生，與他們原有的信仰沒有牴觸。接著說四聖諦及輪迴之事，要想消滅生死輪迴之苦，只有修證四聖諦法，才能轉凡成聖，得到解脫。摩哂陀見到很多人非常專心的聆聽，繼續又講《天使經》，使人了解善惡的因果，為人要捨惡為善，未來定可獲得安樂。又說《賢愚經》，教人分別善惡的性質。最後勸人遵守佛教戒律。法味深入聽者心中，他們首次嘗到了「甘露之法」❽。

國王請摩哂陀的僧團，在離王宮不遠的「大雲林園」（Mahāmeghavana-udayāna）駐錫，供養飲食和資具，並且每天問安禮敬。後來大雲林園由國王供養摩哂陀僧團，並向人民宣布佛教已在斯國的成立。據說，從國王至臣民，七天之內，就有八千五百人皈依佛教。

不久，摩哂陀開始計畫，在大雲林園中建築一座偉大的道場，這就是後來著名的「大寺」（Mahāvihāra），此寺後來一直成為斯里蘭卡上座部佛教文化和教學的中心，保存流傳下來完整的巴利三藏及註釋書，對後世產生深遠的影響，而至現在❾。

一天國王心中想，佛教發展到此地步，是否已經在斯國建立，便去請問摩哂陀。摩哂陀答：「雖然到了如此地步，可是佛教尚未在斯國正式建立。因為要佛教基礎穩固，必須要有善男子善女人在佛教中發心出家，修學佛法及奉行戒律。」此一想法立刻得到國王的支持，准許斯國男女人民，依法依律出家，能使佛法在斯國永久傳承下去。

摩哂陀長老在阿耨羅陀城住了二十六天，因為到了安居時期，就回到彌沙迦山。在離城的那天，有天愛帝須王的外甥阿利吒（Ariṭṭha）及另外五十五人，一同出家為比丘；半荼迦居士也在同一天中受比丘戒。此時摩哂陀僧團中共有六十二位比丘，開始實行在斯國第一個安居。國王依僧團的需要，一切供養無缺❿。

天愛帝須王之弟摩訶那伽（Mahānāga）副王的王妃阿耨羅（Anulā）及五百宮女，也希望能出家為比丘尼。摩哂陀知道後，就請求天愛帝須王派遣使者去印度阿育王處，要求禮請僧伽密多上座比丘尼來斯里蘭卡，同時並請求大菩提樹分枝至斯國栽植，國王同意了。而希望出家的王妃及宮女們，在等待僧伽密多來到之前，先至「優婆夷精舍」（Upāsikā-vihāra）居住，遵行十戒。

僧伽密多率領了十一位比丘尼，及攜帶了大菩提樹的分枝到了斯里蘭卡，有王妃及宮女一千人，首次出家為比丘尼。後來優婆夷精舍重新修建，改名為「繫象柱寺」（Hatthāḷa-hakavihāra），或俗稱「比丘尼寺」（Bhikkuṇī-passaya）。僧伽密多也住在此寺，領導比丘尼僧團⓫。

三月安居結束後，摩哂陀向國王建議建築一座佛塔，供養佛陀的右鎖骨舍利，及其他佛舍利、佛缽等。佛舍利、佛缽等是須摩那沙彌代替摩哂陀及斯里蘭卡國王，向阿育王請求得來的。佛塔選擇建在彌沙迦山上，後來此山因此改名為「塔山」（Cetiya-pabbata），即現在阿耨羅陀城的「塔園寺」（Thūpārāma），這座塔規模龐大，呈穀堆狀，塔基直徑為五十九點六英尺，是斯國佛教史上第一座佛塔。

從印度得來的佛陀舍利，被視為國寶。天愛帝須王時攜帶至斯里蘭卡的佛缽，供奉在王宮中，也同樣被認為是國家的珍寶。以及後來得到的佛牙，認為最尊貴和最受重視。佛牙與佛缽被稱為斯國兩件最尊貴希有的聖物。

關於栽植大菩提樹的分枝，儀式非常隆重，因為阿育王曾派了很多專人在沿途中護送，分枝第一次栽在阿耨羅陀城時，全國都派了代表參加。分枝長大後，又再分枝栽植全國各地，至少已達到三十二處。這一株聖樹使兩國的關係更為密切，也被認為佛教在斯國建立穩固基礎的象徵⓬。據說這一株原來移植的菩提樹，經過二千三百多年，仍存活壯大在阿耨羅陀城，樹的周圍有石欄圍繞，受到保護，當信眾前往朝拜時，必須至誠尊敬，先在門外脫鞋，由大門三段基台登上，到頂部平台時，虔誠跪下禮拜。為了保護古蹟，公元一九六六年，又在聖樹周圍加建了一道金色的欄柵防護，不讓信眾進入裡面。

為了這株移植的菩提樹，在公元十二世紀斯里蘭卡僧人優波帝須（Upatissa），特別收集了舊有的資料，寫成一本文字非常優美的《大菩提樹史》（Mahābodhivaṃsa），記述這株菩提樹的歷史，以及後人又再延續為它寫歷史。世界上儘管還存有一些更古老的樹種，經專家學者研究它們的高度和年輪，推知它們的年歲，而這株老菩提樹卻詳細地記載了有年月日時間，這恐怕是獨一無二了。而且菩提樹屬桑科，落葉喬木，為軟質木材生長快，樹齡不算太長，而這株菩提樹已達二千三百多年，可算是奇蹟了，這都是受到特別保護的原故。

斯里蘭卡出家比丘逐漸增多，天愛帝須王又建了多所佛寺。如「自在沙門寺」（Issarasamaṇārāma），是給貴族出家人住；「吠舍山寺」（Vessagiri-vihāra），是為一般人民出家住。又在都城中為僧人建築大食堂，稱為「摩訶巴利」（Mahāpālī）。傳說，又在瞻部拘羅氐那（Jambukolaṭṭana）建一佛寺，在南部建一「帝須大寺」（Tissamahā-vihāra）。據說後來比丘達到三萬人⓭。

摩哂陀三十二歲時至斯里蘭卡，八十歲時在「塔山」圓寂（公元前一九九年），戒臘六十，為斯國鬱帝耶王（Uttiya，公元前二〇七—一九七）在位第八年。摩哂陀長老的骨舍利，建塔供奉在都城。次年僧伽密多長老尼也在「比丘尼寺」圓寂，骨舍利塔安供在「塔園寺」前側⓮。

摩哂陀長老在斯里蘭卡，不僅傳揚佛教極成功，而且豐富了斯國的文化，如佛寺、佛塔的建築藝術等。他並且帶了三藏及三藏註釋到斯國⓯，後來有比丘用巴利文及僧伽羅語著作，這興起了斯國文學的發展。到五世紀初，佛音論師至斯國時，將僧伽羅語的三藏註釋，又再譯為巴利文。

摩哂陀長老將古印度婆羅蜜文帶到斯里蘭卡，斯國人據此創立了本國僧伽羅語，使僧伽羅語發展成為文學和人民的共通語言。

總之，摩哂陀至斯里蘭卡，不但增進了印度和斯里蘭卡兩國友好的關係，也為斯國開創了新的佛教信仰，促進文化蓬勃的發展，尤其得到天愛帝須王的盡力護持，發展十分順利，國王和全國臣民，都受到佛法的熏陶，很快地成為佛教國家。

最重要的一事，是天愛帝須王受了摩哂陀長老的引導皈信佛教後，請求摩哂陀在全島各地建立「戒壇」傳授戒法，度化斯國人出家，使僧種住世不斷，佛法長久興盛。這一傳授戒法，從公元前三世紀起，影響到現在南傳上座部比丘的傳承不絕。佛教在斯里蘭卡順利地穩固了，並迅速得到廣泛地傳播。

❶《島史》I. 45-48，II. 1-69；及《大史》I. 19-84。

❷《善見律毘婆沙》卷三，《大正藏》第二十四冊，第六九一頁。

❸柳宗玄編：《世界之聖域七．錫蘭的佛都》，第九—十七頁。

❹摩哂陀（巴)Mahinda，梵Mahendra），阿育王之子，母為中印度優禪尼國（Ujjenī）南山卑提寫村（Vedisa）大富長者之女，後立為王后（devī）。摩哂陀年二十從目犍連子帝須出家。另據《大唐西域記》卷十一「僧伽羅國」說，摩哂陀是阿育王之弟，名摩醯因陀羅，即為梵文Mahendra的對音。

❺《島史》XII. 13, 26；《大史》VII. 7, XIII. 18-19。

❻ Walpola Rahula: *History of Buddhism in Ceylon*, p. 49-52。

❼ Walpola Rahula: *History of Buddhism in Ceylon*, p. 49-52。

❽ Walpola Rahula: *History of Buddhism in Ceylon*, p. 49-52。

❾佛滅後一百至二百年間，佛教在印度先分裂為上座部和大眾部，稱為根本分裂，後再由根本二部分為十八部或二十部等，稱為枝末分裂。傳至斯里蘭卡的佛教大寺派，是屬上座部的分別說系的銅牒部。但斯里蘭卡佛教流傳的大寺派，一向自稱為正統的上座部。

❿ Walpola Rahula: *History of Buddhism in Ceylon*, p. 56。

⓫ Walpola Rahula: *History of Buddhism in Ceylon*, p. 57。

⓬ Chusukdi Dipayaksorn：《錫蘭佛教史》（泰文），第六十八—六十九頁。

⓭ Chusukdi Dipayaksorn：《錫蘭佛教史》（泰文），第七十頁。

⓮ Walpola Rahula: *History of Buddhism in Ceylon*, p. 59-60。

⓯ Walpola Rahula: *History of Buddhism in Ceylon*, p. 59-60。

第三章　佛教發展的時期

（公元前一九九年至公元九一二年）

第一節　全國成立僧團

依《大史》及現代學者研究，公元前二三二年，摩哂陀長老與斯里蘭卡比丘，在阿耨羅陀城的塔園寺，舉行斯國佛教第一次三藏結集（《大史》稱第四次結集），以印度佛教史上的第三次結集三藏為依據，十月完成，由天愛帝須王護法。這次結集鞏固了斯里蘭卡佛教的發展❶。

印度佛教第三次結集，才用文字記錄下來，過去一向靠記憶口誦的三藏。摩哂陀僧團至斯國傳教時，曾攜有巴利三藏。但不久斯國比丘就用僧伽羅語繼續為巴利三藏做註釋，這可能是為了便利不懂得巴利語佛法的人，或當時斯國比丘程度不能以巴利語註釋三藏，而將巴利三藏譯成僧伽羅語❷。所以現存南傳巴利三藏註釋及義疏等，直至偉大的佛音論師至斯國後，領導還原譯成巴利語。

摩哂陀在斯里蘭卡弘法四十八年，佛教遍布全島。也使得佛教在民間得到快速的發展。依《大史》所記，那時有大小佛寺數百座。天愛帝須王有四個弟弟，後來都繼續為王，非常熱心護持佛教，供養比丘，建造了多座佛寺。統治斯國南方羅訶那（Rohaṇa）的迦迦婆弩帝須王（Kākavaṇṇatissa）及其他統治者，也在各地建了多所佛寺。保存至現在而有名的，有帝須大寺（Tissamahārāma）和質多羅山（Cittalapabbata），成為修習止觀法門的中心。迦羅尼耶王（Kālaṇiya）是斯里蘭卡西部著名的佛教傳揚者。迦迦婆弩帝須王的幼年王子帝須（Tissa），在斯里蘭卡東部底伽婆畢（Dīghavāpi），也非常擁護佛教。這是斯里蘭卡最進步繁榮的時期，人民過著幸福安樂的生活❸。

但是約在公元前一四五年，南印度的陀密羅族（Damiḷa）朱羅國（又譯注輦，Chola或Coḷa，今印度科羅曼德海岸Colomandel）帶兵渡海，攻下阿耨羅陀城，史稱伊拉羅王（Eḷāra）統治達四十五年。所幸北部雖被敵人侵占，而南方的羅訶那仍為自主之地。不久，南方迦迦婆弩帝須王的兒子杜多伽摩尼（Duṭṭhagāmaṇi）長大，英明勇敢，開始用兵收復失土，戰勝而殺了伊拉羅王，在阿耨羅陀即位為王（公元前一〇一—七七）。在戰爭期間，他宣布口號說：「不為國土，而是為了佛教。」戰爭結束後，因全國人民的覺醒，進入一個生氣蓬勃的時代。同時，國王又盡力振興佛教，全國人民都皈信三寶❹。

杜多伽摩尼王時，全島佛教非常興盛。國王命令在都城內建造兩座佛塔和九層銅殿。首先建造的佛塔名為大塔（Mahāthūpa，原名Ruvaṇṇaālī，意為金鬘塔，一般寫成Ruvanvelisaya），塔高和直徑均為九十一公尺，建於公元前一〇一至公元前六十九年，塔內供奉佛舍利，塔院四周鋪以白色大理石，圍牆四邊雕有成列的象頭四百個，每個二點七公尺，塔頂是鍍金的，光輝閃爍，成為都城內最奇偉的建築。其次的佛塔名為摩利遮伐帝塔（Maricavaṭṭi），意為辣椒塔，塔高六十一公尺，直徑五十一公尺。據記載建築這座塔的原因，一天國王吃了一盤辣椒，想起未先施僧，便建此塔供養僧人，表示懺悔。又在大寺範圍內近菩提樹旁，建造一座九層銅殿（Lohapāsāda），銅殿的高、廣、長各達一百肘（約四十六公尺），內有僧舍千間；因頂部有銅片覆蓋，故稱銅殿。銅殿下層全用花崗岩石柱，以四十乘四十成行排列，共一千六百根石柱，銅殿早被摧毀，而石柱遺跡仍保存至今，非常壯觀。現在佛教徒普遍慶祝的「衛塞日」（Visākha Day），依《大史》記載：也是他在位時首次舉行，他曾參加慶典達二十五次。其他國家人民，也有很多人來到大塔朝拜及供養[5]。

杜多伽摩尼王是一位英明之主，在位二十五年，老年時多病纏綿在床，一位當年在其指揮下奮戰疆場，戰後出家為比丘的故友前往探視，兩人相見，國王不禁老淚橫流地說：「過去你們曾助我擊潰敵軍，為什麼不能幫我戰勝死魔呢？」於是比丘對他說了

「諸行無常，人生亦然」之理，老王聽後，安然辭世❻。

杜多伽摩尼王之弟沙陀帝須（Saddhā-Tissa）繼位（公元前七十七—五十九）後，同樣熱心護持佛教，建造多所佛寺，如著名的南山寺（Dakkhiṇāgirivihāra）；大塔也是他在位時繼續建造完成，安置佛舍利，高約一百公尺，白色塔身，是斯國最大的佛塔。落成之時，有印度各處著名佛寺十多位長老趕來參加，盛極一時。

約在公元前四十三年頃，斯里蘭卡佛教發生了一件重大事變，羅訶那有一婆羅門帝須（Tissa，或稱帝耶，Tiya），與南印度陀密羅族七人領袖，率軍在斯里蘭卡摩訶提達（Mahātittha，即現在的馬納，Mannar）登陸，與斯里蘭卡伐多加摩尼王（Vaṭṭagāmaṇi，公元前四十三—十七）戰爭，以強大的優勢攻下阿耨羅陀城。伐多加摩尼王逃入山中住了十四年。在這期間，因戰爭而發生大饑荒，人民沒有食物，互相殘殺食人肉，甚至連平日受人尊敬的僧人，也不能幸免，很多人罹難。不少佛寺被迫放棄，包括著名的大寺在內，無人照顧；更有不少僧人逃去印度避難。歷史上稱這次為「婆羅門帝須饑荒怖畏」（Brāhmaṇa-tissa-dubbhikkha-bhaya，或稱為Bāmiṇiṭiyāsāya）❼。

災難期間，一些具有智慧和遠見的比丘，眼見法難當前，為謀求佛教未來的生存，決定將佛陀所宣說的三藏聖典用文字記錄下來。因為自摩哂陀至斯里蘭卡傳教以來，多數僧人還是以記憶口誦相傳為主，而島上又時常發生教難，能記憶背誦佛經的人已漸稀少。因此選擇當時較安定的中部摩多羅（Mātale），集會於阿盧精舍（Alu-vihāra），書寫三藏及註釋於貝葉上，以做永久保存[8]。這次結集由佛授（Buddhadatta）與帝須（Tissa）兩位上座領導，集合比丘五百位，一年完成，由摩多羅地方首長護法。此為斯國佛教第二次結集（緬甸《教史》上稱「第五次結集」）。

這次的結集將巴利三藏經典記錄成書，在南傳佛教巴利語文學史上是非常重要的一件大事，以後又被傳播到東南亞許多佛教國家，尊為佛教聖典。雖然巴利語源出於印度古老的方言，被佛教或一些部派佛教所採用為經典語言，但後來在印度巴利經典和文字都絕滅了。

第二節　部派佛教的興盛

當伐多加摩尼王戰勝了陀密羅族人後，回到阿耨羅陀復位（公元前二十九—十七）。相傳伐多加摩尼王能戰勝敵人復位，是因得到一位大帝須（Mahātissa）上座的大力幫助。國王在逃亡期間，他的一些重要軍事將領們，都對國王失去信心，覺得前途茫茫，想叛變去投靠敵人陀密羅族。但是在途中他們遭到一群強盜的洗劫，就逃去一所咸布伽羅迦寺（Hambugallaka-Vihāra），寺中有一位很有學問的出家人，就是大帝須上座，他們受到上座慈悲的照護。當上座了解他們的意向後，很驚訝地告誡他們說：「敵人是破壞國家和佛教的，不會做出任何一件好事。」並問他們：「誰是佛教的保護者？是陀密羅族人還是國王？」於是他們回心轉意仍願意效忠自己的國家和國王，並由上座帶領他們去覲見國王。國王與大臣們很感激上座的恩德，並對上座說：「假使我們抵抗敵人復國成功後，將致書大德長老們知悉，並請求來相見❾。」

伐多加摩尼王在逃亡時，因曾受到尼乾陀派（Nigaṇṭha，即耆那教，Jaina）一個外道的譏諷，當他戰勝陀密羅族敵人後，因不滿而拆毀了他的祇利寺（Giri-monastery），改建為偉大的無畏山寺，供養大帝須上座。國王的五位將軍，也建造了五所佛寺供養上座，表示感恩和友誼。這也是斯里蘭卡佛教史上首次記載，供養佛寺與比丘個人的（大寺派僧的意見）。然而，卻引起大寺派對大帝須的不滿，認為他的勢力太大，並嫌惡他與俗人太接近，而判定他為「擯出罪」（Pabbājaniya-kamma）❿。

伐多加摩尼王在都城之北，無畏山寺內建造一座無畏山寺大塔，高一百一十二公尺，為斯國第二高大塔，在塔的圍廊內，供奉一尊佛陀石雕像。因年久失修，基壇一部分和整個覆缽型塔身湮沒在草木中，像似一座小山丘。然從已損毀的頂部露出的方形相輪觀察，從基壇到頂部相輪，是為公元前一世紀磚造結構。

大帝須上座的弟子名多鬚帝須（Bahalamassu-Tissa）認為判得不公平，就提出抗議。大寺派僧人就說他的抗議是愚癡的，是「不淨者」，判他除棄罪（Ukkhepaniya-kamma），即禁止共同誦戒等。於是多鬚帝須就帶了很多比丘去無畏山寺，不願再回到大寺。

這是大寺僧團首次因思想見解不同而開始分裂，其實，除了對大帝須定罪外，無畏山寺派與大寺派的思想和修行方面，都是完全相同的。兩派以後雖不和睦，約經過二百五十年，大體無事⓫。

不久，印度有一群比丘到達斯里蘭卡，他們就是法喜（Dhammaruci）上座的弟子，屬印度跋耆子犢子部（Vajjiputtaka）。他們到達後，受到無畏山寺派的歡迎，因為這時無畏山寺派的出家人，為了鞏固發展本派的基礎，正需要聯絡他派的合作。跋耆子派是講「有我」的，而且認為阿羅漢向及阿羅漢果，也可能有退墮的，此種觀點與上座部教理有所衝突。無畏山寺派聯合這群新到的比丘，及吸收他們的教理，無畏山寺因而亦得名「法喜部」（Dhammaruci），是依印度法喜論師得名的⓬。

無畏山寺發展迅速，因他們常與國外佛教各部派聯絡，學習大小乘，精通三藏，吸收新的思想，不斷努力求進步。而大寺方面，因他們固守舊有的一切，不求變革，只研究和深信本派的教理，知識不廣，不接受他人的新意見，只滿意自己的榮耀和傳統，宣傳教理也嫌落後。兩派雖然對立，但並不妨礙斯國佛教的發展。據歷史記載，公元前一世紀末，國王摩訶鳩利迦大帝須（Mahācūlika Mahātissa，公元前十七—三）在一次盛大供養中，有六萬比丘與三萬比丘尼[13]。這在當時，是一個很驚人的數字。

在以後的三百年中，斯國佛教情形變化不大。其間有些可記的：當鳩羅那伽王在位時（Cora-Nāga，公元前三—公元九），他與僧團為敵，毀壞大寺派僧寺十八處。原因他是伐多伽摩尼之子，未能繼位，而由伐多伽摩尼兄弟之中一子，摩訶鳩利迦大帝須繼承，於是鳩羅那伽王子叛變，而僧人未給予他支持，因此懷恨在心，等到他得到王位後，佛教受到很大的傷害。到婆帝迦無畏王（Bhātikābhaya，三十八—六十六）時，熱心佛教，鼓勵及供養僧人研讀三藏，並領導參加每年慶祝衛塞日達二十八次。王子大鬚大龍王（Mahādāṭhika-Mahānāga）繼位（六十七—七十九），更親自參加弘法活動，佛教發達；他又提倡慶祝「耆梨婆陀節日」（Giri-bhaṇḍa-Pūja）[14]。

在公元一世紀時，無畏山寺派有幾百比丘在曼陀羅寺（Mandhalārāmaya）舉行一次會議上，產生兩種不同意見，有重於修持的糞掃衣派（Paṃsukūla Nikāya），和重於教理研究的法師派（Dhammācāra Nikāya）。在後來的佛教發展過程中，法喜派屬於法師派，注重教理研究和著書立說，占了上風，把修習禪觀等放在次要位置。

阿曼陀伽摩尼（Aūmaṇḍagāmaṇī）繼父位（七十九—八十九）後，全國訂立「禁殺」（māghāta）律令。其次王弟迦尼羅闍奴帝須（Kaṇirajānu-Tissa，八十九一九十二）繼位，佛教又發生不幸的事，國王認為有六十位比丘行為不當，要制裁他們，然而比丘們不願接受，甚至計畫要謀害國王，於是此王命令將他們自塔山（Mihantale）上擲下而死⑮。

《大史》記載：迦尼羅闍奴帝須王曾參與無畏山寺教團內部事務。不管是國王受到邀請或自動參加，都是一件很特殊的事件。

至毘娑婆王（Vasabha，一二七—一七一），佛教得到國家的護持，不偏重於任何一派，建造了不少佛像、佛塔、佛寺。他不僅修復很多破舊的佛教道場，更派比丘至各處弘法，教化人民，甚至到達北部的龍島（現在的查夫納）。自此以後一百年之間，佛教未再發生任何事件，每位國王都平等護持各派佛教。

公元二、三世紀後，印度大乘佛教趨向發達，其中有一支派稱為「方廣部」（亦譯方等部），約在公元二六九年以後傳入斯里蘭卡。關於這派傳入斯國，有不同的說法，在弗訶利迦帝須王（Vohārikatissa，二六九—二九一）時，有方廣派（Vaitulya）人至斯國傳教。起初無畏山寺派以為此派教理為佛說，就接納他們；然經過比較研究後，被認為違反上座部傳統。後來，國王及一位大臣迦毘羅（Kapila）就共同驅逐這個支派離開島上，聖典也被燒毀。但又有史料證明，方廣部三藏傳入斯里蘭卡為梵文，因為大乘各種經典書寫都為梵文，所以方廣部三藏，有時稱為「大乘經」。又斯里蘭卡佛教史《部派集論》（Nikāya-saṅgraha）中說：「無畏山寺派僧，又名法喜部，接受方廣部三藏，宣布為佛說。但實為阿育王時，外道方等之群眾，混入佛教中偽裝出家，假造邪說破壞佛教。」又說：「外道言說與上座部比較，判非佛說。」由此可知上座部與方廣部的意見不同[16]。

無畏山寺派自接受和奉行方廣部言說，最初雖遭大寺派和國王嫌惡而驅除，但留存下來的影響力還是很大。約在公元三〇九年後，無畏山再引用方廣部言說，當時有位僧領袖叫優悉利耶帝須（Ussiriyā-Tissa），不滿這樣做，就帶走約三百位比丘去南山寺（Dakkhiṇāgirivihāra）住，脫離無畏山法喜部。又因當時這群僧眾中有一位上座教授名沙竭羅（Sāgala），所以南山寺又名「沙竭羅部」（Sāgaliya，同Sāgalika）[17]，或稱「南山寺派」，後來也稱祇園寺派（Jetavana-nikāya）[18]，這是斯里蘭卡佛教發生的第二次分裂。

弗訶利迦帝須王（Vohārikatissa，二六九—二九一）曾施捨三十萬貨幣，使僧人脫離借債。後來斯國瞿佗阿婆耶王（Goṭhābhaya，三〇九—三二二）在位，嫌惡方廣部生事，就命令燒毀方廣部所有的經論，及驅逐重要的領袖六十人離開斯國。有些人就去到南印度朱羅國的迦伏羅波他那（Kāvirapaṭṭana）地方住。

當時印度正是弘揚無著和世親的瑜伽思想最得勢力的時候。被驅逐的斯里蘭卡僧到印度後，親近一位很有才能而善於攝眾的青年上座僧友（Sanghamitra），後來他成為傳大乘中觀思想至斯里蘭卡的領袖。《大史》記載說，他精於傳授驅除惡魔鬼魅之法及咒術等，展示靈驗，當然這些說法，並不一定完全是事實。

僧友非常同情被驅逐的斯里蘭卡僧，就決心過海至斯里蘭卡弘揚大乘。瞿佗阿婆耶王知道後，就去毘沙沙（Vissāsa）的地方，與這位多學的外僧相見。結果對他非常敬仰，而委託教導他的兩個王子，大王子逝多帝須一世（Jeṭṭha-Tissa I），次王子摩訶斯那（Mahāsena）。學習期間，大王子性格固執不甚謙虛，而次王子卻彬彬有禮。

父王去世，逝多帝須一世繼位（三二三—三三三），僧友恐怕發生災難，就趁機回到印度。至摩訶斯那為王（三三四—三六二）時，僧友再回到斯國，這對他來說已等了多年，才得以實現弘揚大乘的心願。

僧友第二次到斯國時，住在無畏山寺，並鼓勵吸引大寺派僧人轉來信仰大乘，但未成功。於是他向國王建議，發布命令禁止人民供養食物與大寺僧人，否則有罪。結果大寺派僧人托缽時得不到食物，就離開阿耨羅陀城去到南方的羅訶那和中部的摩羅耶（Malaya），這是大寺派有影響力的基地。僧友得到國王和一位大臣須那（Soṇa）的協助，摧毀了大寺的九層銅殿及其他三十六所佛寺，取走了有用的材料去增建無畏山寺。如此大寺被荒蕪達九年，甚至塔山也被無畏山法喜部占據。

摩訶斯那王（Mahāsena，三三四—三六二）在位時，曾命令在都城大寺之北約兩公里處，建造祇園寺大塔（Jedavana Pagoda），高一百二十公尺，是斯里蘭卡最高的佛塔，規模宏偉，建材用磚，至今失修已漸荒蕪。

因在公元四世紀時，一位著作《拉加巴姆沙》一書的學者，到今阿富汗境內的巴米揚大佛地區訪問，回來後向摩訶斯那王說，巴米揚大佛的臉像與國王和王子很像。於是摩訶斯那王命令塑造一尊菩薩像，豎立在沙希魯婆（Sasseruva）的高峭岩壁上，立像高約十二公尺，右手作「施無畏印」，左手抬至肩處輕拉披衣，袒露右肩，後人稱為沙希魯婆大佛，據說為彌勒菩薩像。至王去世時，繼承者不信大乘佛教，即下令停工，以致大佛台座始終未能完成[19]。

至公元五世紀時達都舍那王（四五九—四七七年在位）則在沙希魯婆西方約二點五公里處又雕刻了十四公尺高的奧卡那大佛，也是未來佛彌勒菩薩的立像。

大寺是摩哂陀至斯里蘭卡傳教最早建立的道場，為全國佛教中心，此時已有六百多年以上的歷史。雖然佛教部派增多，人民還是對大寺有不可動搖的敬仰。當大寺遭到完全毀壞，人民就起來反對國王、僧友、須那；連國王最親密的大臣之一叫雲色無畏（Meghavaṇṇa-Abhaya）也叛離逃至摩羅耶，要起兵宣戰。國王驚怕，急召集會議，承認錯誤，願修復大寺，並使兩派再能和好。可是人民還是懷恨在心。國王憐愛的王后也對此事感到痛心，密命一個木工去將僧友和須那刺死，並由國王命令修復大寺。

僧友可能是龍樹學派的學者，因為在南印度基斯特那（Kistna）河岸，近代發掘出一所古寺遺跡，被認為是龍樹道場的龍樹山（Nāgārjuna-nikonda）。在此處附近發現一處古代斯里蘭卡僧人居住的地方，名為錫蘭寺，這可證明斯國佛教與龍樹學派的關係。另一件值得注意的事，龍樹的入室弟子提婆（Deva或Āryadava，三世紀人），原是斯里蘭卡比丘，亦傳說是弗訶利迦帝須王的兒子，學習和弘揚中觀學說，由此可推知方廣部派傳入斯國，可能是與提婆同一個時代[20]。

雖然國王與雲色無畏大臣有協議，但國王並未出於真心愛惜大寺。所以在大寺地址範圍內，更興建一座偉大的祇園寺（Jetavana-vihāra），供養一位南山寺沙竭羅部的帝須（Tissa）上座，如此大寺又被廢棄九個月。因為這個緣故，大寺派僧人會議，設想解決問題及檢討自己的錯誤。在這次會議中，他們判決帝須接受祇園寺為非法，觸犯根本重罪，並與司法大臣合作拘捕了帝須，強迫他還俗。國王雖不甚同意，但因人民反抗，也無法阻止[21]。國王雖有很大的權力，但沒有力量命令僧團。

吉祥雲色王（Siri-Meghavaṇṇa，三六二—三八九）即位後，改變了作風，為父王向大寺派僧團請罪，修復了被毀的大寺，並願代支付一切費用。他非常敬仰摩哂陀長老來斯國傳教的功績，便鑄造摩哂陀金像做為紀念，每年都舉行盛大的慶祝活動。國王在位的第九年，有印度迦陵伽國（Kalinga）佛牙城（Danta-pura）的王子陀多鳩摩羅（Danta Kumāra，譯齒王子）和王妃稀摩梨（Hammālī），祕密藏著一顆佛陀左邊聖牙逃至斯里蘭卡。之後，佛牙被供奉在一座特別建築的佛牙精舍，每年定期請出舉行慶祝，公開供奉在無畏山寺展出，讓人民瞻仰禮拜。而大寺未能得到供奉佛牙的機會，這可能是王子和王妃信仰大乘佛教的關係，無畏山寺也為斯國大乘佛教中心，所以佛牙每次都在無畏山寺展出[22]。

這時斯里蘭卡很多佛教徒，常往印度各地朝拜佛教聖地。但到達印度後，感到食住非常不便，遭遇很多困難，請求當地印度人協助，往往藉機提高價格。吉祥雲色王於是遣使至印度求見娑摩陀羅笈多王（Samudragupta），請求准許在菩提伽耶建築一佛寺，以方便斯國的朝聖者。印度國王同意了，這是斯國人最初在印度建築的一座佛寺[23]。

次子摩訶斯那即位，稱逝多帝須二世（Jeṭṭha-Tissa II，三八九—三九三），他是位著名的雕刻家，並培養一批雕像精湛人才，雕出精美莊嚴的象牙大乘菩薩像，迴向他的父王。

逝多帝須二世王曾聽到中國晉孝武帝（三七三—三九六）篤信佛法，特遣沙門曇摩（Dhamma）為使至中國敬獻青玉佛像一尊。在梁代慧皎《高僧傳》卷十三〈釋慧力〉中說：「……有師子國四尺二寸玉像，並皆在焉。昔師子國王聞晉孝武精於奉法，故遣沙門曇摩抑遠獻此佛，在道十餘年，至義熙中（東晉安帝年號，四〇五—四一八）乃達。」在《梁書．諸夷列傳》中也有記載：「師子國……晉義熙初，始遣獻玉像，經十載乃至。像高四尺二寸，玉色潔潤，形製殊特，殆非人工。此像歷晉、宋世在瓦棺寺（在江蘇南京鳳凰堂）。」可見古代斯里蘭卡造像藝術十分精美，佛教非常地發達㉔。

佛使王（Buddhadāsa）時，曾規定供養全國說法僧人的飲食、用物及侍役人。

中國高僧法顯，在東晉義熙七年（四一一），從印度抵達斯里蘭卡，在阿耨羅陀城住了兩年。他在《佛國記》中記述當時斯國佛教說：「王於城北跡上起大塔，高四十丈，金銀莊挍眾寶合成。塔邊復起一僧伽藍，名無畏山，有五千僧。起一佛殿，金銀刻鏤，悉以眾寶。中有一青玉像，高三丈許，通身七寶焰光，威相嚴顯，非言所載。」「城中又起佛齒精舍，皆七寶作；王淨修梵行。城內人民敬信之情亦篤。」「眾僧庫藏多有珍寶無價摩尼。」「其城中多居士長者薩薄（為梵語Sārthavāha之略，譯商隊主）商人，屋宇嚴麗，巷陌平整，四衢道頭，皆作說法堂。月八日、十四日、十五日，鋪施高座，道俗四眾皆集聽法。其國人云，都可六萬僧，悉有眾食。王別於城內，供養五六千人。」「佛齒常以三月中出之……卻後十日，佛齒當出至無畏山精舍，國內道俗欲植福者，各各平治道路嚴飾巷陌，辨眾華香供養之具……然後佛齒乃出中道而行，隨路供養到無畏精舍佛堂上。道俗雲集燒香燃燈，種種法事晝夜不息，滿九十日乃還城內精舍。城內精舍至齋日則開門戶禮敬如法。無畏精舍東四十里有一山，中有精舍名支提，可有二千僧。僧中有一大德沙門，名達摩瞿諦，其國人民皆共宗仰，住一石室中四十許年……城南七里有一精舍，名摩訶毘訶羅（大寺），有三千僧住。」「法顯在此國聞天竺道人，於高座上誦經云：『佛鉢本在毘舍離……若干百年，當復至師子國……鉢去已佛法漸滅，佛法滅後人壽轉短……。』法顯爾時欲寫此經，其人云：『此無經本，我心口誦耳。』」「法顯住此國二年，更求得《彌沙塞律》藏本，得《長阿含》、《雜阿含》，復得一部《雜藏》，此悉漢土所無者[25]。」

法顯到斯國時，無畏山寺派正當隆盛中。依羅睺羅的《錫蘭佛教史》推斷，《佛國記》中所記一大德沙門名達摩瞿諦（Ta-mo-kiu-ti），或可能就是摩訶達磨迦提（Mahādhammakathi），他曾將多種巴利語經典譯為僧伽羅語。又印度優波底沙論師的《解脫道論》，可代表無畏山的思想。

法顯在斯里蘭卡求得的《彌沙塞律》，是屬化地部所傳的律藏，簡稱《五分律》。之後有斯國律師僧伽跋摩在華於東晉盧山傳律，譯出《彌沙塞律抄》一卷。據此可見當時斯國化地部亦相當流行[26]。

第三節　佛音論師等的偉業

佛音（Buddhaghosa，佛陀瞿沙，亦意譯覺音）是上座部佛教最偉大的傑出論師，光芒無盡。他對斯里蘭卡上座部佛教大寺派的教學和傳承，可謂是再創建者，亦不為過。他的偉大事業，是領導完成了巴利三藏聖典的註釋，奠定了以後大寺派佛教興盛的基礎。從斯國佛教史記載，以及今日學者研究，都認為現在南傳佛教巴利聖典的註釋，是佛音及他的門徒所作。但是關於佛音的歷史，尚未能考證確定。《大史》記載佛音生在近菩提伽耶；亦有說他生在北印度婆羅門族；緬甸人則傳說他是緬甸金地人。但是可以確定的，他住在菩提伽耶時間很長。當時菩提伽耶已建有一座斯里蘭卡佛寺，住有斯里蘭卡僧眾，其中一位離婆多（Revata）長老是他們的領袖。佛音未信仰佛教前，精通吠陀文學，他自信懷有辯論才能，到處尋找對手。一天，佛音背誦瑜伽派哲學巴丹闍梨（Patañjali）語典[27]，被離婆多聽到，覺得他的發音清晰正確，很想改變他來信仰佛教，於是去跟他討論。佛音問：「你了解這些經典嗎？」離婆多答：「了解。但它們有很多缺點。」於是離婆多嚴格地批評這些經典後，佛音感到驚訝無言。離婆多又再為他介紹佛法的精要，佛音感覺不甚懂，就請求長老教導他。離婆多說：「假使你來出家就可以教你。」青年的佛音對佛教很感興趣，為了多聞學習，而出家研讀佛教三藏，尋求聖道。佛音本單名為「音」（Ghosa），因其聲音似佛，所以出家後人稱為佛音或覺音。佛音出家後，依離婆多修學，通達三藏。不久他就完成第一部著作《上智論》（Ñāṇodaya），其次造《法集論註》，名為《殊勝義》（Aṭṭhasālinī），是註釋阿毗達摩藏之一的《法集論》（Dhammasaṅgaṇī）。當離婆多知道他又著《護經義解》（Parittaṭṭha-kathā）時，就勸告他說：「這裡有自斯國帶來的三藏；但沒有各種註釋及諸師的論著。而在斯國有各種註釋，經過前後三次結集，都是確實依據佛說編成，後來有人譯成僧伽羅語。你應該去那裡修學，翻譯那些註釋為巴利語，對眾生會有很大的利益㉘。」

大名王（Mahānāma，四〇九—四三一）在位時代，佛音到達了斯里蘭卡，住在大寺。

在佛滅後數百年，經典是靠記憶和口誦。但聖典的主要部分，約在佛滅後二百年中便已編集完成。有一事實值得注意：阿育王是最為僧伽們所讚揚的，但在原始三藏經典中，完全沒有記載他的名字。上座部巴利三藏的內容及形式，更無疑是在阿育王時已經成立。但後來印度大乘佛教興盛，提倡用梵文。巴利語佛法在印度已不流傳，多數遺失，幸得上座部佛教早先傳入斯里蘭卡，巴利三藏及註釋等才能保留傳承下來。

巴利三藏帶至斯里蘭卡，經數百年，有些已被譯成僧伽羅語，斯國僧人也有不少註釋出現，但經過幾次國難和部派分裂，經典的保存難免毀壞或遺失。佛音住在大寺研讀佛法期間，從僧護（Saṅghapāla）長老修學僧伽羅語，研究各種註釋及諸師論著。然後他莊重地對僧團要求說：「我要求能自由的閱讀所有典籍，並計畫將聖典從僧伽羅語譯成巴利語。」大寺比丘們為了考驗他的才能，給他兩節巴利語偈頌，先行要求他註釋。

佛音第一件工作，寫成最偉大的《清淨道論》，它如同一部佛教百科全書，內容分戒、定、慧三大綱目，引證很多早期的佛教聖典，以及聖典之後的文獻。這部巨著，極受到上座部佛教徒重視，在世界佛教思想上占有極崇高的地位。

大寺派僧人，對佛音的成就，非常讚歎、景仰和信任，享有非常高的威望。於是由他領導在都城的犍陀迦羅經樓（Granthakāra Pariveṇa，亦譯犍陀迦羅寺），開始進行全部聖典的僧伽羅語翻譯為巴利語，以及各種巴利語註釋的工作。這是約在公元四一二年前後的事。在斯國佛教史上稱「第六次結集」，即「斯里蘭卡佛教第三次結集」。

大名王時代僧教育極為發達，單大寺派屬下就有四所頗負盛名的佛學院，即突羅商羯羅佛學院（Dūrasankara pariveṇa）、格蘭陀迦羅佛學院（Granthākara pariveṇa）、波陀那迦羅佛學院（Padhānaghara pariveṇa）、摩尤羅波沙陀佛學院（Mayurapāsāda pariveṇa）。佛音曾住在藏書最豐富的格蘭陀迦羅佛學院就讀[29]。

關於斯里蘭卡上座部三藏、註釋、義疏等，將另作巴利文獻介紹，此節從略。佛音完成他的偉大工作後，回到印度朝禮聖菩提樹。至於他在什麼地方涅槃，沒有人知道。以及他在涅槃前，是如何度過生命中最後的日子，也有不同的傳說。不過我們應該超越這種傳記上的觀念，而注意他對巴利語文獻研究的貢獻，是光輝不朽的偉業㉚。

同時在這裡，應該再介紹兩位與佛音同時代的大寺傑出論師，即是佛授（Buddhadatta）和護法（Dhammapāla）。前者為佛音的《論藏註》做綱要；後者繼續完成佛音註釋三藏未盡完成的部分。

佛授與佛音是同時代的人，但是他先到斯國。依《佛音的出生》（Buddhaghosupapatti）一書記述，佛音去斯國時，佛授在斯國已經受完教育，正返回印度，恰巧佛音也正去斯國，兩人在途中隔船相見，互相問候後，佛音說：「現在留存的經典為僧伽羅語，我要去斯里蘭卡把那些經文翻譯成摩揭陀語（巴利）。」佛授答：「大德！我已經去過斯里蘭卡，目的也是如此。但我住了不久，工作未完成。」當他們在談話之間，兩船相去已漸遠，說話聲音就聽不到了。

另外，在他們相遇時，佛授曾請求佛音送一部三藏「註釋」到印度給他，佛音也答應了他的請求。後來佛授將佛音的註釋著成綱要，如《入阿毗達摩論》及《律考》等。佛授是從南印度朱羅國優盧伽城（Uragapura）到斯里蘭卡，在大寺研究佛學。他回到印度後，住在一所婆羅門教信奉大自在天的「委西奴陀沙」（Viṣṇudāsa）神廟裡寫作，靠近迦吠利（Kaveri）河岸。

佛授的著作中，以《入阿毗達摩論》最為傑出。雖然它是佛音論師《論藏註》的綱要，但是他並未依照佛音論題的次序。佛音所說的是，佛學最重要的是色、受、想、行、識五蘊。但佛授的《入阿毗達摩論》所討論的是，心、心所、色、涅槃四法[31]。

護法可能是南印度巴陀羅提他（Badaratittha）人。由於他常常提到佛音的著作，所以可知他是佛音以後的人。他的重要著作是在《小部》的註釋，那是在佛音時代沒有完成的工作。計有《自說註》、《如是語註》、《天宮事註》、《餓鬼事註》、《長老偈註》、《長老尼偈註》、《行藏註》，總名為《勝義燈論》（Paramatthadīpanī）。他還著有《清淨道論疏》，名為《勝義筐》（Paramatthamañjūsā），此書並引用其他部派的經論和論師們的意見，如大眾部、斯國無畏山部，及《解脫道論》中的一段。在他著作的時代，可能也依據一些僧伽羅語佛典，及南印度的達羅比吒（Dravidian）土語佛典。在他另外一部《導論疏》（Netti-ṭikā）裡說，是依達磨勒棄多（Dhamma-rakkhita）請求疏釋的，那時他住在那伽波多那（Nāgapaṭṭana）一所佛寺中。也有說佛音以後，稱為護法的不止一人，而是將數人的註釋及著作歸納在他一人的名下[32]。

第四節　部派佛教的分裂與興衰

本章第二節中，已敘述過斯里蘭卡僧團的分裂。初從大寺中分出無畏山寺派，至祇園寺建成，南山寺沙竭羅部帝須上座雖被迫還俗，但不久祇園寺的其他僧人，也發展成一獨立學派，後來就稱祇園寺派。可是在很短時間內，祇園寺派又回歸信仰方廣部。

早期斯里蘭卡佛教史，很少記載比丘尼僧團的情形，但有比丘尼僧團的存在是事實，如迦陵伽王后在尼僧團出家，甚至延至公元九、十世紀。然而尼僧團並不顯得重要和發達，是附屬於比丘僧團。這裡值得一提的，是中斯兩國比丘尼僧團的一段珍貴歷史。在中國道宣《行事鈔》中，曾提到劉宋元嘉十年（四三三），曾有僧伽跋摩到了揚州，當時正有師子國（斯里蘭卡）先後來了兩批比丘尼。其先大約是元嘉六年（四二九）有八位比丘尼來到宋都建業（南京）景福寺，因不足十人傳授戒法；其後於元嘉十年又有鐵薩羅（Devasāra或Tisarana）十一位比丘尼來華，為中國建立了比丘尼僧團，當時有景福寺尼慧果、淨音求受比丘尼戒法。當時斯國十九位比丘尼住在一所御封的尼寺中，為了永遠紀念，寺名就稱「鐵薩羅寺㉝」。另一則《大宋僧史略》卷上〈尼得戒由〉中敘說：「《薩婆多師資傳》云：宋元嘉十一年（四三四）春，師子國尼鐵索羅等十人，於建康南林寺壇上，為景福寺尼慧果、淨音等二眾中受戒法事，十二日度三百餘人。此方尼於二眾受戒，慧果為始也㉞。」從引《薩婆多師資傳》看，這些來華尼眾或屬於說一切有部。

公元四至五世紀間，有人編著《島史》（Dīpavaṃsa），日譯《島王統史》，著者不詳，為斯里蘭卡最早編年史詩，分二十二章，簡單敘述佛陀生平、斯里蘭卡早期史，直到摩訶斯那王為止，詩詞雖不是很優美，卻是一本非常珍貴的斯里蘭卡古史和佛教史。

公元四三三年，南印度陀密羅族又入侵斯里蘭卡，占據阿耨羅陀城，有六人相繼稱王，達二十五年之久。斯國喪失了主權，佛教、文化、經濟、建築遭受到很大的摧殘，人民很多逃難至南方羅訶那。

在印度陀密羅人入侵期間，這時有一位多學的比丘，為了護國衛教，而捨戒還俗，領導戰爭，終於消滅陀密羅族人，恢復失地，登位為界軍王（Dhātusena，四六〇—四七八）。他是再造國家的英雄，為謀人民福利，掘鑿井池，儲水灌溉田地。他熱心護持佛教，特別是對大寺派，建造十八座佛寺，其他佛寺及水井池塘等還不計算在內；供養比丘，協助推廣佛法。修理塔山上的菴婆他羅寺（Ambatthala-vihāra），本欲供養大寺派，但此山自摩訶斯那王以來，即屬於無畏山寺法喜部，所以仍供養法喜部。界軍王又鑄造了很多佛像、菩薩像及摩哂陀長老像，並舉行盛大的慶祝儀式[35]。按界軍王所造的菩薩像，斯國歷史上記述為未來佛彌勒菩薩巨像，是造在奧卡那（Avukana）一塊高峭岩壁上，立像高十四公尺，右手肘高舉，左手抬至肩部輕拉披衣，衣褶細緻優美，佛頂上有後人添加上去的火焰狀裝飾[36]，極具佛教藝術價值。

據說界軍王自小是得到一位叔父的培養，他們同逃難在外，認為他將來注定會當上國王，因此把他帶到鄉下一所寺院當小沙彌，讓他養成獨立自主和勇敢的性格，學習豐富的知識和治國之道。後來還俗帶領軍隊，果然打敗了三個泰米爾國王，復國登上了王位[37]。

界軍王有兩個兒子，大王子迦葉一世（Kassapa I），次王子目犍連一世（Moggallāna I）。但大王子不得父王的喜愛，於是他謀殺了父王篡位（四七八—四九六）。目犍連一世怕有生命危險，就逃去印度。迦葉王一世曾擴建一所自在沙門寺（Issarasamaṇārāma）供養大寺上座部，但遭拒絕，於是就付託供養一尊佛像；又建一寺供養法喜部。

迦葉一世時，在阿耨羅陀東南約六十一公里的悉耆利耶山（Sīgiriya）上開鑿了許多石窟，留下斯國最精美的壁畫。悉耆利耶原意是「獅子之岩」，是一塊巨大岩石，南北約四百公尺，高約一百八十公尺。進入窟內迴廊後，外壁原畫有匿名五百天女，由於雨水長期的侵蝕，多數剝落不堪，現在保存的有四窟，特別是編號A窟的有十二位天女，編號B窟有三位天女，保存較完好。這些連續描繪天女散花的壁畫形象，非常壯觀美麗，足可與印度著名的阿旃多（Ajaṇṭa）第十六窟的壁畫媲美[38]。此一壁畫，長久一直被隱蔽在密林中，直到公元一八三一年有一英國人發現，才受到世人的重視。

迦葉一世弒父篡位的行為，受到全國人民和佛教徒的嫌惡，甚至包括尼乾子外道。因此次王子目犍連一世得到機會，從印度返國，戰勝迦葉一世而登位（四九六—五一三）。目犍連一世對各派佛教都很尊重，一視同仁。他訪問了大寺和無畏山寺，至大寺時，曾受到僧團列隊熱烈的歡迎[39]。

約公元五世紀末，有比丘大名（Mahānāma）編著《大史》（Mahāvaṃsa），日譯《大王統史》，共三十七章，記載自斯國上古史，以迄摩訶斯那王為止，內容較《島史》詳盡，詩詞謹嚴而優美；後人又繼續增編至一〇一章，直到十九世紀初。以後接續編的部分稱為《小史》（Cūlavaṃsa）。或將《大史》和《小史》合編，統稱為《大史》。

目犍連一世在位時，因有一蘭巴建納族（Lamba-kaṇṇa）青年，名叫尸羅迦羅（Silākāla），逃難至印度，在菩提伽耶一寺（可能是斯里蘭卡佛寺）出家為比丘，他有一奇特的法名為「菴婆沙彌」（Ambasāmaṇera）。之後，他有機會獲得珍貴的佛髮，而帶回至斯里蘭卡獻給目犍連一世王，國王將佛髮供奉在一密室的水晶寶盒中，還組織了一個強大的機構負責保護，也舉行盛大的慶祝。後來他捨戒還俗了，得到目犍連一世的封爵，並與王妹結婚㊵。

此後國內政治發生紛擾約十年，尸羅迦羅最終奪得了王位（五二四—五三七），他對佛教的態度主要是護持無畏山寺。他曾公布全國「禁殺」，並建立多所醫院。

斯里蘭卡過去也有多位國王，曾公布「禁止殺害畜生」命令，遵守佛陀不殺的教誡，因此有很多飼養禽畜為生的人而轉業改行。

尸羅迦羅王在位的第十二年，有一青年商人叫富樓那（Pūrṇa），去印度迦尸國（Kāsi，今貝那拉斯Benares，即瓦拉納西Varanasi）貿易，回國時帶了一部《法界論》（Dharmadhātu）典籍。尸羅迦羅王過去在印度被放逐時，可能信仰大乘佛教，當他與青年商人聯絡後，獲得這部典籍，對它有高度的崇拜，把它珍藏在王宮一密室中。並且每年在祇園寺展覽讓人民禮拜。展覽期間，當時住在祇園寺南山派的沙竭羅部有些比丘們不願意去參加，而無畏山寺派邀請他們出席參加，頌揚這部《法界論》典籍。至於大寺派的僧俗信眾，則拒絕參加，並嚴厲批評這是真偽不辨㊶。

公元六世紀末，印度因明學很發達，風行公開辯論，當時佛教因明學者以陳那（Dignāga）和法稱（Dharmakīrti）最有權威。在斯里蘭卡最勝菩提一世時期

（Aggabodhi I，五六八—六〇一），有一位印度明護（Jotipāla）上座至斯里蘭卡，在民眾面前與方廣部舉行辯論大會。代表方廣部辯論的達多波普帝（Dāṭhāpabhuti，官職名ādipāda，與方廣部關係很親密），結果辯論失敗，就要怒打明護上座。明護上座立刻受到國王的保護。據《部派集論》（Nikāya-saṅgraha）記載，自明護上座辯勝方廣部後，信仰方廣部、無畏山寺派、祇園寺派的人就逐漸減少了，而回歸到信仰大寺派。

最勝菩提二世（Aggabodhi II，六〇一—六一一）即位後，對方廣部的辯輸，不承認失敗，因此特別護持無畏山派及祇園寺派，超過對大寺派的護持，王后也一樣，使兩派的僧人有所增加。國王也曾建竹林精舍（Veḷuvihāra）供養沙竭羅部。

此王在位時，印度的迦陵伽國發生政治不安。國王逃至斯里蘭卡，然後跟明護上座出家。與他同逃出的王后和大臣，之後也出家。他們都得到斯里蘭卡王的護持。逃亡的國王出家後，最後也圓寂在斯國。

目犍連三世（Moggallāna Ⅲ，六一一—六一七）時，獎勵學者，協助佛教推行教理的弘揚。斯國佛教在此王時期，國王首次舉行向僧團供養功德衣（kaṭhina）儀式，而沿傳至今，也影響到東南亞佛教國家。

尸羅彌伽梵那王（Silāmeghavaṇṇa，六一七—六二六）時，無畏山寺發生極大的不幸事件：有一位住僧名菩提（Bodhi）到國王面前，說有很多比丘不守戒法，請求國王協助依律制止。國王就授權菩提比丘審理此事。但是有些破戒比丘，為了平息事端，就合謀殺死菩提比丘。國王知道後非常盛怒，認為這些比丘觸犯刑事案，遂命令捉來還俗，切斷手臂，並將他們監禁起來，又驅逐百位比丘出境。然後他協助重整佛教，恢復僧團的清淨，並請求大寺派與無畏山寺派和合共同誦戒，但遭到大寺派的拒絕，國王亦無辦法㊷。

之後，斯里蘭卡發生七年多內戰，各處佛寺佛塔受到很多破毀。因為戰爭物資的需要，僧團財產、金佛像、各種有價之物，都被強制取走，大寺和無畏山寺亦難幸免。

公元六二九年，中國高僧玄奘大師赴印度求法，公元六四五年歸國，曾撰《大唐西域記》，在卷十一記載斯里蘭卡佛教說：「……分成二部：一曰摩訶毘訶羅住部（大寺派），斥大乘，習小教；二曰阿跋耶祇釐住部（無畏山寺派），學兼二乘，弘演三藏，僧徒乃戒行貞潔，定慧凝明，儀範可師，濟濟如也。」其中也曾提到佛牙精舍及金佛像之事㊸。同時玄奘亦記載說，當他遊歷至南印度的建志城時，曾經和從僧伽羅國（錫蘭）前來的菩提迷祇濕伐羅等三百比丘會晤，並且和他們討論了關於瑜伽的要義，可見那時斯里蘭卡有不少人研究瑜伽學說的，但不能考訂瑜伽學說是在什麼時候傳入斯國的㊹。

到迦葉二世（Kassapa Ⅱ，六四一—六五〇）時，命令修復過去所毀的佛寺，派人至各處弘法，編著經典綱要。這時僧人及佛教徒已漸漸開始風行研究阿毗達摩及論藏註釋。

到達多波帝須二世（Dāṭhopatissa II，六五〇—六五八）時，他要建一佛寺供養無畏山寺派，但大寺派不同意，理由是建寺的地址，屬於大寺界內。而國王一定要依計畫建築，大寺派僧眾非常的不滿，就用「覆鉢」的方式對待國王。按《小品》（Cūḷavagga）記載，俗人有八事對佛教不利，違犯其中任何一項，僧人即可實行覆鉢。八事是：破僧利益、危害僧團、逐僧離寺、謗比丘、破僧和合、謗佛、謗法、謗僧。《大史》也提及，當比丘出外托鉢時，仍與平時一樣鉢口朝上，但至對佛教不利之人家前，立刻覆鉢（鉢口朝下），表示僧人不願接受這一家的供養，是對俗人採取一種沉默的抗議。大寺派僧人這樣做，使得達多波帝須二世就停止了建造佛寺供養無畏山寺[45]。

有時為了佛教或道德問題，教團與政府之間發生爭執，但未至嚴重分歧階段，僧人也從未把持力量反對政府，平時只有以合理合法的力量支持政府。有時發生內戰，王族相爭，或國王與文武官員之間發生爭執，佛教往往從中調解平息。有時王位繼承人，也向佛教僧團徵求意見。僧人為引導人民謀求幸福，及對國王忠誠，促進國家的進步。

國家為了僧團組織，保持僧團清淨，維護佛寺道場，推廣佛法，政府要編作預算維護，增加國家的負擔。但佛教對國家和人民的貢獻，也是很需要而必須的。因為僧人具有豐富的學識，高深道德的修養，宣揚佛法，人民從僧人受教育、道德的熏陶，佛寺就是文化陶冶和教育的地方。國王以僧為師，貴族子女也從僧人學習。佛法興盛，能令人民得到幸福安樂，國家和平富強，這是佛教對國家和社會的回饋。

最勝菩提四世（Aggabodhi Ⅳ，六五八—六七四）繼兄為王後，因受到一位達多濕婆（Dāṭhā-siva）上座的引導，建議補償過去國王破壞佛教的各種損失，於是護持大寺、無畏山寺、祇園寺，並供養一千戶稅益予以上三寺，人民也以國王為模範，護持佛教。王后也建築尼寺供養尼僧團，及供養尼眾所用之物。國王又公布法令全國禁殺。

在最勝菩提四世時，佛教首次有《守護經》（Paritta）念誦的儀式。《守護經》文，是從《中部》、《增支部》等經選出的經集。集有《三寶經》、《五蘊護經》、《孔雀護經》、《阿吒囊胝護經》、《幡幢護經》、《央崛摩羅護經》、《吉祥經》、《慈悲經》八種，都是很短的經文，這些是為消除疾病和災難儀式時念誦的。至今已經普遍為南傳佛教徒所念誦㊻。

唐高宗年間（六五〇—六八三），斯國送來梵文《大乘本生心地觀經》，至憲宗時般若譯出八卷。公元六六二年，西蜀會寧在訶陵國遇見來自斯國的智嚴攜來《涅槃經》。

依義淨《大唐西域求法高僧傳》載，公元七世紀中期，中國往斯國瞻禮佛牙、佛跡的人逐漸增多，其中知名的有義朗、明遠、窺沖、智行、慧琰、大乘燈、智弘、無行、僧哲等；僧哲的弟子玄遊，還隨師在師子國出家，因即居住此島。

公元八世紀初，南印度的金剛智（六六九—七一四），來中國開創密宗，在他未來中國前，曾將密宗輸入斯里蘭卡。他的弟子不空（具稱不空金剛，Amoghavajra，七〇五—七七四），為唐代譯經家。他本是斯里蘭卡人，幼年出家，在公元七二〇年抵洛陽，時年十六歲。開元十二年（七二四）二十歲，在洛陽廣福寺受具足戒。公元七四一年，受唐玄宗請齎送國書往師子國，並帶領中國含光、惠辨等僧俗弟子二十七人，經廣州坐船，途經爪哇而達斯里蘭卡，曾往佛牙精舍禮拜，受到國王尸羅彌伽梵那的厚遇，住佛牙精舍修學三年，從普賢（一說龍智）阿闍梨學十八會金剛頂瑜伽；並獲得《大毘盧遮那大悲胎藏十萬頌》、《五部灌頂》真言祕典，經論梵夾五百餘部。又蒙指授諸尊密印、文義性相等。後遊歷印度諸國。公元七四六年歸返中國長安。不空三藏回國之事，斯國佛教史上未有記載，但從修習密法及獲得各種密典之豐看來，可見印度密宗已傳入斯國和盛行[47]（至斯那王一世時始有記載）。

在阿耨羅陀城的廢墟中，曾發現同一時期的刻有僧伽羅文和梵文真言的銅片，以及在斯國各地出土的觀音像，在南方伐利伽摩（Valigama）地方的石壁上，刻有大乘菩薩像等，這些都可證明密宗的信仰曾在斯國流行。

從此以後，斯里蘭卡佛教約百年間，未發生任何重大事情。多數國王熱心護持佛法，並有數位國王提倡禁殺放生。其中有一位叫優達耶一世（Udaya I，七九二—七九七），曾建寺供養比丘尼。

到斯那一世（Sena I，八三一—八五一）時，印度有一位「金剛山派」（Vajra-parvata）的僧人，到達斯里蘭卡宣揚「金剛部」（Vājiriyavāda），或稱「金剛乘」（Vajra-yāna），住在無畏山寺派的維朗俱羅寺（Virāṅkuravihāra）。所傳授的以《寶經》（Ratana-sutta）為主，並以種種密咒顯示靈驗和祕密不思議。此派在斯里蘭卡的流傳，多數為一般愚民信仰，上層知識分子很少信奉㊽。

在此王時期，印度的般底耶國（Pāṇḍya）國王帶領大軍入侵斯里蘭卡，搶劫王宮，從各地城市和各處佛寺，運走很多寶貴財物，包括金佛像等。使得一千二百多年的古都阿耨羅陀城，曾經是斯里蘭卡立國以來政治、文化、經濟及傳播佛教的中心，遭受到徹底的破壞，失去過去的光輝。於是國王命令遷都至波羅那魯瓦（Pojonnaruva，在斯國東部）。自此以後，古都阿耨羅陀不再為重鎮，甚至被廢棄荒蕪㊾。

斯那王二世（Sena II，八五一—八八五）時，曾舉軍征討般底耶國，獲得勝利後，重立一位般底耶王子為王，然後取回過去所損失的財寶。斯那王二世曾施捨財寶修建多所佛寺，鑄造多尊佛像、菩薩像，刻《三寶經》於金片上。這些菩薩像，表示當時「金剛部」密宗勢力的存在。

斯那王二世在位第二十年，無畏山寺派中，有一群比丘稱「糞掃衣者」（Paṃsukūlika），從無畏山寺派分裂出來成為獨立一部。國王曾協助三派僧團和合相敬，但此糞掃衣部不願合作。依斯國佛教文獻記載，此糞掃衣部，原是無畏山寺派，在無畏山寺派中成立部派，至此時已約二百年，主張實踐嚴謹的戒律生活。

後來斯里蘭卡佛教與印度教之間，兩教關係更逐漸密切。因此斯那王二世，曾放珍珠在金瓶中，金瓶上再放一粒有價值的寶石，施捨給一千個受供的婆羅門，他同時供給婆羅門黃金和衣飾，並參加婆羅門教盛大的慶典儀式。

自古都阿耨羅陀城被荒廢衰落後，佛教的勢力再也無法振興，無法恢復為佛教聖地，就是曾為佛教中心的青銅殿，也只住了三十二位比丘[50]。

❶ E. W. Adikaram: *Early History of Buddhism in Ceylon*, p. 56。

❷ 1. Walpola Rahula: *History of Buddhism in Ceylon*, p. 59-60。
2. 前田惠學著：《原始佛教聖典的成立史研究》，第六〇〇—六〇三頁。

❸ Walpola Rahula: *History of Buddhism in Ceylon*, p. 78。

❹ Walpola Rahula: *History of Buddhism in Ceylon*, p. 79。

❺ Walpola Rahula: *History of Buddhism in Ceylon*, p. 80。

❻ 鄧殿臣著：《南傳佛教史簡編》，第十四—十五頁。

❼ Walpola Rahula: *History of Buddhism in Ceylon*, p. 81。

❽ Walpola Rahula: *History of Buddhism in Ceylon*, p. 81-82。

❾ Walpola Rahula: *History of Buddhism in Ceylon*, p. 82-83。

❿ Walpola Rahula: *History of Buddhism in Ceylon*, p. 83。這是引用自《島史》和《大史》的資料。二書是出於後世大寺派比丘所編著，他們認為佛教其他的宗派，都是非法異端，是惡比丘或外道。下面所記，有些固然是斯里蘭卡佛教史上的事實，但也充分含有宗派競爭和排斥的成見。

⓫ Walpola Rahula: *History of Buddhism in Ceylon*, p. 83-84。

⓬ Walpola Rahula: *History of Buddhism in Ceylon*, p. 84。跋耆子派即是犢子部（Vajjiputtaka）。

⓭ 《大史》 XXXIV. 7-8。

⓮ 依G. P. Malalasekera的*Dictionary of Pali Proper Names*的解釋，此種慶典，可能因在耆梨婆陀寺（Giribhaṇḍa-vihāra）舉行而得名。

⓯ Walpola Rahula: *History of Buddhism in Ceylon*, p. 86。法喜是犢子派論師，他的弟子們約當公元一世紀中期或後期更受到無畏山寺法喜部的歡迎成為有力的部派。

⑯ 方廣部（Vaitulyvāda），亦稱方等部，是屬印度大乘系統，宣說性空思想，自受到大寺派反對，認為是異端，而受到彈壓。

⑰ 日本水野弘元著：《南傳大藏經總索引》，將Sāgaliya = Sāgalika譯為「海部」。

⑱ Walpola Rahula: *History of Buddhism in Ceylon*, p. 92。

⑲ 柳宗玄編：《世界之聖域七．錫蘭的佛都》，第五十五—五十六頁。

⑳ Walpola Rahula: *History of Buddhism in Ceylon*, p. 92-95。

㉑ Walpola Rahula: *History of Buddhism in Ceylon*, p. 95。

㉒ Chusukdi Dipayaksorn：《錫蘭佛教史》（泰文），第一〇二—一〇三頁。

㉓ Walpola Rahula: *History of Buddhism in Ceylon*, p. 97。

㉔ 吳焯著：《佛教東傳與中國佛教藝術》，第八十一—八十四頁。

㉕《大正藏》第五十一冊，第八六四—八六五頁。考法顯法師於公元四一〇—四一二年，住在無畏山寺。

㉖ 宋立道編著：《世界佛教》，第八十九頁。

㉗ 巴丹闍梨（Patañjali）是著名的梵語文法學家，他的著作《摩訶巴夏》（Mahābhāṣya），是古印度梵語文法書。《南海寄歸內法傳》說他生存年代約在公元前二世紀。

㉘ 1. P. V. Bapat: *2500 Years of Buddhism*, p. 211-213。
2. 前田惠學著：《原始佛教聖典的成立史研究》，第七九四—七九五頁。

㉙ 鄧殿臣著：《南傳佛教史簡編》，第二十六頁。

㉚ P. V. Bapat: *2500 Years of Buddhism*, p. 211-213。

㉛ G. P. Malalasekera: *The Pali Literature of Ceylon*, p. 105-107。

㉜ 1. G. P. Malalasekera: *The Pali Literature of Ceylon*, p. 112-115。

2. P. V. Bapat: *2500 Years of Buddhism*, p. 217。

㉝ 鄧殿臣著：《南傳佛教史簡編》，第三十三頁。

㉞ 《大正藏》第五十四冊，第二三八頁中。

㉟ Walpola Rahula: *History of Buddhism in Ceylon*, p. 99。

㊱ 柳宗玄編：《世界之聖域七．錫蘭的佛都》，第八十八頁。

㊲ 王蘭著：《斯里蘭卡的民族宗教與文化》，第一七六頁。

㊳ 1. 栗原古城譯：《印度的佛教》（講座佛教Ⅲ），第二三三頁。
2. 高田修著：《印度南海的佛教美術》，第一六四—一六五頁。
3. 柳宗玄編：《世界之聖域七．錫蘭的佛都》，第五十七—七十二頁。

㊴ Walpola Rahula: *History of Buddhism in Ceylon*, p. 100。

㊵ Walpola Rahula: *History of Buddhism in Ceylon*, p. 100-101。

㊶ Walpola Rahula: *History of Buddhism in Ceylon*, p. 101-102。

㊷ Walpola Rahula: *History of Buddhism in Ceylon*, p. 104-105。

㊸ 《大正藏》第五十冊，第九二四頁上。

㊹ 見葉均譯：《攝阿毗達摩義論》附錄：〈錫蘭佛教傳播及其宗派〉八十二頁註一。

㊺ Chusukdi Dipayaksorn：《錫蘭佛教史》（泰文），第一一七—一一八頁。

㊻ Chusukdi Dipayaksorn：《錫蘭佛教史》（泰文）第一一九—一二〇。

㊼ 《宋高僧傳》卷一〈不空傳〉（《大正藏》第五十冊，第七一二頁）。又《望月佛教大辭典》第四三八五頁。考《大史》及近代人所撰斯里蘭卡佛教史，尸羅彌伽梵那王，即是Sīlameghavaṇṇa，為公元六一七—六二六年在位。而公元七四二—七四六年間，應是最勝菩提六世（Aggabodhi VI，七二七—七六六）在位。

❹❽ 栗原古誠譯：《印度的佛教》（講座佛教Ⅲ），第二三七頁。依《部派集論》說，當時傳入斯國的密教屬左道派，有墮落傾向。後有「糞掃衣部」起來對抗。

❹❾ Walpola Rahula: *History of Buddhism in Ceylon*, p. 109。Pojomnaruva為僧伽羅語，巴利語為Pulattha。

❺⓿ Walpola Rahula: *History of Buddhism in Ceylon*, p. 110-111。

第四章　公元十至十五世紀的斯里蘭卡佛教

（公元九一二至一五〇四年）

斯里蘭卡自斯那王一世在位時，受到外寇般底耶國侵襲洗劫後，都城遭摧毀被棄，自遷都至波羅那魯瓦後，國家就一直陷入紊亂不安之中，佛教也受到很大的影響。

斯那王二世，雖然能戰勝驅逐了敵人，並熱心佛教，但常常為了戰爭，無法多注意佛教事業，而且在他之後的繼承者又大多無能。至迦葉五世（Kassapa V，為斯那王第二子，九一二—九二九），佛教情況略為好轉一段時期。僧人曾將《法句經》的精要，從巴利語翻譯成僧伽羅語。迦葉五世時，印度的般底耶國與朱羅族人發生戰爭，般底耶國戰敗，就請求斯里蘭卡相助，結果仍未能戰勝。但自此以後，斯國好幾代國王就常與朱羅族人戰爭，即使平常沒有戰爭，為了保衛國家，也常在備戰之中。此時外敵有朱羅族，內敵有陀密羅族（在斯國北部），常常要遷都，佛教就更形衰弱了❶。

到公元十世紀中期以前，國王傳統上都須皈信佛教，至摩哂陀四世（Mahinda Ⅳ，九五六—九七二）時，國王更強調，必須要奉行「菩薩道」。在斯國古都阿耨羅陀城祇園寺，摩哂陀四世曾立碑銘說：「不行菩薩道，不可以為斯里蘭卡國王。」又說：「從無上智慧的佛陀，接受這種信願。」

斯里蘭卡國王即使原先不信仰佛教，但在即位後也要皈信佛教。就是不信佛教，也要遵守佛教的風俗。這種風俗已成為斯國沿習的法律，甚至不須用文字寫明出來。國家與佛教有著極密切的關係。當政府有任何重大事件時，必須先徵詢佛教僧團的意見；反之佛教也必須依賴政府的保護。譬如有比丘犯了淨戒，失去比丘身分，僧團判定還俗，就須依靠政府的力量來協助執行。

斯里蘭卡國王被稱讚為居士中保護佛教的首領。摩哂陀四世曾宣布，受立為國王，就是為了保護佛陀的衣缽。保衛佛教就是對佛教做最高的信奉，負責維護佛教保持清淨。若佛教受到外面的壓迫，或產生無恥的比丘，國王就要依法禁止或消除。當僧團發生爭執，如自身不能解決時，國王也有責任出來處理。

到摩哂陀五世（Mahinda V，一〇〇一——一〇三七），命令遷都至阿耨羅陀城，並雇傭陀密羅族人為軍，維持治安。僅十二年，盜賊蜂起。由於國庫空虛，無法支發薪餉，陀密羅族雇兵就起來叛變，國王逃至南方羅訶那。陀密羅族雇兵和叛變的斯國僧伽羅族人領袖，共同治理阿耨羅陀和波羅那魯瓦，長達二十四年。

可是斯里蘭卡國家和佛教更不幸的事，當朱羅國羅闍一世（Rājarāja I，九八五——一〇一二）知道斯里蘭卡發生叛變，就立刻出兵攻打羅訶那。摩哂陀五世和王后被擄（一

○一七），放逐至朱羅國十二年而死。如此朱羅國人就改波羅那魯瓦城為「闍那那陀城」（Jananāthā-puri），統治達五十三年❷。

斯里蘭卡原先就有婆羅門教的勢力存在，朱羅國人信仰婆羅門教（斯國北部的陀密羅族人也信仰婆羅門教）。他們統治斯里蘭卡後，大力宣揚婆羅門教，而此時斯國佛教徒力量薄弱，因此，婆羅門教勢力最後在斯里蘭卡取代佛教。雖然婆羅門教徒表面上沒有壓迫佛教，但佛教徒在自身衰微和政治弱勢下已無力振興。向來信仰佛教的斯國人民，很多人為了工作生計，或為避免災難發生，就改信婆羅門教，所以在不少佛寺的附近，立了很多神廟及神像❸。

婆羅門教的勢力很大，因而影響到佛教徒的心理，就很少對佛像虔誠禮拜，反而轉去禮拜各種神像和天神。婆羅門教重要的神祇中，有保護神毘濕奴（Viṣṇu）、破壞神濕婆（Śiva）、美麗女神洛乞史茗（Lakṣmī，保護神之妻）、凶惡女神伽梨（Kālī，破壞神之妻）、羅摩神（Rāma）等。

斯里蘭卡人雖然在外力和婆羅門教勢力統治之下，但是愛國家和愛佛教的熱血並沒有乾涸。曾有不少斯國地方領袖起來反抗朱羅國人，但都失敗了。最後出了一位英明領袖，由他召集各部首領，在公元一○五九年，先攻下南方羅訶那，以迦多羅伽摩（Kataragāma）為都城。即位稱維舍耶巴忽一世（Vijayabāhu I，一○五五—

一一一四），最後完全戰勝朱羅國人，將他們完全驅逐出斯國。他遷都至波羅那魯瓦，改朱羅國人立的「闍那那陀城」為「勝利王城」（Vijayarāja-pura）。

維舍耶巴忽一世復興斯里蘭卡後，他並沒有忘記自己信仰的佛教。但因泰米爾人長期的占領和戰爭的摧殘，國家受到沉重的打擊。朱羅人實行壓制佛教的政策，大勢搶劫佛寺財產和破壞，造成大批寺院倒塌，經過戰亂和外患多年，佛教衰微到生存和管理難以為繼，致使僧團人數急遽減少，尤其清淨的比丘已不足十人。這樣要復興佛教，就非常困難了。因此國王派遣使者至緬甸，與當時友好的緬甸名王阿奴律陀（Anawrahta，一〇四四—一〇七七）協商，邀請緬甸僧人，至斯國弘揚佛教及傳授比丘戒法，使斯里蘭卡佛教重新發展起來。依緬甸佛教史記載，阿奴律陀王時，緬甸僧人以孟族（Mon，又稱Rāmañña）僧人戒律最莊嚴。又《錫蘭宗派史》（L. E. Blaze: *The History of School*）記載，斯國使者是至緬甸阿拉干（Ārakan）的孟城。

緬甸僧團到達後，即有很多斯國人出家。維舍耶巴忽一世供養緬甸僧人和斯國僧人一切資用之物，使得斯國佛教重新發展起來。國王又命令修復和興建多所佛寺，建設僧人研究法堂，恢復已經停止很久的佛教各種慶典。國王常往佛寺聽經聞法，並獎勵優秀的比丘。傳說此王曾命令翻譯一些巴利經典為僧伽羅語，建築三藏註釋院供研究之用。另外供養僧團一個村莊，稅收供作佛教基金。同時為往聖足山朝拜佛足的人，建造息宿處❹。

雖然敵人被驅逐了，佛教復興了，但婆羅門教在斯國的勢力仍然存在。白朗茲（Blaze）在《錫蘭宗派史》中說：「雖然國王（維舍耶巴忽一世）盡力護持佛教，他還是不能截斷婆羅門教的信仰。各種神像仍被保護得很好，奉祭繼續存在。陀密羅族軍人仍為斯里蘭卡王廷雇用。」這可證明，此時佛教與婆羅門教是並存的❺。

維舍耶巴忽一世死後，佛教又再衰微下來。原因是他的繼承者都迷戀戰爭，國家陷於不安。佛教尤其不幸，遭到維迦摩巴忽一世（Vikramabāhu I，一一一一—一一四二）的迫害。起因由於過去僧人曾強力阻止他繼承王位，所以心懷仇恨，與佛教為敵。當他登上王位後，盡力破壞佛教，收回過去歷代國王對佛教施捨的財物，取走佛寺各種有價的物品。因此僧人對國王非常不滿，就收藏佛舍利、佛牙、佛缽等送至南方羅訶那保護。國王知道後，就更加用種種方法壓迫僧人，佛教受到很大的傷害❻。

佛教經過了二十多年的劫難後，這時斯里蘭卡又出了一位偉大英明的國王波羅迦摩巴忽一世（Parākrama-bāhu I，一一五三—一一八六），他戰勝了政敵獲得王位。對外征服了朱羅，攻打緬甸而使朝貢；對內修明政治，謀求富強，建築防壘，建造灌溉湖泊一千個以上❼，拓開荒地，整理河道，充實國庫。他是一位英才而高傲的國王，但他極愛護人民，提倡復興佛教，修建新的佛寺，供養僧人使能安心修道。波羅迦摩巴忽一世對佛教最大的貢獻，是使斯里蘭卡佛教三大宗派恢復團結。在《小史》中記載：「波羅迦摩巴忽大王，促使大寺、無畏山寺、祇園寺三派之間，團結一致，在歷史上首次結束了三大宗派分裂已達十一世紀的爭執，實現了僧團的統一。」但是白朗茲說：「公元一一六五年，波羅迦摩巴忽一世，曾促使三派僧人舉行會議，但未達成和合意見，只是比以往互相友善而已❽。」

也有記載說，波羅迦摩巴忽一世進行佛教改革，使三派統一成一派，驅逐了數百名行為不端的僧人，使大寺上座部佛教在全島占據了主要地位，成功地昌盛了純正的上座部佛教，無畏山寺和祇園寺的佛教，完全被否定和失勢，大乘佛教的教義基本上都被清除了。但無畏山寺和祇園寺的某些大乘佛教思想，如「波羅蜜多」的理論，及強調對菩薩的信仰，已融入大寺派中。儘管如此，原始佛教基本教義變化不多❾。又有說，大寺派上座部因為過去結集了完整的巴利語三藏，以及從第五世紀起，有佛音等許多學者努力寫作了許多註釋書，長期流傳到緬甸、泰國等，這也為後來大寺派上座部復興創造了有利的條件❿。

關於無畏山寺和祇園寺，隨著佛教的改革而被清除消滅了，它們的思想和經典也沒有流傳下來。現在僅存一部無畏山寺的作品《妙法供養論》（Saddhamamopāyana），是探討一般佛教教義的韻文作品，著作中包含了申述無畏山寺，在重要教義方面沒有違背正統教派的內容⓫。

波羅迦摩巴忽一世，在波羅那魯瓦近王宮處，建造一座圓形佛寺供養佛牙。另又建築多所佛寺，如祇園寺、楞伽帝羅迦寺（Laṅkātilakavihāra）、伽羅寺（Gāla-vihāra）等。在阿耨羅陀城又整修了一部分佛寺。在都城建有「火葬場」，又建築多所婆羅門教寺。國王也造了很多佛像，伽羅寺的石刻大佛，就是在這時完成的⓬。伽羅寺在波羅那魯瓦城的北方，有一塊白色的巨岩，寺院佛殿沿著低矮的山岩邊用磚造成；後來佛殿遭到崩毀，現僅存台基遺跡。安供佛殿內的巨大釋尊坐像，上面遮蔽已經損毀，長期日曬雨淋，但仍可顯現出佛龕和後屏是採用印度笈多時代的樣式，而臉部和衣著褶紋則為斯國獨創樣式。在佛殿內側的石雕大臥佛，全長十三點四公尺，佛陀入滅時的吉祥臥姿態，臉部神態安詳，兩眼緊閉；神情哀傷的阿難尊者侍立在左側，像高七公尺；利用臥、立的對比手法，將佛陀與弟子訣別的場面，充分生動地表現出來。在佛殿左邊，還有一尊釋尊巨像，雙目微合，自左肩斜披的袈裟，強調雙道線條的衣褶，以及佛像後屏有宮殿圖樣的裝飾，很注重造形的特徵。當時印度佛教美術已經進入衰退時期，而斯里蘭卡這些石刻雕像的作品，卻積極發展出獨特的成就⓭。在公元十二世紀斯國的佛教，這時可算是最興盛的。

英明的波羅迦摩巴忽一世死後，斯里蘭卡政治又陷於紊亂長達四十多年。先是國王無子，王孫維舍耶巴忽二世（Vijayabāhu II）即位，他是位有名學者，精通巴利語，與緬甸通好。但他僅在位一年，為摩哂陀六世（Mahinda VI）所謀殺篡位。後來摩哂陀六世又為迦陵伽族人揭帝尼散迦摩羅（Kitti Nissanka Malla）所殺，代替為王（一一八七—一一九六在位）。揭帝尼散迦摩羅王曾命令修理和興建多處佛寺，如波羅那魯瓦的藍科特佛寺佛塔，重建佛牙寺，修理丹波羅（Dambulla）佛窟。在他以後的繼承者，在位都很短，多數為半年或一年多些。

揭帝尼散迦摩羅王在他的碑銘上說：「楞伽島是屬於佛教的，因此非佛教徒，如朱羅人（Colas）、喀拉拉人（Keralas），都沒有權利繼承為錫蘭的國王。」公元十三世紀，斯國一本《供養史》（Pūjā-valiya）詩集裡，清楚地提到人民的信仰：「楞伽島是屬於佛陀的，充滿三寶財藏，所以從未有邪信者能做國王長久，如過去的夜叉族。縱使一個非佛教徒，有力量能統治斯里蘭卡一段時間，但佛教特殊的力量，會使他無法傳承下去。因為斯里蘭卡是適合信仰佛教的國王統治，所以只有信仰佛教的國王，王基才能穩固⓮。」

公元一二一五年，迦陵伽國的國王摩伽（Māgha）帶了兩萬多士兵攻陷斯里蘭卡。摩伽王信奉婆羅門教，所以各處佛寺佛塔都遭到嚴重的破壞，驅逐僧人，沒收寺產，如金鬘佛塔亦遭破壞，使斯國佛教進入了衰退時期。因摩伽王不信佛教，斯國佛教徒將重要的佛舍利等，祕密運去藏在斯國中部的摩耶羅多（Māyāraṭa）。摩伽王又將斯國人的土地，獻給婆羅門教徒。

摩伽王統治斯國二十一年（一二一五—一二三六），有斯國王子維舍耶巴忽三世（Vijayabāhu Ⅲ，一二三二—一二三六）聯合各地起義首領，趕走了摩伽王，從波羅那魯瓦遷都至達婆提尼耶（Damba-deniya），因此時斯國北部被陀密羅族人占據立國，常受到威脅。

維舍耶巴忽三世，在位四年，佛教在南方又再復興起來。國王命令僧人抄寫全部三藏，促成三派僧人停止對抗，召請紊亂期間逃難的僧人返國，修建各處佛寺，重新裝飾佛牙塔及佛缽供座等。為了鞏固佛教，國王曾召集僧人會議，計畫改革佛教[15]。由於維舍耶巴忽三世占有佛牙和佛缽二樣國寶，做為統治地位得到宗教和法律的認可，也被視為斯國人抵抗外來侵略的象徵。

王子波羅迦摩巴忽二世（Parākramabāhu Ⅱ）多學且勇武，繼位（一二四〇—一二七二）後趕走了陀密羅族人。他在位第十一年時，有爪哇（Java）王子旃陀羅婆那（Candrabhāṇu）舉兵來攻打斯里蘭卡，並欺騙斯國人民說他也是佛教徒，結果戰敗，請求槃荼族（Pāṇḍu）和朱羅援助，最後還是被斯國軍隊擊退。

國王除了治理好政治以外，曾命令三派僧人研讀佛法、聲明文法、佛教文學等。此時有法稱（Dharmakīrti）上座，增訂《大史》，從摩訶斯那王至波羅迦摩巴忽一世。另一位近摩伐奈羅村（Mavanella）一寺的住持著《供養史》，敘說供佛之物，附有斯里蘭卡略史。國王曾命令修建阿耨羅陀和波羅那魯瓦破毀的佛寺[16]。

波羅迦摩巴忽二世在波羅那魯瓦城牆北方，建有帝汪迦畢摩祇寺（Tivanka Pillmage），寺名意思為「三段屈」，因為佛殿內一尊佛像的雕塑很特別，分別在身體的肩、腰、膝三處，略呈彎屈的姿態。在佛殿內壁分為二段或三段（上、下二段或上、中、下三段），以白色灰泥為底，用紅色顏料先描繪出壁畫輪廓，然後再用紅、黃、綠三種顏色上彩，題材大多為佛陀傳、本生經故事等；佛殿外壁則繪著供養佛陀的諸天神像，頭戴寶冠，身著諸寶瓔珞，全部壁畫氣質顯得溫和高貴，距今已有七百至八百年[17]。

波羅迦摩巴忽二世曾親臨聖足山，禮拜佛陀足跡，並特別修建一條從丹波羅（Dambulla）至聖足山的道路，方便前往朝聖者行走。

據歷史學者推測，斯國比丘尼僧團本來不甚發達，經過阿耨羅陀王朝末期（十一十一世紀中期），不斷戰爭，至波羅迦摩巴忽二世統一全國後，比丘尼僧團已經斷絕傳承。而且從佛教史上看，斯里蘭卡比丘尼僧團，從未傳至東南亞佛教國家。

波羅迦摩巴忽二世在位三十三年，然後讓位給太子維舍耶巴忽四世（Vijayabāhu IV），但不久為一位大將軍謀殺。波羅迦摩巴忽二世的弟弟婆吠奈迦巴忽一世

（Bhūvenaikabāhu I），就在耶波訶伐（Yapahuwa）即位（一二七三—一二八四）。婆吠奈迦巴忽一世曾命令審訂巴利三藏，重新抄寫分發全島各佛寺研讀。不幸後來印度陀密羅族又舉兵侵犯斯國，統治二十年中，提倡婆羅門教，建造神像神廟；運走佛牙及佛教各種有價物件，將波羅那魯瓦建築改變為印度槃荼（Pāṇḍu）的形式[18]。

波羅迦摩巴忽三世（Parākramabāhu III，一三〇二—一三一〇），以和平方法，迎回佛牙供奉在波羅那魯瓦。他對三寶虔誠信仰，但不久為婆吠奈迦巴忽二世（Bhūvenaikabāhu II，一三一〇—一三二五）謀殺篡位，遷都至達婆提尼耶。他的兒子波羅迦摩巴忽四世（Parākramabāhu IV）繼位後，信仰佛教，在都城和斯國南部建了多所佛寺，在近王宮處建了三層的佛牙寺。在此期間達摩揭帝（Dhammakitti）編寫了《佛牙史》（Dāṭhāvaṃsa）共五章；譯巴利《本生經》（共五百五十經）為僧伽羅語，及完成僧伽羅語文法，書名為Sidatsaṅgraha[19]。

婆吠奈迦巴忽四世（Bhūvenaikabāhu IV，一三四四—一三四五），在近康提（Kandy）建築了楞伽帝羅迦寺（Laṅkatilaka）及伽陀羅奈尼耶寺（Vihāra-gadalāneniya）。後有維迦摩巴忽三世（Vikramabāhu III）的大臣阿羅伽瞿那羅（Alagakkonāra），在近可倫坡地方建拘提城（Koṭṭe），目的是為了避免斯國北部陀密羅族人（此時已立國）的侵襲，及發揚佛教。之後，阿羅伽瞿那羅漸漸強大起來，就脫離陀密羅人的絆索及納稅，宣布獨立⑳。

從上文看來，可知斯里蘭卡多年的政治和佛教，都在紊亂不安定中發展。

阿羅伽瞿那羅之子繼位，稱維舍耶巴忽六世（Vijaya-bāhu Ⅵ，一三八七—一三九一），斯國史記載，此時中國使者鄭和至斯國，請求佛牙，斯國王不准，並以不敬的態度接待中國使者。中國使者回國之後，舉兵攻打斯國，擒維舍耶巴忽六世及王后隨從等歸國，然後以輸臣進貢為條件而放歸㉑。

按鄭和第三次奉使，在永樂六年（一四〇八）九月，《明史．本紀》云：「永樂六年九月癸亥鄭和復使西洋。」又《天妃靈應之記碑》云：「永樂七年（一四〇九）統領舟師，前往各國，道經錫蘭山國（Ceylon），其王亞烈苦奈兒（Alagakkonāra，即阿羅伽瞿那羅）負固不恭，謀害舟師，賴神顯應知覺，遂生擒其王，至九年（一四一一）歸獻，尋蒙恩宥，俾歸本國㉒。」雖然有關年代和王名有不同說法，但一般學者都依中國說法為準。

波羅迦摩巴忽六世（Parākramabāhu Ⅵ，一四一〇—一四六二），初即位時，斯國已分成三個各自獨立國家，即北部陀密羅國，中部摩羅耶國，南部拘提國。國王就派他的兒子須波曼（Supumal）先剿滅陀密羅國，再次削平摩羅耶國。他命令在拘提城建三層的佛牙寺，修理四座大的金塔，並在近可倫坡建了一所須奈多提婆寺（Sunettādevī pariveṇa），紀念他的母親。他常以四事供養比丘，獻土地給僧團，協助宣揚佛教，奉行佛法，組織僧團編纂三藏。在此時期，文學也很發達。有一名詩僧室利羅睺羅（Śri-rāhula）寫了一本詩集《優異詩篇》（Kavīya Sekhara），敘述佛陀降生人間為大智者的故事㉓。

公元一四七六年，緬甸達磨支提王（Dhamma-cetiya，或達磨悉提 Dhammazedi，一四七二—一四九二在位）在位時，有一群緬甸比丘至斯國學習傳授戒法，然後回國，依斯里蘭卡的方式傳授戒法。同時，兩國佛教友好的關係得到進一步的發展㉔。

公元十四世紀中，婆羅門教在斯里蘭卡的勢力也很大，國王不僅要護持婆羅門教，而且要雇請婆羅門教徒為國家法律顧問，及參議佛教典禮的儀式。多位國王曾鑄造多尊神像和建築多所婆羅門教寺，斯國人民信婆羅門教的也很多。這都表示在此世紀中，斯國同時流行婆羅門教。更進一步的，有些婆羅門教儀式，也為佛教徒所採用。如此時斯國很多佛寺中，都設有小亭供奉天神，比丘們做早晚課誦時，也念誦感恩天神的偈文，而影響至今。如現在斯國作家，除了讚頌三寶的恩德，也祈求婆羅門教諸神的加護，包括大梵天、濕婆等。此時期斯國人也有信仰觀世音菩薩，其建築藝術也受到婆羅門教的影響，即南印度槃荼婆的建築形式㉕。

❶ Chusukdi Dipayaksorn：《錫蘭佛教史》（泰文），第一二六—一二七頁。

❷ Chusukdi Dipayaksorn：《錫蘭佛教史》（泰文），第一二八—一二九頁。

❸ Chusukdi Dipayaksorn：《錫蘭佛教史》（泰文），第一三一—一三二頁。

❹ Chusukdi Dipayaksorn：《錫蘭佛教史》（泰文），第一三四—一三八頁。

❺ Chusukdi Dipayaksorn：《錫蘭佛教史》（泰文），第一三八頁。

❻ Chusukdi Dipayaksorn：《錫蘭佛教史》（泰文），第一三九—一四〇頁。

❼ 山本達郎編：《東南亞細亞的宗教與政治》，第一七九頁。

❽ Chusukdi Dipayaksorn：《錫蘭佛教史》（泰文），第一四一頁。

❾ 1. 王蘭著：《斯里蘭卡的民族宗教與文化》，第一七八頁。
2. 平川彰著，顯如、李鳳媚譯：《印度佛教史》，第一五四頁。

❿ 葉均著：《攝阿毗達摩義論》附錄〈錫蘭佛教的傳播及其宗派〉一文，第八十四頁。

⓫ 王蘭著：《斯里蘭卡的民族宗教與文化》，第二一六頁。

⓬ Chusukdi Dipayaksorn：《錫蘭佛教史》（泰文），第一四二—一四三頁。

⓭ 柳宗玄編：《世界之聖域七．錫蘭的佛都》，第七十九—九十六頁。

⓮ Walpola Rahula: *History of Buddhism in Ceylon*, p. 62-63。

⓯ Chusukdi Dipayaksorn：《錫蘭佛教史》（泰文），第一四三—一四六頁。

⓰ Chusukdi Dipayaksorn：《錫蘭佛教史》（泰文），第一四七—一四八頁。

⓱ 柳宗玄編：《世界之聖域七．錫蘭的佛都》，第九十八—一〇三頁。

⓲ Chusukdi Dipayaksorn：《錫蘭佛教史》（泰文），第一五〇頁。槃荼（Paṇḍu 或Paṇḍava，槃荼婆），是民族名。

⓳ Chusukdi Dipayaksorn：《錫蘭佛教史》（泰文），第一五〇—一五二頁。

⓴ Chusukdi Dipayaksorn：《錫蘭佛教史》（泰文），第一五二—一五三頁。

㉑ Chusukdi Dipayaksorn：《錫蘭佛教史》（泰文），第一五四頁。

㉒ 依《天妃靈應之記碑》，又稱《鄭和碑》，明宣德六年（一四三一）。

㉓ Chusukdi Dipayaksorn：《錫蘭佛教史》（泰文），第一五五—一五七頁。

㉔ Chusukdi Dipayaksorn：《錫蘭佛教史》（泰文），第一五八頁。

㉕ Chusukdi Dipayaksorn：《錫蘭佛教史》（泰文），第一五九—一六〇頁。

第五章　外力侵入斯里蘭卡時期的佛教

（公元一五〇五至一九四八年）

第一節　葡萄牙時期（公元一五〇五至一六五八年）

在公元十五世紀末以前，到達斯里蘭卡的外國人，都是來自印度、中國、波斯的亞洲國家，後來歐洲人也陸續來到斯里蘭卡，而且很快地在政治上建立勢力，也帶進西方的宗教。斯國為南傳上座部佛教的根源地，至此以後，受到長期多種的迫害和摧殘。斯國佛教徒為了護教衛國，經過種種堅苦奮鬥和犧牲，最後才爭取到國家的獨立和佛教的復興，這都是可歌可泣的史實。

歐洲人未來到斯里蘭卡前，就知道斯國是個天然資源很豐富的國家。尤其是當時西方最需求高價的香料，如肉桂、胡椒等，而且斯國又出產珠寶、鑽石和大象。歐洲人最先到達斯里蘭卡的是葡萄牙人。葡萄牙人向來熟諳航海，至各處經商貿易，他們勇於冒險找尋航路，先到達非洲，再行至香料和物產豐富的印度。最初目的，只是運送東方各種有價值的貨物至歐洲去販賣，賺取高利。然而他們在航行時，恰巧發現了斯里蘭卡。

那時斯國是波羅迦摩巴忽八世（Parākramabāhu Ⅷ）在位，都城在拘提，距離可倫坡僅九點六公里。

葡萄牙人到達斯國後，最初意圖也是貿易，爭取斯國的香料。但當時斯國香料運至歐洲的生意，是掌握在阿拉伯伊斯蘭教徒手裡，所以葡人抵達後，立刻與斯國達摩波羅迦摩巴忽王（Dharmaparākramabāhu）訂立貿易條約（一五〇五）。後來葡人開始建造工廠，消滅伊斯蘭教徒壟斷生意的勢力❶。

在葡人未至斯國前，那時全島已分成三個國家：

一、查夫納，在最北部。

二、拘提，在西南部。

三、康提，中部至東部海岸。

三個國家都對立不和，其中以拘提地域最大，力量也較強。但是拘提本身又分裂為三個小國，即拘提、羅伽摩（Raiygama）、悉多瓦迦（Sitāwaka）。三國為三兄弟統治，互相對立各不相讓。如此全國分成五個國家，不能團結一致，就給葡萄牙人很好的機會輕易進入斯國，很快地建立穩固基礎，達到在斯國發展的目標。甚至得到斯國人的協助而快速拓展勢力，很少受到阻礙❷。

拘提國王婆忕奈迦巴忽（Bhūvenaikabāhu），被悉多瓦迦國他的幼弟摩耶陀奈

（Mayadunne）舉兵來攻，拘提國王就立刻請求葡人援助。摩耶陀奈知道後，便去請求與葡人為敵的印度伽梨伽國（Gāligat）沙摩林人（Sāmorin）來相助。兩方戰爭結果，摩耶陀奈被擊敗，便向葡人求和，並殺死沙摩林人的首領，獻上首級，以此來重新取得葡人的友誼❸。

婆吠奈迦巴忽的弟弟，即統治羅伽摩的國王羅康般陀羅（Raicambandāra）死後，政權立刻為幼弟摩耶陀奈奪占，因為依照斯國王統法是兄終弟及的。做兄長的婆吠奈迦巴忽王覺得不滿，更恐怕自己死後，拘提國王位也要為弟所併，所以就鑄造自己的孫子達摩波羅（Dharmapāla）的金像，送去葡萄牙國，請求葡王頒加冕禮，將來有權繼承拘提國王位，欲依仗葡人的力量維持。葡人自然認為這是最好的機會，藉此在斯國擴張勢力❹。

婆吠奈迦巴忽王為了討好葡萄牙國王，又請求派天主教徒至斯國傳教，使斯國佛教徒轉變信仰天主教。葡王覺得很高興，第一次先派六個傳教士至斯國，時在公元一五四三年。此事使斯國佛教徒覺得非常震驚，發現葡人已不像從前只為貿易，現在又要傳進天主教並干涉斯國的內政，想要擺脫也為難了。其實婆吠奈迦巴忽王自己也知道，斯國人是佛教徒，這樣做會使人民不滿，但為了貪婪王位及傳給他的後代，認為轉變信仰天主教後，葡人一定會支持斯國天主教的國王政權❺。

婆吠奈迦巴忽王死後，葡萄牙人就立達摩波羅為拘提王，但由於他太年幼，葡人又改立毘提耶般陀羅（Vidiye Bandara）。毘提耶般陀羅為王後，他不大歡喜葡人，更不為悉多瓦迦國王摩耶陀奈所滿，所以在兩者力量之間很快被消滅。

於是葡人再立達摩波羅為王。後來摩耶陀奈王和他的兒子王獅子一世（Rājasiṁha Ⅰ）常舉兵去攻打拘提，每次都受到葡人的保護。達摩波羅王在可倫坡和拘提各建一座砲台，後因拘提難守，不久就放棄了，將力量移至可倫坡。摩耶陀奈王死後，王獅子一世繼位，他頗有才能而又勇敢，常舉兵去攻打可倫坡，但無法攻下。他再轉去攻打康提，在公元一五八二年，結果一戰成功，收康提於自己的悉多瓦迦版圖中。至此除了可倫坡，他已統一了以前三兄弟和康提的國土❻。

王獅子一世多次去攻打可倫坡，終無法攻下，就對自己的人民暴怒，使得人民多次想起來叛變。以前的康提繼承人頓非力（Don Philip），得到葡人的援助，宣布獨立起來，給予葡人在康提傳布天主教及掌握香料的貿易權。不久王獅子一世死去，無合法繼承人，很多人起來爭奪王位，都為葡人征平，悉多瓦迦國因此而亡。

拘提國王達摩波羅，在一五五七年接受信仰天主教洗禮後，就在名字之前加上天主教之姓，為頓景達摩波羅（Don Juan Dharmapāla）。他雖然名義上是國王，實是葡人利用的傀儡。一五九九年死後，無子繼位，遺囑將拘提國完全獻給葡萄牙國王統治❼。

回頭再看天主教傳入斯國的情形，在公元一五一九年，北部查夫納國，有一男子叫三基立（Sankili）謀殺了國王波羅拉沙克朗（Pararasakeram），然後奪取權力。國王的繼承者為了要奪回王位，就向葡萄牙人求援，以准許葡人在查夫納傳布羅馬天主教（屬於羅馬教，以教皇為首領）為條件。葡人就在公元一五四三年出兵征剿三基立。但是三基立也極為狡滑，他去見葡人將軍，願意納貢進稅，並允許葡人在查夫納境內傳布天主教。達成協議，三基立仍繼續統治查夫納，葡人開始傳入天主教。

葡人傳教很成功，不久查夫納就有很多人改信羅馬天主教。三基立這時才驚覺到可怕，如此情形發展下去，一定對他的王位和國家人民不利。所以他派軍人去天主教徒最多的馬納爾島（Mannar），告誡人民要轉變回來信仰婆羅門教，如有人拒絕就遭殺害，結果有六百人喪生。葡人對這件事很憤怒，立刻派兵去查夫納保護教徒，並警告三基立不可再犯錯誤❽。

公元一五六〇年，葡人再舉大軍攻查夫納，三基立戰敗，逃去印度，葡軍也追至印度。最後三基立無法，就與葡人談和。葡人的條件很苛刻，要三基立須奉葡王為國王，並進獻貢物，准許天主教傳教士自由傳教。如此葡人仍感不滿足，並派兵去查夫納長久駐紮。這些軍人到後，就各處破壞婆羅門教寺廟，搶劫財物，製造事端，因此引起人民暴動，毆打葡軍，及強制驅逐葡人出境至馬納爾島。總之，葡人為了干涉查夫納政治及傳布天主教，他們運用各種陰謀手段以期達到目的。三基立死後，情況也未改變❾。

公元一五九一年，有一將軍名叫伏塔都（General Furtado），召集各首領會議，宣稱需奉葡王為王，才可避免國家災難。眾人都同意，於是就公布葡王為查夫納國王，並設立特別機構代為處理葡王在查夫納的行政。伏塔都死後，兩國糾紛又起，葡人為了徹底解決問題，在一六二一年，以強力奪取查夫納，將其直接置於葡萄牙統治之下❿。

葡人自西南部取得拘提和北部查夫納政權後，對中部的康提也就更加垂涎。康提自頓菲力為王後，他和妹妹卡塞利那（Dona Catherina）都信天主教。因他們的父王迦羅來德般陀羅（Karalaidde Bandara），在摩耶陀奈舉兵攻下康提時，就帶他們投靠葡人，後因王獅子一世對人民的暴怒，人民起來叛變，而頓菲力得到機會回到康提為王，此事使當時康提的人民，甚至葡人都很高興。但康提有一人非常不滿，此人名叫拘那波般陀羅（Konappu Bandara），自他改信天主教後，改名頓景奧斯特利（Don Juan of Austria），他計畫拉攏民眾，尋找機會將葡人趕出康提。因此後來頓菲力的死亡非常神祕，拘那波般陀羅就立即搶得了王位，也獲得了人民的擁護，成功地逐出葡人離開康提，並恢復他原有佛教信仰，護持佛法，完全禁用天主教名，他自己改名為維摩羅蘇利耶（Vimalasuriya）。

葡人見勢不對，就派兵攻打康提，維摩羅蘇利耶只得去別處躲藏，政權就被頓菲力的妹妹卡塞利那所取代。這使葡人非常高興，因為更有希望發展傳布天主教和做香料生意。但是康提人民不滿，要求公主（頓菲力的妹妹）與一個叫舍耶維羅般陀羅（Jayavira Bandara）結婚，由他即王位，而葡人又不同意，因他是反對葡萄牙人的。所以舍耶維羅般陀羅即位後，就被葡人捉去殺了，使康提的人民斷了依靠，只得再去尋找維摩羅蘇利耶集合他的人眾，回康提搶回公主的王位，並與公主舉行婚禮，宣布為康提合法的國王。

維摩羅蘇利耶這次復位，使葡人完全斷絕傳教和做生意的希望，於是葡人計畫要從印度果阿（Goa）調兵來斯里蘭卡戰爭。公元一六○二年，有兩個荷蘭人至康提訪問，這引起葡萄牙人的害怕，認為荷蘭人要與康提勾結。因此葡人在公元一六一三年，派大軍攻打康提。當時康提國王很害怕，就向葡人請求再改信天主教，葡人接受了，並退兵回到拘提。國王這次所以害怕，是由於一個荷蘭人在康提死了，恐怕荷蘭誤會為康提國王所謀害，可能要舉兵來攻打，為了避免不幸災難，所以願與葡人修好[11]。

公元一六一八年，葡軍上校沙（Colonel Sa）帶兵在康提境內亭可馬里（Trincomalee）、標特卡羅亞（Batticaloa）、克爾皮提耶（Kalpitiya）三處碼頭建造砲台，以防止荷蘭人援助康提。康提國王得悉後甚怒，及在公元一六二七年帶兵去打拘提，為葡軍所抵抗。再過三年，葡軍去打康提，結果維摩羅蘇利耶雖戰死，葡軍也未能攻下康提。維摩羅蘇利耶的兒子王獅子（Rājasiṁha）繼位後，在公元一六三六年葡軍再次攻打康提，還是未能得勝[12]。

葡人常對康提用兵，不能取得勝利的原因，是因當時康提人民很團結，擁護國王。康提境內，又有天然山林，葡人不諳熟地理，用兵困難。葡人征役的斯里蘭卡兵，常有叛變葡人。又葡人常在斯國境內各地征剿叛變的斯國人，武器用盡，補給不足，葡兵也缺乏長久戰志，所以斯國其他地方盡失，而終能保住康提[13]。

關於葡人在斯國傳播天主教的事，最初葡人認為伊斯蘭教徒才是他們宗教和商業的敵人，所以先削減了伊斯蘭教徒在斯國航海貿易的勢力。而佛教和婆羅門教，葡人認為自會隨著斯國的政治勢力衰微下去，他們希望能逐漸引誘佛教徒和婆羅門教徒來改信天主教。所以天主教方濟會（Franciscans，一二〇九年St. Francis of Assisi所創）、明道會（Dominicans，一二一五年西班牙Domini所創）、耶穌會（Jesuits，一五三四年Ignatius Loyola所創，名Society of Jesus），都陸續抵達斯國，到每一個城市及鄉村傳教。他們學習僧伽羅語，與本地人直接交談溝通，又運用手腕幫助斯國老弱貧病之人，收買人心。因此斯國沿海居民，很快就有很多人改信天主教。當地人既改信天主教後，也很認真虔誠。雖然葡人不能使全斯里蘭卡人都改信天主教，但天主教傳教士至斯國傳教，結果算是很成功的。尤其他們能運用政教配合的策略，給予改信天主教的斯國人以獎勵，或以一些職位為引誘。這種策略，使天主教在斯國穩固而生根，即使後來荷蘭人傳入新教，經一百多年排除羅馬天主教還是不能消滅。還有葡人對佛教徒的壓迫，始終就是不允許或阻礙斯里蘭卡國王和佛教僧人有密切的聯繫，同時斷絕各地佛教徒推行發展事務上的關係⓮。

公元十六世紀初開始，葡人及天主教神父抵達斯國傳播天主教義，曾向佛教徒進行脅迫、虐待、殺戮僧人、破壞佛寺等。在可倫坡沿海一帶，一百五十二年之間，死在天主教名下的人為數不盡。根據葡萄牙歷史學家費利耶穌塞（Manucl de Feriya Souza）所說，曾有一位葡萄牙殖民官的隊長，將佛教徒的兒童們置於大桶內，用石塊活活打死，再將碎屍置於佛教徒母親們的頭上，這種殘忍的暴行僅是其中之一，未記錄下來的還很多⓯。

葡人在斯國的政治和傳教的結果，可歸納如下：

當葡人統治拘提和查夫納後，以信仰羅馬天主教為主，佛教和婆羅門教被排斥，日趨衰微。此兩地區的斯國人民，大多放棄原有宗教信仰，而改信羅馬天主教。葡人與斯國人戰爭期間，各地佛寺佛塔等遭到很多破壞。非戰爭期間，也有很多佛教道場被有計畫地強迫禁止佛教法務活動或藉故毀壞。而天主教徒由於葡政府的支持，有絕對的傳教自由，且傳教人員熱心而肯犧牲。葡人天主教徒為了吸收斯國人改信天主教，佛教和婆羅門教一些儀式，仍可被採用，如拜佛的儀式可用以對耶穌崇拜。斯國的古文化漸漸衰落，葡人帶進的歐洲文明，逐漸為斯國人民採用。原先斯國人婚姻法是沒有一定的制度，自葡人統治後，訂立新婚姻法，實行一夫一妻制，離婚需要依法獲得許可。建築、雕刻、繪畫、音樂，甚至服飾，斯國人也漸漸採用西方的時尚，如當時斯國女子，流行穿西方的裙子等。還有葡萄牙語文，也被斯里蘭卡人學習和應用，後來僧伽羅語文中，也滲入了不少葡萄牙語⑯。

葡人統治斯國一百五十二年期間，以初期和中期最強盛，而後期逐漸衰弱，直至最後全部退出斯里蘭卡。原因有：（一）葡人在海上的貿易生意地區龐大分散，力量也無法集中。（二）只注重工商業，所獲利益要購買農產品，及維持經常戰爭的消耗，經濟不穩。（三）海上貿易既過龐大，又未注意增強海軍力量。（四）公元一五八〇年後，西班牙力量強大起來，葡人為了保護各地利益，所花費用龐大。（五）在各殖民地，採用高壓強迫政策，被統治者常懷怨恨而起來反抗，在斯國培植發展天主教勢力，引起佛教徒和婆羅門教徒的不滿。（六）在西班牙統治下的荷蘭，忽然獨立強大起來，建立海軍和製造新武器，經濟趨向繁榮。後來以優勢與葡萄牙發生戰爭，爭奪斯國的統治權。公元一六五八年，荷蘭人和斯里蘭卡人共同擊敗葡萄牙人，驅逐他們所有的勢力離開了斯里蘭卡⑰。

後期增訂的《大史》記載葡人說：「他們都是惡人無信仰，殘酷無情，擅自進入都市寺院等地，砍斷菩提樹，破壞佛像，毀滅國家和宗教，到處建築要塞防備戰爭⓲。」

第二節　荷蘭時期（公元一六五八至一七九六年）

荷蘭人也早知道斯里蘭卡香料生意的獲利，常存野心占有，但苦為葡萄牙勢力先得，時刻計畫要驅逐葡萄牙人出斯里蘭卡，以自己的勢力代替。公元一六〇二年，荷蘭曾派使至斯里蘭卡康提與國王維摩羅達摩蘇利耶一世（Vimala-dharmasuriya I）通好。因為當時勢力不足，未作任何行動。再後，當荷蘭人在巴達維亞（Batavia，今印尼雅加達）建立了基地，及控制印度境內一些海島經商權，又取得麻六甲（Malacca），力量大增，就向印度洋伸展，以及攻擊在印度和斯里蘭卡的葡萄牙人。

維摩羅達摩蘇利耶一世在位（一五九二—一六〇四）期間，曾自緬甸阿拉干的羅迦伽（Rakkaṅga）迎請高僧至斯里蘭卡，復興上座部佛教⓳。

公元一六三八年，荷蘭海軍由威西特烏爾得將軍（Admiral Westerworld）率領，攻打斯里蘭卡的標特卡羅亞市，並且與康提國王王獅子二世（Rājasaiha II，一六三五—一六八七）取得協議，共同驅逐葡萄牙人出斯里蘭卡。這正合當時斯國國王的心意，所以願支付一切戰爭費用，允許荷蘭人在斯國經營香料。結果在公元一六五八年，葡萄牙人最後被趕出斯里蘭卡。

荷蘭人擴張商業至斯里蘭卡各地，並藉口製造糾紛，立刻宣布要與康提戰爭。雙方議和，荷蘭輕易獲得在斯國各地經商的特權，包括中部康提在內。這時斯里蘭卡形成兩個政府，一是荷蘭人控制全島沿海岸各地，一是斯里蘭卡國王統治中部康提。而康提比葡萄牙人時期更受制於荷蘭人的勢力[20]。

荷蘭統治斯國時期，佛教在康提還是為國王及人民所信仰，並包括有婆羅門教、伊斯蘭教、羅馬天主教派等。多數國王護持發揚佛教，改革佛教內部，如從緬甸和泰國引進戒法系統等。而婆羅門教也同樣受到國王支持，婆羅門教神廟也列為重要宗教崇敬的場所。

由於斯國佛教常常遭受損害，屢興屢衰。這時又正逢最衰微時期，僧人稀少，力量分散，沒有推行教務及統理的機構，僧人墮落到不學無術。人民對佛教信仰失去依靠，不再熱心護持。外國上座部佛教國家，也不再對斯國佛教敬重了。

至維摩羅達摩蘇利耶二世（Vimala-dharmasuriya II，一六八七—一七〇七），他是一位愛好和平的君王，對佛教熱心，依照父王的遺囑與荷蘭人保持友好。當他即位後，眼看佛教衰微的情形，連尋求五位比丘成立一個僧團都不具足。於是他就派遣使者，並帶了國書去緬甸孟族人（Mons）的地區，禮請比丘至斯里蘭卡。一個孟族僧團三十三人，由桑多那（Santāna）上座領導到了斯國，國王熱忱護法，在近康提的大吠利河（Mahā-veliganga R.）一個島嶼上結成戒壇，傳授比丘戒，初次有一百多人受戒。國王又在康提建築了佛牙寺㉑，為兩層樓的寺院，後經整修，加建了第三層，坐落在王宮的湖濱。再後又在這座寺院大門的右側修建一座精巧玲瓏的八角亭，內部收藏貝葉佛經手稿等。

佛牙寺主要建築物有佛殿、鼓樓、長廳、寶庫、經堂等。中央佛殿有迴廊通向內殿，內殿正中供奉一尊巨佛坐像，左側的暗室裡，就是安供佛牙七層的金塔，上面鑲著層層閃爍的寶石，金塔中空，內有七層小金塔，佛牙就在最裡層。平常日子去朝拜，絕對是看不到聖牙的，聽說要等到每年八月佛牙節時，或有幸能看到，那是最大的因緣福報了。

斯里蘭卡很多佛教著名的佛塔及寺院在入口處，都有雕刻精美的月石和守護石的設置。月石因其外形像月亮而得名，半圓形或圓形，通常外圍呈火焰形，中間刻有牛、象等動物，內側刻有象徵人類慾望的藤草，其作用是讓參拜者在入內殿前，先赤足踏上月石，用水洗淨雙足，等心境完全平靜後，再進入殿上。月石前兩邊豎立守護石一對，石上刻有人形龍王像，在其頭部後面纏繞著五條或七條巨蛇，象徵守護正法，阻止邪魔侵入。

可是不幸，正當佛教復興時，熱心護法的國王就去世了，其子那奈陀信哈（Viraparakrama-narenadrasingha）繼位，他無心注意佛教，人民要求他也不理，而當時佛教基礎尚不穩固，又走上衰微之運。更壞的是有人混進佛教中偽裝出家，致使僧團戒律墮落敗壞，人民失去對佛教支持的信心。到佛教最衰微時，連一位正式的比丘也沒有了，僅留下少數沒有受戒，而以卜占星相為業贍養妻室的非正式沙門㉒。以致最後僧團斷絕傳承，就是有人要發心出家，也無法求受比丘戒。

斯里蘭卡佛教瀕臨衰亡之時，能獲復興，要歸功於一位薩羅難迦羅（Saranaikara，一六九八—一七七八）高僧與幾位國王的護持，以及外國僧團應邀至斯里蘭卡弘揚戒法的結果。據斯里蘭卡和泰國佛教史記載，泰僧到斯里蘭卡傳授戒法時，當時斯國已沒有一位比丘，薩羅難迦羅是僅存的一位大沙彌，無法進受比丘戒。

薩羅難迦羅大沙彌，見到自已國家的佛教將滅亡，非常痛心。覺得唯一可以挽救的方法，只有派遣佛教使團去外國，禮請外國僧團至斯里蘭卡傳授戒法。於是薩羅難迦羅向國王建議，要求派遣佛教使團至泰國，禮請泰僧來斯國弘揚戒法。那奈陀信哈時期（一七〇七—一七三九），第一次派使至泰國，但這次派使至泰國雖然回到斯國，對佛教並沒有起什麼作用，因為使團的人員並不熱心注意佛教，只向國王呈報泰國佛教的情形而已，而那奈陀信哈王根本也不甚關心佛教㉓。

至室利毘舍耶王獅子即位（Śri Vijaya Rāja-siṅgha，一七三九—一七四七），他非常熱心佛教，因有感佛教的衰亡，極力愛護佛教徒並修理破壞的佛寺。他驅逐了羅馬天主教徒離開康提，毀去契魯（Chilow）和普塔林（Putalam）兩地的天主教堂㉔。

薩羅難迦羅大沙彌向室利毘舍耶王獅子王建議，再派佛教使團至泰國，禮請泰僧至斯里蘭卡傳授戒法，國王立即同意給予支持。第二次派出的佛教使團，有「沙彌戒行團」（Sāmaṇeranikāyasīlavatta）的沙彌五位（為薩羅難迦羅弟子），使臣兩位，公元一七四一年出發。但是不幸，船行近緬甸的庇古（Pegu，或譯白古）境時，遭到風浪，船毀沉沒，只有四人爬上小艇得以上岸，其餘的人和所有物品都沉入海中。倖得生還的四人，在庇古又遇到惡人的洗劫，他們回到斯國後，將詳情呈報給國王。

公元一七四七年，室利毘舍耶王獅子王再派佛教使團到泰國，有沙彌五位，使臣三人，這（第三）次很平安的抵達泰國首都大城（Ayutthaya，音譯阿瑜陀耶）。謁見泰王陳說事由，泰王也準備派僧團去斯國，但當時得到消息，斯里蘭卡王已駕崩，命令赴斯國的僧團暫且等待，先探聽斯國方面的消息。所以斯國使節就先返國，在途中又遇難，只有一人生還。

斯國新王名吉祥稱王獅子（Kīrti śri Rāja-siṅha，一七四七—一七八二），他是斯國歷史上著名的佛教護法者，自幼即注意民眾道德，及恭敬承侍薩羅難迦羅大沙彌。以前的國王三次遣使至泰，都沒有成功，在他心中非常難受。他依薩羅難迦羅的請求，再派使至泰國，這次有四位政府官員，平安地抵達泰國首都大城。

此時是泰國大城王朝波隆科斯（Borom Kos）在位，禮遇接待斯國來使，欣然給予斯國佛教一切協助，命令組織一個僧團，由優波離（Upāli）上座領導，去斯國傳授泰國式戒法。斯國使者和泰國僧團下船出發之日，得到盛大光榮的歡送，並且在泰境河流航行期間，派人護送及供養所需用品。但至吞武里（Thonburi）時，斯國使者死了一人。於泰曆十二月二十八日，再繼續航行六日，船漏下沉，得地方人民相助，將所帶之物品拋棄下海，然後行至最近之處避難。途中比丘們念誦《守護經》不間斷。船行十日後，才看到海岸，那是泰南洛坤（Nakhon Si Thammarat），此時船正下沉，眾人幸都能脫險登岸，住在一佛寺中，請求地方首長派人送信至大城。泰王知悉，非常驚訝，命令將船修復，回至大城。

這時有人呈獻意見，去斯國的僧團最好先由陸路行到緬甸的墨吉（Mergui，亦譯丹荖），然後再備船往斯國。可是又有很多困難不能解決，泰王未同意，至此心生悔意，不願再派遣僧團，而斯國使者再三懇求，才允許再派。

卻巧這時有一艘荷蘭商船到達大城，使團向船長要求帶他們前往斯里蘭卡。船長知道他們遭遇了許多困難，都未能達到目的，而答允隨船帶他們前往斯國。使團隨荷蘭商船十二月底出發，經湄南河出海航行，先至巴達維亞（Batavia，今雅加達）港口，得到當地荷人的歡迎。然後轉駁大船再航，抵達斯國的亭可馬里港，行程共五十一日。荷蘭船大，航行平穩，又受到船上荷人的照顧，所以一路平安，這是公元一七五三年的事。

斯里蘭卡吉祥稱王獅子王得到消息，歡喜雀躍，立刻命派大臣前往亭可馬里港，迎接泰國僧團至康提。他們受到斯國國王和廣大民眾的歡迎。他們在康提的拘陀波羅村（Godapola），與馬山寺（Assagirivihāra）和花園寺（Mallavatta，即Pupphārāma）的斯國僧人相見，薩羅難迦羅大沙彌也在內，泰僧受安排住在花園寺。

泰國僧團領導人優波離上座，首先即準備傳戒之事，公元一七五三年，斯國陰曆八月十五日，為五十五歲著名的薩羅難迦羅大沙彌傳授比丘戒，同日又有五位斯國沙彌受比丘戒，一切都依泰國僧團儀式。因此斯國比丘僧團的重興，是泰國僧團所傳，後來就稱為「暹羅宗」（Syāma-vaṃsa，英文稱Siam School）。

隨後一個月內，又有數百人出家受比丘戒，在高僧薩羅難迦羅領導下，斯國將面臨滅亡的佛教，很快地又再復興起來，一躍再成為斯國的國教。佛教教育也受到重視，人民都轉來熱心擁護佛教，各地佛寺佛塔，得到重新修復。

吉祥稱王獅子王為了鞏固斯里蘭卡將來的佛教，於是召集僧人在花園寺會議，要敕封勞苦功高的薩羅難迦羅為僧王（Saṅgharāja），結果僧伽會議通過。薩羅難迦羅比丘受封為僧王，這是斯里蘭卡佛教史上僅有的一位，因為在此前後，斯里蘭卡佛教只有僧伽領袖，沒有僧王設置。這在當時可能是受到泰國僧王制度的影響㉕。

薩羅難迦羅生在公元一六九八年，通巴奈縣（Tumpane）瓦利維達村（Valivita）人。先人曾做過國家大臣，他自幼即信仰佛教，心地善良，想要出家為沙彌。但當時佛教衰微，父母不許。十六歲時，父母同意，依一位有德學的蘇利耶拘陀（Suriyakoda）法師（此法師從緬甸孟族僧得戒）出家為沙彌。出家後不久，即感覺僧人的戒律墮落，立志克苦勤學。可是當時斯國出家人，已無人能教授巴利語及初步文法。只找到一位羅拉哈密（Levuke Rolahami）居士，懂得巴利語，但那時羅拉哈密正被關在監獄裡，每天只准許出來禮佛一次。薩羅難迦羅只好等他出來時，每次請他教一點巴利語。後來他已能了解《大念住經》（Mahāsatipatthāna-suttanta），要再尋找其他的老師教授巴利語，已不可得，只靠自己自修。沒幾年他已能精通巴利語、梵文和僧伽羅文，然後再教導他的學生，不久就有了很多弟子。

薩羅難迦羅發揚佛教的志願已經實現了。他先與他的三個弟子，到七個重要的城市遊化說法。在利提寺（Ridi Vihāra）成立弘法事務中心，然後計畫到各地向人民布教說法，並為自己成立新僧團，稱做「戒行團」（Sīlavatta），全為沙彌，遵行沙彌十戒，不接受施主送食物到寺裡供養，食物都從托缽而來。他們弘法的結果，得到很多人民的皈信。

戒行團並不以此為滿足，仍繼續不斷地到各地向人民說法。擁護的信眾一天天多起來，可是卻引起原有舊派僧人的不滿，而訴訟至法庭，結果沙彌「戒行團」敗訴，被判用衣纏在頭上對舊派僧人禮拜。雖然如此，但他們弘法的工作仍不間斷。

一天，印度有一位「有想論」（Saññī-vāda）婆羅門外道抵斯里蘭卡阿耨羅陀城，那奈陀信哈王知道後，便召他進宮會談，但他對佛教所知極其有限。國王為了建立斯國佛教的聲譽，就禮請馬山寺和花園寺的僧團，推選人去與婆羅門外道說法，但無一人能出來擔任，國王覺得很恥辱。這時有一位宮臣知道此事，呈奏國王去禮請薩羅難迦羅大沙彌出來擔任此事。

到了約定時間，薩羅難迦羅即進宮登上法座，先念誦巴利語經偈一首，然後用僧伽羅語解釋，接著再用梵文對婆羅門宣說。這使得當時的聽眾非常驚訝，讚歎不已。後來國王把別的僧人職位都撤銷，封薩羅難迦羅為佛教新領袖。從此以後，有知識的弟子及信眾日漸增多。

但是當時斯里蘭卡佛教已斷絕比丘戒傳承，為使佛法久住，僧種不絕，薩羅難迦羅就想方設法挽救，他認為須從外國佛教引進戒法系統，所以才有三次派遣佛教使團至泰國，禮請泰國僧團至斯國傳授戒法之事。

公元一七六四年，薩羅難迦羅僧臘十二年，才為斯里蘭卡人傳授比丘戒和沙彌戒，為得戒阿闍梨。他在公元一七七八年圓寂，世壽八十一歲㉖。

再說泰國派至斯里蘭卡的僧團，依原訂計畫，即三年調換一次，直至滿十年，到斯國比丘可合法傳戒時為止。泰國第一次派出的僧團，駐錫三年，斯里蘭卡人得比丘戒七百位，沙彌戒三千人。這次泰國僧團有比丘十八位，沙彌八位。可是三年後回到泰國的，只有比丘七位，沙彌五位，其餘的都圓寂在斯國。因為水土及食物不適，優波離上座也圓寂在斯里蘭卡。

公元一七五五年，泰國第一次派的僧人回國後，隨即又派一僧團去斯國代替。共有比丘二十二位，沙彌二十位，由大淨阿闍梨（Mahāvisuddhācariya）和聖智牟尼（Varañāṇa-muni）兩位上座領導，另有使臣醫生等六人，仍乘荷蘭商船。這次荷蘭船經過很多商港，航行八天，到麻六甲，然後又經過幾處，再行七天，船在海中觸礁擱淺，又逢雷雨天暗，三隻救生舢船，只有請兩位上座和使臣先下，而近岸邊時，風浪又將三隻舢船擊毀，幸已抵達淺灘，涉水上陸，但已無工具再回大船擱淺處救起別人。大船上的人飢餓地等了三天，感到無望，就取木為筏，希望能隨風逐浪飄至岸邊。後知有四位比丘和兩位沙彌死在海中，其餘先後飄至斯國海岸，大家得以重逢。

當地斯國人知道這個不幸的事件後，立刻對他們加以慰問，供給所需物品，並派人至康提報訊。斯里蘭卡王吉祥稱王獅子知道情形後，非常悲痛，命令先在當地建造臨時住所，安排泰僧駐錫，供養一切；又命令開築道路，然後迎接他們至康提。

第二次泰國僧團在斯里蘭卡住四年，據歷史記載，大淨阿闍梨精於禪觀，在斯國傳授很多弟子，受戒比丘三百位，沙彌更多。僧團在公元一七五八年返回泰國[27]。

斯里蘭卡有了僧團，佛教復興了，在高僧薩羅難迦羅及國王熱心護持領導下，鼓勵比丘沙彌研究教理，嚴守戒律，建立良好的僧伽制度，斯國上座部佛教的命脈得以傳承下來。

至於荷人在東方傳教，是隸屬於「荷蘭東印度公司」（The Dutch East India Company）事務中。荷蘭東印度公司雖然是管理殖民地和商業事務，但他們認為利用宗教的影響力，更能達到政治目的，而且容易收服殖民地人心。他們吸引斯國的佛教徒、婆羅門教徒，以及羅馬天主教徒，改信他們的新教長老會教派（Presby-terian）。因為當時這三種教徒和廣大民眾，都是擁護斯里蘭卡康提國王的。如果這三種教徒被吸收改信新教，就可破壞他們與康提國王的關係，在殖民政治上會減少很多麻煩，經濟上獲益更大[28]。

荷蘭是信仰新教的，稱為「荷蘭改革信仰派」（Dutch Reformed Faith），此派牧師抵達斯國傳教，盡量吸引佛教徒、婆羅門教徒、天主教徒來改信他們的新教，他們印刷英文和斯國當地各種語文的書刊，分送人民，內容是有關新教教義問答及信仰新教的好處，收效很大，吸引很多斯國人去信仰他們的新教。不過他們信仰新教不是出於虔誠，只是徒具形式，因為他們的生活方式還是與原先一樣。當時荷蘭政府和牧師們吸引斯國人改信新教所用的方法，就是在斯國各城市和鄉村建立學校，特別是在沿海統治地區，讓斯國兒童入學及接受信仰基督教㉙。

學校中除了一般課程，規定要閱讀基督教新舊約等宗教科目。兒童不得無故缺課，不然家長要受處罰。每所學校有教師二至五人，其中一人是教宗教科目，直接提出問題給學生回答，如學生答不出來，教師便加以解說，藉機宣傳信仰基督教的好處。擔任宗教科目的教師，賦有特別權力，可為學生登記及簽發各種文件等。兒童滿十五歲以上才可離校。離校後，規定每兩個星期中，最少有一次到學校或教堂學習基督教特別課程。未滿十五歲，須學基督教義三年才可離校。所讀課程，分基督教基本教義、朗誦、書寫、問答、祈禱詞等。學校主持的人多為地方政府公務員。主持教育的高層，有牧師及其他二至三人受荷蘭國王委任為教育行政人員；另有督學二人，經常至各地學校考察教務，檢閱學生名冊，查問學生。如發現學生對基督教表現成績良好，即舉行基督教洗禮和賜給教名。

這種學校不單吸收了很多人信仰基督教，而且發展極快，公元一七八八年，可倫坡一地就有五十五所。另外還有歐洲人與斯國人共讀的學校。荷人還設立高等學校，訓練斯國人學習政治和教育行政。荷人規定斯國人信仰基督教後，才委以政府公務員職位。因此斯國人為了自身利益，自願為基督教徒的人就增多。法律規定除了基督教以外，禁止人民對其他宗教的崇拜和舉行宗教儀式，所以信仰佛教、婆羅門教、伊斯蘭教、天主教的人，他們的權利完全被剝削。荷人又規定斯國人民出生、結婚，必須舉行基督教儀式而成為基督教徒，才可獲得法律上承認和保障㉚。

佛教和婆羅門教的土地往往被沒收，而轉移為基督教的財產，基督教會到處林立，天主教和伊斯蘭教則被迫害。荷人這種政策，目的就是要消滅佛教，將斯國變成一個完全基督教的殖民地。

不過荷蘭人也帶給斯里蘭卡經濟的改進和社會的發展。康提境內多高山，一年雖種稻兩次，但糧食仍不夠自給，加以斯國人不甚勤勞，所以荷人教導斯國人加以種植樹膠、椰子、茶樹、胡椒、咖啡、豆蔻等植物。康提的商業和交通本不甚發達，當時斯國人多數以物易物，交通多為步行，荷人幫助他們建造紡織、製酒、榨油等工廠，在城市和鄉村開建很多道路，便利人們往來與貨物運輸。

在社會方面，斯里蘭卡人種族階級分得嚴格，各種族之間不相婚嫁，職業也由本族人承襲。男女婚姻法不受限制，一般習慣是一次，結婚也多數由男女自願。如夫妻分離有兒女的，女與母住，子與父住。一般婦女，多數管理家務之事。自荷人統治斯里蘭卡後，改用「羅馬荷蘭法律」（Roman Dutch Laws）。這種法律後來仍為斯國人所沿用，它對促進社會進步，改變人心影響很大，使斯國人民捨棄很多舊有法律的風俗習慣，遵行容易的新法，如廢除種族階級，婚姻法規定為一夫一妻。特別是普遍建立學校，使斯國兒童都有受初等教育的機會。一般人都能讀能寫，大量減少過去文盲的數量。而過去一般兒童，都是依靠佛寺僧人受教育。

斯里蘭卡一歷史文件上說，當時康提的摩羅婆多寺（Mallavatta）僧團，呈文至荷蘭沿海邊區殖民官福克（Falk，一七六五—一七八五）說：「斯里蘭卡法律第一條規定，國王不可停止信仰佛教和改信他教。」

建築方面，房舍增高，窗扇寬大，荷蘭人的這種建築形式，沿用至今，布置裝飾，也受到荷蘭的影響。槍砲武器的使用，堡壘的構建，也由荷人引進。荷蘭多年統治的結果，使僧伽羅語中，也有不少荷文轉來的詞語。

荷蘭人統治斯里蘭卡共一百三十七年，因為提倡推行基督教，所以沒有一天忘記對其他各宗教的排擠和迫害，這包括佛教、婆羅門教、伊斯蘭教、天主教。這種對其他宗教的長期迫害，直到公元一七九六年，荷蘭統治勢力退出斯國後才結束。

在此值得補充的，斯里蘭卡在荷蘭人統治時期，於公元十七、十八世紀時，在丹波羅（Dambulla）洞窟寺院發展出來的佛教壁畫。丹波羅寺是在悉耆利耶山岩的西南十九公里處，丹波羅為一座像饅頭形的山岩，高約一百八十公尺，寺院是建在山腰距地面約一百零五公尺。依歷史記載，丹波羅洞窟寺院在二千多年前已開展，但洞窟碑文記述不詳，及壁畫經過多次重複描繪著色，甚至換上新的圖案，而完成大多在公元十七、十八世紀。丹波羅在早期時，原是許多僧人修行居住的洞穴，共有約八十多個。公元前一世紀，杜多伽摩尼王曾到此避難。後改建為一座岩石寺院，編為一字排五處洞窟，從洞口入處依次為一、二、三、四、五窟，都是天然洞窟，裡面住有僧人。窟壁上繪有眾多五彩繽紛的佛像、佛傳、本生經故事、菩薩像、天神、人物、鳥獸等。第一窟石雕佛陀涅槃像，全長十四公尺，足底繪有華麗的圖樣；洞內還有其他五尊佛像。第二窟有佛像五十三尊，大小與人相仿；正尊佛像左邊是彌勒菩薩，右邊是龍樹菩薩。第三窟中，共有五十七尊大小佛像，正尊石造坐佛在入口處，北壁有一尊九公尺巨大臥佛；康提王朝英明的吉祥稱王獅子的肖像，頭戴王冠，留有黑鬍鬚，雙手合掌，表現為一位極虔誠的佛教徒，他也是大力修建丹波羅洞窟者。第四窟內有十尊坐佛像，排成一列，還有一座佛塔。第五窟，開展於一九一五年，內供一尊新的巨大臥佛[31]。

被國王打敗，逃至英人統治區域。國王無法原諒叛徒，一怒命令殺死叛變官員所有的親屬，連出家的親屬也包括在內，這就使得他的臣民大為不滿。

英人見康提大臣們對國王不滿，而且在形勢上可作占領康提，就宣布與維迦摩王獅子戰爭，因得到康提一些大臣們相助，結果很輕易的攻下康提。國王被捉並受到放逐，斯里蘭卡人的康提王朝至此滅亡。公元一八一五年英人與叛變國王的大臣們立約，承認康提交英國統治。但英人不允再立那耶卡族人（Nayakar）繼續為康提國王。同時英人接受管理佛教，公布佛教儀式，佛教勝地，統計佛教比丘。英人對過去康提的大臣，仍讓管理以前康提各重要的城市。但後來這些大臣，以及人民和佛教比丘，對英人的統治感覺不滿，因為英人逐步削減了他們過去所有的權利，就聯合起來叛變，很快就被英人剿平。英人為了防止斯國人再叛變，便再削減這些舊臣的各種權力，歸屬各部文官，英人還在各重要城市駐守英軍，建造砲台，修築公路，如有斯國人叛變時，便可以隨時運兵防止，非常有效[32]。

自荷蘭勢力退出斯里蘭卡後，佛教徒及其他宗教徒曾被迫信仰基督教的，這時又都回轉來信仰自己原有的宗教。英人起初未注意幫助斯國人建立學校，但隨後發現這情形對他們不利，因為他們仍希望斯國人繼續信仰基督教，所以才興建更多的學校，以學校教育方法，來間接廢除佛教等。英人初統治時，康提的佛教，每年有一次沙彌進受比丘戒儀式，這時斯國英殖民地總督下令不許再舉行。藉口康提與英人不友好，就是人民往佛寺聆聽僧人說法，也受到限制。至英人完全直接統治康提後，才改用表面上較為溫和的政策，協助佛教，總督代替過去康提國王的權力，可封僧人爵位，委任佛教財產管理人。康提的聖物佛牙，也受到當地英人的保護。佛教徒可自由舉行佛教儀式，有知識的僧人，也可到任何地區宣揚佛教，教導人民學習僧伽羅語和巴利文[33]。

公元一八一六年六月十三日，英國一位斯里蘭卡殖民官員布朗里（Robert Brownrigg）寫信至英國韋勃福斯（William Wilberforce）說：「現在可以證實，康提王朝與佛教，有著密切的關係，平常人民相信佛陀會保護他們的國王，抵抗外人的勢力。」

當時直接與佛教、婆羅門教等為敵的，就是基督教的牧師和傳教士。隨後在英人統治下，即有不少西方傳教士湧入斯里蘭卡，公元一八一二年，有「浸信會」（Baptist Missionary）傳入，公元一八一四年「西方教會」（Western Missionary）傳入，公元一八一六年傳入「美洲教會」（American Missionary），公元一九一八年傳入「英國教會」（Anglican Missionary）等。這些教會傳入斯國後，幫助英殖民地政府建立學校，不幾年間，就有很多政府的教會學校。依據一八二七年統計，全島公、私立基督教會學校多達四百二十六所。本來那時斯國佛寺裡的學校，有一千所以上，但因得不到政府的幫助，無法繼續維持。而且後來佛教徒畢業生，無法找到工作。讀政府教會學校的，比讀佛教學校的有較多特別優待，尤其是不收學費，畢業出來政府給予種種便利，容易找到工作，這樣佛教徒就被迫也只得送子弟去政府教會學校讀書。依公元一八六八年統計，斯國學童讀教會學校的，達百分之六十五，讀佛教學校減少到只有百分之二十七。當教會學校學生占了多數，於是殖民地政府訂立法律，全國各地學校每天第一小時必須上基督教課程。另外設法切斷佛教比丘們對人民教授佛法，到了佛日，不准佛教徒進佛寺聽經聞法、修持、齋戒，使佛教徒活動非常不便，令斯國人民感到非常不滿㉞。

又基督教徒利用種種方法來達到傳教的目的，如給病人廉價藥品、建盲啞學校等，爭取人心以改信基督教。這雖是社會福利事業，但佛教徒想做，就不會得到政府協助。英殖民地總督代替過去康提國王的權力，立約上規定「保護佛教」，並尊重佛教儀式，但僅具條文而已。總督不會履行參加佛教重要的慶典，而且輕視比丘，佛教在這樣情形下更趨向衰微。

佛教受到壓迫，眼見日漸衰微，有志的佛教徒就起來衛護。公元一八六〇至一八七〇年，有一群比丘開始用間接的方法抵抗，設立印務所，印刷各種宣傳小冊子，向人民說明佛教受到迫害的情形，又建立學校，協助佛教徒子弟進佛教學校讀書，鼓勵佛教徒熱愛保衛自己的聖教。其中有一位勇敢傑出的比丘羯那難陀（Mahotti Vatte

Guṇananda），舉行佛教與基督教公開辯論，說明兩教教義的差別和優劣，讓一般人民了解並自由選擇信仰。這種公開辯論，自公元一八六四至一八七三年，九年間隆重地舉行了五次。結果五次都取得光榮的勝利。今將最後兩場大辯論的情況簡介如下：

公元一八七一年六月九日至十日，在丹波羅菩提寺廣場辯論的情況是：佛教代表是羯那難陀長老，基督教代表是西利曼那先生。按程序基督教代表先發言，他提出了「佛教是虛妄的」論點。理由是：（一）佛教稱自佛滅後到公元前一世紀，佛經記錄成書之前的四百五十三年中，全部經文都是靠歷代僧人記憶、口誦流傳下來的。這是絕對不可能辦到的事情。所以佛經肯定是由僧人杜撰而絕非佛說。（二）須大拏（Sudāna）太子為證佛果，便不顧妻室兒女的痛苦把他們施捨給一個婆羅門無賴。做了這種傷天害理的勾當，難道還能得到解脫和福報嗎？（三）佛教徒絕對無法守持五戒。在西方人發明的顯微鏡下，可以看到水中浮游著許多幼小的生靈，飲水即是殺生！信佛的農民在耕耘鋤草時也必會傷害蟲蟻的生命。接著羯那難陀進行答辯道：「古代羅漢有種種神通，經文雖然浩繁，但仍可以分工背誦。十波羅蜜的第一條便是布施，非此不可破貪；若行無上布施，就得破除對妻、子的貪愛。基督徒無知，接受布施的並非婆羅門無賴而是帝釋天的化身。飲水耕田傷害蟲蟻非出有意，無殺生動機，不為罪過。」其次反詰說：「基督教的上帝造人說才是徹頭徹尾的虛妄，他們不懂大千世界乃由地、水、火、風四大要素構成。世間一切事物皆為變化無常，有生有死。要得子，必有男女交合，沒有男女的結合，上帝是造不出人的。所以造物主是不存在的，耶穌和耶和華也並非全能的聖人；基督教的全部教義皆為虛妄之詞。」這場辯論的結果，羯那難陀取得勝利，數千名在場佛教徒的聽眾高聲呼喚，有些基督教信徒也表示要改信佛教。

公元一八七三年八月在西部海邊小鎮巴那都羅（Panadura），舉行的一場辯論規模最大。代表佛教的仍是羯那難陀，代表基督教的是達文西爾瓦（Davin Silva）神父。這次辯論的結果震撼了全國，影響遠及國外。達文西爾瓦發言批判佛教的緣起理論，接著又圍繞著有無靈魂的問題繼續論戰。雙方唇槍舌劍，氣氛緊張激烈，前往的聽眾達萬人以上。最後又是佛教得勝。結束時佛教徒高聲歡呼，基督教徒悻悻離去，現場未發生任何騷亂[35]。

五次的辯論全勝，兩教對善惡的定義，羯那難陀以雄辯的言詞，徹底擊敗了基督教徒。羯那難陀的雄辯，只見他站在辯論台上，時而引證背誦巴利文，時而例舉現代科學最新的發現。最後將辯論的言詞印成英文，寄到歐美各地宣傳，大大地振奮了斯國人的信心[36]。

辯論的英文稿寄到美國後，有一位陸軍上校奧爾高特（Colonel Henry Stell Olcott，一八三二—一九〇七）和他的俄籍妻子波拉瓦斯基（H. P. Blavatsky）讀到後，非常感動，深切地同情斯里蘭卡的佛教。他們兩人原是研究哲學的，早對東方佛教甚感注意和熱心。當讀到這份辯論，就在公元一八八〇年決心來到斯國研究佛教，幫助佛教徒宣揚佛法。當他們兩人抵達斯國南部的加耳（Galle）再往可倫坡時，發現斯國的佛教不被人重視，人民竟因羞恥而不敢表示自己是佛教徒。

斯里蘭卡佛教的衰微，令他們很驚訝，為了振興佛教與基督教抗衡，急需要設立一個佛教機構，公元一八八〇年他們在可倫坡成立「佛教靈智學會」（Buddhist Theosophical Society），宗旨是為了發揚世界人類各宗教和平友好，及保衛宗教不受壓迫。學會先後開辦多所學校，讓佛教徒子弟就讀，教學英文和僧伽羅語。如現在著名的阿難陀學院（Ananda College）、法王學院（Dharmaraja College）、摩哂陀學院（Mahinda College）等，都是那時創立的。他們吸引了很多西方學者至斯國，計畫發展斯里蘭卡國家教育和佛教教育[37]。

奧爾高特上校見斯國人多數是佛教徒，佛教重要的節日及佛日都得不到休假，覺得對佛教徒非常不合理。所以他以個人名義直接向英國外交部殖民地大臣交涉，結果斯國英殖民地總督同意，公布佛教衛塞節（佛誕節），為全國公休假日[38]。

奧爾高特這樣的做法，引起基督教牧師們十分不滿，甚至政府一些公務員也不贊成，所以呈報上級，要求政府禁止奧爾高特在任何場地發表演講。但因為斯國人多數是佛教徒，沒有禁止得了，反而使斯國佛教徒更加擁護奧爾高特上校。

奧爾高特的工作是熱心而真誠的，他籌募發揚佛教的基金，印刷僧伽羅語《Sarasavisan-derasa》書冊及英文版《佛教徒》（*The Buddhist*）雜誌。一八八五年購地建立學會大廈，開始設計佛教教旗。同年又設立「星期日學校」，次年即發展改為普通學校，教授英文。這就是現在可倫坡著名的「阿難陀學院」。上校所建立的學校，都向政府教育部登記，取得合法權利，雖也遭受到很多阻礙，但都能獲得成功㊴。

前面已說過，斯里蘭卡佛教自公元一二三五年就一直衰弱不振，至高僧薩羅難迦羅和國王吉祥稱王獅子時，佛教得到了復興，但也不過限於康提境內。佛教最衰微的，是在沿海地區，佛教教育尤其如此。只有在公元一八三九年，薩羅難迦羅的弟子瓦拉悉達多（Walanesiddhartha）上座，在荷蘭人統治的巴那都羅的羅摩拉那鎮（Ratmalana），建立一所僧人教育機構，稱為「勝法塔學院」（Paramadharmacetiya-pariveṇa），算是斯國的第一所僧學院。

後來一位勝法塔學院的畢業者，於公元一八七三年在可倫坡的摩梨迦甘陀（Malikakanda），又建了一所「智增學院」（Vidyodayapariveṇa）。這所學院，於公元一九五八年，被政府升格為大學之一，教授東方語文、宗教、文化，僧俗都可入學攻讀。此校創立者蘇曼伽羅比丘（Hickaduwa Śri Sumaṅgala，一八二六—一九一一），並擔任第一任院長，他一生多學，著名弟子甚多㊵。

公元一八七六年，一位法光（Ratmalana Dharmāloka）比丘，在距離可倫坡八公里的迦耶尼（Kalyāṇī），又建立一所「智嚴學院」（Vidayā-layalaṅkāpariveṇa），成立於英國殖民統治時期，也是斯里蘭卡獨立及社會改革運動的搖籃之一。自成立以來至公元一九四八年斯里蘭卡獨立之六十三年中，該院經費一直非常拮据。但是歷任院長為確保民族之獨立及自主，皆拒受英國政府的資助。在教學方面，該院堅持民族文化教育，故以僧伽羅語授課。主要課程為僧伽羅語、巴利語、梵語及佛學。近年新增以英語教授上座部佛學的課程。法光比丘畢業於勝法塔學院，勤苦好學，通達三藏，注重僧教育的發展。他著作多種，包括僧伽羅文和梵文。智嚴學院，公元一九五八年也升格為政府大學。該院歷任院長學術造詣精深及優秀僧俗教員，因此印度、孟加拉、尼泊爾、泰國、荷蘭、英國、美國等，均有人慕名前來學習或研究。我國法舫法師曾受業於該院達磨難陀長老（Ven Dr. K Sir Dhammananda，一九一九—二〇〇六）。

上述三所學院，是斯國最久最重要的僧教育。勝法塔學院還專設有僧人的「教師養成學院」（Pariveṇa Teachers' Training College）；其他兩所，教學程度與政府大學相等㊶。

當基督教在斯里蘭卡發達的時候，佛教徒處於劣勢，很難有復興的希望。唯一可以解救的方法，是成立推行佛教工作總部，所以先有奧爾高特的「佛教靈智學會」的成立，起了引導作用。公元一八九一年，又有斯國人達摩波羅（Anāgārika Dharmapāla，一八六四—一九三三）居士成立「摩訶菩提協會」（Maha Bodhi Society），此會宗旨是向國外宣揚佛教，特別著重於復興印度佛教，及促進斯國僧教育。此會後來做了很多重要的工作，各國佛教徒都知其名。現在印度各大城市，差不多都有摩訶菩提分會的設立，斯國派至國外弘法的比丘，每三年輪換一次。被選派的比丘，最少接受兩年以上的訓練，訓練處名為「佛法使者學院」（Dhammadūta-vidayālaya），院址設在可倫坡。在印度加爾各答的摩訶菩提協會，代表該會推行一切職務。凡去到印度的佛教徒，多數會到摩訶菩提協會拜訪，或請求住宿。該會將給予種種照顧和協助，非常稱便。加爾各答的摩訶菩提協會，並且編印《摩訶菩提》（*The Maha Bodhi*）英文月刊，分寄全世界各國以宣揚佛教，至今將近百年，接引了無數人研究佛法及皈依三寶。

在斯里蘭卡國內，摩訶菩提協會又印有僧伽羅語佛教雜誌，建立多所學校，如摩訶菩提學院（Maha Bodhi Vidayālaya）、阿難陀波利迦學院（Anandapālikā）等。在歐美也設有摩訶菩提分會，同時輪派比丘至英國和德國長期弘法[42]。

公元一八九五年達摩波羅居士曾至中國上海訪問，與中國著名學者，如教育家楊仁山居士商談，相約復興印度佛教及向世界宣揚佛法。

由於摩訶菩提協會的成就，使很多斯國人覺醒過來，公元一八九八年，又有佛教徒成立「青年佛教會」（Young Men's Buddhist Association），宗旨是對青年人宣揚佛法，使青年人注意佛教道德的修養。青年佛教會在全島多所佛寺中，設有「星期日學校」，學校由各寺院住持管理，教師都經過選拔委任。就是利用星期日對佛教青少年傳授佛教課程，引導學生參加佛教儀式，如靜坐、禮佛、念誦等[43]。

達摩波羅生於公元一八六四年，是一位熱愛國家的人，他常告誡自己的同胞，不要忘記本國固有的文化和優良的傳統，而去羨慕外國的風氣。他也是學佛最虔誠的奉行者，為了復興印度佛教，願過獨身生活（Anāgārika），把他的原名「大衛」（David）改為「達摩波羅」（Dharmapāla，護法）。當奧爾高特上校至斯國成立「佛教靈智學會」時，他即參加宣揚佛法工作。為復興和保護印度佛教各地聖跡，他盡了最大的努力，在佛陀伽耶購地建寺。他至各處演講，提醒斯國人不要飲酒。他曾出版僧伽羅語《佛教徒》報紙，鼓勵同胞愛護自己的國家和佛教。他最大的志願在復興印度佛教，在加爾各答建築「法王精舍」（Dharmarājika Vihāra），在鹿野苑建築「根本香室精舍」（Mūlagandhakuṭī Vihāra）。他後來出家為比丘，法名「吉祥天友」（śrīdeva-mitra）。公元一九三三年圓寂在根本香室精舍，圓寂前用英文說：

"This is my last moment. May I be reborn in a Brahmin Family in India to work for the upliftment of Buddhism. I wish I were reborn even twenty five times to work for the cause of Buddhism."

中譯為：「這是我生命最後的時刻。為了復興佛教，我願再生印度婆羅門家；為了做佛教工作，我願再轉生二十五次！」這是多麼偉大的願行[44]！

關於斯里蘭卡的僧團，前面已說過，是由泰國引進戒法系統。公元一八〇九年以後，又由緬甸傳進了兩個僧派，這因為暹羅派僧人接受人出家，分有種族階級限制，即只收瞿毘伽摩族（Govigama 或 Goigama）農民階級，此族被認為傳自高貴的王族，也是斯國人口最多的族民。其他族人一概拒受出家（泰國僧團並不分種族），這樣就引起其他各族佛教徒的不滿。在暹羅派中也有些比丘、沙彌意見不一，甚至反對這種不合法的主張，而要另行再自外國傳進戒法系統。公元一八〇二年，一位名叫菴婆伽訶比提耶（Ambagaha Pitiya）的沙彌，屬於沙羅伽摩族（Salagama），因不滿康提的暹羅派，就約了其他五位好友沙彌，一同去到緬甸，在緬甸的僧團求受比丘戒。後來他們回到本國接受人出家，一概不分種族階級[45]，這派後來稱為「緬甸派」（Amarapura-nikāya）。

但依《佛教朝聖者》（Pilgrimage to Buddhism）一書又有不同說法：公元一七九九

年，斯國南部吠利德羅（Velitera），有正智帝須（Ñāṇatissa）沙彌與其他五位沙彌共赴緬甸，受到緬甸國王的禮待。他們六人在緬甸住二年，公元一八〇一年，從緬甸派僧王智勝種法軍（Ñāṇābhivaṃ-sadhammasenāpati）受比丘戒。第三年，他們與三位緬甸比丘同回到斯國，遵行緬甸僧派儀式，得到很多人的信仰。後來他們之中又有法蘊（Dhamma-khandha）比丘等四位去緬甸學法。四位比丘中有一位叫德寶（Guṇaratana）的，於公元一八〇九年回到斯國，開始在康提及沿海地區傳授比丘戒，是為產生「緬甸派」之始㊻。

公元一八六四年，斯國比丘因陀薩婆伐羅那（Indasabhā-varañāṇa）去到緬甸，在緬甸阿拉干的孟族僧團中重新受比丘戒。後來回到斯國，也開始傳授比丘戒，接受各族人出家，此派後稱為「孟族派」（Rāmañña-nikāya），奉行戒律更為嚴格㊼。

以上是近代斯里蘭卡僧團三派發源的情形。

英人統治斯里蘭卡可分三個階段：即初期用各種方法奪取權力及逐漸改革政治，使基礎穩固；中期幫助斯里蘭卡發展經濟，如開墾種植田園；後期為斯里蘭卡政治、文教、經濟等方面建立正規。雖然英人有些地方做法使斯國人感到不滿，如初期基督教學校和壓迫其他宗教的政策。但英人為了自身的利益，也會運用有伸縮性的方法來處理事務，如准許僧團選拔和委任佛寺住持，及由政府訂立章程，賦予受委任者應有的一切權力。又政府准許選任保護佛牙的負責人，但這件事始終很難令人滿意，因為負責人一旦得到這種機會，多數者只為個人利益打算，後來英政府也設法改正或制止。關於處理佛教財產，起初也是非常紊亂無章，至公元一九三一年英人訂立法令，規定由佛教管理財產負責人處理及行使職權，才獲得比較好的效果㊽。

英殖民地政府鼓勵斯里蘭卡人種植咖啡、樹膠、椰子，增產稻穀收穫，使斯國人有工作收入，經濟好轉。交通方面，在全島開闢公路，建造可倫坡港口，興建鐵路，設立郵政、電話、電報。其他如繁榮商業、開設銀行、改革政治流弊，都有很好的成效。

在社會方面，斯里蘭卡最大的民族就是僧伽羅族（獅子族），可分三類：即政府官員、僧侶、農民。其次是陀密羅族，也分如上三類。除此還有印度人住在斯國東部，荷蘭遺民的保加族（Burgher）及馬來族。這些種族宗教信仰各有不同，多數僧伽羅族人信仰佛教，陀密羅族人信仰婆羅門教，印人和馬來人信仰伊斯蘭教，保加族人信仰基督教。不過有些沿海地區的僧伽羅族人和陀密羅族人，也信仰天主教或基督教。因為各族宗教信仰不同，為了保護自己的宗教，常發生互相對立或戰爭㊾。

英人對斯里蘭卡的教育也很注重，除普遍設立小學讓適齡兒童入學之外，中等和高等教育，也可讓斯國人有機會就學。學習語文方面，包括斯里蘭卡本國語文和英文。英人在斯里蘭卡各方面的工作，使斯國進入一個新興文明的國家。公元一九四八年，斯國獲得獨立後，這些文明仍繼續保留至今，發展不斷。

英人統治斯國末期，公元一九一八年，中國高僧太虛大師因深感斯國佛教地位重要，曾組織「錫蘭佛教留學團」，派遣學僧至斯國學習巴利文和上座部佛教。公元一九三五年時，斯國那羅陀（Nārada）長老赴上海弘法，兩國佛教協商，中方又選派優秀青年學僧五名至斯國留學[50]。

❶ Chusukdi Dipayaksorm：《錫蘭佛教史》（泰文），第一六二—一六三頁。

❷ Chusukdi Dipayaksorm：《錫蘭佛教史》（泰文），第一六三—一六四頁。

❸ Chusukdi Dipayaksorm：《錫蘭佛教史》（泰文），第一六四—一六五頁。

❹ Chusukdi Dipayaksorm：《錫蘭佛教史》（泰文），第一六四—一六五頁。

❺ Chusukdi Dipayaksorm：《錫蘭佛教史》（泰文），第一六六—一六八頁。

❻ Chusukdi Dipayaksorm：《錫蘭佛教史》（泰文），第一六八—一六九頁。

❼ Chusukdi Dipayaksorm：《錫蘭佛教史》（泰文），第一七〇—一七一頁。

❽ Chusukdi Dipayaksorm：《錫蘭佛教史》（泰文），第一七二—一七四頁。

❾ Chusukdi Dipayaksorm：《錫蘭佛教史》（泰文），第一七四—一七五頁。

❿ Chusukdi Dipayaksorm：《錫蘭佛教史》（泰文），第一七六頁。

⓫ Chusukdi Dipayaksorm：《錫蘭佛教史》（泰文），第一七七—一八〇頁。

⓬ Chusukdi Dipayaksorm：《錫蘭佛教史》（泰文），第一八一頁。

⓭ Chusukdi Dipayaksorm：《錫蘭佛教史》（泰文），第一八一—一八二頁。

⓮ Chusukdi Dipayaksorm：《錫蘭佛教史》（泰文），第一八二—一八四頁。

⓯ 聖嚴法師著：《近代的錫蘭佛教》，載《佛教文化》第五期。此文主要依據日文《佛教大年鑑》寫成。

⓰ Chusukdi Dipayaksorm：《錫蘭佛教史》（泰文），第一八四—一八八頁。

⓱ Chusukdi Dipayaksorm：《錫蘭佛教史》（泰文），第一八八—一九一頁。

⓲ 《錫蘭島的佛教》，載《日本讀書協會會報》第二五九期，一二五頁。

⓳ 山本達郎編：《東南亞細亞的宗教與政治》，第一八〇頁。

⑳ Chusukdi Dipayaksorn：《錫蘭佛教史》（泰文），第一九二—一九四頁。

㉑ Chusukdi Dipayaksorn：《錫蘭佛教史》（泰文），第一九六—一九七頁。

㉒ 葉均譯：《攝阿毗達摩義論》附錄：〈錫蘭佛教傳播及其宗派〉第八十六頁

㉓ Chusukdi Dipayaksorn：《錫蘭佛教史》（泰文），第一九七—一九八頁。

㉔ Chusukdi Dipayaksorn：《錫蘭佛教史》（泰文），第一九八—一九九頁。

㉕ 1. Chusukdi Dipayaksorn：《錫蘭佛教史》（泰文），第二〇一—二一四頁。
2. Dumrong Rajanubhab：《錫蘭的暹羅宗》（泰文）。

㉖ 1. Chusukdi Dipayaksorn：《錫蘭佛教史》（泰文），第二一五—二二八頁。
2. Dumrong Rajanubhab：《錫蘭的暹羅宗》（泰文）。

㉗ Chusukdi Dipayaksorn：《錫蘭佛教史》（泰文），第二二九—二三五頁。

㉘ Chusukdi Dipayaksorn：《錫蘭佛教史》（泰文），第二四〇頁。

㉙ Chusukdi Dipayaksor：《錫蘭佛教史》（泰文），第二四一頁。

㉚ Chusukdi Dipayaksorn：《錫蘭佛教史》（泰文），第二四二—二四四頁。

㉛ 柳宗玄編：《世界之聖域七．錫蘭的佛都》，第一〇五—一二七頁。

㉜ Chusukdi Dipayaksorn：《錫蘭佛教史》（泰文），第二四八—二五二頁。

㉝ Chusukdi Dipayaksorn：《錫蘭佛教史》（泰文），第二五三—二五四頁。

㉞ Chusukdi Dipayaksorn：《錫蘭佛教史》（泰文），第二五五—二五七頁。

㉟ 兩次辯論的內容引自鄧殿臣著：《南傳佛教史簡編》，第六十四—六十六頁。

㊱ Chusukdi Dipayaksorn：《錫蘭佛教史》（泰文），第二五七—二五九頁。

㊲ Chusukdi Dipayaksorn：《錫蘭佛教史》（泰文），第二五九—二六一頁。

㊳ Chusukdi Dipayaksorn：《錫蘭佛教史》（泰文），第二六一頁。

㊴ Chusukdi Dipayaksorn：《錫蘭佛教史》（泰文），第二六二—二六三頁。
㊵ Chusukdi Dipayaksorn：《錫蘭佛教史》（泰文），第二六三—二六五頁。
㊶ Chusukdi Dipayaksorn：《錫蘭佛教史》（泰文），第二六五—二六六頁。
㊷ Chusukdi Dipayaksorn：《錫蘭佛教史》（泰文），第二六七—二六九頁。
㊸ Chusukdi Dipayaksorn：《錫蘭佛教史》（泰文），第二七〇—二七一頁。
㊹ Chusukdi Dipayaksorn：《錫蘭佛教史》（泰文），第二七一—二七三頁。
㊺ Chusukdi Dipayaksorn：《錫蘭佛教史》（泰文），第二七九—二八〇頁。
㊻ Chusukdi Dipayaksorn：《錫蘭佛教史》（泰文），第二八〇—二八一頁。
㊼ Chusukdi Dipayaksorn：《錫蘭佛教史》（泰文），第二八一頁。
㊽ Chusukdi Dipayaksorn：《錫蘭佛教史》（泰文），第二八二—二八三頁。
㊾ Chusukdi Dipayaksorn：《錫蘭佛教史》（泰文），第二八三—二八五頁。
㊿ 楊曾文主編：《當代佛教》，第九十頁。

第六章　斯里蘭卡佛教現況與發展

第一節　初獨立後的佛教

斯里蘭卡受外國統治長達四百四十一年（葡萄牙一百五十二年，荷蘭一百三十七年，英國一百五十二年），公元一九四八年二月四日獲得獨立，仍加入英自治聯邦為會員國，實行民主議會政體。自獨立後，國名「師利楞伽」（Śrī Laṅkā）[1]，意為「吉祥的楞伽」，而華人依英語發音譯為斯里蘭卡。定二月四日為國慶紀念日。

斯里蘭卡獨立初期，還是沿用英國人的政治和法律，同時初期執政的官員，也是由英國人培植和委任的，其最重要的條件是信仰基督教。所以在最初十年內，基督教的勢力在斯國仍然很大，享有法律上特權，受政府支持及保護。佛教及其他宗教與以前一樣，在政府管制之下，如佛教的土地財產、僧籍名冊等，須受政府支配處理。雖然政府承認各宗教是促進國家文化和人民道德的力量，卻偏袒基督教，享有很多特權。基督教常得到政府撥款資助，在各地建築教堂。而斯國人民多數是佛教徒，卻沒有這種權利，因宗教地位不平等，佛教徒等仍是受壓迫者。

除此之外，政府也沒有遵行法律上對佛教應負的責任，不關心佛教的興衰和僧人事務。如委任佛教領袖，委任時政府總理都不出席。所以斯國人民，特別是佛教徒，都認為政府雖是本國人，卻如同在外人政治和外教勢力的壓迫之下❷。

公元一九五〇年，斯國佛教徒成立「世界佛教徒聯誼會」（World Fellowship of Buddhists）。第一次大會於五月二十五日在斯國可倫坡召開，有二十九個國家和地區，共計一百二十九位僧人及學者出席，通過組織會章及在各國設立分會，總會設於斯國可倫坡，推馬拉拉色克拉博士（或稱馬拉拉塞奇羅博士，Dr. G. P. Malalasekera，一八九九—一九七三）為主席。其宗旨在促進世界各國佛教徒聯誼，文化交流，發揚佛教思想，交換傳教經驗，提高佛教國際地位，增進人類和平與福祉，並發行英文《世界佛教》（*World Buddhism*）通訊❸。

馬博士原任錫蘭大學文學院院長，研究佛法精深，為國際知名佛教學者，曾用英文著《錫蘭巴利文學》（*The Pali Literature of Ceylon*），資料豐富，詳細考訂斯國巴利語佛教文學的發展；編集《巴利語專有名詞辭典》（*Dictionary of Pali Proper Names*）二巨冊，以及其他多種著作。他曾擔任重刊《巴利三藏》主編。他又與國際大小乘佛教學者編著英文《佛教百科全書》，擔任主編。馬博士曾任駐英、俄國大使，協助推動佛教國際宣傳，貢獻巨大❹。

斯里蘭卡在法律上，是禁止一般人披著黃衣的，如有違犯，將受到處罰。然而在公元一九五五年，出現一群披著黃衣及剃光頭的人，自稱「戒律進步派」（Nikāya-vinaya-vaddhana）的出家人，至各地鼓動人民毀謗佛法，教人民不要信仰比丘。這些人的行為牴觸國家法律，可是政府卻聽任他們自由活動，不予禁止。這顯然是政府基督教官員陰謀計畫出來破壞佛教的。

此種情形到了公元一九五六年四月才停止，因為斯里蘭卡新當選的總理班達拉奈耶克（S. W. R. D. Bandaranayaka）與他的內閣人員多數是佛教徒。在四月二十日上午八時，他領導全體閣員，穿著斯國人傳統的制服（上衣長袖無鈕，下著紗龍，肩披一長布條，全為白色），先到一座迦耶尼塔（Kalyāṇā-cetiya）前禮拜，然後才回到國會宣誓就職典禮。新政府完全遵照斯國人民意願，支持佛教，所以政府獲得全國人民的擁護❺。

自新政府就職後，依宣言減低物價，以本國語為政府公用文字，規定中學用本國語教課。同時特別資助佛教，護持僧團，收全國交通為國營，提倡社會公益。從英人手中收回亭可馬里軍港權，及卡土那耶克空軍權，這些行政設施，獲得人民熱烈的擁護。獨立後的斯國為民主政體，設立議會，分上議院和下議院，五年一選。當時斯國共有六個大小黨派。

公元一九五六年五月，是佛陀涅槃二千五百年紀念，斯里蘭卡全國佛教界舉行了盛大的慶祝活動。一些思想前進的比丘們向總理建議，規定：「僧伽羅語是斯里蘭卡的民族語言；佛教是我們的民族宗教」，後來國會僅通過了僧伽羅語為官方語言的法案。公元一九五七年成立了「佛陀教法議會」。公元一九五八年，將兩所著名的智增佛學院和智嚴佛學院，升格為大學❻。

公元一九五八年一月，在康提成立一家佛教出版社，用英語出版佛教書刊，至目前已出版近二百萬冊，向世界九十多個國家地區寄發，書刊分兩類性質：一類為「法輪叢書」，書面印有法輪標誌，多為宏篇巨著，偏重於佛法理論；一類為「菩提叢書」，書面印有菩提葉標記，多為佛法單行小冊子，內容通俗，適合一般讀者。二類叢書對佛法的宣傳，影響巨大❼。

公元一九五八年，一位虔誠的佛教徒醫生哈生西華（Dr. Hudson Silva），基於佛陀慈悲的精神，創立一家世界各地馳名的「國際眼庫」，號召人民死後將眼角膜捐贈給世界各地的眼科醫院，救濟失明的人。這項倡議，響應熱烈，從一九五八至一九九六年，斯里蘭卡人民已對外捐出二萬三千五百一十九雙眼角膜，為失明的盲人重新帶來光明的希望。據一九九六年登記已有六十五萬人簽下誓約，同意死後將眼角膜捐獻出來❽。

公元一九五九年九月二十五日，斯國佛教發生一件極重大的不幸事件，因為種族和宗教的衝突，一位激進的比丘索馬羅摩對政府不滿，而槍殺他曾經擁護的班達拉奈耶克總理，引起世人的震驚和譴責。到了六十年代後，政治比丘才明顯的減少❾。

公元一九六〇年十月，中、斯兩國政府，聯合舉辦了「紀念中國著名高僧法顯訪島一千五百週年的中國佛教圖片展」，並向斯國智增大學贈送漢文佛經，促進兩國人民的友誼。公元一九六一年六月，中國珍藏的佛牙舍利被迎請至斯國首都可倫坡，斯國政府主要首長都到機場迎接，將佛牙舍利安置在可倫坡市內一處廣場上公開展覽，讓人民前往瞻仰禮拜。一個多月後再迎至八省十一個城市巡迴展出，估計得到三百萬人朝拜。八月十日奉送回到北京❿。

六十年代種族和宗教的矛盾減低，佛教僧人的宗教熱忱主要表現在宣傳佛法、熱心教育、修習禪觀等。公元一九六六年五月，斯里蘭卡僧人推動成立「世界佛教僧伽會」，這是全球性的僧伽組織。七十年代初，政府宣布放棄佛曆，重新採用公曆，但仍保留佛日（齋日）為休假日。一九七一年頒布憲法規定：「斯里蘭卡共和國把佛教放在優先地位，國家有義務保護和支持佛教」，同時憲法也保證所有宗教徒的權利⓫。

公元一九七二年五月二十二日，通過憲法正式改國名為「斯里蘭卡共和國」（Śri Laṅkā）。即在國名「Laṅkā」之前加修飾語「Śri」，全名意為「吉祥的楞伽」、或「光華的楞伽」，中譯依英語發音為「斯里蘭卡」。

八十年代佛教徒歷經多年深刻的反思，增強了佛教的實踐成分，弘法以向人民宣傳教義為主流，政治氣氛漸趨淡薄。多數佛教徒體認到「從此我們不能阻擋現代思想，我們只能容忍它們，還必須繼續發展佛教。」佛教僧伽結合佛教徒大會和青年佛教會兩大在家組織，共同合作領導國內廣大佛教徒從事宗教實踐、教育、慈善等活動[12]。

公元一九八一年政府為推廣國內外佛學和巴利文的研究，成立「斯里蘭卡佛學巴利文大學」，它不同於一般大學性質，是以學院科系為基礎，有四所學院加入該大學，學僧學習以佛學和佛教相關語文的課程，完成學業考試優秀的學僧，即授與學士、碩士、博士等學位[13]。

近代斯里蘭卡佛教人才輩出，其中多位是世界佛教名人，除了前述馬拉拉色克拉博士外，訶摩拉伐．真諦（Hammalava Saddhatissa，一九一四—一九九〇）長老，活動在國際佛教界，他幼年出家，公元一九三九年任教師，一九五〇年代至歐洲弘法，以倫敦為基地，增加斯國佛教在歐美的影響，使原本沉寂的摩訶菩提協會倫敦分會再活躍起來。他曾任倫敦佛寺住持、英國倫敦菩提分會主席、大不列顛僧伽委員會主席等職。他通曉梵、巴、英、僧伽羅文，曾在歐、美、加拿大、本國、日本、印度等國學院或大學開設佛學講座，著作有《佛陀之道》、《佛教倫理》、《佛陀的一生》等書。

羅睺羅（Walpola Rahula，一九〇七—一九九七）長老是斯國著名佛教學者，少年出家，獲文學學士、哲學博士，先後在本國、印度、法國、美國多所大學研究和講授佛學。通曉大乘、上座部佛法、僧伽羅語、梵、巴、英、法多種語文，主張佛法不離世間，被公認為佛學權威，公元一九六五年斯國佛教僧伽大會授與「三藏大師」稱號。英文重要著作有：《錫蘭佛教史》、《真理的弘揚》、《佛陀的啟示》、《西方世界的佛教》等數十部，其中多被譯為法、德、義、西班牙、僧伽羅、中、緬、泰、越等語文。

古魯吉（Ananda W. P. Guruge，一九二八—）長老也是一位當代佛教界著名學者，曾獲梵文和印度史名譽博士、任斯國文化部佛教百科名譽顧問、智增大學梵文系主任、教授、名譽校長等職，發表過僧伽羅語和英語佛學論文百篇以上，極具價值⓮。

公元一九八二年競選連任的賈亞瓦德納總統，強調「正法社會」的理想，主張斯里蘭卡多種經濟混合範圍內的社會主義及佛教民族主義，仍然是不結盟、多元性、佛教、社會主義等基本原則。

依據公元一九八四年全國統計，有僧伽三萬零八百三十二人，寺院九千二百九十所。另外伊斯蘭教清真寺及基督教堂一千零三所。公元一九八九年國家又設立了佛教部，並由總統兼任部長⓯。

自公元一九七二年五月起，斯里蘭卡國內具有強烈分離意識的泰米爾人，成立了泰米爾聯合解放陣線（Tamil United Front），至公元一九七六年，解放陣線中激進分子，公開主張在北部和東部的泰米爾人占多數的地區，成立泰米爾伊拉姆猛虎解放組織

（Liberation Tigers of Tamil Eelam，簡寫為LTTE），亦簡稱為泰米爾猛虎組織，開始以恐怖手段和政府對立，引起種族衝突仇恨，演變成一場曠日持久的內戰，泰米爾人尤擅長游擊戰術。造成僧伽羅人、泰米爾人，及包括印度泰米爾族人許多傷亡，成百萬人難民，流離失所。直至公元二〇〇九年五月中旬，猛虎組織首領普拉巴卡蘭才被擊斃，終於結束了內戰。

第二節　僧伽的組織與現狀

斯里蘭卡在僧伽組織上，因以前傳自泰國和緬甸僧伽派別的不同，目前分成三大宗派。

一、暹羅派（Siam，Syāma-nikāya）：公元一七五三年由泰國傳入。此派發展至今僧人最多，約占全國僧伽的百分之六十五，僧伽一萬九千二百八十四人，寺院六千三百零四所，遍及全國。擁有大量的土地，在政治和經濟上影響力都很大。本部原先設在康提的摩羅婆多寺（歷史上稱花園寺）為中心。組織設大長老主席一位，擁有推行僧政最高權力，及設副主席兩位，由組成的僧伽議會二十位僧伽委員中選出，再由斯國政府總理委任。大長老主席並有職權委任各屬下地方僧伽主席，掌理各區域的僧伽行政。僧伽議會開會時間不定，隨事情的重要性而決定，大長老主席也可召集臨時會議。除了摩羅婆多寺本部，後又分出四個支部，各支部也設有僧伽議會，選主席一人、副主席一人、祕書長一人。如包括摩羅婆多寺在內，暹羅派共設立五個支部：

1. 摩羅婆多寺（Mallavatta，即花園寺派），即原先本部，是最大支部。
2. 阿耆羯梨（Asgirī，即馬山寺派）。
3. 拘提（Koṭṭe）。
4. 賓多羅（Bentara）。
5. 迦耶尼（Kalyāṇī）。

以上五個支部各自獨立，不相統屬，但組織完全相同，都從原先本部分出來[16]。

二、緬甸派（Amarapura-nikāya）：公元一八〇二年由上緬甸傳入，約占全國僧伽的百分之二十，僧伽六千八百三十七人；寺院一千九百四十所。主要集中在全島的西部和南部平原地區，也擁有大量的土地，還經營商業等。緬族派僧團由最初本部，後漸分出為二十四個支部，最大一個支部稱「不滅吉祥正法統大宗派」（Amarasiri-saddhammavaṃsamahānikāya）。每個支部僧伽行政都各自獨立，意見常發生對立，沒有統治各支部的機構。各支部自設僧伽議會，推選大長老主席一人、副主席一人、祕書長一人。每個支部由大長老主席再委任全國各省僧伽省主席一人，可視情形需要而定，約八位至十位（斯里蘭卡分九省）。僧伽省主席規定為僧伽議會委員，管理支部所屬各佛寺。每個支部一年中至少舉行一次會議，大長老主席、副主席、祕書長、僧伽省主席均須出席⑰。

三、孟族派（Rāmañña-nikāya）：公元一八六四年由下緬甸孟族傳入斯里蘭卡，此派約占全國僧伽百分之十五，僧伽四千五百四十四人，寺院一千一百六十六所，此派僧人最少，所以沒有分設支部，主要分布在西南沿海地區。孟族派設有大長老主席一人，有職權統治全國孟族派僧人，副主席四人。不設僧伽省主席。大長老主席下分設事務議會及僧伽議會。事務議會有委員二十人，都選有德學的長老，大多數是獲得學士學位以上的，每年會議三次；僧伽議會有委員百人，每年會議兩次。此派僧人雖然最少，但每年都有數百人集體進入僧團，比其他兩派顯著增加。因為此派僧人熱心研究佛法，學僧和學者較多，出家不分種族差別，團結一致，因此獲得森納那亞克（D. S. Senanayake）總理大力的護持⑱。

以上三派所奉行的三藏教典完全一致，只在實行方面有些不同，暹羅派僧人剃除眉毛（此派由泰國傳入，泰僧規定要剃除眉毛）。出寺外披衣法，有披覆滿肩的，有偏袒右肩的。走到任何地方，手中都持一把長柄的黑布傘，天不下雨亦如此，而成為習俗的隨身物之一。緬族派僧不剃除眉毛，出寺外規定披覆兩肩，亦持傘。孟族派僧人出寺外，披衣同緬族派，但要持多羅（Tala）葉扇（芭蕉葉做成），可作遮雨和防止日曬，但下雨時不能遮蔽全身。三派僧人受信徒禮請誦經時，手中都持一把小多羅葉扇。他們出外時，不像緬僧和泰僧都持一個僧布袋。

孟族派僧人手不捉持金錢。他們常把錢放在抽屜或箱子中，當需要用錢時，就告訴侍童或別派僧人代取。有時外出，也須一個童子隨侍，不然用錢很不方便。還有孟族僧人如遠行，須常繫鉢在身；其他兩派僧人並不繫鉢。三派僧人比較起來，孟族派戒律嚴格，緬族派其次，暹羅派再次。斯里蘭卡僧人不流行捨戒還俗，還俗的人會被一般人輕視，不受尊敬，被認為是「捨棄僧衣者」。

三派僧人之間互相禮敬，是依律制：戒年少者向戒年高者禮敬。三派可同住共食，但不共同誦戒。這因為暹羅派僧人自認種族高貴（Goigama族），不接受其他種族人出家，而自緬甸傳入的兩派僧人則不分種族，就被暹羅派認為是下劣的賤族，所以不共誦戒及作羯磨等。三派僧人不公開吸菸，人民也不尊敬吸菸的出家人，但比丘和沙彌吸菸者並不少。當他們吸菸時，會盡量避開被信徒們看到。三派僧人自學剃頭，很少互相交換，剃髮日期沒有規定。

從以上三派僧伽行政組織看，斯國佛教僧團組織是不統一的，同派中有時也不一樣。上級的命令，不能貫徹到下級，戒年少者，不甚聽從高年長老的教導[19]。

再就斯里蘭卡僧人對自身、教團、社會的責任和貢獻來說，可分為三種類型：第一種類型是事業僧或事務僧，這是指寺院中的住持和具有一定學識的中年以上的比丘。他們不僅要處理寺內事務，經常籌辦各種形式的法會，以滿足廣大信眾的要求。寺內的僧伽社會和寺外的世俗社會的聯繫，主要是通過他們來實現的。這類僧人都十分繁忙，獻身佛教的事業。第二種類型是學問僧，包括在大學就讀的青年學僧、在大學任教的博士、教授和從事研究的飽學長老。他們的主要工作是做學問。除國語僧伽羅語之外，他們大都精通巴利語、梵語和英語。他們任教、講學，著書立書，為世界佛教文化事業貢獻自己的力量。第三類是修持僧，他們以參禪修定為全部生活內容，以斷煩惱成羅漢為唯一的生活目的。他們多為林居派，住於阿蘭若中。他們以自己的精神修養影響著世人，許多信眾對這類僧人懷有特別的敬意，以供養這類僧人為最大的功德[20]。

在斯里蘭卡佛教史上，一直存在著林居、村居兩派僧眾。村居派偏重於研習經論，弘法利生，和信眾保持著密切的聯繫。林居派則專於禪定修持，嚴於戒行。現在，斯國佛教林居派仍盛行不衰，據統計全國共有禪修林三百餘處。還有一處「椰島禪修林」，位於拉特達摩河口的一個孤島上，面積有二點四公頃左右。因被椰林覆蓋故名。此禪修林與眾不同。它是由外國人創建的。德國僧人三界智（一八七八—一九五七）本在仰光出家，後聞斯里蘭卡佛教純真興盛，且林居之風未衰，便來到斯里蘭卡。於公元一九〇四年創建了這座「椰島禪修林」。三界智還是一位學問僧，他曾精研巴利聖典，於公元一九〇六年著成《佛陀聖言》（*The word of Buddha*）等書，在西方影響甚大。以後又有十名德國人先後來此椰島從他出家，成為一處外國僧人靜修的基地。後來繼續有捷克、美、法、澳等國僧人來此島常住禪修㉑。

斯里蘭卡許多禪修中心是設在自然森林中，每個中心幾乎都有一個特點，放一具真的骷髏，要求年輕的比丘修不淨觀，讓人面對一具骷髏，對於看到好的就不敢生貪愛了。有時他們在房間裡也放一具骷髏，時刻提醒自己要有苦、空、無常的觀念。還有一些禪修中心，特別設在斯里蘭卡周圍有樹木茂盛的孤島上。去那兒修行要有許多的條件，不是出家人不許去，不習禪定不許住；進去後三個月內不許出來，進去時不許帶任何東西。如果在那兒經過三個月的禪修會有很大進步，那些僧人氣質表情與一般人都是不一樣，所以斯里蘭卡人對這些人特別尊敬，認為供養最有福德。他們的飯食由一個小船送過去，等僧人們吃完飯他們就趕快離去生怕打擾他們。在斯里蘭卡，每月的十五日稱為月圓日，是全國的公共假期，所有居士、信眾，都到寺裡來由法師帶領下修習禪定㉒。修習禪定有兩種方法：一種是止禪，一種是觀禪，每一種都是一個龐大的體系。

斯里蘭卡一般寺院，可分為四類：

（一）寺或精舍（Vihāra，毘訶羅）：這是寺院中較大的一類，包括佛塔、佛殿、菩提樹、說法堂、圖書室及僧房等建築物。

（二）僧房（āvāsa）：可以稱為小精舍，因為僅有僧房容僧人居住，可能沒有佛殿及佛塔等主要建築物，不能做說戒等儀式之用。

（三）佛學院或佛教學校（Pariveṇa，僧伽羅語為Pariveṇa）：是佛寺教育機構建築，多數設在大的佛寺內，也有獨立建築的，這包括普通佛學院和高等佛學院。

（四）阿蘭若處（āraññaka）：有少數知足修行的比丘，住於遠離人群之空閒處，或住於城市郊外的山林間，造幾間僧房，或由施主供養，集合二、三人至數十同道共住，專心修行，少與世俗社會接觸。這種阿蘭若處，今日在斯國約有一百處左右。

斯里蘭卡多數寺院中，佛殿都不很大，殿中供奉佛陀坐像、立像、臥像，或只供奉其中一種，佛殿是僧人行事集會的場所，如誦戒、傳戒儀式等，而一般信眾集會與活動，則在說法堂（講堂）。

佛塔是供佛舍利（遺骨）之處，斯里蘭卡佛塔的造型，幾乎都為覆鉢型，大多在佛寺範圍內。塔前供有燈明及鮮花。

菩提樹是很受斯里蘭卡佛教徒崇拜的，因為佛陀在印度菩提伽耶菩提樹下成道，被認為是聖樹。後來菩提樹的分枝移植斯國，再分枝各處栽植，都受到禮敬。樹下也有供燈及鮮花。

說法堂（Dhammasālā）是說法及舉行一般佛教儀式用的，內部空間廣闊，因斯國地處熱帶，有很多說法堂四面沒有牆壁。說法堂內部正面為僧人陞座說法的講台，後來也有供佛像的（早期是不供佛像的），形成一種佛殿與講堂兼用的性質。

僧房的構造，有接待室、客房、住持及住眾的僧舍。僧房之中也附有食堂、廚房、廁所等設備㉓。

今日斯里蘭卡僧人的現狀，可歸納以下四方面來講：

一、佛教生活方面：斯國的出家人，只有比丘和沙彌。比丘戒有二百二十七條；其中四根本戒（不淫、不盜、不殺、不妄語），是終生不能犯的，犯了就失去比丘資格，擯出僧團，以後也永遠不能再出家。其他次重戒和小小戒犯了，可依輕重不同的發露懺悔儀式，得以回復清淨。沙彌的出家年齡，大多是十歲左右；亦有少數中年或老年出家的沙彌，都必須從僧團稟受沙彌十戒。

早期出家人的日常生活，每天早晨黎明即起，稍做洗漱整理，多數青年比丘和沙彌，即外出托缽化食；其餘的人，則清掃寺院環境，在佛前佛塔等處燃香和供花。待托缽的人回寺後，大眾齊集食堂，分取托來的食物而食。但現在斯國出家人已很少托缽，而由近處信徒備好送到寺院裡來供養。基金來源由周圍信眾組成的「護法會」籌集，安排信眾輪流供僧飯食。而且在城市中，有些擔任專職教師的比丘，可以拿薪資解決自己的生活。在鄉村中，僧人的生活就以沿門托缽為一天的開始，村民們如果能給僧人施食，也就有了功德。約八時左右，聽到鳴鐘，就列隊到佛塔及菩提樹前禮拜；然後再至佛殿做早課約半小時，念誦多為三皈依文、讚頌佛、法、僧偈文，以及《三寶經》、《吉祥經》、《慈悲經》等。

九時以後，青年比丘和沙彌，開始上課，其他年長比丘們則工作或自修。十一時許準備午餐，飯後略做休息，下午再上課或做其他工作。

晚上六時左右，大眾再列隊至佛塔、菩提樹前禮拜，再到佛殿做晚課約半小時，然後回僧房各人自修。晚上約十時左右休息㉔。

出家人有責任教導在家信徒奉行正道，遵守道德，並為人民講解佛法，令國家社會安定，守持戒法，令佛法傳承不絕。當信眾有痛苦或發生災難時，尤其是身心上的，要為信眾誦經祈福，祈求消除災難。青年男女結婚時，也禮請出家人誦經祝福。佛教各種儀式，以及社會上流傳的良好風俗，都由僧人引導奉行。甚至當婦女產子，也請僧人念誦《守護經》（Paritta）等，以求順利生產，母子平安。家人疾病或死亡，也請僧人誦經，祈求病者痊癒，亡者往生善道，順應信眾的需要。

斯里蘭卡佛教除了佛寺是弘法道場，各地還有很多在家佛教社或佛學會的組織，主持人常禮請具有德學的僧人說法，並指導信眾們修學方法。

斯里蘭卡佛教徒，尤其是出家比丘，很熱心赴國外弘法，精神表現積極，貢獻和成就很大，是其他佛教國家所不及的，讓世人都知道斯國是傳揚佛教的國家。斯國比丘也富有能力和經驗向國外傳教，他們在國內和國外成立摩訶菩提協會，建立佛寺精舍，培植有素養的比丘輪派駐在外弘法。尤其他們的英語基礎良好，可直接用英語演講佛法及寫作，接引歐美人士信佛。公元一八九一年，達摩波羅居士首先在印度成立了摩訶菩提協會，以復興印度佛教為職志。公元一九二〇年在加爾各答成立摩訶菩提總會，至今印度各重要佛教聖地及重要城市，已有二十五處以上摩訶菩提分會或精舍的成立，其中住有比丘弘法。同時各國佛教徒往印度朝聖，也得到他們熱忱的接待和照顧，非常方便。公元一九五六年，斯里蘭卡那羅陀長老，至歐洲建立道場弘法，在倫敦成立「倫敦佛教精舍」（London Buddhist Vihāra），長期輪派斯國比丘住持精舍推行各種弘法活動。公元一九六六年，在可倫坡「德國弘法團」支助下，斯國比丘又至德國弘揚佛法。斯國比丘向國外宣揚佛教，成就巨大，豐功偉績，促使很多外國人信仰佛教，提高斯國佛教在國際上的聲譽㉕。

二、社會方面：斯里蘭卡比丘對社會的服務，也是可稱讚的。如斯國有很多慈善人士在全國建了多所孤兒院，每所孤兒院都禮請一位或兩位比丘負責教誨孤兒，傳授知識，培養道德，令他們皈依正信佛教。凡孤兒是女童的，即由學法女代替比丘職務。這種學法女，她們也是出家的一種，剃髮著白衣住在佛寺中，持守十戒，但依南傳制度，她們仍屬優婆夷，因為南傳佛教比丘尼制度早已斷絕傳承。斯國也有少數出家人學古醫的，為人民治病，尤其是窮苦的病人，僅收取很少的藥費。當人民遭遇到自然災難時，如水災、風災等，出家人都首先領導呼籲籌集善款及發放各種救濟物品，或成立佛教救災處。有一機構稱「錫蘭人學會」（Siṁhalajāti-samāgama），由佛教大德比丘為會長及祕書等職，在家佛教徒可入會為會員。此會宗旨在保護國家民族，發揚斯國文化及語文，幫助社會建立工廠生產，如製造肥皂、織布、椰油工業等。當人民失業困難時，學會方面可租借地方或雇用他們工作。同時此學會也希望本國的工業，能從外人手中收回。因此對於教導農民耕種，促進農業發達，發揚本國文化、宗教、語文、教育、藝術等事業，推行不遺餘力。此學會在全國各地設有多處分會，對社會貢獻巨大[26]。

三、教育方面：由於斯里蘭卡的出家人受教育不受限制，所以有機會能報考一般學校讀書，包括國家的大學在內。因此斯國出家人畢業和學位可獲得國家的認可，與普通俗人一樣。大學以上畢業後，甚至可到外國留學。這樣出家人的知識提高了，既具有世學的基礎，又有佛學的知識，僧人在文化和教育界的地位，更受到重視。斯國出家人，可在社會各級學校負責各種職務，如資歷深的比丘，可當學校校長。現在至少有七十所以上學校，由出家人負責，出家人擔任佛學和各科教師的也很多。出家人為俗人道德的模範，負責教育工作，會收到更好的效果。學生對出家人尊敬，願意多接近和了解佛教。出家人既負責社會教育工作，也有權利領受職薪，依職位和能力而定，同俗人一樣。除了學校，出家人也可以在佛寺中，教授學生特別的知識，如僧伽羅文、巴利文、梵文、英文、佛法等。也有不少出家人寫作出版，或編印各種教科書，這些都是出家人對國家社會的貢獻[27]。

四、政治方面：佛教僧人本來是不參加國家政治活動的，但因二千多年以來，佛教是斯國傳統的宗教，故僧人在政治生活中也扮演了一定的角色。自公元一五〇五年葡萄牙侵入，加上其後荷蘭及英國，斯國在外人殖民地統治支配下，長達四百四十一年，經歷了無數的痛苦和屈辱。在宗教方面，西方的天主教和基督教，依仗殖民地政府勢力和支持，很快地獲得了擴張和蔓延，本土的原有佛教和其他宗教，反而長期受到壓迫而趨向衰微。

到了公元一八七三年，在巴那都羅（Panadura），佛教與基督教最後一次的大辯論戰勝以後，促成斯國人民的覺醒，振奮全國人心，佛教徒亦多恢復了對自己宗教的信心。斯國長期在西方列強統治下，佛教的文化和精神，是最能團結斯國人民反抗外力爭取國家獨立的基礎，僧人負有指導社會人群的責任感。因此斯國的佛教徒，有很多人是抱著「民族主義」的強烈意識，也有不少僧人參加政治活動，具有很大的發言權。

在公元一九五六年斯里蘭卡全國總選舉的前兩年，因為佛教長期受到西歐諸國殖民地政府的壓迫和不當待遇，佛教徒組成了「佛教調查委員會」（Buddhist Commitee of Inquiry），選舉六位著名比丘及在家居士為委員（後又增加一名），二名幹事。它的目的是為了調查斯國佛教的現狀，強化改善佛教的社會地位。委員會的調查工作，自公元一九五四年六月從羅多那城（Ratnapura）開始，至公元一九五五年五月阿耨羅陀城為終點，旅程共歷一萬零一百三十九公里。

調查報告書記載：「葡人未侵入斯里蘭卡以前，宗教及民族性二者價值明確，就是與陀密羅人長期戰爭中，其光榮和繁盛也沒有遭到破壞，此二者常操在斯里蘭卡人手中。然而自一五〇五年葡人侵入後，此二者不幸已從斯國人手中被剝奪出去。」報告書最後，呼籲不要再寬容，明確反對西歐諸國殖民地支配，特別是對基督教的憎惡[28]。

佛教與民族主義結成關係，也就必然與政治有關。在公元一九五六年，斯里蘭卡舉行佛涅槃二千五百年紀念慶祝大會，據斯國人宣稱，日期正符合於斯國的雅利安殖民時代，全島盛大舉行慶祝，這充分表示佛教和斯里蘭卡民族主義的傾向[29]。

公元一九五六年，斯里蘭卡全國舉行大選，佛教比丘們更進一步捨棄一向傳統的規定，而進行政治活動，幫助和擁護其他人競選，雖然不是直接擔當為候選人，只站在助選發言人的立場，卻有左右政治的力量。因為出家人在人民心目中具有很大的影響力，可以公開宣布擁護或反對任何人競選人民代表。當時的總選舉，力量最強的團體，就是佛教的僧人。僧人在政治上的影響力可分為二派：一是支持「大眾統一黨」（Mahajana Eksath Peramuna）；一是支持「聯合國家黨」（United National Party）。支持大眾統一黨的，是由「比丘統一會議」（Eksath Bhikkhu Peramuna）的組織，它結合了「僧伽會」（Saṇtghasabhaū）與「全錫蘭比丘團體會議」（All Ceylon Congress of Bhikkhu Societies）兩個組織，屬下團體有七十五個，擁有約一萬二千比丘為會員，是一個很有力量的支持。支持聯合國家黨的，一般都是較富裕的大寺院領導者，如花園寺、阿耆梨耶寺的比丘，及智增學院、楞伽學院的院長等㉚。

僧人參政，從比丘教團的立場看，似乎是違背佛法的宗旨，趨向世俗化。但因多數僧人抱有民族主義傾向，在家佛教徒也認為僧人的活動是站在民族主義的立場。他們都期待著佛教進步和復興。為了恢復斯里蘭卡人的光榮，僧人也是有責任的。而且僧人在社會上地位崇高，影響力大。尤其是佛教學院和各派僧伽領袖，在政治上更具有很大的發言權和號召力。

比丘們的政治見解和態度上並不一致，譬如公元一九五六年，多數支持大眾統一黨班達拉奈耶克當選。但至公元一九六五年選舉，又由多數支持聯合國家黨塞那那耶奇當選㉛。不過近幾年來，斯國的比丘們，已逐漸認清政治的複雜與變化，他們覺得常被政黨利用，

其下所屬委員、小組人員，原則上都為社會、宗教服務，沒有薪給。近來個人會員已達一千人以上，團體會員約二百五十至三百個[32]。

全錫蘭佛教徒會議，是以在家居士為主體組織，但與比丘並非全無關係。他們聘請比丘為各委員會顧問，徵詢比丘們意見，另外更聘請佛教各派宗長、佛教大學校長及其他大德高僧十二人為贊助人，又有十五位德學高僧組成一顧問委員會。

全錫蘭佛教徒會議的活動，不直接關涉政治，而以佛教徒的精神推行社會運動，形成輿論的力量，實力非常強大。他們提倡禁酒運動，排斥外來不良習慣，啟發富有時代性的民族意識，以及恢復斯里蘭卡固有的文化傳統等。他們尤其排斥基督教的習俗，例如喪葬和結婚，不主張採用基督教儀式。另外一個比較重大的問題是，自一九六六年一月一日起，斯國廢止西方星期日休假制度，代以佛教每月的四個齋日（陰曆初八、十五、二十三、三十日），即僧伽羅語的「波耶日」（Poya Day，義為齋戒日）[33]。

全錫蘭佛教徒會議，是斯里蘭卡佛教最大的組織，因為從事社會福利事業，所以經濟方面，費用多數由政府補助，例如公元一九六一至一九六二年，獲得政府文化局年度補助金六萬盧比。至於宗教本身活動費用，多數由會員費、捐款及其他而來[34]。

二、青年佛教會（Young Men's Buddhist Association，Colombo）：

會員並不限青年人。本部設在可倫坡市中心，有新式建築雄偉的會址，佛殿內供奉釋尊聖像，大廳能容納三百人，並附設旅館與體育場。本部設主席一人、副主席五人、祕書長一人、會計一人及其他理事多人。公元一九六四至一九六五年度報告，有個人會員一千一百一十九名，及很多團體會員。青年佛教會成立的宗旨，在研究和發揚佛陀的教法，促進戒律的實踐。各項組織活動，包括宗教活動、宗教考試、僧伽羅語文學、英語圖書館、演劇活動、社會服務活動、體育活動等[35]。

以宗教活動為例，在星期日舉行說法，每週坐禪、佛法討論、教義研究等。每週出版佛教書刊三千五百冊。每月（陰曆）十五日，受持八關齋戒、供僧等。每年五月衛塞日（佛誕節）舉行盛大慶祝，經由電台和電視播放。

青年佛教會最具有特色的工作，即佛法學校（Dhamma School）與宗教考試（Religious Examination），這是全國具有規模的推行佛法學習和培養指導者的機構，效果宏大。佛法學校教授佛教基礎知識，分有多級，講授《法句經》、《六方禮經》、《大念處經》、論書、佛教史等。宗教考試分：佛法考試（Dhamma Examination）、佛法教師考試（Dhamma Teachers Examination）、論書考試（Abhidhamma Examination）。公元一九二〇年，佛法學校有二十七所，參加考試者三百七十四人；至一九六四年，佛法學校增至七千八百七十五所，參加考試者三十三萬五千三百七十一人。公元一九六四年，佛法教師考試者八千零八十六人。同年論書考試者五千五百零三人。以上考試由五百二十八名比丘及八名居士組成一個考試委員會，另有監督及管理員一萬二千人。考試費用（一九六四）七萬三千盧比；其中政府補助五萬盧比㊱。

青年佛教會其他的活動，如僧伽羅語文學活動中，舉行詩歌研究及朗誦，組織英語圖書館及文學活動，接受圖書贈送，開辦演講會及辯論會等。在社會服務活動方面，有不收門票的電影欣賞、汽車巡迴文庫閱讀，及為勞動者而設的夜校等。在斯國其他各地，也有以青年佛教會名義進行各種社會服務活動。

三、全錫蘭婦女佛教會（All Ceylon Women's Buddhist Association）：

此會是斯國女性佛教徒的代表團體，總會設在可倫坡，與全錫蘭佛教徒會議地址鄰接。宗旨在宣揚佛陀的教法，遵守戒律，服務社會。由七位受托人組成理事會，次有執行委員會。設主席一人、副主席五人、祕書二人、會計一人。約有個人會員五百名；團體會員五十個。事業方面，分宗教活動和社會服務活動。根據公元一九六三至一九六四年度工作報告：宗教活動方面，主要是推廣宣傳守持佛戒、佛法座談會，以及在肯杜玻達禪定中心（Kanduboda Meditation Center）舉行布施會，慶祝衛塞節及摩哂陀渡島節等。社會服務活動方面，經營旅社、兒童家園、盲女收留中心、洋裁班、種植素菜（供給旅社及盲女中心）、圖書借閱、醫院茶水供給、烹調講習、插花等。會中辦有《佛教婦女》季刊㊲。

四、其他佛教團體組織：

1.全錫蘭佛教學生聯合會（All Ceylon Buddhist Students Federation），是斯國各個學校學生聯合組成的佛教團體。總部設在可倫坡，分二十個支部；會員四十萬，目的和主張是提高佛教徒學生之間互相協助的精神[38]。

2.公務員佛教徒教會（Government and Local Government Buddhist Association），成立於公元一九五六年，是政府各部門公務員聯合組成的佛教團體。

3.摩訶菩提會（Maha Bodhi Society），除印度摩訶菩提協會（MBS of India）外，設在斯里蘭卡的摩訶菩提協會，總會在可倫坡，建有大講堂、印刷部、宿舍等。設主席一人、副主席一人、總編輯一人、祕書二人、會計一人。公元一九六六年報告，有正式會員八百零一名，經濟基礎穩固。事業方面，有星期日學校、孤兒院、出版巴利語三藏及註釋書、對外國僧人提供宿舍等。又在波羅那魯瓦及新德里兩地設有休息旅店（Rest House），附設國際圖書館及比丘訓練中心。又德國佛法使者協會（German Dharmaduta Society）及英國倫敦佛教精舍（London Buddhist Vihāra）弘法的活動，都受到摩訶菩提協會的支持[39]。

4.佛教出版協會（Buddhist Publication Society），本部設在康提，靠近樹林，為一隱居之所，西方比丘向智長老（Nyanaponika Mahāthera，一九〇一—一九九四）等為其監修委員。它的宗旨是出版佛教圖書及論文小冊，向世界各地宣揚佛教思想，其發行遍及六十五個國家以上㊵。

第四節　現在佛教的教育

在未講到佛教教育之前，應先簡單介紹現在斯里蘭卡一般教育的情形。自斯里蘭卡獨立後第二年，政府訂立新教育制度，學校分三種：（一）政府學校，由國家主辦，規定十四歲以下兒童就讀。（二）政府資助學校，由宗教團體或人民主辦，可收取少許學費。（三）私立學校，主辦人可依所需向學生收取各項學、雜費。

在學制上分：初級小學五年，初中三年，高中二年；但進大學或考取公務員，須再讀高級學校二年。大學讀三年獲學士學位，再讀二年獲碩士學位。斯里蘭卡最早的一所大學，成立於公元一九四二年，距可倫坡約一百一十三公里。公元一九五九年，有兩所原是比丘沙彌就讀的佛學院改為普通大學，在可倫坡市內，招收男生及比丘沙彌為學生。至於女生，只收校外生，可考學位，不可在校就讀。初改大學時只設有文學院。

進入大學讀書，須經高級學校考試及格才可報考。比丘沙彌報考大學，亦須先在佛學院讀完第五年課程。至於比丘沙彌讀一般高等學校，程度須與俗人相等，可依個人程度，政府和僧團是不禁止入學的。國立錫蘭大學（University of Ceylon），為在學的比丘和沙彌，特設有「大學僧園」（University Saṅghārāma），地址靠近大學，並有管理人員，方便照顧僧伽學僧（供給住宿）。

一般學校，校方也闢有特別課室，供比丘沙彌學僧上課，不與俗人相混，這如奧爾高特學院（Olcott College）等，學費減少一半。因此在斯國有很多比丘從國家大學獲得學位。比丘獲得學位後，多數也在大學或其他學校任教，或當職員㊶。雖然比丘沙彌可以進入一般學校讀書，但是一般學校是以世學為主。為了研究佛學，比丘沙彌多數還是選擇佛學院（Pariveṇa）就讀。

斯里蘭卡比丘沙彌自出家後，首先就是受教育，具有初級教育程度的人，即進入佛學院就讀。斯國佛學院教育制度自古已有，到了拘提國時，各佛學院已經成為研究佛教的中心，並增加教授醫學、歷史、西方語文等科目。但後來受到外力侵入後，佛學院教育逐漸衰微。至英人統治斯國時，佛學院幾乎完全停止。僧伽教育能夠再興，是從改革及建立三所佛教學院開始，這就是前章中已說過的勝法塔學院、智增學院、智嚴學院。三所學院中，智增學院，因教授西方語文而特別著名，於公元一八八六年，首先申請獲得政府輔助，每年一千盧比，後來其他學院也獲得輔助。公元一九四七年，依據政府新訂教育條例，各所佛教學院，一年可獲得政府輔助四百盧比。至公元一九五九年，斯國佛教已有佛學院一百三十六所㊷。

佛學院分兩種：（一）初級佛學院（Mūlika-pariveṇa）。（二）高級佛學院（Uparipariveṇa）。初級佛學院受教育三年，科目分三個主要部分，隨學僧志願選讀，規定入學年齡為十四至二十一歲。如學僧曾受完國民教育，可即進入初級佛學院。高級佛學院，學僧入學後，修學最少三年，最多七年，而且以主要科目為主。主要科目是僧伽羅文、巴利文、梵文、哲學、歷史、演講藝術、佛學等；次要科目是英文、陀密羅語、興都語、地理、數學等㊸。

初級和高級佛學院，共分九級。但依新改革的僧教育方案，各佛學院年制和課程略有差異。智增學院和智嚴學院是九年制，一至五年為初級，六至七年為中級，八至九年為高級。而其他各佛學院則分八年制，即前四年為初級，後四年為高級。

除了佛學院，另外還有一種學位的考試制度，巴利語名為「哲士等級」（Paṇḍitavibhāga），分初級（Prārambha）、中級（Madhayama）、高級（Avasāna）三等。每年九月舉行考試。報考的比丘沙彌，並不規定學歷，凡在佛學院讀書的各級學僧都可報考，但最初只能報考初級。初級考試及格，才可報考中級，考得中級才可報考高級。至於俗人有同等程度的，也可報名考試。負責考試委員，由斯國政府邀請高級知識分子組成（規定有學位的），並定名為「東方語文學會」

（Prācīnabhāṣo-pakārasamāgama），意即促進東方語文研究的學會㊹。

初級學位考試，規定主科三種，即僧伽羅語、巴利文、梵文；副科三種，即陀密羅文、興都文、英文。主科須考得六十五分以上，副科須考得三十五分以上，才可通過及格。而且規定主科三種，要在同一年中考試及格，而副科報考幾科均可，其餘以後可再考。

中級考試科目同上，但程度提高，副科增加數學一科。主科三種，也須在同一年中及格。如兩科考及格，一科得分在二十分以上，准許在兩年中補考。兩年中補考不及格，再報考時，須重新再考三種主科。主科須獲得六十分以上，副科三十五分以上，副科亦可隨意報考幾科。

高級考試，七種科目同上，程度又再提高。可以單獨報考三種主科，或同時報考副科。三種主科，如不能同在一年中考及格，以後可報考未及格的科目，不限定幾年。但是主科最少四十分以上才可以及格。高級及格分三等，主科四十至五十九分為普通及格，六十至七十五分為一等，七十五分以上為優等。

在斯里蘭卡比丘沙彌考得哲士（Paṇḍita）學位，非常受人尊敬。同時可擔任僧教育最高負責人，成為優秀的佛教傳教師。每年三級哲士考試，成績名列前茅的，都可獲得由信徒成立的基金會供養獎品（獎品隨每年籌集多少不同），但規定高級七名、中級三名、初級四名。

公元一九五七年，斯里蘭卡政府協助佛教建立了一所「教師養成學院」（Pirivena Teachers' Training College），與勝法塔學院同一地點。學僧入學，學費全免。報考資格，須經過「東方語文學會」中級考試及格後，以及年齡不少於三十五歲。受教育時間二年。學業完成後，即分派至各地佛學院執教。這所佛教教師養成學院，目的完全在培養僧伽教師人才。學習科目約有二十種，即英文、世界史、佛教文化、數學、梵文文學、歷史、佛律、斯里蘭卡歷史、考古學、佛教史、佛教文學、巴利文學及其歷史、心理學、教育學、衛生健康、社會學、佛教藝術、幾何學、興都語、雅利安文化史、印度史、印度哲學等。除以上所說，比丘沙彌也可考入社會一般教師學院攻讀（與俗人共校），畢業後，可以獲得同樣的資格[45]。

另一非常有意義的佛教教育，就是「佛教星期日學校」（Buddhist Sunday School）。它早在公元一八八五年成立，那時斯里蘭卡還受英國人統治，佛教衰微，後來得到美國人奧爾高特上校抵達斯國，協助佛教復興工作。他們最初建立的佛教星期日學校，從屬在「錫蘭青年佛教會」之下。

佛教星期日學校，發展至今，對一般青年以及兒童接受佛教教育，收到了非常宏大的效果。他們不但以佛法修養身心，選擇過正當的生活，做一個良好的公民和佛教徒，同時對佛教的歷史及教理有了更深的了解。斯國自獲得獨立後，佛教星期日學校，一般都設在佛寺中，由寺中住持管理，教師由資深的出家人及在家信徒擔任。但在家教師，必須先獲得青年佛教會結業證書和許可，一般人是不能獲得擔任佛教星期日學校教師的。

凡是適齡男女學童或青少年，都可報名就讀，從初級至高級，共分七級，每級學習課程一年。上課時間，每星期日上午八時至十二時。上課前，先集合全體學生，由比丘領導舉行簡短的佛教儀式，授與五戒和念誦三寶經文。完畢後，學生才進入教室上課。

佛教星期日學校，所授課程是依教育程度高低而編訂，有念誦經偈，如《吉祥經》、《三寶經》、《守護經》、《佛功德莊嚴經》、《念住經》、《法句經》、《佛傳》、《阿毗達摩》、《大史》等。各處佛教星期日學校編有各級學生名冊，每年舉行大考一次，考題由青年佛教會禮請各學校中資深出家教師統一擬訂，考完後呈送青年佛教會審閱，然後公布考試結果。考試及格者，各級都發給證書，成績優秀者頒給獎勵（由學生家長及佛教信眾集資）。讀完高級的學生就有資格擔任各地佛教星期日學校教師。學生進入佛教星期日學校讀書不收任何費用。學校所出版的各級課本，售價特別低廉。窮苦學生由青年佛教會和學校贈予或借用。總之，凡是曾在佛教星期日學校就讀過的兒童或成人，都養成良好的行為，了解佛學道理，然後再以他們的知識貢獻社會國家[46]。

❶ 斯里蘭卡古名「楞伽」（Laṅkā），獲得獨立後，在國名加上「師利」（śri），是「吉祥」之義。公元一九七三年，斯國政府正式向世界公布稱「師利楞伽」（Śri Laṅkā），而華人依英語發音譯為「斯里蘭卡」。

❷ Chusukdi Dipayaksorn：《錫蘭佛教史》（泰文），第二八七—二八九頁。

❸ 《佛教大年鑑》，日本（一九六九），第二六四頁。

❹ 1. P. V. Bapat: *2500 Years of Buddhism*, p. 424。

2. 亞細亞社會思潮研究會編：《亞細亞近代化的研究》，第二九〇及二九三頁。

❺ Chusukdi Dipayaksorn：《錫蘭佛教史》（泰文），第二八九—二九一頁。

❻ 楊曾文主編：《當代佛教》，第八十二頁。

❼ 鄧殿臣著：《南傳佛教史簡編》，第七十六頁。

❽ 劉必權著：《世界列國誌二十一．斯里蘭卡》，第四十二頁。

❾ 楊曾文主編：《當代佛教》，第八十三頁。

❿ 楊曾文主編：《當代佛教》，第八十三—八十四頁。

⓫ 楊曾文主編：《當代佛教》，第八十四—八十五頁。

⓬ 楊曾文主編：《當代佛教》，第八十五頁。

⓭ 廣興、圓慈合譯：〈斯里蘭卡的僧伽教育〉，載《法音》月刊。

⓮ 訶摩拉伐．真諦、羅睺羅、古魯吉三位長老經歷，引自楊曾文主編《當代佛教》，第九十六—九十七頁。

⓯ 1. 楊曾文主編：《當代佛教》，第九十一頁。

2. 廣興法師、圓慈法師合譯：《斯里蘭卡佛教考察報告》載《法音》月刊。

⑯ 亞細亞社會思潮研究會編：《亞細亞近代化的研究》，第三〇九頁。
⑰ 1. 亞細亞社會思潮研究會編：《亞細亞近代化的研究》，第三〇九頁。
2. Chusukdi Dipayaksorn：《錫蘭佛教史》（泰文），第三六八—三七〇頁。
⑱ 亞細亞社會思潮研究會編：《亞細亞近代化的研究》，第三一〇頁。
⑲ Chusukdi Dipayaksorn：《錫蘭佛教史》（泰文），第三六一—三六四頁。
⑳ 〈斯里蘭卡佛教紀實〉——節選自鄧殿臣、趙桐撰《佛國紀實》。
㉑ 〈斯里蘭卡佛教紀實〉——節選自鄧殿臣、趙桐撰《佛國紀實》。
㉒ 淨因法師：〈初探南傳佛教興盛之因〉，講於「生活禪夏令營」，經講話錄音整理而成。
㉓ 了參法師著：〈錫蘭佛教的現狀〉，載《海潮音》。
㉔ 了參法師著：〈錫蘭佛教的現狀〉，載《海潮音》。
㉕ Chusukdi Dipayaksorn：《錫蘭佛教史》（泰文），第三四六—三五四頁。
㉖ Chusukdi Dipayaksorn：《錫蘭佛教史》（泰文），第三四六—三五四頁。
㉗ Chusukdi Dipayaksorn：《錫蘭佛教史》（泰文），第三四六—三五四頁。
㉘ 亞細亞社會思潮研究會編：《亞細亞近代化的研究》，第三一二—三一三頁。
㉙ M. M.安姆斯著、程慧餘譯：〈佛教的革新在錫蘭〉，載《海潮音》第四十六卷第六期。
㉚ 亞細亞社會思潮研究會編：《亞細亞近代化的研究》，第三一四頁。
㉛ 亞細亞社會思潮研究會編：《亞細亞近代化的研究》，第三一四頁。
㉜ 亞細亞社會思潮研究會編：《亞細亞近代化的研究》，第二八九—二九〇頁。
㉝ 亞細亞社會思潮研究會編：《亞細亞近代化的研究》，第二九〇—二九一頁。
㉞ 亞細亞社會思潮研究會編：《亞細亞近代化的研究》，第二九三頁。
㉟ 亞細亞社會思潮研究會編：《亞細亞近代化的研究》，第二九四—二九五頁。

36 亞細亞社會思潮研究會編：《亞細亞近代化的研究》，第二九五—二九六頁。
37 亞細亞社會思潮研究會編：《亞細亞近代化的研究》，第二九三—二九四頁。
38 亞細亞社會思潮研究會編：《亞細亞近代化的研究》，第二九六—二九七頁。
39 亞細亞社會思潮研究會編：《亞細亞近代化的研究》，第二九七—二九八頁。
40 亞細亞社會思潮研究會編：《亞細亞近代化的研究》，第二九八頁。
41 Chusukdi Dipayaksorn：《錫蘭佛教史》（泰文），第二九三及三〇一頁。
42 Chusukdi Dipayaksorn：《錫蘭佛教史》（泰文），三〇一—三〇三頁。
43 Chusukdi Dipayaksorn：《錫蘭佛教史》（泰文），第三〇三—三〇四頁。
44 Chusukdi Dipayaksorn：《錫蘭佛教史》（泰文），第三二一頁。
45 Chusukdi Dipayaksorn：《錫蘭佛教史》（泰文），第三四二—三四四頁。
46 Chusukdi Dipayaksorn：《錫蘭佛教史》（泰文），第三五四—三六〇頁。

第七章 斯里蘭卡佛教的儀式

第一節 一般佛教儀式

佛教的儀式，是佛教徒實踐佛教生活重要的部分。每一種佛教儀式，都有它的原因和重要意義，對身心的修養、學道的進程，都有助益。實踐佛教生活，是最崇高的風尚。人們往往能在一些簡樸實用的佛教儀規中，表現對佛法崇高的尊敬與信心。斯里蘭卡是上座部佛教發源及興盛的國家，他們的佛教儀式，一種是依經律固有傳承下來的，一種是斯國佛教民俗形成的。

一、佛日

佛日（Buddha's Day，僧伽羅語Poya），是按印度、斯里蘭卡的曆法，因月亮的盈缺立為白黑二分，即自月盈至滿為白分；月虧至晦為黑分，合白黑二分而為一月[1]。每半月之八日及十五日（月小為十四日，即相當於中國陰曆每月的八日、十五日、二十三日、二十九日或三十日），稱為佛日，中國佛教徒稱為齋戒日。斯國佛教徒對佛日是相當重視的，特別是滿月的佛日（十五日）。

每到佛日（自古南傳上座部佛教國家，都以佛日為例假日），信徒就準備好香燭和鮮花，攜家帶眷到附近的佛寺。一些青年男女學生，在佛日也到佛寺參加活動。他們進入佛殿，先燃香燭禮佛，然後席地而坐一邊，隨僧人受持齋戒，參加課誦（經文都很簡短），及聽經聞法。

南傳佛教任何一種儀式之前，只要有在家信徒參加，僧人先為信眾說授三皈五戒或八關齋戒，都用巴利文念誦。在家信徒，不論是新舊，凡參加佛教儀式，都要從僧人一次又一次地求受三皈五戒。他們沒有皈依哪一位出家人為師的習慣，而出家人都可為師。

在家信徒受完三皈五戒之後，接著說戒比丘開始宣講佛法，時間約一小時。所講都是通俗易懂的經義，僧俗都須合掌聆聽。因在佛殿及佛前，須具有虔誠恭敬心，比丘說法，被認為是代表佛陀宣說。

佛法開示完畢，已近僧人午餐時間，受持八關齋戒的信徒，也須在午前進食。他們多數是從家裡帶著飯菜來，或在寺中臨時向攤販購買，因為在南傳佛寺中，是不供給信徒們飯食的，只有信徒們拿飯菜來供養出家人。

斯國佛教徒至佛寺受戒和聽法，也是女多男少，老年多過青年。

受持五戒的信徒，在聽完說法後，可以隨意返家，或仍留在佛寺；但受持八關齋戒的信徒，一日一夜必須留在佛寺裡，在佛寺範圍內活動。當他們要休息時，或在說法亭，或在佛塔周圍，或坐或臥在樹蔭下。有人背誦佛偈，有人讀經；或多人集會在一處，由一人朗讀佛法給大家聽，或互相研討佛法，也有人在靜處修習止觀。

斯國佛教徒佛日到佛寺，都依本國的風俗，披著白衣，極少穿西服及長褲的，而且多人手持念珠。在下午、晚上、夜間，都有出家人在佛殿上，輪流為信眾說法，也可自由聽講。

在家信徒受持八關齋戒，近於出家修梵行，時間只限於一日一夜，依佛制可常受常捨。到次日早晨，受持八關齋戒的在家信徒，就可向一位比丘舉行捨八關齋戒儀式。但因五戒為在家佛教徒所長守，所以在捨八關齋戒後，接著要求受五戒。受完五戒儀式，佛日的修行功德就完成，各自返家。

過去國王統治時代，法律曾禁止每月十五日（斯國陰曆）做生意買賣。如有人不遵守，將受到罰款，充作佛教公益用，或罰油錢作佛前燈明。如無力受罰，須以相等勞力為寺服役。這因為南傳佛教國家，從前是以佛日為政府與民眾的休假日，也為方便教徒們，有時間進入佛寺聽經聞法、受持齋戒等。每月有四個佛日[2]，十五日是最重要的一天。

二、說法

佛陀住世時隨機為信眾說法，後世漸漸形成一種儀式。古時人住在鄉村，建築方亭或較大的說法堂，恭請僧人在晚上或夜間說法，遠近男女信徒都來聽法。為了遠途及荒野住家夜晚行走不便，所以說法多數在晚上和夜間，到次晨天亮後才回家。人民建築的方亭或說法堂，裝飾都很精美。斯國一般佛寺，自日落後，以擊鐘為信號，即開始說法。說法者手執一把芭蕉扇豎拿在面前，已成習俗。

有時較隆重的說法儀式，在白天和夜間都有舉行，或有三位法師輪替。第一位在白天講；第二位讀誦巴利語經文給信眾聽；第三位在夜間講。講者須受過良好的僧教育，能將巴利語經文逐句翻成僧伽羅語，而不添加解釋。

在前文第三章第二節裡說過，中國高僧法顯法師至斯里蘭卡時，曾記載在阿耨羅陀城重要的「四衢道頭，皆作說法堂。月八日、十四日、十五日，鋪施高座，道俗四眾皆集聽法。」這就是寫僧人說法的情形。

現在斯里蘭卡佛教說法的儀式，每逢佛日或佛教節慶，一般佛寺還是依照這種古老傳統的方式。但也有不少新的佛學會及佛教社團組織，採用現代演講或討論的方式進行。總之，傳統的著重在恭敬虔誠，現代的演講或討論偏重於研究；前者對象是普通信眾，後者多屬於學人。

三、敬佛

斯里蘭卡佛教徒不論出家在家，都有一種很好的習慣：敬佛。在佛寺中，甚至信徒在家中，都能表現虔誠敬佛的態度。

在佛寺裡，每天早晚都有一位男居士或女居士，負責佛前供物。早上，他們從家中帶著鮮花、甜品、湯、茶等至佛寺，放置盤中供奉在佛前，另外還供奉一小盒檳榔。然後燃點香燭、禮佛，並作念誦：「世尊！請佛慈悲，受納弟子供養。」接著在佛前懺悔身、口、意三業，最後念誦讚揚三寶經文。晚上約七時，敬佛用品為茶和甜水等，亦作念誦儀式。信徒如沒有時間，可派人將供佛用品送至佛寺，請僧人代作。有時也供養僧人。

敬佛儀式，信徒在家中也可舉行，因為一般居士在家中都供有佛像，或供佛陀舍利。有時或禮請僧人到家中供養，事前也必須先作敬佛儀式。

敬佛的儀式，是為感報佛陀的恩德，因為佛陀具足智德、悲德、淨德。佛陀雖然已經涅槃了，而恩德永遠在世。沒有佛陀的出世，眾生就不會知道佛法，不能得度，所以佛教徒應當常常憶念和感報佛陀的恩德。

四、施僧

施僧是用物品供養僧人。斯里蘭卡在家信徒，對僧人是非常恭敬的。他們認為僧人是住持佛法，代佛宣揚教法，而且僧人的知識和道德，都可做為模範。佛教的存在，可促進國家文化教育和道德的發達。僧人捨俗出家修行，就應該受到信徒們的恭敬供養。僧（伽）的意義，本指四位比丘以上的團體，但一般也泛指個別僧人。這裡說的施僧儀式，是指前者。所以斯國佛教徒施僧，最少要禮請五位以上的比丘。

斯國佛教徒每逢婚喪喜慶，或行善植福，常舉行施僧，禮請僧人至家中供養，或備辦好送至佛寺供養。事先施主須至佛寺說明施僧原因、訂定日期及供僧人數。

施僧的原因，隨信徒的意願，但平常多為亡者超薦。因為斯里蘭卡於人死後，在七日、三月、半年、一年，將分四次施僧，以後或每一年再舉行一次。有時信徒為了喜慶的事，如慶祝新年、祝壽等，也舉行施僧。一般施僧儀式，是禮請僧人午齋及供養僧人物品。

到了施僧之日，施主亦邀請親友一同參加。在家中設置佛壇及鋪設座位，備妥飲食。佛壇大多為一特製的小木龕，雕飾精美，可向佛寺或他處借用，木龕是準備供佛舍利用的，舍利塔由僧人從寺中帶來，因為斯國很多佛教儀式，不甚流行供佛像，而以佛身舍利更能代表佛陀。

大約在上午十時前，施主先派人去佛寺，迎請佛舍利及出家人。到了施主家門前，由一位頭裹白衣著禮服的人從出家人手中把佛舍利迎接過來，恭敬地頂在頭頂上。有時還有樂隊演奏，迎入家中，供奉在佛龕中。如果施主家離寺很遠，就用汽車去迎請。

隨後僧人為施主及其親友，先說三皈五戒，再開始念誦巴利語經文約半小時。至十一時許，供養僧人午齋，有飯菜、甜點、水果、乳酪等，有時也有魚肉，非常豐盛。僧人進食時，信徒都在一旁席地而坐。食畢，施主再供養每位出家人一分日用物品。接著由一位戒年較長或位尊的比丘，為施主及其親友，開示簡要的佛法，若不開示，就開始念誦《慈悲經》、《吉祥經》等，為施主祈福回向。

施僧完畢，樂隊仍擊鼓奏樂，施主及其親友們，一齊恭送佛舍利及出家人回寺。

古時斯里蘭卡有些國王，為了表示對佛教的虔誠，在作大功德時，曾短期捨棄王位或國土奉獻佛教，把國政委託大臣們處理，這是選在國家太平期間舉行。如施捨期內，偶然發生事故，國王可及時恢復管政。這種施捨的儀式，表示對佛教最高的崇敬，作最大的奉獻，為全國人民作示範。因為國王和人民，認為佛教是至高無上的。佛教為國家帶來道德教化，為人民帶來生活幸福和內心寧靜。佛教也受到國家和人民的支持，如建築佛寺、造佛塔等，莊嚴弘揚佛法道場，這可使佛教鞏固，國家和社會進步。

五、念誦《守護經》

巴利語Paritta一字，可譯作守護、護持、防護、救護、保護等義。念誦《守護經》的儀式，起始是在斯里蘭卡最勝菩提四世（六五八—六七四）時代。《守護經》文，是從《中部》及《增支部》等經中選出，集有《三寶經》、《五蘊護經》、《孔雀護經》、《幡幢護經》、《阿吒曩胝護經》、《央崛摩羅護經》、《吉祥經》、《慈悲經》八種，都是很短的經文，意義和文字非常優美。是用於消除災難、疾病，甚至喜慶等儀式，是普遍念誦的經文。

斯里蘭卡佛教徒對禮請出家人念誦《守護經》，是非常信仰的，他們認為《守護經》有不可思議的功德和靈驗。如家人臥病醫院，禮請僧人前去念誦；有時子女在結婚之前，恭請僧人念誦；婦女生產之前，也請僧人念誦。其他如新年、衛塞節、新屋落成、喬遷、祝壽等，也請僧人念誦。念誦《守護經》的目的是為祈福平安，消除災難。

念誦《守護經》的儀式，普通最少須請十五位出家人，時間大約一小時。有時或連續念誦五日，每日一小時；在圓滿之日，施主並同時舉行供僧儀式。其他更隆重的，如慶祝佛舍利、佛牙、國家紀念日、祝壽、度亡等，都禮請僧人念誦《守護經》。有做一日，或連續多日的。念誦《守護經》的儀式，在斯國種類很多。在念誦之前，必須布置壇場，安排鼓樂隊，迎請佛舍利及出家人，與供僧儀式略同。但斯國佛教徒在念誦《守護經》儀式時，還要先迎請護法諸天神祇降臨道場，如四天王等。念誦儀式完成後，亦恭送護法諸天。斯國佛教徒，包括出家人在內，都很相信護法諸天。甚至在一些佛寺殿堂中，也附設供奉一些重要的護法諸天神像。雖然出家人不禮拜護法諸天，但念誦祝禱文中，就有對護法諸天的感恩。

另外僧伽羅人和泰米爾人普遍相信有神鬼的存在，包括善神、惡神、保護神、惡魔、鬼魂等，因此也有人供奉、祭拜、祈禱、作巫術等，特別是在農村裡流行。

第二節　佛教的節慶

一、新年

斯里蘭卡人因信仰宗教和曆法的不同，有三個新年：即陽曆一月一日：為政府公訂及基督教徒的新年；四月十三日，為僧伽羅族人（多數信仰佛教）及陀密羅族人（多數信仰印度教）的新年；八月三十日，為伊斯蘭教徒的新年。但是陽曆新年和伊斯蘭教徒新年是屬部分地區，慶祝簡單。只有四月十三日的新年，普受重視，大事慶祝，一連活動五天，他們稱為「僧迦羅底」（梵Saṃkrānti），意即太陽運行至黃道十二宮之第一白羊宮（Aries），是為一年之始。

斯里蘭卡人到了新年，人人歡欣鼓舞，穿著新裝，尤其在新年前的除夕，很多佛教徒都帶著香花去到佛寺禮佛、拜塔、供僧、受持五戒及聽經聞法。他們認為這是「行善植福的時節」，以此來迎接新年。新年之前，他們提早停止工作，清掃房屋，準備很多食物。有一種食物叫「乳飯」（巴khīrabhatta），即用牛奶與米同煮，吃時配以胡椒等料。亦以此乳飯及其他食物供養出家人。新年中信徒除了禮敬三寶及菩提樹，也禮拜大自在天及諸天眾神。

新年，家家戶戶燃放鞭炮，直至十五日才止。他們趁此機會出外訪客，尤其對尊長要表示禮敬問安。無論在陽曆年或陰曆年，他們不風行寄賀卡（除基督教徒）。而在佛教的「衛塞日」時，則互相郵寄賀卡。有些出家人在新年用草藥熬成的藥油，經過念經加持後，贈送給信徒們。

二、紀念衛塞日（佛誕節）

依據羅睺羅博士《錫蘭佛教史》的推測，認為中國晉代高僧法顯西遊印度時，在巴連弗城所見的記載：「年年常以建卯月八日行像，作四輪車，縛竹作五層，有承櫨椻戟高二丈許，其狀如塔，以白氎纏上，然後彩畫作諸天形像，以金銀琉璃莊挍其上，懸繒幡蓋，四邊作龕，皆有坐佛，菩薩立侍，可有二十車，車車莊嚴各異。當此日境內道俗皆集作倡伎樂，華香供養。婆羅門子來請佛，佛次第入城，入城內再宿，通夜然燈，伎樂供養，國國皆爾❸。」正是記述印度古時慶祝「衛塞日」的情形。又阿育王有一碑銘記載一段大意說：王曾命令以各種天神像嚴飾車上，類似華麗的天宮，舉行各種比賽❹。依羅睺羅推測，或許這就是古時記載「衛塞日」的情形，又早於法顯七百年。

佛教傳入斯里蘭卡後，「衛塞日」可能即為佛教徒所重視。《大史》記載最早的是杜多伽摩尼王（公元前一〇一—七七），曾親自參加「衛塞日」慶祝達二十四次之多。後來歷代國王也多重視此一節日。南傳上座部佛教徒認為佛陀的誕生、正覺、涅槃，都是同月及同日，但不同年，這就是毘舍佉月的月圓日，也就是古印度陰曆六月十五日。毘舍佉是古譯，現在中譯為「衛塞」（毘舍佉是巴利語 Vesākha及梵文 Viśākha 的古譯，衛塞是從西文中譯而來）。

「衛塞日」是斯國最重要的節日，全國都舉行熱烈的慶祝。每到衛塞日時，佛教徒家家戶戶修飾房屋，張燈結彩，插掛教旗，彩繪佛傳及本生經故事圖畫。政府放假兩天，以便人民往佛寺禮佛、受戒、聽經聞法。政府公布禁殺和販賣酒業，有時還赦釋囚犯。公私營電台全日播放佛教特別節目，有說法、誦經、佛樂、佛法演講、辯論比賽等。慶祝儀式時，政府總理、重要官員、外國貴賓等多有賀詞。很多佛教名勝處，亦湧入很多信徒朝拜。首都可倫坡尤為熱鬧，張燈結彩，燈火輝煌，並延長至一週時間，很多鄉村人民，都湧向都市觀賞。佛寺和民間，舉辦多種娛樂，如音樂、歌舞、電影、雜耍等。僧人日夜輪流說法和念誦守護經。斯國佛教徒在衛塞日時，流行互寄賀卡，形式多樣，上面印有佛教經文及精美的佛教圖畫。

三、慶祝佛牙盛會

在第三章第二節中，已提到佛牙至斯里蘭卡的經過，及法顯所見的情形，此處不再重述。依《佛牙史》記載，斯國每一位國王在即位之前，都要以爭取佛牙保護為象徵，因為它是國家的瑰寶，佛教的聖物。國王保有它，才能獲得人民的擁護，所以也常因此而發生政治紛爭。據記載佛牙未至斯國前，印度就曾有多位王子因奪取佛牙而發生戰爭。慶祝佛牙的記載，玄奘《大唐西域記》卷十一「僧伽羅國」（Sinhala，即斯里蘭卡）記載：「王宮側有佛牙精舍，高數百尺，瑩以珠珍，飾之奇寶。精舍上建表柱，置鉢曇摩羅加大寶，寶光赫奕，聯暉照曜，晝夜遠望，爛若明星。王以佛牙日三灌洗，香水香末，或濯或焚，務極珍奇，式修供養❺。」

我們從古德著作中，得知古代斯國對佛牙的重視。再看現在慶祝佛牙盛會的情形：

自西人勢力伸入斯國後，斯里蘭卡王朝就遷都至中部山地的康提，佛牙也移至康提新建佛牙寺供奉，在每年八月間，有一次「佛牙遊行盛會」，稱為「康提遊行盛會」（Kandian Perahera）。這種盛會創始於公元一七七五年，由吉祥稱王獅子王所提倡，一是歷代傳統對佛牙的尊重，保存固有文化，一是提高民族意識，團結抵抗外力侵略。

這是斯國最著名的盛會，每年從八月一至六日，是佛牙正式遊行日期。分組成五隊：聖佛牙隊（Dalada）、土地神那特隊（Nātha）、守護神毘濕奴隊（Viṣṇu）、戰神塞康陀隊（Skanda）、貞操神帕蒂尼隊（Patānī，大梵天王之妻）。其中以聖佛牙隊為主，特別盛大，其餘四隊是表示諸天護法的衛護。

到佛牙正式遊行之日，先是將四大神像從各處迎至佛牙寺前，與佛牙隊會合，每晚七時開始遊行，由多人手執火炬，照耀如晝。佛牙隊在前，一組象群飾以種種莊嚴，並選一隻象牙最長的象為「象王」，裝飾華麗，馱載七寶佛牙塔，其後有執鞭隊、燈隊、旗隊等。一位化裝官員騎在象背上，手持貝葉經宣讀，及一人化裝成古代國王騎在象背上，隨後又是各種歌舞隊、鼓樂隊、象群。

其次是四大神像隊，各隊亦有象群，鼓樂歌舞隊隨後。街道上人民非常擠塞，觀賞遊行，或作供養禮拜。

自八月七日至十一日，每晚人們再改用轎子抬著四大神像與佛牙隊會合，再開始遊行。八月十二日最後的兩個儀式：一為戰神至摩訶吠利河（Mahāveligaṅgā）的迦多鞞碼頭（Katambī，距佛牙寺三英里）洗劍；二是至一印度教「伽那提婆拘婆羅廟」（Gaṇadevīkovila），為世界人類祈求和平。然後，迎請佛牙回到佛牙寺，而後四大神像及人群圍繞佛牙寺三匝，最後神像也迎回原處供奉，至此慶祝盛會的儀式完成❻。

四、首都莊嚴寺的盛會

這個盛會是為了紀念傳說佛陀光臨斯里蘭卡，時間是在斯國曆的二月十五日。這一慶祝自古即有，後來西人勢力侵入，曾被禁止舉行。到公元一九二七年，由維哲瓦拉達那（Walter Wijewaradana）再被提倡，每年在首都的迦耶尼寺（Kalyāṇāvihāra，亦譯莊嚴寺）舉行，距離首都五英里。傳說佛陀光臨斯里蘭卡時，曾到過迦耶尼寺駐足及說法。此寺原稱「王家大寺」，在迦耶尼河右岸，門前有石階通往河面。公元十四世紀以後，大寺派僧人曾遷移至此，修建寺院，後又修建佛塔，白色圍牆。全寺金碧輝煌，佛像眾多。迦耶尼寺為斯國佛教中心，地位僅次於康提佛牙寺。

慶祝日期是在二月十五日，動用人眾千人以上，象隊五十隻至七十隻。慶祝時間來臨時，各地人民湧來佛牙寺禮佛，及作種種善行功德。最精彩的節目，就是在晚上盛大遊行，通過首都幾條繁華重要的街道。

遊行時間約在晚上九時開始，將一座供奉著佛陀舍利的精美寶塔，安置在一隻裝飾華麗的象背上，然後開始向都市進發，有時國家總理也親臨參加。沿途燃放煙火，有提燈隊，由寺院住持引導馱著佛舍利塔的象隻前進，其後有兩隻象護從。象隊之後是各種音樂隊、歌唱隊、舞蹈隊。佛舍利塔所到之處，沿街觀賞瞻禮的人群，都合掌恭迎，或高聲歡呼，熱鬧非常。很多比丘和沙彌也參加遊行。遊行直至第二天黎明時，全隊才返回莊嚴寺。

五、摩哂陀長老紀念日

斯曆七月十五日，是紀念摩哂陀長老傳佛教至斯里蘭卡的日子。政府和佛教為了報答與懷念他對國家民族的貢獻，自古即舉行紀念。現在斯國佛教徒每年到七月半，各地佛寺及佛教社團，都舉行大大小小不同的慶祝。而以首都可倫坡慶祝最為隆重，其次是阿耨羅陀等城，這裡只介紹首都可倫坡的遊行。

最重要的紀念節目是晚上遊行，遊行隊伍自訶努畢提耶寺（Hunupittiya）出發，經過可倫坡各條重要街道。在遊行隊伍前，有人手提火炬及教旗開道，接著是嚴飾的三隻巨象並列前行，中間一隻馱著佛舍利寶塔，其次是化裝的兩排女學生隊，手持鮮花及教旗，沿街歌頌摩哂陀長老的讚偈。其次，又是三隻巨象及兩排男學生化裝隊，同樣沿街歌頌摩哂陀長老的讚偈。隊後，是一輛化裝精美的花車，車上供摩哂陀長老塑像，由人群引導緩緩前進。花車後面，又有各種歌舞樂隊。人們沿途虔誠禮敬，非常擁擠。約至十一、二時返寺，完成遊行。

六、其他

距離康提約七十七公里，有一座佛塔稱「摩醢耶伽那塔」（Mahiyaṅgaṇacetiya），傳說佛陀曾到此，遂建塔紀念。此塔被認為是斯國最古佛塔之一，可能早於阿耨羅陀城「塔園寺」。所以每年斯曆九月都舉行慶祝紀念。

其次，在斯曆正月，舉行僧伽密多比丘尼紀念日，紀念儀式略與摩哂陀長老相同，但規模比較小。同時也舉行遊行，有僧伽密多長老尼塑像供奉在一輛華麗的花車上，遊行時由少女們化裝成天女引導前進。這是為紀念僧伽密多傳比丘尼僧團於斯國，及攜帶聖菩提樹分枝至島上栽植的貢獻。

❶《大唐西域記》卷二說：「月盈至滿，謂之白分；月虧至晦，謂之黑分。黑分或十四日、十五日，月有小大故也。黑前白後，合為一月。」（《大正藏》第五十一冊，第八七五頁下）。

❷佛日：南傳佛教國家，每月規定有四個佛日，即佛制的八日、十五日、二十三日、三十日（月小為二十九日）。又每逢十五日及三十日，僧眾則集會舉行「誦戒」儀式。

❸1.《大正藏》第五十一冊，第八六二頁中。
2. Walola Rahula: *History of Buddhism in Ceylon*, p. 274。

❹Walpola Rahula: *History of Buddhism in Ceylon*, p. 274。

❺1.《大正藏》第五十一冊，第九四三頁上。
2. Walpola Rahula: *History of Buddhism in Ceylon*, p. 280。

❻Chusukdi Dipayaksorn：《錫蘭佛教史》（泰文），第四九九—五〇八頁。

第二篇

緬甸佛教史

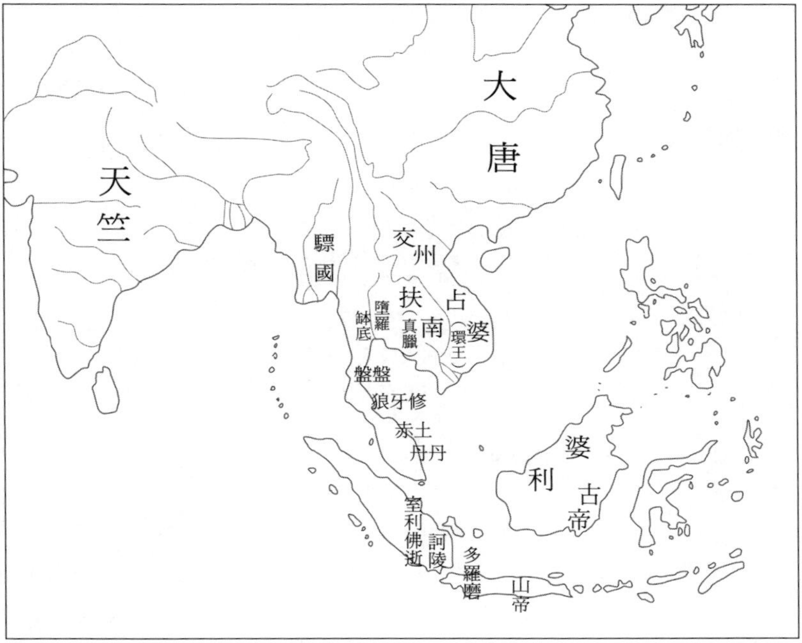

圖2-1：印度化時代的東南亞

圖2-2：緬甸重要佛教地點

第一章　古代的緬甸佛教

第一節　國土與民族

緬甸（Myanmar）北部和東北部與中國西藏自治區和雲南接壤，西部與印度、巴基斯坦為鄰，東部與泰、寮分界，南臨孟加拉灣。位於中南半島西部，面積為六十七萬六千五百八十一平方公里，東經九十二至一百零一度，北緯十至二十八度。緬甸地勢北高南低，國土中央以曼德勒（Mandalay）為界，北部為上緬甸，南部為下緬甸。

據緬甸官方統計數據，截至公元二〇〇六年一月三十一日止，緬甸全國人口已達五千五百四十萬人，共有一百三十五個民族，主要有緬族（Burman）、克倫族（Karan）、撣族（Shan）、克欽族、欽族、克耶族、孟族（Mon）和若開族（Akyab）等。緬族約占總人口的百分之六十五，主要分布於伊洛瓦底江中、下游一帶，即所謂緬甸本部。其次是得楞族占百分之八，撣族占百分之七，其中孟族、欽族等是少數民族，華僑約有三十多萬人。全國百分之八十以上人口信奉佛教，約百分之八的人口信奉伊斯蘭教。緬甸語為官方語言，各少數民族均有自己的語言❶。

公元一九八九年六月十八日，緬甸政府宣布更改國名，將Burma更正為Myanmar；首都Rangoon也改為Yangon。但在公元二〇〇五年又遷都於奈比多（Nay Pyi Taw）。Myanmar的國名源於緬族（Burman）之名，有「強壯之人」的意思。據語言學者及歷史學者考證，巴利語稱「摩羅摩」（M(a)ramā），是從梵語「梵摩」（Brahma，意為「梵天」）轉訛來的，B變成M，h也變成m，母音也受了影響起變化。西人稱緬甸為Burma、Barma、Birma，都是從Brahma轉變來。中國人稱呼「緬甸」，與梵語Brahma-deśa及巴利語Mrammā-desa（意即「梵天的國土」）很有關係，因為Mrammā-desa這個字在緬人詩歌中，發音變成Myantaing，與中國人發「緬甸」的音相近。中文的「緬」音為Mien，是Miammā的轉化，可以對音。有時中國人單稱「緬」（Mrammā），省去「甸」（desa）字❷。

在緬甸南方有一古國，巴利語名稱「羅摩那提沙」（Rāmaññadesa），在薩爾溫江及西湯河（Sittang R.）流域之間，後來國土擴張至下緬甸（Lower Burma，指緬甸南方）全部。在斯里蘭卡歷史上，也記載為「羅摩那提沙」，是佛教傳入緬甸最初發祥的地方❸。

東南亞古代歷史，以緬甸史最為貧乏，在公元一〇四四年以前，記載都曖昧不明。據學者研究，緬甸在三千年前，已經開始有社會組織，但由於年代久遠，缺乏文獻證明，古史面貌究竟如何，不易作肯定的論斷。緬甸自古有很多民族移入居住，最早到緬甸的是孟族，在緬甸被稱為得楞族（Talaing）❹，語言系統屬於孟吉蔑（Mon-khmer）語族，他們早期居住在湄公河流域，後經由泰國湄南河流域散布到下緬甸沿海一帶，初以直通（Thaton）為中心，公元六世紀，轉移至庇古（Pegu）。因為較早吸收了印度文化與宗教等，所以比上緬甸（緬甸北方）文明，也是緬甸最先印度化的人民。不久，孟族人常受到北鄰上緬甸而來的壓迫。緬族人的南下，後來終於形成緬甸主要的民族。緬族屬於藏緬語族，第一批南下的藏緬族人是驃族（Pyu），他們繼承了孟族而受到印度文化的影響。其後，有克倫族、撣族等移入。這些民族，在古代緬甸境內，都先後交替建立過國家。

第二節　文化與宗教

東南亞古代各國，都沒有自己的文化，但因處於中、印兩大文化古邦之間，為水陸交通的經道，受到兩大文化的交流激盪，從吸收融和而產生出自己的文化。古時中、印文化對東南亞的影響，中國多在政治方面，採取懷柔作用，只求土著輸誠職貢，而商民又在經濟貿易，很少干涉或操縱各國內政。印度則相反，雖不能派軍南下海陸遠征，但以文化與宗教為進發，更能深入普及各地，隨後而產生政治上的勢力。印度文化輸入東南亞，比中國更早，以宗教影響最大，其他如文字、藝術、建築等，也同時輸入。所以古代東南亞各國，都受到印度文化和宗教的支配，甚至有些國家的王系，亦出於印度婆羅門❺。印度文化進入東南亞，最早由於印人的移殖，在公元前印度人就與東南亞接觸交往，建立了商業聯繫。在公元前二世紀完成的《羅摩衍那》（Rāmāyaṇa）史詩中，就記載有「金銀島」（指爪哇島，Yavadvīpa）及「金地」（即蘇門答臘，Suvarṇadvīpa）。公元以後，印度人更大規模移殖東南亞，主要原因，一是從事商業，一是宣揚宗教。印度人最初向東南亞移民的路線，是從印度東海岸的阿摩羅缽底（Amarāvatī）商口啟程，依靠西南季風，沿海岸東航，抵達緬甸的薩爾溫江三角洲，以及沿岸的馬塔班（Martaban）、直通、庇古等地。也有越過緬甸三塔徑（Three Pagodas Pass），進入泰國湄南河平原。到了公元二世紀，移民航海的經驗更豐富了，放棄繞道沿岸東航的路線，而作深海航行，可航行至蘇門答臘、爪哇，或繼續航行至半島的克拉地峽（Isthmus of Kra）❻。

依緬甸歷史記載，在公元前八五〇年，曾建立一個「德貢」（Tagaung）王朝，經四百年滅亡，但這種記述是不足信的。

在斯里蘭卡《島史》（Dīpavaṃsa）中，記有阿育王在位時（公元前二七二—二三二）曾派遣須那（Soṇa）及鬱多羅（Uttara）二位長老往金地國（Suvaṇṇabhūmi）宣揚佛教。

中國史籍記載，公元九十七年，東漢時上緬甸有「撣國」建立，國王雍由調遣使至中國朝貢，獻樂及幻人。公元三世紀上葉，根據中國歷史記載，東南亞最早的佛教國家，為吳孫權時（二二九—二五二年在位）遣派康泰出使扶南，在他所著《扶南土俗》附記的有〈林陽國〉條，其書雖已失傳。而在《太平御覽》卷七八七引康泰《扶南土俗》所記：「扶南之西南有林陽國，去扶南七千里，土地奉佛，有數千沙門，持戒六齋日，魚肉不得入國。」同卷又引萬震《南州異物志》說：「林陽在扶南西七千餘里，地皆平博，民十餘萬家，男女行仁善，皆侍佛。」又《水經注》卷一引竺枝《扶南記》說：「林陽國去金陳步道二千里，車馬行，無水道，舉國侍佛。」從上面所引各文，據考林陽國在今之緬甸勃朗（Prome，或譯卑謬），或中部某地，地理位置應在緬甸南部，為早期孟族人建立的國家。林陽國不是一個統一的孟人國家，而是當時建立過許多小國家的統稱，都是以一個城市為中心，統治著周圍廣大的農村地區❼。也有學者認為林陽國是泰國的邦德（Pong Tuk），是一印度化佛教王國❽。公元三、四世紀方有驃（Pyu，亦作剽、縹）國，都城位於勃朗，統治者為印度人或半印度人血統，信仰佛教，用南印度文❾。

據較為可靠的史料，緬甸阿拉干西邊與印度相連，可能早於東南亞的其他地區，印度文明影響到阿拉干。在公元前二世紀到公元四世紀，阿拉干有一個深受印度文化影響的維薩里王朝。當時佛教和印度教已傳入阿拉干，著名的摩訶摩尼大佛像，就在這時期雕成的。維薩里王朝延續了三百四十多年，阿拉干出土的碑銘，是用梵文書寫的。六世紀後出現一個新王朝，梵文和巴利文並用，印度教和佛教在阿拉干有一定的影響[10]。

關於緬甸古代的宗教，除佛教在下節中敘述外，此處先說其他宗教。

緬甸古代原始的宗教，是對自然現象的崇拜，即萬有神論，精靈信仰（Animism），如對動物、植物，以及大地、空、風、雨、山、川等，都以為各有所司的神，而以祭拜。其中以「天帝」（Thagyamin）為宇宙間的主宰。但緬人原始信仰流傳下來的，是兩個威力很大的神祇，他們住在波巴山（Popa Hill）上，名叫摩訶祇利（Mahāgiri，大山岳）的一對兄妹。傳說兄妹二人，因受了國王的謀害，獲得天帝的憐憫，成為山岳神。他們起先對人間做瘋狂的報復，由於人們非常畏懼，就在波巴山上塑造他們的神像祭奉，兄妹就改變對人間的印象，以後造福人世，而受人祭拜。古時緬王和人民，每年都要舉行大祭拜一次。現在緬甸民間，還有些人到庇古北邊一座海拔一千五百公尺的死火山上朝拜[11]。

傳入緬甸的宗教，最早的是婆羅門教，約在二千年前，印人就出發至東南亞各地從事商業，因印人多信仰婆羅門教，甚至有婆羅門傳教師同行，商業所到之處，印度文化和婆羅門教信仰就被帶進。在佛教未傳入緬甸盛行之前，緬人主要的宗教信仰是婆羅門教。古代緬人信仰婆羅門教，很少發現祭拜破壞神濕婆（Śiva）的，而有很多保護神毘濕奴（Viṣṇu）神像的存在。

公元七世紀末，伊斯蘭教勢力伸展至埃及、敘利亞、波斯，而後向東推進，至印度的西北部，建立印度史上的德里王朝，之後又創立了強大的蒙兀兒帝國；伊斯蘭教勢力繼續沿海岸南下，抵達印度河口胡茶辣（Gujeret），胡茶辣的伊斯蘭教商人，聯絡波斯人和阿拉伯人，控制了阿拉伯海貿易權，到公元十三世紀，他們從海道把伊斯蘭教的文化，陸續帶到東南亞傳播。緬甸西部，因與伊斯蘭教國家孟加拉國接壤，以及由海道的伊斯蘭教商人，接受了伊斯蘭教的信仰。緬甸西部阿拉干（Arakan）地方，本來流行佛教，但由於公元一四三〇年，阿拉干國王那羅彌迦羅（Narameihkla）從印度流亡返國時，曾帶有伊斯蘭軍，因此也傳入了伊斯蘭教。後來國王雖大多還是信仰佛教，但對伊斯蘭教的信仰非常尊重。

公元十五世紀中葉後，歐洲人不斷地向東南亞發展，葡萄牙、荷蘭、西班牙、法國、英國等的天主教傳教士，隨著政治的勢力，也抵達了東南亞地區傳教。公元一八二四年以後，英國的勢力侵入緬甸，經過三次英緬戰爭，到公元一八八五年十一月二十八日，緬甸完全淪為英國的殖民地，劃歸為印度的一省（當時印度是英國的殖民地）。因此，西方天主教也傳入了緬甸。

第三節　早期的佛教

緬甸早期的佛教，由於歷史記載缺乏，很難考訂明確，亦如其他東南亞各國早期佛教史一樣。歷史學者的意見也不一，有說佛教從印度北方傳入，有說從印度東海岸傳入，有說從斯里蘭卡傳入，也有說從中國傳入，或柬埔寨傳入。這些說法，都各有理由，或依據某一個重點為理由，所以不能肯定早期緬甸佛教是從哪個國家傳入⑫。

緬甸西部連接印度，印度古代的高度文化，輸入東南亞各國，產生很大影響。公元前二世紀，印度商人和傳教僧侶沿孟加拉灣東行至東南亞，下緬甸是他們最初抵達的地方，是必然之快捷方式。印人從水陸兩路移居緬甸，同時帶進他們自己的文化和宗教，他們仍保留自己的生活習慣，而成為特殊階級。下緬甸的孟族人，受印度文化的影響，成為最先印度化的人民⑬。關於宗教，婆羅門教是最先傳入緬甸，稍後佛教也經由印度奧立沙境和孟加拉傳入。

斯里蘭卡《島史》記載，阿育王時曾派遣須那和鬱多羅兩位長老至「金地」傳教。但關於金地，現在還未能考訂在東南亞何地。歷史學者多數認為是在下緬甸，特指直通，為古代孟族人建立的國家。在公元一四七六年，緬甸孟族國王達磨悉提（Dhammazedi）一篇巴利文名著《莊嚴結界》中，記載直通古國名為「羅摩那提沙」（Rāmaññadesa）；後來簡稱為「羅摩」（Rāman），都城在「善法城」（Sudhamma-purī）。又有學者考據，認為金地是在泰國的佛統（Nakhon Pathom，譯為最初城），出土文物也比直通更古。也有人主張，金地只是古時東南亞一個較大的範圍，就是中南半島，從緬甸起至越南為止。斯里蘭卡的《島史》編成在公元五世紀，搜集的資料，多數可信。阿育王時，派遣傳教師至各地（分九路）宣揚佛法，從佛教弘揚流傳上，也可獲得證實。

在《莊嚴結界》中記載，當須那與鬱多羅二位長老至金地時，傳說在海洋中有一可怕的鬼怪，常上岸吞噬嬰兒，二位長老大顯神通驅逐鬼怪，獲得了國王和人民的敬信，最初為說四聖諦法，約六十人皈依。這種記述，當然不能完全採信。又記載說，佛教傳入孟國（金地），經過長久時間，興盛不衰。後來由於海盜、疾病流行和鄰國敵人侵入，孟族人建立的國家和孟族人的佛教才衰微。直至公元十一世紀，緬甸蒲甘（Pagan）王朝建立，佛教才又獲得重興[14]。

孟族人受了印度文化和宗教的熏陶，他們學習文字書寫，而且將南印度的字體，應用到本地的澳亞語系（Austro Asiatic Language）上。現代發現孟文最早的碑銘，是公元十一世紀末及十二世紀初，差不多與爪哇及占婆兩地發現的相同，字體是從南印度的伽蘭他文（Grantha）衍化而來[15]。

佛教傳入緬甸從出土的重要文獻來看，最初可能是上座部，因為在勃朗附近，發現一些薄金片上的刻文，都是記述上座部佛教的，為南印度巴利語字體[16]。考古學家在帽查（Hmawza）近處，曾發現一塊古金色雕板，上面鐫刻巴利語佛經。費瑯（Louis Finot，一八六四—一九三四）教授認為上面的字體，與公元五世紀時南印度的迦坦婆（Kadamba）字體相似，推測時間不會遲過公元六、七世紀[17]。《島史》及孟族文獻的記載，緬甸在公元五、六世紀已經傳入了上座部佛教，值得注意的一事，多羅那塔（Tāranātha）也曾提到，在拘胝（Koti）國境，包括蒲甘及庇古，沒有大乘的弘傳，甚至到世親論師時代。後來大乘佛教及密宗也慢慢傳入緬甸，公元十世紀後，密宗阿底峽尊者曾往金地留學，被認為是在下緬甸[18]。

依緬人的說法，在佛陀初成正覺後，最初拜見佛陀的兩個商人多婆富沙（Tapussa）及婆利迦（Bhallika）兄弟，是從鬱迦羅（Ukkala）出發，鬱迦羅在印度奧立沙境，而緬人說是在緬甸。二人由印度回國，並帶有佛陀所賜的頭髮八根，抵達仰光後，建造了瑞德宮佛塔（Shwedagon，華人稱大金塔）供奉佛髮[19]。緬人又強調說，往斯里蘭卡註釋三藏的佛音論師，也是緬甸直通人，後來從斯里蘭卡回到自己的國家，不是回到印度。但據印度和斯里蘭卡學者說，佛音是印度近菩提伽耶人，或北印度婆羅門族，在斯國完成註釋三藏後，是返回故鄉，朝拜菩提伽耶的成正覺聖地⓴。

公元四到六世紀，相當中國魏晉南北朝時期，正是佛教在中國傳播之時，同時中緬文化亦非常頻繁。印度和斯里蘭卡的一些高僧經緬甸到中國來傳教；而中國僧人經四川、雲南往印度求法的更多起來。義淨在《大唐西域求法高僧傳》卷上說，在印度笈多王朝時期，曾有二十多名僧人，取道蜀川牂牁（漢時郡名，轄境包括今貴州省遵義、石阡、思南諸縣一帶）到印度取經㉑。

從中國史籍記載來說，前面說的驃國，約在公元三、四世紀建立（亦有說公元一世紀就建國，但緬人說是在佛曆一世紀），中國正史上稱為驃國。驃國歷史大致可分兩個時期，公元一至五世紀稱前期，都城在毘濕奴城（遺址在今馬圭縣田敦枝鎮西約二十公里），在中國古籍中記載較為簡單；公元六至九世紀稱後期，國都在室利差呾羅城（在勃朗東南八公里），在中國古籍中較詳細㉒。驃國後期國都在勃朗，進入發展全盛時期，此即玄奘《大唐西域記》卷十所說：「三摩呾吒國（Samatata，東印度古國，近恆河口）從此東北大海濱山谷中有室利差呾羅國（Śriksetra）」，即以都城之名而名緬甸全國。義淨《南海寄歸內法傳》卷一，也曾提及此國說：「蜀川西南行可一月餘，便達斯嶺。次此南畔逼近海涯，有室利察呾羅國㉓。」

驃國是驃族人建立，是屬藏緬族系中的一支。據考驃族南移至緬甸，是住在孟人的北鄰，後來勢力強大，開始南下至伊洛瓦底江下游三角洲。但驃族人於驃國滅亡後，種族即不復存在，而為他族所同化，也有人認為即是緬族人的前身。

《唐書》卷一九七〈驃國傳〉說：「在永昌故郡南二千餘里，去上都（長安）一萬四千里；其國境東西三千里，南北三千五百里，東鄰真臘國，西接東天竺國，南盡溟海，北通南詔些樂城界，東北距陽苴咩城（南詔都所，今大理）六千八百里。」驃國至唐代更加強盛。《新唐書》二二二卷下〈驃國傳〉記：「其屬國十八……凡鎮城九……凡部落二百九十八，以名見者三十二……。」又續記風俗與宗教說：「……青甓為圓城，周百六十里，有十二門，四隅作浮圖……俗惡殺，拜以手抱臂稽顙為恭。明天文；喜佛法，有百寺，琉璃為甓，錯以金銀丹彩，紫礦塗地，覆以錦罽。王居亦如此。民七歲祝髮止寺，至二十，有不達其法，復為民。」從此段文，可了解驃族的佛教非常盛行，寺院具有教育青少年的功能，成為全民信仰，佛教深入人心，影響到社會生活各方面。

從勃朗附近發現的佛教經文殘片看，主要是巴利語經典，如《大般涅槃經》、《增支部》、《分別論》、《法集論》的金葉經文（貝葉）。這說明驃國主要是盛行南傳上座部佛教，同時亦容忍大乘佛教、印度教和原始拜物教的存在。驃人的藝術，主要是在宗教方面，雕塑鏤刻了大量佛像。音樂也深受佛教影響，《舊唐書．驃國傳》說，驃國獻其樂凡十曲，「曲皆演釋氏經論之詞意」㉔。驃人在建築方面，主要是寺塔和城牆，構成特點都為圓形，如室利差呾羅圓城，著名的包包佛塔、帕耶枝塔等都呈圓柱形或圓錐形。中國雲南南詔的佛教，很可能受到驃國人的影響。公元八〇二年，驃國獻樂，把驃國的音樂舞蹈帶到唐代中國㉕。

公元八三二年，南詔破其城，掠驃民三千，徙之拓東（昆明）。公元八五八年，驃民呈獻金佛一尊，報南詔庇護之恩。可見這時驃國才衰亡，驃族人也漸消失，此後便沒有驃國記載了。在驃人古城的遺跡，城郊遺有佛教大塔三座，其中一座高四十六公尺，是後來蒲甘佛寺原型，城內還有若干有拱形屋頂的小寺。

從出土文物及學者考證，驃族人很早就與印度接觸，統治階層人似乎是印度人，或與印度人有血統關係，是一個印度化強大的國家。在勃朗故址發現最早的碑刻，年代約在公元五〇〇年頃，包括一些破碎的石刻，其中有引用巴利三藏的經文。除此，在故址還發現雕刻品，以及銅器上的藝術，表示受到印度笈多王朝的影響。七世紀時，中國高僧往印度求法，亦稱勃朗為小乘佛教的中心㉖。

據文獻記載和實地調查，印度密教阿吒力（ācārya）於公元七世紀末八世紀初傳入中國雲南大理地區。在公元八世紀以後印度密教由摩揭陀國出發，經緬甸北部傳入南詔。萬曆《雲南通志》卷十三鶴慶府《仙釋》載：「贊陀屈多，蒙氏保合十六年自西域摩揭陀國來。」又《滇釋記》載曰：「贊陀崛多尊者又云室利達多，西域人，自摩迦陀來，又號摩迦陀；遊化諸國，至鶴慶又騰越州住峰山、長洞山二處，闡瑜伽法，傳阿吒力教。」受到南詔王細奴邏的崇敬，開建五個密教壇場，弘瑜伽法。他的弟子張子辰、羅邏倚等也由西印度到南詔，相繼傳播阿吒力教，時稱為南詔七師㉗。

阿吒力是梵語ācārya的音譯，一般音譯為阿闍梨，意譯軌範師、導師等。在密教的阿闍梨，一般稱為上師、金剛上師。印度密教是公元七世紀以後印度大乘佛教的一個派別，與印度婆羅門教相結合的產物。主要經典是《金剛頂經》、《大日經》、《蘇悉地經》，以嚴密的咒語、儀禮、民俗信仰為特徵。印度密教的形成經歷了初期、中期、晚期三個階段。晚期密教分化為金剛乘、時輪教，即左道密教。公元八世紀初以南印度為中心，而後由印度經緬甸（阿吒力密教，在緬甸稱為阿利教）傳入中國雲南，對白族、彝族、漢族社會產生深遠的影響，成為雲南文化和宗教的重要組成部分㉘。

古代緬甸大乘佛教的傳入，究竟經何路徑？何時傳進？現在還無法斷定。由北印或南印？經陸路或海道？從中國或西藏？似乎都有點關係。緬甸與中國西南接壤，受到中國文化的影響，且古時中國西南方南詔人民都信仰佛教，但發現有梵語碑文，及密教成分，頗難解釋。或認為直接從印度或西藏北境傳入，即由印度商人向緬甸移居及大乘佛教僧徒的南渡；又緬族人本來出自藏緬系，與西藏有親緣關係，交通也很頻繁，宗教自然也帶進緬甸。前面曾說阿底峽尊者至金地求學，以及有人記載說須般陀（Subandha）以後，才由他的弟子引進大乘佛教至緬甸。

在勃朗的故址，發現有黏土製的梵語祈願碑，偈文為「Ye dharmā hetuprabhavā……」，即「諸法從緣起……」，此碑字體是公元十一、十二世紀時孟加拉比哈爾（Bihar）地方的文字，也有人認為是緬人往印度菩提伽耶禮拜佛跡時帶歸的。在緬甸蒲甘博物館保存的佛像中，有小型的觀世音菩薩青銅立像，右手結施無畏印，左手持蓮花，在此觀世音菩薩像的頂上，有阿彌陀佛結跏趺坐像，兩手置於雙足上重疊。另有一佛兩邊侍立二菩薩，又有一菩薩兩邊侍立其他二菩薩。又一尊佛像，旁邊侍立觀音菩薩及多羅（Tāla）菩薩，這是西藏系大乘佛教，比北印系大乘佛教稍後。在蒲甘東北二、三里有一村名「明難突」（Minnanthu），有「都朱寺」（Payathonzu）及「難陀摩若寺」（Nandamannya），此二寺中的壁畫，畫有男神鑠乞底（Sākta）擁抱女神的姿態，這或與密教是有關係的。

在緬甸溫蒂（Twante）南方八公里的地方，有一坎貝村（Kambe），近村有一寺名「須丹辟寺」（Sudaungpyi），此寺有一尊石刻佛像，右手結無畏印，左手作施與印；

其旁侍立二菩薩，同立蓮華之上，左手同持盛開的蓮華，右手作施與印。這種一佛二菩薩同為一體的聖像，還不能斷定是否為燃燈佛、觀世音菩薩、文殊菩薩；或中央是釋尊，兩側是觀世音、彌勒。在其他故址，還發掘出許多青銅小佛像；其中有一黃金薄片上，雕製六臂觀音坐像，高七點三公分，是公元十或十一世紀作品。總之，這些可確證為大乘佛教佛菩薩像，巴利語系佛教是沒有這種聖像的[29]。

從歷史記載，在公元一〇四四年以前，緬甸很早已有一種大乘阿利僧派的存在。阿利（Ari）一語，據語言學者考證，是從梵語「雅利安」（ārya，聖賢、尊貴的意思）轉成，這是因緬人發音變化的關係。阿利僧派是出於何種宗派？何時傳入緬甸境內？不易作明確判斷。依緬甸高僧般若薩彌（Paññāsāmi）所著巴利語《教史》（Sāsanavaṃsa，著者文末說書成於公元一八六一年）第六章所記，稱阿利僧為「偽僧」（Samaṇa-kuttaka），自三藐提王（Sammatirāja）時傳入起，至阿奴律陀王（Anawrahta）在位（一〇四四—一〇七七）止。《教史》所記三藐提王，似乎是緬甸古代立國的第一位國王。緬甸古代史缺乏，所記很難確實；但可確定的，在阿奴律陀王以前，阿利僧在蒲甘一帶，已成為一個很有勢力的教派，中心地是在沙摩底（Samati），有僧眾三十人，信徒六萬人，信仰觀音、彌勒佛、文殊菩薩。

前節敘述緬甸人在波巴山每年的大祭拜，與阿利僧也有很大的關係。即每年一次大規模犧牲的祭拜，上至國王，下至人民，都登上波巴山參加，具備酒肉，由阿利僧作祭司，祭完，即舉行大饗宴，飲酒啖肉。阿利僧在寺院中，著衣近似西藏喇嘛僧，為藍色法服，頭髮留一寸許，過著非常放逸而無慚愧的生活。阿利僧眾摒棄佛法，自立異說，妄撰經書，迷惑信眾。他們認為任何人造了深重的惡業，甚至五逆殺害父母，只要念誦《守護經》（Paritta），就可解除，不受因果報應。教徒男女結婚，必須先獻身於阿利僧派的男女尊長教師，如違犯這種教規，會受到嚴厲的懲罰㉚。

蒲甘「難陀摩若寺」的碑銘記載說，信眾對阿利僧必須早晚兩次供養米飯、牛肉、蒟醬及酒一瓶。緬人的著作《阿利僧利生記》（Ari-aṭṭhuppatti）中說，阿利僧原始野蠻，帶有崇拜龍蛇的成分。又說阿利僧分二派，一派稱「森林住者」，一派稱「聚落住者」，後者更具勢力。

阿利僧派，顯明是與上座部佛教不同的，他們源出於何種教派，不易斷定。公元七、八世紀，印度後期的大乘密教，即所謂左道密教大樂思想的說法，結合了印度教的性力派（śākta），主張露骨的肉欲主義，通過連結最高的真理，把不淨的事物也當為是神聖的行事。阿利僧看來似未與此大乘密教結附，但阿利僧這種作法，多少太過極端。法人費瑯教授認為是濕婆教的傳教師。美國佛拉德（J. B. Fradd）認為是混合的大乘佛教，屬於墮落的喇嘛密教。霍爾在他的名著《東南亞史》中，認為是大乘密教，結合其

❶ 中國網：公元二〇〇六年四月二十九日，中華人民共和國商務部網站。

❷ 立花俊道等著：《南方圈的宗教》中〈緬甸佛教〉篇，第一〇七頁。

❸ 巴利語原著：《莊嚴結界》（Kalyāṇīsīmā），為公元一四七六年緬甸孟族國王達磨悉提（Dhammazedi）著，六十餘頁，以敘述緬甸南方孟族佛教史及佛教改革為主，為緬甸早期佛教史珍貴的資料。現已譯成英文、泰文等。

❹ 孟族人早期吸收了印度文化，主要是淵源於東海岸的Talingana，所以孟族又被稱為得楞族（Talaing）。

❺ Brian Harrison: *South-East Asia: A Short History*, p. 32-40。

❻ 崔貴強著：《東南亞史》，第十二─十四頁。

❼ 賀聖達著：《緬甸史》，第九頁。

❽ 許雲樵著：《南洋史》上卷，第九十二及二一六頁。

❾ 見本章第三節中解說。

❿ 賀聖達著：《緬甸史》，第十二頁。

⓫ 李謀等譯注：《琉璃宮史》上卷，第一七二─一七三頁。

⓬ Sir Charles Eliot: *Hinduism and Buddhism*, Vol. Ⅲ, p. 49。

⓭ 1. Sir Charles Eliot: *Hinduism and Buddhism*, Vol. Ⅲ, p. 50。
2. Brian Harrison: *South-East Asia: A Short History*, p. 36。

⓮ 達磨悉提著：《莊嚴結界》（巴利文），第二─四頁。

⓯ Brian Harrison: *South-East Asia: A Short History*, p. 37。

⓰ Sir Charles Eliot: *Hinduism and Buddhism*, Vol. Ⅲ, p. 51。

⑰ 崔貴強著：《東南亞史》，第八十一頁。

⑱ 1. Sir Charles Eliot: *Hinduism and Buddhism*, Vol. Ⅲ, p. 51。

2. Kavīvarañāṇa：《東南亞佛教史》（泰文），載《佛輪》月刊第十六—二十卷。

⑲ Kavīvarañāṇa：《東南亞佛教史》（泰文），載《佛輪》月刊第十六—二十卷。

⑳ P. V. Bapat: *2500 Years of Buddhism*, p. 211-217。

㉑ 賀聖達著：《緬甸史》，第三十三頁。

㉒ 賀聖達著：《緬甸史》，第十六頁。

㉓ 1. 《大唐西域記》卷十，《大正藏》第五十一冊，第九二七—九二八頁。

2. 《南海寄歸內法傳》卷一，《大正藏》第五十四冊，第二〇四頁。

3. 馮承鈞著：《中國南洋交通史》，第四十頁說：「此室利察呾羅國，即《唐書》中之驃國，驃即是從前稱霸Prome之Pyu族。」

㉔ 賀聖達著：《緬甸史》，第二十五頁。

㉕ 賀聖達著：《緬甸史》，第二十七頁。

㉖ Brian Harrison: *South-East Asia: A Short History*, p. 36-37。

㉗ 楊學政主編：《雲南宗教史》，第五頁。

㉘ 楊學政主編：《雲南宗教史》，第三—四頁。

㉙ 1. 立花俊道等著：《南方圈的宗教》中〈緬甸佛教〉篇，第九十七—九十八頁。

2. 高田修著：《印度南海的佛教美術》，第一七四頁。

㉚ 1. 李謀等譯注：《琉璃宮史》上卷，第一九九及二〇三頁。

2. 元周達觀《真臘風土記》中說：「富室之女，自七歲至九歲，至貧之家，則於十一歲，必命僧道，去其童身，名曰陣毯。」又在泰國北部早期，清萊、清盛等地，與緬甸鄰界，有伊柯族

（Iko），男女到十三至十六歲，須先獻一種宗教巫師，巫師分有男女，為族人所敬仰，去其童身，跟巫師學習夫妻生活之法，然後男女才舉行結婚。據學者研究，東南亞古時有些地區，這種風俗很流行。

㉛ 1. 般若薩彌著：《教史》第六章。此書共十章，為巴利語佛教史名著，〈緬甸佛教史〉是第六章，約占全書一半篇幅。

2. D. G. E.霍爾著：《東南亞史》上冊，第一八八頁。

3. 立花俊道等著：《南方圈的宗教》中〈緬甸佛教〉，第九十八—一〇〇頁。

㉜ 賀聖達著：《東南亞文化發展史》，第二〇三頁。又丹東博士著：《一〇〇〇—一三〇〇年的緬甸佛教史》，載《緬甸學會學報》第六十一卷，一九七八年英文版，第一二二—一二四頁。

第二章　蒲甘王朝時期的佛教

（公元一〇四四至一二八七年）

第一節　佛教改革與上座部興盛

緬甸有正確的信史，是自公元一〇四四年，緬族人阿奴律陀（一〇四四－一〇七七）建立蒲甘王朝以後。在此以前，都缺乏完整的歷史資料，有記載的也是曖昧不明，難做信史。佛教也如此，自蒲甘王朝以後，才有較可靠的記載。

蒲甘王朝的建立，並不自阿奴律陀王開始。緬人說是建立於公元前四世紀；也有人說是從公元二、三世紀驃國開始。考古學者依出土文物推測，認為蒲甘建國大約是在公元八四九年，是一個很弱小的王國，當時的王名頻耶（Pyinbya）。後來經常發生篡位之事，到公元九六四年，王族中出了一位叫混修恭驃（Kunhsaw Kyaunghpyu）的奪得王位（九六四－九八六），殺死同族兄弟修羅漢王（Ngaungu Sawrahan）。歷史記載混修恭驃，就是阿奴律陀的父親。修羅漢有子二人，長子棄須（Kyiso），次子須迦帝（Sokka-te），又起來奪得王位，強迫混修恭驃於一佛寺中出家為僧。公元一〇四四年，常隨父親隱居佛寺的阿奴律陀，決心要恢復父親的王位，於是祕密聯絡召集部眾，在波巴山舉行會議，做好準備，然後向須迦帝（其兄棄須王先死）宣戰，戰勝殺死義兄。阿奴律陀請父復位，但父王自覺年老，無力處理國政，遂令阿奴律陀登位。阿奴律陀登位後，先後又征服群雄，結束了緬甸割據局面，逐步走向統一，開創歷史新頁。他的父親混修恭驃，最後四年仍在佛寺中過著隱居生活，奉侍豐足❶。

緬族人的起源，有不同的說法。有學者認為緬族起源古代中國的羌族，曾生活在甘肅南部、西藏東部和四川西部，約在公元前後開始南遷，經過雲南進入緬甸，屬於藏緬語系；也有學者認為，緬甸古代的驃人就是緬族的先民，驃國人統治時期有緬族人的存在，到緬族蒲甘王朝統治時，驃族人也在緬族人中存在。現代緬甸國內學者認為，緬族自古以來就生活在緬甸，起源於緬甸的中部，中國學者也有同意這種說法的❷。

阿奴律陀王統一國家後，因青年時隨父隱居佛寺的熏陶，又在當時蒲甘有很多佛教宗派的存在，尤其深惡阿利僧非法勢力的盛行，所以除治理國政外，也注意佛教的改革。

阿奴律陀王熱忱擁護佛教改革，是受到一位住在直通得楞族的高僧阿羅漢（Arahan，或稱信阿羅漢Shin Arahan）的影響。阿羅漢另一巴利法名「法見」（Dhammadassī，梵文Dharma-darśī）❸。緬文《琉璃宮史》及般若薩彌著《教史》第六章記載說，阿羅漢長老精通三藏，住在直通，為了要到不同教派的地區弘法，他先到蒲甘城附近樹林間駐錫。之後，由人引薦去見阿奴律陀國王，經過一番談論問答，由於長老佛理精湛，甚得國王的尊信，熱忱護持。不久，明令頒布上座部佛教為國教，尊阿羅漢為國師。長老初至蒲甘時，未攜帶三藏經典，因怕遺失及有關禁例。佛教定為國教後，為了弘揚佛法普及民間，就需要巴利三藏的應用。於是阿羅漢向國王建議，請求派遣使者前往直通（亦名沙塘，Saterm，巴利名善法城，Sudhammapurī），求見直通國王摩奴訶（Manuha），要求賜贈「三藏」及「佛舍利」。當時直通國王不願賜贈，並且凌辱來使。阿奴律陀王知道後非常震怒，就派軍隊去征伐直通，經過三個月猛烈的戰爭，結果直通被攻破。然後在直通三十多處收集三藏、各種註釋及文物，用戰勝得來的象群三十二頭，負載至蒲甘。又迎請直通戒律莊嚴的上座部僧人五百名，及召集直通的藝術家、工藝人員等三萬名，隨同受俘的摩奴訶王，一同歸返蒲甘，這是公元一〇五七年緬甸史及佛教史上的一件大事❹。

原先存在蒲甘的各派僧團，因戒律不嚴，尤其是阿利僧派的非法行為，就命令還俗為民，或者改信歸屬阿羅漢長老領導的上座部佛教。有些不遵從的人，就被阿奴律陀王放逐。這一佛教改革，結果使緬甸佛教，有了清新的氣象和希望的遠景。不久，上座部佛教就興盛發達起來，普及全國。而原先各派佛教，包括蒲甘原有的上座部、大乘佛教、密教及婆羅門教，漸漸被淘汰消失❺。

阿奴律陀王極力排除阿利僧邪教，也有人認為，是為了統一國家，掌握民心、鞏固王權，必須掃蕩當地舊有的惡勢力阿利僧團體，進行宗教改革，所以才引進及確立上座部佛教定為正統的信仰❻。

征服直通後，阿奴律陀王又與斯里蘭卡通好，依阿羅漢的建議，派遣僧團前往斯里蘭卡，迎請斯國佛教巴利三藏，與直通得來的巴利三藏，做詳細地對照審訂，結果證明兩種經文內容完全一致。他又命令比照二種本子，重新抄寫一部。為了珍藏各種經典文獻，興建了莊嚴宏偉的「三藏經樓」（Tripitaka Library）供養佛教。

王又令在各地興建許多佛塔、佛寺，塑造佛像。蒲甘著名的瑞喜宮佛塔（Shwezigon Pagoda），在公元一〇五九年動工，至他去世時尚未完成，再由他的兒子繼續興建，至公元一〇八六年完成。緬史記載，塔內珍藏佛的前額骨、牙齒、鎖骨等聖物❼。這座蒲甘神聖的佛塔，為緬甸佛塔的典型，擺脫了印度的造型，發展出自己的民族風格。佛塔為實心鍍金的圓鐘形式，結構簡潔單純，底部是三層逐漸縮減的正方形塔基，其上是八角形基座，再上為鐘形塔身，塔身之上為尖細圓錐形塔剎，最高塔頂為一傘蓋。塔基下面四方各建一佛殿，分別供奉銅鑄的過去四佛立像。塔基台階牆壁上嵌有綠釉赤陶版，刻滿佛本生故事浮雕。

不久，阿奴律陀王又征服了西部若開族（Akyab）的阿拉干王國，北方戰和南詔，使緬甸從一向分裂而歸於統一。當時他的領域，北起八莫，南濱大海，東部統領撣族諸部，西臨北阿拉干，為蒲甘王朝奠下二百四十三年（一〇四四—一二八七）的基業❽。阿奴律陀王在位時，又開鑿運河，振興農業。對緬甸文化與佛教方面，起了深遠的影響。他以孟文及驃文為基礎，創造了緬文，現存最古的緬文碑銘，鐫刻於公元一〇五八年。他熱忱擁護阿羅漢，改革佛教，使上座部佛教盛行全國，代替過去的各派佛教，以通俗的巴利語，代替古雅的梵文。

蒲甘王朝此後經過二百多年，成了南傳佛教的中心。阿奴律陀王對國家的貢獻，被緬甸史上稱為「三大民族英雄❾」之首位；他對佛教的護法，被譽為「緬甸的阿育王」。

阿奴律陀在位三十四年，去世後由太子修羅（Sawlu）繼位，可是他是個庸碌無能之君，公元一〇八四年，庇古叛變，不久修羅戰敗被俘，失位遭殺。幸阿奴律陀另有一位英明勇戰的兒子江喜陀（Kyanzittha，亦譯康瑟達），父王在世時，已是一位傑出的名將，助父開創基業。這時，全國各地都在叛亂，他重新起來艱苦地與敵人交戰，終能戰勝，而登上大位（一〇八四—一一一二），復歸全國統一，中興了蒲甘王朝。

江喜陀是一位英明之主，也是位極虔誠的佛教徒，如父王一樣護持佛教。公元一〇八六年在宮庭中舉行加冕典禮，採用婆羅門教儀式。公元一〇九〇年，歷史上著名的阿難陀塔寺舉行落成典禮之日，江喜陀王親自主持，各地佛教徒湧集蒲甘，還有遠自印度的僧人趕來參加，盛況空前。此寺是全緬最精美的第一大寺，總高約一百六十八公尺，每邊長六十公尺，裡面有四尊金身立佛，分別是東方拘那含牟尼佛、南方迦葉佛、西方釋迦牟尼佛、北方拘留孫佛。寺塔的外壁有壁畫一千五百幅，取材於《本生經》等，每幅都附有巴利語及孟文說明，塔內甬道設有八十座佛龕，供奉石刻佛像；西側廊簷供奉一尊巨佛，在前面雕有國師阿羅漢及江喜陀王兩個跪姿石像。塔寺占地六點五公頃，永久保持潔白的外觀，據考是依據印度奧立沙的佛教石窟模型建造的，建築技師和雕刻藝工，可能是印度人。

江喜陀同時派出一個使團，帶著珍寶，往印度菩提伽耶佛陀成道處，修復那裡的寺院。他在位時並繼續營建蒲甘瑞喜宮佛塔直至完成。

以上記述，是根據公元十九世紀緬甸編年史《琉璃宮史》，及般若薩彌著《教史》的記載。但依霍爾著《東南亞史》所載，依據戈登．盧斯（G. H. Luce）的考證，蒲甘佛教的改革，由信仰大乘密教改奉上座部佛教，主要原因是受到阿羅漢的影響，但實際上這一轉變，並不是阿奴律陀在位期間發生，而是發生在江喜陀在位時。盧斯舉證的理由是：公元一〇五七年阿奴律陀攻克直通一役，不是由於直通國王摩奴訶拒絕了阿奴律陀關於三藏的要求，因為直通當時根本沒有三藏，只有一套《本生經》的註疏。而且阿奴律陀雖然護持佛法，卻是大乘佛教信徒，而不是上座部信仰者。他攻打直通的主要目的雖有宗教上的原因，卻是為了擴張領土和打開通海門戶。其次，江喜陀曾以大將身分為阿奴律陀服務多年，他們不是父子關係。而且他們後來發生爭執，江喜陀被逐出蒲甘，回到他的封邑孟人的皎克西（Kyaukse）的帝梁，直到阿奴律陀的兒子繼位後因戰敗而被殺，江喜陀才再興兵，與直通王族結盟，經過極艱苦的奮戰，才重新恢復了國家統一。因此盧斯認為緬甸編年史《琉璃宮史》等記載是有疑點的❿。

而且從直通傳來的佛教，並不是純粹的上座部教義，從碑銘和考古學史料可以明顯地看出，蒲甘的佛教是與大乘佛教混合在一起的。至少在蒲甘王朝末期是與密教混合。例如江喜陀盛大的加冕典禮，先要祭拜納特（Nat），再用印度教儀式舉行，佛教是放在次要位置，顯然印度教的濕婆崇拜在宮廷儀式中要比佛教儀式起著更大的作用。

公元八、九世紀以前，南傳佛教是以斯里蘭卡為中心，而後斯里蘭卡因常受到來自印度注輦（亦稱朱羅）人的侵襲，國內佛教徒也常受到印度教殘酷的迫害。因國家久經戰亂及外患，佛教衰微，僧人很少，經典文物散失，於是斯里蘭卡國王維舍耶巴忽一世，在公元一〇六七年缺少款項發不出軍餉，就向緬甸阿奴律陀求救，阿奴律陀就用許多船隻滿載貨物做為回應。到了公元一〇七三至一〇七四年斯里蘭卡王準備加冕儀式時，竟然選不出僧人可擔當主持加冕儀式，由於兩國的友好，所以遣使至緬甸，要求阿奴律陀派僧團往斯里蘭卡傳承戒法。阿奴律陀又選派具有博學及道德的長老，協助斯里蘭卡僧團的改革和淨化。緬僧到了斯國後，就和斯國僧人一起工作，抄寫巴利三藏及註釋，贈送給緬甸使團帶回蒲甘。當僧團回到蒲甘，已是阿奴律陀之子修羅在位（一〇七七—一〇八四）。其中有些經典很快就譯成了緬文。不久，斯國大寺的正統巴利語經典陸續傳到了蒲甘⓫。

江喜陀曾與直通王族的盟約規定，須將女兒嫁給直通國王的孫子，讓他們的兒子繼承蒲甘王位，這就是後來的阿隆悉都（Alaungsithu）王⓬。

江喜陀公元一一一二年去世，臨終前曾立一塊《彌塞提》（Myazedi）碑銘，一面用巴利文，其他各面則用驃文、緬文、孟文，內容相同，記述蒲甘歷代君王名字及在位年期。碑銘並記載江喜陀王治國二十八年，後得病駕崩。他生前曾命令鑄造金佛像，供子孫族人及人民敬拜，祈願來世值遇彌勒菩薩。這塊碑銘在蒲甘城南荒煙蔓草中埋沒很久，公元一九一一年才被歷史學家發現。它不僅對緬甸歷史具有極大價值，而且在古代東南亞語言學研究上，提供了重要的資料，因為在這塊碑銘未被發現前，學者對驃族人文字是無法解讀的。同時也可證明蒲甘王朝初期，大乘佛教仍具有很大的影響力⓭。

江喜陀雖為緬人，但在孟人地區長大，他在位期間，調整了民族關係的政策，特別是緬、孟兩大民族之間的關係，他仍然讓孟人官員在朝廷中任職，為他撰寫各種碑銘，都用孟文，宮廷中正式的用語也是孟文。他還採用了孟族的儀式，舉行加冕典禮。在他統治二十八年中，國內沒有發生過叛亂和動盪⓮。

約在公元一一一五年，國師阿羅漢圓寂，世壽八十一歲，他對緬甸佛教的改革，促進上座部的復興，都在他的努力推動下迅速發展起來。他圓寂後，由班達古（Panthagu）繼任國師。

江喜陀王去世後，按照當年與直通王族的盟約，由外孫阿隆悉都繼位。阿隆悉都在位五十五年，曾平定丹那沙林和阿拉干的叛亂。他生平歡喜在各地旅遊時，建造很多佛寺及佛塔，蒲甘著名的「他冰瑜寺」（Thatpinnyu）建於公元一一四四年，高六十點三公尺，塔為多層印度式，下部方形，上部圓高，四角各豎立一小塔，在底樓東側的門廊，中間有梯道通向主殿。塔壁上刻有巴利語長頌，混合著緬甸藝術，莊嚴宏偉，為各寺之冠。每當夕陽西下之時，遊客登上頂台，觀賞落日西沉的景色。

公元一一六七年，國師班達古因國內王室內爭不止，放棄國師位而去到斯里蘭卡⓯。此時蒲甘國勢已經下落，而斯里蘭卡正日漸強盛，南傳佛教中心又由緬甸轉移至斯里蘭卡。班達古住斯國六年，回國再任國師時，已九十高齡，不久就圓寂了。

第二節　緬甸上座部的分派

緬甸與斯里蘭卡的關係，自阿奴律陀王時本極友好。但到那羅波帝悉都（Narapatisithu）登位（一一七三）後，採取排斥斯國的政策，常藉故監禁斯國在緬甸的商人，沒收財物，甚至凌辱駐使。公元一一八〇年，斯國決定誓師渡海，進攻緬甸沿海地區，焚燒村鎮，屠殺緬民，或掠為奴隸。這時緬王才警覺到事態嚴重，就派僧人至斯國道歉，通過佛教關係，兩國達成議和。

班達古圓寂後，國師由孟族高僧鬱多羅耆婆（Uttarajīva）繼任。因為當時斯國又成為南傳佛教中心，他非常欽仰斯國佛教的興盛，就在公元一一八〇年，帶領僧眾多人，由巴森（Bassein）港口乘船去到斯國。

他們一行抵斯里蘭卡後，受到大寺的接待，巡禮全島各處佛教勝跡，因而鬱多羅耆婆被稱譽為「赴斯國第一求法僧」。他們在斯國住了一段時間後便返回緬甸，只留下當時帶去的孟族沙彌車波多（Chapaṭa）。車波多在大寺受比丘戒後⑯，留學十年，公元一一九〇年才返回緬甸。車波多返國時，曾帶了四位外國比丘：尸婆利（Sāvali）、多摩陵陀（Tāmalinda）、阿難陀（Ānanda）、羅睺羅（Rāhura）⑰，他們都曾在大寺受比丘戒。

車波多不僅知識廣博，而且性格倔強，善長辯論，又與斯里蘭卡佛教關係密切，所以當他帶著外國比丘歸國後，就宣布依斯國大寺的制度傳授比丘戒，認為是直接從佛世時傳承下來，中間未曾間斷，才最合法。不久，他們在蒲甘北部的讓烏（Nyaung-u），建立了一座斯里蘭卡佛寺，就稱車波多寺。他們完全依大寺戒法，為人傳授比丘戒，不願遵守緬甸原有僧團的規律，這就成了斯里蘭卡佛教僧團在緬甸最初的發軔。

緬甸佛教僧團內部，因此發生了很大的爭論，原來孟族的上座部僧團，看到車波多領導的僧團，更受到國王的護持，迅速發展，為了保衛自己僧團的地位，便極力證明阿奴律陀王護法阿羅漢傳承下來的上座部佛教，來源出自阿育王時派遣的僧團，即從須那和鬱多羅二位長老傳承下來，與傳布佛教至斯里蘭卡的摩哂陀長老傳承下來的戒律完全相同。

這一爭論，發展至公元一一九二年，緬甸佛教僧團就形成兩派：一為阿羅漢自直通傳來原有的僧團，稱「緬甸宗」（Maramma-nikāya）；一為車波多引進的僧團，稱「僧伽羅宗」（Siṃhaḷa-nikāya）。除了這兩派得到王室扶持外，在小乘佛教中還有森林派，戒律鬆弛，行為放蕩。

據《教史》第六章中記載，車波多與四位外國比丘，不願與緬甸原有的僧團和合在一起羯磨。由於得到那羅波帝悉都的信崇，國王協助他們在伊洛瓦底江編成木筏，在上面結界（設戒壇）為人傳授比丘戒法。

隨後，國王恭請車波多及四位外國比丘應供，盛會中有戲劇演唱，其中羅睺羅因見到一個美豔的舞女，為其姿色所動，愛欲心生起，如象溺泥，急欲捨戒返俗；與他共事的四位上座⑱，以種種言語勸告，仍然無效，便助他離開蒲甘去到摩羅奴島（Mallūru）。羅睺羅到達摩羅奴⑲後，先宣揚佛法及戒律，得到摩羅奴王及人民信仰，獲贈摩尼寶珠等供養，而積至一缽，才捨戒還俗。

不久，車波多圓寂了。這時從斯里蘭卡來的，只剩下尸婆利、多摩陵陀、阿難陀三人，繼續在蒲甘弘揚佛法。

有一天，國王供養他們三位各一隻象，他們接受後，尸婆利及多摩陵陀就叫人牽去釋放於森林中，而阿難陀卻喚人用船載去送給族人。這樣，尸婆利及多摩陵陀二人就勸告阿難陀說：「我們已把象隻放去森林，讓牠們自由生活；但你的做法不甚如律。」阿難陀卻反問：「幫助族人是不應該的嗎？佛陀不是曾經說過幫助族人繁盛嗎？」二人說：「如果你不聽我們的勸告，那也無妨，但我們不願與你再和合共住。」自此「僧伽羅宗」中，又分裂為兩派。

後來，多摩陵陀為了訓練出家弟子，研讀三藏經論，派往各地宣揚佛法，發展佛教，就向國王及在家信眾，勸說多以四事供養出家人，鼓勵研讀三藏經論。如僧人不努力研讀經論，佛法就會衰弱。他並讚揚自己的弟子們很有智慧，能通達多種經論，因此，獲得更多的供養。尸婆利知道後，認為這樣做，是貪求名聞利養，為佛陀所禁止的。多摩陵陀就爭辯說：「佛陀所禁的是為自己，可是我非為自己，是為了佛法和他人，我鼓勵弟子們研讀經論及宣揚佛法，是為了佛教的昌盛。」而尸婆利則認為以言語勸說得來的利養，是出家人不應該有的行為。因此二人又不能再合作。

這時緬甸佛教已形成四個僧團，即原有阿羅漢傳下來的緬甸宗派，及斯里蘭卡分出的三個宗派（尸婆利、多摩陵陀、阿難陀三支）。他們都認為自己是正宗，其他人為異派。不過，僧團雖然分裂為四派，卻各自努力弘揚佛法，所以佛教還是很興盛的。

那羅波帝悉都在位三十七年，護持佛教，建有不少塔寺，其中著名的，是蒲甘的伽陀波陵塔寺（Gawdaw-palin）及修羅摩尼塔寺（Sulamani）。前者範圍寬大，正中高塔突起，四周有多座小塔拱護，為印度式建築。他在位時未完成，後由他的兒子繼續建造。

那羅波帝悉都有五子，由最幼的狄羅明洛（Htilominlo，原名Nantaungmya，一二一〇—一二三四）繼位。他知道四位兄長心有不甘，所以就組成一個樞密院，把軍政權都交由四位兄長一同處理，自己則常與僧團接觸，協助推行佛法，在位二十四年，國家倒也平安。狄羅明洛王，除繼續興建伽陀波陵塔完工，又建有狄羅明洛寺，是蒲甘最後的大寺之一。

公元一二二七年，尸婆利長老圓寂；公元一二三三年，多摩陵陀長老也圓寂。

狄羅明洛王死後，由子加沙華（Kyasawa，一二三四—一二五〇）繼位。此王虔信佛法，九次遍讀一切經，憶念受持，並為宮中女眷們抄寫佛經，將政權交太子烏沙那（Uzana）。父王死後，烏沙那即位（一二五〇—一二五四），他嗜酒和喜愛狩獵，在一次獵象中被象踐死，王位就落到他的幼子那羅梯訶波帝（Narathihapate，一二五四—一二八七）手裡。

那羅梯訶波帝是蒲甘王朝最後的末代君王。蒲甘王朝經過二百多年，自開始的隆盛，中期維持小康平安局面，後期已趨向衰弱，到那羅梯訶波帝最後的滅亡。原因是由於王室的猜忌，國內的叛亂，也由於外交措施失當，中國元軍南下攻緬，蒲甘王朝終遭傾覆。據歷史記載，公元一二五三年，蒙古大軍南下，公元一二五四年滅掉雲南地方大理國，統治雲南，與蒲甘發生爭奪金齒地區（在今雲南德宏傣族景頗族自治州和緬甸撣邦地區），導致大規模戰爭，公元一二八七年攻占蒲甘。而在此時，緬甸國內北部撣族、南部孟族、西部阿拉干各地勢力，都趁機崛起宣布獨立，遂使統治緬甸達二百四十三年的蒲甘王朝滅亡[20]。

那羅梯訶波帝在位時，欲建一「明伽羅塞提」（Mingalazedi）大塔，已施工六年，建好塔基，後因國家不安，國師（不知名）進諫，遂停止工事。公元一二八三年，那羅梯訶波帝為禦防元軍，下令拆毀幾百座佛塔，取其磚石在蒲甘王城建築牢固的防禦工事。公元一二八五年，國王遣使至元朝雲南請和，達成和議。據歷史記載，遣使議和中就有一位緬甸稅布（Shwebo）的高僧。但是，終因這位末代君王，狂妄自大，在內亂外敵下，最後死在懷恨他的幼子梯訶都（Thihathu）手裡。

蒲甘王朝接受和發揚上座部佛教，影響此後近千年的佛教信仰。蒲甘王朝二百多年中，歷代國王對佛教積極的護持，據碑銘資料的統計，獻給佛寺土地約十四萬七千五百七十八公頃，勞動力二萬一千九百八十三人，銀錢相當六萬七千四百一十六兩，在蒲甘都城內建造寺塔大小達四千多座，十一世紀末蒲甘王城有四千一百零八位僧人[21]。

蒲甘歷代的國王，任用重要的高僧和高級婆羅門組成王室顧問，為國家畫策，也主持宮廷儀式。

英國歷史學者霍爾在他的名著《東南亞史》中，認為在蒲甘王朝二百多年統治中，上座部佛教雖然分裂，一部分人追隨斯里蘭卡傳入的改革派，一部分人仍遵循直通傳來的方式。蒲甘國王支持改革派，但直通傳來的舊派仍繼續存在二百年之久。改革派先有國師班達古退隱到斯里蘭卡，孟族高僧國師鬱多羅耆婆往斯國求法，及車波多留學斯里蘭卡回國後，提倡斯國大寺派的戒法，熱忱弘法工作，因而引起大批僧人往斯里蘭卡受戒。這一人民群眾的活動，不是由國家命令，佛教得到了廣泛的傳播，更影響到遠及泰族人、柬埔寨人、寮族人。這一結果，使得上座部佛教在中南半島穩固發展起來，當其後回教勢力南下滲入印尼和馬來亞，而終受阻於東南亞上座部佛教國家㉒。

又蒲甘王朝二百多年中，歷代君王和佛教主要各派，都是以弘揚上座部佛教為特點，但其他一些信仰並沒有完全消失。同時印度教、大乘密宗以及原始宗教等，在蒲甘社會上仍然有一定影響。

在蒲甘有些著名寺院和佛塔裡，塑造或繪有大乘佛教的文殊、普賢、觀音像。江喜陀國王曾自稱是菩薩，願將來能成佛。在碑銘中提到他的稱號有佛王、法王、王中之王、宇宙之王。江喜陀雖然提倡上座部佛教的信仰，而容忍其他宗教的存在。那羅波帝悉都王在他興建的他冰瑜塔碑長頌文中說，願利益眾生、願成為佛陀等語。在蒲甘公元十一世紀建造的辛尼耶塔中，有中國式的彌勒佛像和阿彌陀佛像。

納特（Nat）崇拜是緬甸的原始宗教，古代驃人、緬人、孟人等，都有納特崇拜，認為山、河、樹木等都有神靈，各種納特的地位、作用、性質各不相同，納特神靈多到一百種以上。其中有名的三十七個納特，有些是國王、英雄、祖先，他們保護家族、村寨、城市、國家。公元十一世紀建築著名的瑞喜宮佛塔內，就塑有安放了這三十七個納特神像，把超自然的崇拜與佛教結合起來㉓。

第三節　蒲甘王朝時期的佛教文化

蒲甘王朝時期的佛教文化，分下列三項來說明：

一、巴利聖典的校訂及著作

阿奴律陀王統一全國（阿拉干除外）初期，尤其是征服孟族直通，是緬甸史上的重大事件。從孟族獲得巴利三藏及註釋書，禮請上座部五百僧人至蒲甘，努力改革與淨化佛教，至此獲得飛躍的進步，使緬甸成為以後約近兩百年上座部佛教的中心。

般若薩彌著《教史》記載，當時直通有兩處保存完備的巴利三藏，後遣使至錫蘭請到一部，與直通得來的作詳細校訂，再重新抄寫了一部。由於提倡巴利語的教學和研究，即有不少具有價值的巴利語文獻著作出現。

公元一一五四年，最勝種（Aggavaṃsa）著成《聲則論》（Saddanīti），因獨創文法體系風格，不同以前斯里蘭卡及印度巴利語文法家，因此獲得極高評價。連斯國僧人讀後，亦讚歎有極高的水準，甚至其中有些論說，他們也不能完全了解，成為研讀巴利三藏的文法課本㉔。

那羅波帝悉都王（一一七三—一二一〇）時，由於車波多留學斯里蘭卡歸國，傳入斯國僧團，巴利語教學更受到重視。車波多曾著《經義釋》（Suttaniddesa）、阿毗達摩的《簡釋》（Saṅkhepavaṇṇanā）、《行者明燈》（Cāradīpaka）；律部註釋有《律興起解釋》（Vinayamuṭṭādīpanī）、《戒本明解》（Pātimokhavisodhanī）、《戒壇莊嚴》（Sīmālaṅkāra）；論部有《發趣論註》（Paṭṭhānagaṇānaya）、《論母義燈論》（Māṭikatthadīpanī）㉕。

公元一一二五年，大淨覺（Mahāvimalabuddhi）著《提示》（Nyāsa），亦譯為《導引》，是解釋巴利語《迦旃延文法》（Kaccāyana）的，也有說是斯國一位同名比丘著的。小淨覺（Cuḷavimalabuddhi）著《古疏說》（Purāṇaṭikāvuttoya），妙法智（Saddhammañāṇa）著《廣義明偈》（Jhandasāratthavikāsinī），毘波羅（Vepulla）著《語義光明》（Vicanatthajoti），一位曾出家的大臣，為古疏《提示》作註解，法軍（Dhammasenāpati）著《論作者》（Kārika），法見沙彌（Dhammadassī）著《語聲論》（Vācavācaka），妙法吉祥（Saddhamma-siri）著《聲義分別》（Saddatthabheda-cintā）㉖。

二、佛教教育

關於早期緬甸比丘、沙彌的教育，佛教史上記載不多，但從前面所記的佛教改革，僧團淨化，派遣車波多至斯里蘭卡留學及僧人往訪，重視提倡巴利三藏的研究，巴利文獻的著作，以及從下面重視在家佛教徒對佛學的研究和理解，當可推知出家人在僧團中，一定是過著戒、定、慧三學如法如律的生活，重視經論的教學與研究。

《教史》記載當時蒲甘有知識的人，都普遍研究巴利語佛法。如加沙華王精諳巴利語，遍讀三藏及註釋書，論辯無礙。他每天對比丘教學經論，並令太子烏沙那著《聲明點滴》（Saddabindu）及《二諦滴論》（Paramatthabindu），此二書是研讀巴利聖典的工具書。就是當時蒲甘的女子，也風行研究巴利語佛法，他們對義理的了解，能相互對答如流，懂得文法的組織和結構㉗。

三、佛教藝術

蒲甘王朝時期的佛教藝術，主要是表現在塔寺建築、塑像及壁畫三方面。根據推定，公元十三世紀，單以蒲甘王城為中心，大概建築了大小塔寺九百多座，這還不包括小塔在內。其中具有代表性的，在前文中已介紹過，裡面最莊嚴雄偉的，首推江喜陀王建的阿難陀塔寺。大多數的塔寺建築，仿效印度式及融和緬甸本土的藝術。關於塑造佛像，緬人很久以來就認為是求福積德之事，而且營造塔寺之後，必須要塑雕佛像供奉。蒲甘王朝流傳下來的佛像亦不少。其中最著名的是孟族王摩奴訶於直通滅亡後，於公元一〇五七年在蒲甘興建一座塔寺，即以摩奴訶塔寺得名。塔中塑造一尊大佛坐像，高達十四點六公尺。在座像背後，造一尊大臥佛。據記載是摩奴訶王於其亡國後，被俘至蒲甘軟禁中，出賣所帶珠寶等，得銀五擔而營造的[28]。

今天在緬甸蒲甘，還看到很多古代留存下來的佛教建築，包括佛塔、僧院等。純粹的塔體積較小，若塔與寺院合一，則體積較大，且建築成群。尤其是著名的，都經過歷代保護和整修，到現在還很完整，供佛教徒前往朝拜。在這許多塔寺中，可以看到古代蒲甘王朝時期精美的藝術，如雕刻、繪畫、銅雕、塑像、石刻、金漆器等。

蒲甘很多佛寺、佛殿的內部，甚至佛殿的外廊，通常都繪有裝飾用的壁畫，內容大多為佛傳，敘述佛陀生前的事蹟，如八相圖等；或本生圖系列的作品，描繪佛陀前生的事蹟。有時亦採用具有半神格性的人面鳥緊那羅、夜叉、飛天，或牛、馬、魚、鳥及蓮花等圖案；亦有描寫緬甸英雄人物的事蹟，以及當時人民生活的情景。此外也有部分寺院以大乘佛教密宗菩薩像為題材，這主要集中於難陀摩若寺（Nandamannya）、波耶頓茲寺（Payathonzu）等，由此可以證明，蒲甘王朝除了上座部佛教信仰外，大乘佛教仍受到一些民眾的崇拜[29]。

今日去到緬甸古都蒲甘巡禮，占地約五十平方公里內，沒有王宮，沒有民宅，廣闊的平原上只有佛塔如林地豎立著。蒲甘原有大大小小近五千座寺塔，有聳入雲霄般的巨大雄偉型，也有不及人身的精緻袖珍型。但經過多個世紀以來，由於緬甸政治中心外移，及戰爭或自然的損壞，據公元一九七三年調查，尚存有二千二百一十七座，還要經常加以保護維修。這種獨特的景觀，會令人懷念緬甸古代的文明，佛教的興盛，也令人感歎歷史變化的無常。

❶ 1. D. G. E. Hall: *A History of South-East Asia*, p. 135-137。
2. 五十嵐智昭譯：《緬甸史》，第二十三頁。
3. 馮汝陵著：《緬甸史話》，第二十一—二十三頁。

❷ 賀聖達、李晨陽編著：《列國志·緬甸》，第七十二頁。

❸ 1. 般若薩彌著：《教史》第六章。
2. P. V. Bapat: *2500 Years of Buddhism*, p. 88。

❹ 1. 般若薩彌著：《教史》第六章及達磨悉提著：《莊嚴結界》。
2. Brian Harrison: *South-East Asia: A Short History*, p. 37。
3. P. V. Bapat：*2500 Years of Buddhism*, p. 88。

❺ 1. 立花俊道等著：《南方圈的宗教》，第一〇二—一〇三頁。
2. 般若薩彌著：《教史》第六章。

❻ 柳宗玄編：《世界之聖域九·緬甸的佛塔》，第一三八—一三九頁。

❼ 1. 五十嵐智昭譯：《緬甸史》，第三十五頁。
2. 馮汝陵著：《緬甸史話》，第三十二頁。

❽ 蒲甘王朝，俗稱「建寺王朝」，因為此王朝歷代君王護持佛教，建造了非常多的佛塔及寺院。

❾ 緬甸「三大民族英雄」：阿奴律陀、莽應龍、阿瑙帕雅。

❿ D. G. E.霍爾著：《東南亞史》上冊，第一八九—一九二頁。

⓫ D. G. E.霍爾著：《東南亞史》上冊，第一九一—一九三頁。

⓬ 梁英明著：《東南亞史》，第三十三頁。

⓭ 五十嵐智昭譯：《緬甸史》，第四十五—四十六頁。

⓮ 賀聖達著：《緬甸史》，第三十八—三十九頁。

⓯ 班達古放棄國師赴斯里蘭卡，因為阿隆悉都有二子，長子明辛修，次子那羅都。長子有才能性直，不得父王歡心；次子巧詐，覬覦兄長王位。阿隆悉都年老，廢長子而立次子。當父王病危時，次子繼位心切而弒殺其父。那羅都登上王位，因有弒父之事，兄長明辛修首先由藩地興師問罪。那羅都就請求國師班達古調停，表示願意讓位於兄，希望兄長息兵。國師知道那羅都是想利用自己而誘擒明辛修，所以嚴辭拒絕，說身為國師，不可作虛偽犯戒之事。但那羅都多次哀求表明是真心，絕不失信，班達古只好往見明辛修。明辛修見國師來調停，信以為真，單身佩劍入宮赴宴，結果當晚中毒身亡。國師心感不安，棄國師位而赴斯里蘭卡。那羅都篡位三年，被人刺死，死後四年，班達古才回國。

⓰ 車波多二十歲在斯國大寺受比丘戒，斯國僧與緬甸僧（鬱多羅耆婆長老等）共同參加羯磨。車波多後被譽為「赴斯國第二求法僧」。

⓱ 《莊嚴結界》記載四位外國比丘，尸婆利為多摩梨帝（Tāmalitthi，考在今印度的Rūpnārāyana東岸，亦即中國高僧法顯，於公元四一一年自印度往斯國時的「多摩梨帝」）人；多摩陵陀為安哥國王闍耶跋摩七世之子；阿難陀為山奇（在南印度）人；羅睺羅為斯里蘭卡人。

⓲ 《莊嚴結界》記國王邀請五位比丘供養，以車波多為首；但般若薩彌的《教史》只記國王邀請四位外國比丘應供，未提及車波多。

⓳ 據一些學者意見，此摩羅奴Mallūru，或馬來Malaya，是指古時泰國南部克拉地峽上的洛坤，在公元七至十世紀時，亦為南海交通重要海港。泰國佛教史上，也有人記載羅睺羅是至洛坤傳教。

⓴ 賀聖達、李晨陽編著：《列國志．緬甸》，第一二一頁。

㉑ 賀聖達著：《東南亞文化發展史》，第二〇一—二〇二頁。

㉒ D. G. E. Hall: *A History of South-East Asia*, p. 144。及中譯本《東南亞史》上冊，第一九八頁。

㉓ 賀聖達著：《東南亞文化發展史》，第二〇五—二〇六頁。

㉔ 1. 般若薩彌著：《教史》第六章。

2. Citapañño：《巴利文獻》（泰文），載《慶祝佛曆二五佛紀特刊》。

㉕ 般若薩彌著：《教史》第六章。

㉖ 般若薩彌著：《教史》第六章。

㉗ 般若薩彌著：《教史》第六章。但中譯《琉璃宮史》上卷第二七八頁，只提到《二諦滴論》是加沙華王編寫。

㉘ 1. 般若薩彌著：《教史》第六章。

2. 山本達郎編：《東南亞細亞的宗教與政治》，第一四三頁。

㉙ 柳宗玄編：《世界之聖域九．緬甸的佛塔》，第七十八頁。

第三章　緬甸撣族統治時期的佛教

第一節　北方阿瓦王朝的佛教（公元一二八七至一五五五年）

蒲甘王朝後期衰亡時，北方撣族人❶的勢力已漸抬頭。蒙古元軍雖然掃滅了蒲甘王國，遂即撤出，並沒有計畫統治緬甸。這樣就給撣族人很好的機會，勢力得以南下，日漸擴大領土。但是由於撣族內部，經常也發生互相傾軋，一有機會都想起來割據稱雄，其中以北方的阿瓦（Ava）與南方的庇古兩大勢力最強，長期爭霸。在南北雙方又有許多小邦，互相敵視，鬧得全國長期連續戰爭不息，各地人民流離失所，災難不盡，很少有和平安定的時期。這樣前後經過約二百五十年之久，緬甸歷史上稱這個時期為「撣族統治時期」，也有稱為「緬甸戰國時代」。

在緬甸撣族人統治時期中，北方的阿瓦與南方的庇古，佛教都還受到相當的重視及發揚，本節先敘述北方阿瓦的佛教。

公元一二五七年後，蒲甘王朝衰微下來，撣族人在北方慢慢興起，先以邦芽（Pinya）及實皆（Sagaing）兩地為根據地，中期又定都阿瓦。這三個地方，成為北方佛教的中心，約經過二百五十年。

公元一三一二年，撣族初建都於邦芽，上座部僧人很少，反而阿利教僧人很多。後者是過去阿奴律陀王時代被驅逐及逃亡來到這裡的，為阿利僧人的後裔。這時他們生活方式已同俗人一樣，受大臣及主人雇用。

後來，有上座部比丘小阿羅漢及天眼來到，佛教才發展起來。國王每天請天眼比丘至王宮供養。一三二四年❷，王子烏闍那（Ujana或Uzana）即位，建了七十七座佛寺，於公元一三四〇年完成，供養來自蒲甘的阿羅漢派及阿難陀派的比丘居住。後來兩派僧團持續發展，比丘增至數千位，戒行清淨。

不久，有些無慚無愧比丘，戒行不淨。起因是由於國王供養比丘們田園，讓僧人自己管理，收益做為維持佛寺及弘法之用，後來為了互爭利益，致使僧團不能清淨。後又因為見解相異，有部分比丘離開邦芽，住在山林的，稱為「阿蘭若住者」；住在村落的，稱為「村落住者」；原有田園收益的僧人，就被稱為「國僧」或「官僧」，僧團分裂成三派。這幾派僧人住在大僧院裡，擁有廣大農田和眾多奴隸，向信眾收集資金，以便擴大土地開墾買賣，結交權貴和政府官吏，生活墮落腐化。這種情況到公元十五世紀才被廢除❸。

公元一三五〇年，尸訶須羅王（Sīhasura）時，有一位大臣車都朗伽毘羅

（Caturaṅgabala），深通巴利文法及一切經論，著有《名義燈》（Abhidhānappa-dipikā）。尸訶須羅王建了一座大寺，供養持戒清淨的比丘。不久，一位住村落的高僧來此佛寺居住。這位高僧名乾多迦乞波（Kaṇṭakakhipa），幼時他的父親把他寄住在佛寺裡讀書，但他不願意，父親便遺棄他在佛寺裡而離去。因此，他只好在佛寺中當沙彌。二十歲受比丘戒後，往蒲甘等地遊學，因為他天資聰慧，頗受老師賞識，願意教他。後來當他回到邦芽，聽到國王供養佛寺，他即前往爭取。國王命令多位學者向他問難，他都能對答如流。他曾著《聲韻精義》（Saddasāratha-jālinī）。他在邦芽時期，有老年比丘一千人修習禪觀，也有無數的青年僧研讀三藏經論。一位大勝者（Mahāvijitāvī）比丘著《迦旃延文法註》，正法師（Saddhammaguru）著《聲形論》（Saddavutti），以及其他比丘的著述。

公元一三六四年，實皆王系的達多明波耶（Thado-minbya）有機會崛起，消滅了邦芽王系的勢力，另建都於阿瓦城。此後五百年間，緬甸歷代王朝，都以阿瓦為首都。這位國王信阿利教，年輕時就病死。

公元一三八三年，有人發現一座古塔傾塌在河流中，便用一隻象潛下水去，獲得一個金盒子，裡面盛有五粒佛舍利，就拿去送給一位高僧，高僧再轉獻給國王明吉斯伐修寄（Minkyiswasawke，一三六八—一四〇一），國王命令建塔供奉。他同時另建一寺供養一位僧伽羅派的高僧差摩遮羅（Khemācāra），他是當時阿瓦的僧領及國師，也是國王幼時的老師。

公元一四〇六年，南方庇古強盛，國王舉兵來攻阿瓦。阿瓦國王召集群臣及多位比丘，商討禦敵方法，能以不戰而退敵為上策。這時有一位三十一歲邦芽的比丘，已受具足戒十一年，受過良好的僧團教育，持戒清淨，屬阿羅漢僧派比丘，他主張和平談判，不與庇古戰爭。於是這位青年比丘就寫了一封非常友善的書信，送至庇古國王，請求給他機會能賜予會見。庇古王准許他來相見，他就向庇古王講說佛法，以佛陀戒殺的宗旨開導，終使庇古王退兵❹。

公元一四二九年，有兩位斯里蘭卡比丘，室利薩達磨楞伽羅（Sirisaddhammālaṅkāra）及信哈羅摩訶薩彌（Sihaḷamahā-sāmī），帶著佛舍利五粒，至緬甸弘揚佛法，但是庇古國王不肯讓他們居留，而送至闍耶（Jaiya）地方。阿瓦國王知道後，就派了四十艘船舶，親迎他們來阿瓦弘法。次年，阿瓦國王建阿尼劫賓陀塔（Anekibhinda）供奉佛舍利，又建烏摩伽寺（Ummāga）供養這兩位斯里蘭卡比丘。這兩位比丘與緬甸三派僧團相處都很和睦，攜手合作佛教事業。他們又教誡弟子，要住在山林佛寺，禁止住在國王供養的佛寺。這兩位比丘對阿瓦佛教僧制的建立及佛教教育，貢獻很大。

那羅波提王時（Narapati，一四四三—一四六九），一位蒲甘車波多系的高僧雅利安溫薩（Ariyavaṃsa）到達阿瓦。他曾從老師離多（Retan）學習，精通三藏，著有巴利語《攝阿毗達摩義論》的註釋名《摩尼寶筐》（Maṇisāramañjūsā）、《義卓越論》的註釋名《摩尼燈》（Maṇidīpa）；又著《聖典資具》（Ganthā-bharaṇa）及《本生淨化》（Jātakavisodhana）；更著緬文《義解小疏》（Atthayojaṅā-anuṭikā）及《大出離》（Mahānissara），是為緬文佛教研究書之始❺。

公元一四八二年，戒種（Sīlavaṃsa）著《善慧論》（Sumedha-kathā），然後離開邦芽去到阿瓦，當時他只有三十歲（一四五三年生）。他曾譯《導論》及《所趣處因緣》（Parāyanavuthu）為緬文。另一位與他齊名的青年比丘羅他沙羅（Raṭṭhasāra，一四六八年生），將《槃達龍本生》（Bhuridatjātaka）、《象護本生》（Hatthipālajātaka）、《防護童子本生》（Saṃvarajātaka）等，編著為詩詞。

公元一四九八年後，有一位帝沙薩那他闍（Tisā-sanadhaja）比丘，從妙法稱受學。另有一位大善勝（Mahāsādhujana）比丘從蒲甘來到阿瓦，他原先計畫要教學比丘們經論，但當他聽了妙法稱（Saddhammakitti）為學僧講解經論後，就自願請求為學僧。雖然他的戒齡高過妙法稱，但仍請求妙法稱收他為學僧。後來妙法稱對他也非常尊敬。他們兩人對阿瓦佛法的弘揚，貢獻很大。

公元一五四〇年，緬甸阿瓦佛教發生了空前的教難，受到極大破壞。當時阿瓦王朝有名的暴君思洪發（Thohanbwa，一五二七－一五四三），不信佛教而又素無好感，見阿瓦城很多比丘到處遊化，擁有眾多信眾，勢力很大，又認為「緬族人各地的佛塔，與佛法無關，不過是一般帝王藏寶之所」，因此下令各地，所有佛塔一律拆毀。命令發布後，立刻遭到僧人與民間的強烈反對，難於執行。思洪發覺得僧人擁有這麼多信徒或會有起來作亂的嫌疑，應當要清除消滅。於是他命令在阿瓦附近的東巴奴（Taungbalu），舉行供僧大會，屠宰牛羊，邀請阿瓦、實皆、邦芽的比丘來赴會。正當僧人在受食時，思洪發下令象馬車隊齊發，殺害在場應供的三千位比丘，也有記載是一千三百人。當時，僧眾被殺死的有三百六十人，其餘的人及時逃走，幸免一死。同時佛寺及寶貴的經典藏本，都付之一炬❻。這次的教難，時間雖短，未延及阿瓦以外，卻加深了緬族人對撣族統治者更深的仇恨。結果在三年後，思洪發被他手下一名緬族大臣明吉耶囊（Minkyiyanaung）用計刺殺❼。公元一五五五年，緬族人在南方東固（Toungoo）興起，消滅了阿瓦王朝。

在這次教難中，妙法稱、大善勝、帝沙薩那他闍三位高僧，都逃至東固。不久妙法稱、大善勝兩位就圓寂了。帝沙薩那他闍後來去到庇古。公元一五五一年，他到邦芽，見一位臥病中的僧領祇陀長老，長老就把僧團中的一切事務交託他負責，繼承他教誡弟子。帝沙薩那他闍是屬於阿羅漢僧派的，祇陀長老是屬於大聖種僧派的。公元一五五五年，阿瓦王朝被東固攻滅，東固國王建了一座佛寺供養帝沙薩那他闍，在他領導的僧團，座下有數百弟子，其中有五位精通三藏。

阿瓦王朝諸王在國家較平靜期間，緬甸佛教與斯里蘭卡康提佛教中心建立了良好的關係，僧人互相交往。公元一四五六年，那羅波提王在斯里蘭卡康提購買田地，用做維持前往朝拜佛牙寺緬僧的生活❽。

第二節 南方庇古王朝的佛教（公元一二八七至一五三九年）

公元一二八七年，緬甸南方另一支撣族人勢力興起，領導人是華列魯（Wareru，一二八七—一二九六），都城先在馬塔班，稱霸下緬甸。

在蒲甘王朝滅亡之前，有一位在蒲甘出家的孟人舍利弗，他受戒於斯里蘭卡系的阿難陀派，被派至孟族地區弘法。他通達一切經論，教學很多比丘。華列魯生前，曾邀請僧人編纂一部《華列魯法典》（Wareru Dhammathat），奠定了緬甸最早的法學基礎。此法典是根據印度古老著名的《摩奴法典》編輯的，當時舍利弗就是主要編輯者之一❾。《摩奴法典》是在一千年前由印度教徒傳入緬甸。

馬德班地方有兩位孟族比丘，他們曾往斯里蘭卡留學及在大寺受戒，在公元一三五三年頃回國。緬甸南方佛教自阿奴律陀王攻滅直通後，佛教教學就漸凋落，幸先後有舍利弗及這兩位孟族比丘的發揚，下緬甸的佛教又開始復興起來。後來一位慧行（Medhamkāra）比丘著《世燈精要》（Lokadīpakasāra），是有關佛教世界觀的論著；另一位大耶舍著《迦旃延文法要略》（Kaccāyana-sāra）及《迦旃延文法論》（Kaccāyanabheda），這兩本著作在斯里蘭卡被認為是緬甸巴利語文法的標準書[10]。

公元一三六二年，頻耶宇王（Binnya U，一三五三—一三八五）重修瑞德宮佛塔（仰光大金塔），由當時僅九公尺增至二十多公尺。塔內珍藏佛髮八根，在蒲甘王朝時代，此塔也累有增修[11]。頻耶宇王統治時，初期國內平靜，佛教教學很盛，頻耶宇王曾往斯里蘭卡學習南傳佛法。其後因戰爭不安，佛教教學受到阻礙。一三六九年遷都至庇古。

在公元十四世紀末，緬、泰兩國佛教開始有了交往，主要是泰國受緬甸的影響。公元一三九三年，在泰境內建立的蘭那小國（都城在清邁），國王派他的國師訪問蒲甘，還有國師的兩位弟子也到蒲甘學習佛法。另素可泰王朝一位高僧蘇摩那（Sumana），也曾到下緬甸孟人庇古王國研習佛法，他後來也曾至蘭那弘法，使清邁佛教獲得進一步的發展[12]。

斯里蘭卡在波羅迦摩巴忽六世（一四一二—一四六八）時，佛教興盛，緬、斯兩國佛教文化交流更加頻繁。公元一四二三年，下緬甸的六位僧人到斯國，次年在迦耶尼受教育。斯國兩位僧人也在公元一四二九年到緬甸阿瓦。馬德班的孟族僧人西瓦蘇波在公元十五世紀五十年代去到斯里蘭卡，回到緬甸後擔任了庇古王朝達磨悉提的國師，《琉璃宮史》說他曾五次到斯國把佛法介紹到下緬甸⓭。

明朝初年在昆明設「緬字館」，任務是接待緬甸來使，培養緬語翻譯人才，招待來雲南的緬甸商人。到公元一四〇七年（明永樂五年），明政府設置「四夷館」，「緬甸館」是其中之一，培養中緬雙語、文字翻譯人員。這一時期中緬文化交往得到繼續發展，雲南德宏地區傣族在音樂舞蹈中有「作緬國之曲」。緬甸的南傳佛教可能也在這一時期傳入雲南境內的德宏和西雙版納。中國人的飲茶之風，則通過雲南保山、德宏地區傳入緬甸⓮。

公元一三九〇年羅娑陀利王（Razadarit，一三八五—一四二三）在位時，戰勝北方來侵的阿瓦軍，及平定內部各地叛亂，是庇古王朝最盛時期。為了慶祝戰勝和感念佛恩，建築了庇古著名的「瑞摩陶佛塔」（Shwemawdaw），及其他多所佛寺，舉行七日法會，供僧千位，布施與身等量的黃金。瑞摩陶佛塔被譽為庇古大金塔，早期初建時僅二十二點九公尺，後經多次重建，逐漸增高，至公元一九五三年增至一百一十四公尺，為全國最高的佛塔。曾反對羅娑陀利王登位的叔父勞驃（Laubpya）被打敗後，也獲赦釋放，安住於瑞德宮佛塔一寺中，甚感滿足⓯。

南方庇古王朝佛教最興盛的時期，是自公元一四五三年以後，因為得到一位賢明女王信修浮（Shinsawbu，一四五三—一四七二）熱心的護持。她原是庇古王羅娑陀利的公主，後因南方庇古與北方阿瓦連續戰爭四十多年，庇古戰敗，她也被擄去阿瓦。後來，阿瓦內部也動盪不安，信修浮得到兩位孟族僧人的協助，暗中設計，在公元一四三〇年逃出阿瓦，在僧人的庇蔭下，沿伊洛瓦底江南下，平安地回到庇古。本來她有兄弟好幾人，但因父王死後，為爭奪王位，互相殘殺，使得王位絕嗣，羅娑陀利的後裔僅存下信修浮公主，文武百官便擁立她為王。此時她已經六十歲，在位十九年當中，修明內政外交，國強民豐，政績卓著。這要歸功於協助她逃回國的兩位僧人之一的達磨悉提（Dhammazedi）還俗為相，並被選為女婿⓰。

後來，女王自覺年老，決意退位，由賢能的女婿達磨悉提繼承。女王退位後，便專心致力於佛教事業。她開始增修瑞德宮佛塔（即仰光大金塔），增高到九十二公尺，用九十磅的黃金，塗刷塔頂；周圍建築十五公尺高的露台，闊達二百七十四公尺，又護以石欄，安裝石磴，四周遍植棕櫚，使佛塔大致上和今天所見相同。在她病危之際，還要人把她抬近窗前，遠遠望著瑞德宮佛塔金頂，瞑目而逝，享年七十八歲⓱。

瑞德宮佛塔，是建在仰光最高點有五點七公頃的丁固達拉崗平台上，塔基周長四百二十三公尺。中央主塔現在已增至一百一十二公尺，塔身貼滿金箔，重七噸多；塔頂上是金屬寶傘，重十二點六噸，上面鑲滿各種寶石，有六千多顆，塔頂上懸掛風鈴上萬個，其中金鈴一千零六十五個，銀鈴四百二十個。塔身四周圍繞六十四座小塔，四面各有一座中塔鋪滿大理石的平台，又建有許多小塔和亭榭，形成一個巨大的塔群。塔群整個建築，渾然一體，金碧輝煌，氣勢非凡。

達磨悉提即位（一四七二—一四九二）後，除了積極從事國家建設，也非常注意佛教的發展，他曾遣使到印度菩提伽耶，求取菩提樹及佛寺圖樣，做為庇古佛教建築的模型。由於信修浮女王在世時，曾擴建達諾佛塔（Danok），瑞德宮佛塔的領地被縮小若干，達磨悉提及他的王妃以四倍的黃金奉獻贖回。他在庇古建築了瑞古佳（Shwekugyi）及恰旁（Kyaikpon）兩座佛塔。在瑞摩陶之西，開建一座新城市，在城內營造王宮。民間也爭修功德，修建佛寺。在新舊二座城市中，佛教優美的佛塔伽藍櫛比皆是⓲。

達磨悉提對佛教最大的貢獻，是改革和統一了當時緬甸南方的佛教。因為緬甸自蒲甘王朝建立後，即有緬甸僧團和斯里蘭卡系僧團的對立，不久斯里蘭卡系僧團又分裂為三派，彼此互相對抗，這也波及到下緬甸。到公元十五世紀中葉，更由於民族之間的對立，上座部教團益形複雜。達磨悉提即位後，即召集各派長老會議，計畫改革和統一佛教僧團。

當時緬甸南方有六個佛教宗派：一是「柬埔寨派」（Kambujanikāya），此派與阿羅漢僧派有關，但找不到確實的證據，它究竟與柬埔寨佛教有什麼關係，無法查證；只因為此派有一座重要的佛寺接近柬埔寨，而且此派自認是從阿育王時派遣的佛教僧團傳承下來的。此外，是為斯里蘭卡系佛教的支末五派，其中前三派，是車波多的後裔弟子；後兩派是馬塔班兩位比丘自斯里蘭卡歸國後成立的僧團，一稱「佛種」（Buddhavaṃsa），一稱「大主」（Mahāsāmī）⑲。

公元一四七五年，達磨悉提王選派二十二位上座比丘及其弟子亦二十二人，使臣兩位，分乘二船前往斯里蘭卡，由目犍連及尸婆利兩位長老分別領導。抵達斯里蘭卡後，四十四人都在大寺重受比丘戒。後於歸國航程中，遭遇海上風浪，其中一船沉沒，有十位比丘喪生⑳。

遣派的僧團回國後，達磨悉提王首先即選擇適當之地，創設「結界」，定名為「迦梨耶尼結界」（Kalyāṇīsīmā），做為改革和淨化佛教的初步。僧人在結界範圍內舉行佛教各種儀式，如受戒、布薩、安居、自恣等，因為律制中規定，凡重要律儀的作法，一定要在一個結界內，如有一人不和合，則僧事不能成就。結界創立後，一切都依斯里蘭卡大寺的制度，舉行如法如律傳戒的儀式。最初擔任得戒和尚的，是一位曾在斯里蘭卡大寺受過比丘戒，戒臘已二十六年的須婆那蘇拔那（Suvaṇṇasobhaṇa）上座。大約經過三年的時間，國內各舊派的比丘，都須重新受戒，歸納為一派。凡不合法比丘，都命令捨戒返俗。據《莊嚴結界》記載，當時全國境內，有上座比丘約八百位，青年比丘一萬四千二百六十五位，又沙彌進受比丘戒者六百零一位。僧團分聚落住者及阿蘭若住者二類，但都和合為一派。緬甸南方庇古的佛教，經過達磨悉提王提倡改革後，以前三百年間各派的對抗，自此重歸統一，依律清淨和合在一個（上座部）僧團系統下，比丘們不再因地域和民族的差異而互相對抗，這是緬甸佛教史上的一件大事㉑。佛教改革成功後，達磨悉提王感到非常高興，在公元一四七六年，曾立「迦梨耶尼結界碑」記載此事。碑銘共為十塊，高約八公尺，闊四公尺，厚零點四六公尺，兩面刻文。兩塊為巴利語，八塊為孟文。此碑銘雖略有毀壞，現在保存在緬甸庇古附近一佛寺中，受到保護。此一碑銘也為緬甸早期佛教史上最珍貴的重要文獻㉒。

達磨悉提在位時，曾請覺音比丘將《華列魯法典》譯為緬甸文。覺音比丘也是曾經派往斯里蘭卡僧團中主要人之一。達磨悉提王本人也是一位嚴明的法官，他著名的《達磨悉提判卷》㉓，至今猶存在。

緬甸南方庇古王朝，自公元一二八七至一五三九年，前後經過二百五十二年，其中從公元一四二三至一五三九年，可說是庇古王朝的黃金時代，在政治、文化、佛教、商業，都獲得了進一步的發展。但後來緬族人東固王朝崛起，在公元一五三九年，攻陷了南方的庇古，華列魯王系遂告滅亡。

緬甸西部阿拉干，傳統上以信仰佛教為主，雖然伊斯蘭教在公元十三、十四世紀已從孟加拉傳入若開地區，尤其在公元一四三〇年，阿拉干統治者那羅彌迦羅（Narameikhla，一四〇四—一四三四）從孟加拉帶著伊斯蘭教徒隨從回國，在末羅漢建立緬甸最早的薩迪卡清真寺，此後教徒有所發展，但未能深入到廣大居民中去[24]。

❶ 撣族與泰族原先住在中國南方境內，稱擺夷或哀牢，在九百年前，經過很長一段時間不斷向南遷移，抵達泰國湄南河流域的稱「暹」（Siam），後稱「泰」（Thai）；抵達緬甸薩爾溫江流城的稱「撣」（Shan）；亦有部分抵達寮國、越南的。

❷《教史》記載為「小曆」六八四年，即公元一三二二年；但 D. G. E. Hall: *A History of South-East Asia*，書後「緬甸帝王年表」為公元一三二四年。

❸ 柳宗玄編：《世界之聖域九．緬甸的佛塔》，第一三九—一四〇頁。

❹ 1. 般若薩彌著：《教史》第六章。
2. 山本達郎編：《東南亞細亞的宗教與政治》，第一四七頁。
3. 五十嵐智昭譯：《緬甸史》，第八十一頁。

❺ 般若薩彌著：《教史》第六章。

❻《教史》記為比丘三千位。但中譯《琉璃宮史》中卷第五三一頁記為一千三百位，被殺三百六十位。其中有精通巴利經典及註疏的三十多位。

❼ 思洪發的暴行，無故殺人及迫害佛教，因此，明吉耶曩用計除滅。而後眾人要擁他為王，他堅辭不就，個人至一山中佛寺終生隱居。

❽ D. G. E.霍爾著：《東南亞史》上冊，第二一一頁。

❾ **Kavīvarañāṇa**：《東南亞佛教史》（泰文），載《佛輪》月刊第十六卷第七期。

❿ 山本達郎編：《東南亞細亞的宗教與政治》，第一四六頁。

⓫ 馮汝陵著：《緬甸史話》，第七十八頁。

⓬ 賀聖達著：《緬甸史》，第一〇〇頁。

⓭ 賀聖達著：《緬甸史》，第九十九頁。

⑭ 賀聖達著：《緬甸史》，第九十八—九十九頁。

⑮ 五十嵐智昭譯：《緬甸史》，第八十九—九十頁。

⑯ 1. 五十嵐智昭譯：《緬甸史》，第九十二—九十三頁。
2. 馮汝陵著：《緬甸史話》，第八十四—八十七頁。

⑰ 馮汝陵著：《緬甸史話》，第八十四—八十七頁。

⑱ 五十嵐智昭譯：《緬甸史》，第九十三—九十四頁。

⑲ 達磨悉提著：《莊嚴結界》（巴利文），第十四頁。

⑳ 《莊嚴結界》中，記載派遣上座比丘二十二位，及其弟子亦二十二位，至斯里蘭卡大寺重受比丘戒時，共為四十四位。但五十嵐智昭譯《緬甸史》（第九十四頁）記為二十二位。

㉑ 「迦梨耶尼」（Kalyānī）意為「善」、「美」、「淨」之義。按斯里蘭卡南部，有一川名「迦梨耶尼河」，過去大寺比丘曾以木筏或船舶在河流中結界，為人如法傳授比丘戒。南傳上座部一向以大寺為正統，達磨悉提王定名「迦梨耶尼（莊嚴）結界」，亦取其義。「莊嚴結界」亦可譯為「清淨結界」。

㉒ 達磨悉提著：《莊嚴結界》，第六十二—六十五頁。又此書前的泰文〈序〉，第二—六頁。

㉓ 五十嵐智昭譯：《緬甸史》，第九十五頁。

㉔ 賀聖達著：《緬甸史》，第九十頁。

第四章　東固王朝時期的佛教

（公元一五三一至一七五二年）

第一節　佛教的傳播

緬甸撣族人，分北方阿瓦與南方庇古。在長期爭霸中，不斷發生戰爭，戰爭的地點，多數在伊洛瓦底江的中、下游區域。而位置在勃朗以東及庇古以北的東固，因遠離江域，不是戰爭重地，戰火很少觸及。而且在南北戰爭中，東固更成了緬族人避難的地方。他們之中的領袖，把緬人組織起來，日後勢力逐漸強大。

公元一五三一年，東固王朝經過數代國王的創基，德彬瑞蒂登位（Tabinshwehti，一五三一—一五五一）。他先討平了下緬甸庇古，不久再由莽應龍（Bayinnaung，一五五一—一五八一），征滅了上緬甸阿瓦，使國家重歸統一。

德彬瑞蒂於公元一五三一年，繼父親明吉瑜（Minkyinyo）為東固侯後，經過十五年的征伐，先平服了庇古，定東固為新都；次又收歸了馬塔班及勃朗，統有下緬甸全部，勢力擴展到阿瓦王朝南部的敏布、敏建（Myingyan）一帶。公元一五四六年，在庇古城舉行隆重的加冕大典。此後，他又用水陸大軍，進攻西南海岸的阿拉干，但為阿拉干英武的明平王（Minbin）用水淹所敗；後經佛教僧人的調停，訂約媾和退軍❶。

德彬瑞蒂開創東固王朝，雄才大略，為緬甸史上英雄名王。當一次對孟族戰爭勝利後，通令在孟人主要的佛塔上加建新的塔頂。其中最著名的瑞德宮佛塔，奉獻了三十六點五磅黃金。但是他晚年性格劇變，喜近遊獵、酒色，且常無故殺人，最後終遭殺身失國，王朝瀕臨危亡。

他有一位異母兄弟莽應龍，曾助他開創王朝基業，並被立為王儲。當德彬瑞蒂被刺殺後，莽應龍也同時被逐，後來經過極艱苦的奮鬥，前後約一年時間，莽應龍重新恢復了王室，平服下緬甸各地叛亂。更在公元一五五五年，誓師北伐，消滅了阿瓦，統一全緬，版圖較之蒲甘王朝全盛時期還大了許多。他的功業，在緬甸史上被尊為「第二位民族英雄」。

莽應龍一生篤信佛教，想要成為一個模範的佛教國王，在位三十年，護持佛法。他一生印刷很多佛經，分發撣邦各地；供養僧眾，常在緬甸境內，許多原有佛塔的周圍，加建佛寺；在撣部各地，也廣建佛塔。公元一五六三年，他出兵遠征泰國，先陷甘本畢，次克素可泰，再攻下首都大城（Ayutthaya），泰王節迦羅博（Chakraphat）被俘。泰王被俘後，在緬甸出家；後來他請准回國禮佛，但一回到泰國大城，即脫去袈裟，宣告復位。莽應龍在攻陷泰國的清邁、古善辟等地，曾撥款建築佛塔，這些佛塔，現在還存在泰國北部。他曾護持「莊嚴結界」戒場的集體受戒，也曾從自己的王冠上取下珠寶，莊嚴塔頂，或供養有德學的出家人。他曾宣告禁止每年波巴山的大祭拜屠殺生物，對飲醉酒者重罰；提倡佛教的「戒殺」，禁止伊斯蘭教殖民者於回曆十二月十日開始的四日犧牲祭（Bakrid，伊朗語意為「牛祭」）。他甚至利用王權，規定在他統治下的撣族人及摩斯林人，皈依為佛教徒❷。

公元一五七四年，莽應龍遣使至斯里蘭卡求親，斯里蘭卡王以一養女結親；並將佛牙送至緬甸，供人民朝拜，莽應龍齋戒沐浴後親往巴森隆重迎接。他在位時，曾召集全國高僧和大臣，研究制定法律，根據《華列魯法典》，編成《法典》（Dhammasaṭṭha）及《拘僧殊》（Kosaungchok）兩部法典❸。

公元一五八〇年，莽應龍得到多部三藏經典，分送撣邦的孟乃、昔卜等地，這一措施促進了上座部佛教在撣邦的發展❹。

莽應龍死後，其子難陀巴因（Nandabayin，一五八一—一五九九）繼位，不久境內掀起十六年的混亂。至公元一六〇〇年，莽應龍的孫子良延候（Nyaungyan），在北方阿瓦崛起，統一了上緬甸。良延候曾建一座四層佛殿，及造摩訶牟尼佛塔（Mahāmani），可惜未完成即去世，之後由他英勇的兒子阿那畢隆（Anaukpetlun，一六〇五—一六二八）繼承他的遺志。公元一六一〇年，阿那畢隆收復下緬甸勃朗、庇古等地。其次要克服緬甸南部葡萄牙殖民主義者勃利多侵占沙帘和勃固（Bago）地區。勃利多在他統治的地區，為了強勢推行天主教，搗毀佛寺，劫掠寺院的金箔、銅像、銅鐘，強迫佛教徒信仰天主教，壟斷進出口貿易，因此激起緬人的強烈仇恨。公元一六一二年阿那畢隆親率十萬大軍與勃利多激戰，終於攻克沙帘等地，處死勃利多，粉碎了葡萄牙殖民主義者的迷夢❺。

阿那畢隆結束內亂瓜分之局，平定各地，儼然有中興之勢，並且迎請斯里蘭卡佛牙至阿瓦供奉❻。

阿那畢隆繼續完成摩訶牟尼佛塔寺後，供養一位精通三藏的上座，並授封為「大僧統」；此寺有佛殿四十座。寺中一位毘羅僧伽那塔（Varāsaṅghanātha）比丘著緬文《摩尼珠論》（Maṇikuṇṭhalavatthu），另一位比丘著緬文《法王七事論》（Sattarājadhamma-vatthu）。又建四寺供養四位上座比丘。

一位車波多系的比丘，名毘陀羅毘那婆斯（Badara-vanavāsī），深諳一切經論。他十三歲為沙彌，十六歲著《本生詞》，後來至阿瓦弘法，國王在伊洛瓦底江邊建一寺供養他。公元一六三八年他六十歲時，仍嚴格要求自己住在山上。他對上緬甸阿瓦、實皆、邦芽等地佛教貢獻巨大。他提倡研究阿毗達摩，產生很多佛學思想家及阿毗達摩的論著，影響達數百年之久。他曾著《阿毗達摩頌》二十偈、《律莊嚴疏》（ṭikavinayā-laṅkāra）、《譬增論》（Yasava-ḍḍhana-vatthu）等❼。

他隆王（Thalun，一六二九—一六四八）在位時，國家承平，從事多種改革和建設。過去緬甸歷代國王，凡有戰俘多半遣作守塔奴；他隆王改變舊制，使戰俘移到農業區，從事耕種及濬河工作。他在實皆興建的耶舍摩尼須羅塔（Yasama-nisula），是仿斯里蘭卡形式，為緬甸著名的佛塔之一，把從斯國得來的石鉢及其他佛教文物，供奉在佛塔裡❽。此塔高四十二公尺，呈半圓球形，也似如乳狀（俗稱乳塔），塔基上可容二牛車並行。塔外圍繞八百零二根石柱，每根高約一點六公尺，直徑零點一四公尺，其上可安放油燈，夜晚點燃時，齊放光明，使佛塔顯得更為光華燦爛。

他隆王又將「大僧統」改封為「僧王」。當時的僧王精通三藏，特別是《清淨道論》的研究。另一位與僧王相等的高僧雅利安楞伽羅（Ariyālaṅkāra），精通巴利語文法。後來兩人都成為他隆王的國師。雅利安楞伽羅圓寂後，國王建「南林寺」（Dakiṇavarāma），供養雅利安楞伽羅。之後國王巡行庇古，聽到孟族僧人批評說，緬族比丘中沒有人能精通三藏的。於是國王派人至阿瓦，禮請三十至四十歲通達三藏的比丘三十位，到達庇古；同時國王也禮請孟族通達三藏的比丘，每天在佛寺中集會，辯論佛法。孟族僧人從此非常尊重緬族僧人的學養，促使兩族關係的和睦，共同發展佛教❾。

他隆王十分重視佛教對鞏固國家和穩定社會的作用，他要求各地修復寺院和佛塔，給佛像塗金，要求官員尊敬僧人，維護僧團利益；同時也要求宗教勢力服從王權，他下令整頓佛教，檢查僧人是否嚴守戒律，勒令不守戒律的僧人還俗，所有的寺院都要貫徹這條命令。他鼓勵農民耕作，發展生產❿。

平達力（Pindale，一六四八—一六六一）繼位後，他曾在實皆建加多奇塔（Ngatakyi），塑了一尊巨大坐佛供奉。此後，東固王朝漸走向衰微，佛教弘揚也受到影響。

公元一六五〇年之後，最勝法（Aggadhammā-laṅkāra）譯《迦旃延文法》、《攝阿毗達摩義論》、《論母》、《界論》、《雙論》為緬甸文，又著《王室史》。依《教史》說，最勝法就是雅利安楞伽羅上座。那時還有一位德典（Guṇagantha）上座，住在阿瓦，精通三藏，與最勝法友善，也受到國王的建寺供養⓫。

公元一六七二年，一位求學的青年比丘，心念世緣，想要捨戒還俗，但為一位少女善語勸止。後來他去邦芽參學明師，通達三藏，為各方而來的學僧講解經論。國王見到跟他學習的比丘、沙彌，很多人都沒有房屋居住，就建了一座佛寺供養他們，內設很多僧舍。這位青年比丘，後來被封為「三界師」。又有二位戒年相等上座，一位稱闍摩菩陀闍（Jamabudhaja）屬阿羅漢派，他譯《律藏》及《律註》為緬甸文；一位稱摩尼寶（Maṇiratana），譯《攝阿毗達摩義論註》、《分別論註》、《別解脫註》、《阿毗達摩集論註》等為緬甸文。東林寺（Pubbārāma）一位比丘著《小掌燈明》（Cuḷahatthadīpanī）、《清淨道論難句解》（Visuddhimaggaṇṭhipadattha）為巴利文；又譯《導論》為緬甸文[12]。

公元一六七六年時，緬甸佛教開始用光漆刊印三藏，即先用漆水塗在紙上，然後書寫文字，再塗刷金粉，裝訂成有絲紋的經書。之後，緬甸繼續沿用這種方法刊印佛經[13]。公元一七三三年時，一位智願（Ñāṇavara）上座，博通一切經論，著《攝阿毗達摩義論要解》，並為學僧講授；及譯巴利語字典《名義燈》（Abhidhānappadipaka）為緬甸文[14]。

在公元一七二一年時，義大利天主教徒考爾基（Calchi）及維多尼（Vittoni）抵達緬甸，且覲見緬王多尼犍毘（Taninganwe），這是天主教徒進入緬甸之始。公元一七四三年，天主教的伽利齊亞（Gallizia）主教，由歐洲東返，因為當時緬甸混亂，不能去阿瓦，就停留在庇古[15]。

東固王朝時期，緬甸史學上重要的著作，是吳卡拉（一六七八—一七三八）的《大史》，從公元一七一四年著手編寫，經歷二十年才完成，是緬甸第一部編年史。後來貢榜王朝時編的《琉璃宮史》，很多地方都取材於這本《大史》。

第二節　著衣的論爭

約在公元一七〇八年，緬甸佛教僧團發生了一場很大的論爭，就是關於「著衣」不同的意見。而且論爭的時間竟達七十五年之久。

緬甸東部薩爾溫江西岸，有一個登那村（Tunna），一位上座名瞿那毘楞伽羅（Guṇābhilaṅkāra），他命令沙彌出寺外或入市邑時，著衣要偏袒右肩，不必持多羅葉（棕櫚葉）遮頭，但可用多羅扇遮陽光。瞿那毘楞伽羅領導的僧團，被人稱為「登那派」（Tunnaguṇa），他對弟子們只講阿毗達摩，經律及註釋不多研究。

其他地方有四位上座：佛陀拘羅（Buddhaṅ-kura）、質多（Citta）、須難多（Sunanta）、迦耶那（Kalyāṇa），他們都通達三藏及註疏，教誡他們的弟子進入市邑時，不可偏袒右肩，不可持多羅葉；著衣需披覆兩肩，持多羅扇。這樣就漸形成對立的兩派：一稱「偏袒派」（Ekaṅsika，著衣時披覆左肩，袒露右肩）；一稱「披覆派」（Pārupana，著衣時覆蓋兩肩）。偏袒派根據理由不足，卻證明是他們的前輩妙法行（Saddhamma-cāra）長老的教導，過去傳自斯里蘭卡。至於披覆派，根據經律說，認為偏袒右肩，僅是在對佛陀和對僧長禮敬時才適用，除此以外都必須披覆兩肩，尤其是到佛寺以外的地方⑯。

這樣的情形，經過二十四年，公元一七三二年，多尼犍毘王邀集四位僧伽上座為判決委員，聽取兩派陳說意見。偏袒派比丘雖不甚了解三藏，根據理由少，但與國王關係比較接近；而披覆派力量薄弱，卻據理力爭，不與偏袒派妥協，在辯論舉行時靜默不語，這使得裁判委員們無法執行判決⑰。

公元一七三三年，東固末代國王狄波帝（Mahadam-mayaza Dipati，一七三三—一七五二）在位期間，兩派論爭又起，為了息爭，邀請披覆派智願上座為代表，偏袒派波僧沙（Pāsānsa）為代表，舉行辯論，另請一位大長老作裁決。但此位大長老也不甚了解三藏，無法判決兩方的意見。到公元一七四〇年由於緬甸境內連年混亂不安，荷蘭及英國勢力也入侵，因政治的紛擾，著衣論爭暫時停息下來⑱。

公元一七五二年，東固王朝在內亂外患中，阿瓦被孟族軍攻陷，經過二百二十二年的王朝，至此遂告滅亡。關於著衣的論爭，在下章第二節中再敘述。

❶ 五十嵐智昭譯：《緬甸史》，第一二八頁。

❷ 1. Sir Charles Eliot: *Hinduism and Buddhism*, Vol. Ⅲ, p. 61。
2. Kavīvarañāṇa：《東南亞佛教史》（泰文），載《佛輪》月刊第十六卷。

❸ 1. 五十嵐智昭譯：《緬甸史》，第一三六—一三七頁。
2. 馮汝陵著：《緬甸史話》，第一二一頁。

❹ 賀聖達著：《東南亞文化發展史》，第二〇九頁。

❺ 賀聖達著：《緬甸史》，第一〇七—一〇八頁。

❻ 五十嵐智昭譯：《緬甸史》，第一四一—一四四頁。

❼ 般若薩彌著：《教史》第六章。

❽ 五十嵐智昭譯：《緬甸史》，第一四八—一四九頁。

❾ 般若薩彌著：《教史》第六章。

❿ 賀聖達著：《緬甸史》，第一一一頁。

⓫ 般若薩彌著：《教史》第六章。

⓬ 般若薩彌著：《教史》第六章。

⓭ 般若薩彌著：《教史》第六章。

⓮ 1. 般若薩彌著：《教史》第六章。
2. 山本達郎編：《東南亞細亞的宗教與政治》，第一四七頁。

⓯ 馮汝陵著：《緬甸史話》，第一三七—一三八頁。

⓰ 1. 般若薩彌著：《教史》第六章。
2. 山本達郎編：《東南亞細亞的宗教與政治》，第一四八頁。

⓱ 1. 般若薩彌著：《教史》第六章。

2. Sir Charles Eliot: *Hinduism and Buddhism*, Vol. Ⅲ, p. 62-63。

3. Kavīvarañāṇa：《東南亞佛教史》（泰文），載《佛輪》月刊第十六卷。

⓲ 般若薩彌著：《教史》第六章。

第五章　貢榜王朝時期的佛教

（公元一七五二至一八八五年）

第一節　佛教的盛衰

孟族人傾覆了東固王朝後，緬族人中又出現一位英雄阿瑙帕雅（Alaungpaya，一七五二—一七六〇）[1]。在公元一七五二年以稅布（亦稱瑞帽）為中心，與孟人戰爭。公元一七五四年一月攻克阿瓦，舉行隆重的加冕典禮，建立「貢榜王朝」（Konbaung Dynasty，中國史上稱雍籍牙王朝）。阿瑙帕雅前後約五年時間，就平定內亂，統一全國。

阿瑙帕雅用兵，銳不可當，每次戰爭都獲得神速的勝利。公元一七五四年五月攻克德宮（Dagon），改名為仰光（Rangon），意即「戰爭終了」之義，並率領武將詣瑞德宮佛塔（華人稱大金塔）前，慶祝戰爭勝利，感謝佛恩。

阿瑙帕雅王篤信佛教，每日請僧至王宮供養，每月四個齋日與文武百官受持五戒，有人認為他是「菩薩行者」。他在位時，一位長老阿都羅（Atula）受封為國師，是屬偏袒派❷。

阿瑙帕雅對孟族人頗為殘酷，庇古城破之日，他放縱軍隊燒殺搶掠，孟人被殺屍橫遍地，道路為之堵塞，城濠水溝變赤，全城夷為廢墟，昔日孟族高度文化，受到嚴重摧毀。至此孟族人，在緬甸境內劇減，至今也不過約一百五十萬人，約占全國總人口百分之三❸，成為少數民族。

阿瑙帕雅去世後，一位披覆派的正智（Ñāṇā）上座受封為國師，他具有高深的智慧，曾用緬文註釋《提示》、《雙論》、《大發趣論》。

公元一七六三年，孟駁王（Hsinbyushin，一七六三—一七七六）即位後，封旃陀婆羅（Candovara）為國師，建國譽無比寺（Bhūmikiti-atula）供養國師。此王時期，國內部分佛教徒，生起邪見而自以為正，國王曾命令改正過來。公元一七七四年，國王依往例巡視伊洛瓦底江各地城市，途中在蒲甘及勃朗等地，都前往禮拜佛塔，瑞德宮佛塔因在公元一七六九年地震，部分倒塌，國王命令加以修整，獻出與身等量黃金，粉塗塔頂，更以寶石裝飾塔頂上的金輪❹。又迎請印度貝那拉斯九位婆羅門至緬甸，為國王的諮問，他們曾將印度梵文典籍中有關天文、醫藥、文法等，翻譯為緬文❺。

孟雲王（Bodawpaya，一七八二—一八一九）在位期間，公元一七八八年，若那毘沙陀闍（Ñāṇābhisasa-nadhajaṃ）受封為僧王。他受比丘戒五年，著《導論新疏》，戒臘八年封為僧王，著《長部疏》，以及其他多種經論註疏。他在僧王期間，最重要的一件事是促成國王派遣僧人去斯里蘭卡，同時帶去巴利文獻，傳「阿摩羅補羅僧派」（Amarapura-nikāya）至斯里蘭卡，因為阿摩羅補羅（Amarapura）是貢榜王朝時首都之一，阿摩羅補羅僧派，意即「緬甸僧派」。僧王平時至各地教授弟子，持頭陀行日中一食❻。

公元一七八四至一七八五年，孟雲王曾出兵征滅阿拉干。阿拉干有一尊著名的「摩訶牟尼佛」坐像，高三點七公尺，為全國人民所尊崇，認為是阿拉干王國的象徵，保佑國家。這時摩訶牟尼佛像及其他各種青銅像等，都成了緬人的戰利品，用船載運至阿摩羅補羅，孟雲王及宮人都出來迎接。為了這尊佛像，特在曼德勒西南部建築一座摩訶牟尼佛塔紀念。又在阿拉干境內的佛寺，蒐集到約六百塊碑刻，交由僧人考查，這些碑刻，都成為歷史珍貴的資料，保存在此摩訶牟尼佛塔寺內❼。摩訶牟尼佛塔已成為佛教徒頂禮朝拜的場所，凡到曼德勒城來的世界各地佛教徒，都要來這裡朝拜。

由於緬甸佛教長期宗派分裂，寺院戒律鬆弛，制度不統一，公元一七八三年三月，孟雲王下令規定，過去屬於寺院而沒有明確記載的土地，都收歸國有，並將所征得的賦稅，仍用於宗教事務；但也允許寺院保有一定數量土地，做為解決寺院經濟的問題。公元一七八五年七月，頒發敕令，對全國僧人進行考試，分高、中、初三級，通過考試，才能成為僧人，通不過者一律還俗。公元一七八六年六月，成立一個由十二人組織的「宗教事務委員會」，進行宗教改革，整頓加強僧團戒律，清除不守戒律的僧人❽。

通過這些措施，孟雲王使僧人在政治上更聽命於王權，寺院經濟也受到控制，但高級僧人仍然參與國家政策，對法令可發表意見。在地方上，僧人也有很大的影響力。在文化教育方面，僧人仍然擔任傳播者，寺院為教育場所和學校，僧人為老師，兒童到寺院學校裡學習語文、佛經等知識❾。

又孟雲王時期建塔之風最盛，要求在全國每個城鎮修建藏經樓，在全國一百三十個地方同時建造二百三十座佛塔。公元一八〇二年，斯里蘭卡有六位沙彌及一俗人侍者，帶了十粒佛舍利至緬甸，供獻給緬甸佛教。他們在緬甸受比丘戒時，僧王為戒和尚，國王護法；俗人侍者日後也出家為沙彌。

阿拉干的一位摩訶摩耶牟尼（Mahāmayamunī），也受禮請至王都弘揚佛法。

孟雲王在位三十八年，他崇信武力，想做「世界霸主」。他又是荒唐的夢想家，要做「諸佛之王」。約在公元一七九七年，他一度捨棄后妃去到實皆的明宮（Mingun），徵召二千阿拉干人，建造一座明宮塔，他居住在其中要仿傚釋尊修道，並自稱是當來「聖彌勒」，但是沒有多少日，就脫去僧衣，仍做他的國王；中途放棄營造明宮塔，又在塔處鑄造一個八十多噸的大鐘，列為世界第二❿。

在緬人、孟人、撣人地區，佛教普遍流行；在欽族、克倫族等少數民族居住地區，也有佛教傳入。阿瑙帕雅稱王後，由國師派出五位高僧至欽人地區傳播佛法。到孟雲在位時，又派出大批僧人至全國五十個地方傳教[11]。

公元一八一三年，美國浸禮教會賈生（Judson）夫婦抵達緬甸傳教。因為緬甸是臨海國家，在貢榜王朝初期，國勢尚強，可以阻止外國勢力侵入，但在阿瑙帕雅王時，仰光已被開闢為通商港口。後來西方列強，從事國外發展，不斷東來攫取殖民地。公元一八二三年，英國常增兵印緬邊境，次年二月，就對緬甸第一次宣戰，海軍近迫仰光，公元一八二六年議和，英國在緬甸占得很多優利條件。

英國勢力繼續侵入緬甸，而緬甸王室中又常發生爭位和政變，加以兩國關係不斷惡化，在公元一八五二年，英國派遣遠征軍，先後攻占了仰光、庇古、馬塔班、巴森等重地。次年敏東王（Mindon，一八五三—一八七八）推翻異母兄弟即位，就跟英國媾和，劃割整個下緬甸，包括沿海地區，為英國的統治範圍，結束了第二次英緬戰爭。

這時緬甸佛教發展也受到戰爭的影響。公元一八四六年以後，般若殊多毘陀闍（Paññājotābhidhaja）受封為僧王，他曾譯《增支部》及《增支部註》為緬文。伊耶達磨（Eyyadhamma）譯《無礙解道註》為緬文。摩尼光正法（Maṇijotasaddhamma-laṅkāra）譯《相應部》及《相應部譯註》為緬文。慧勝種（Medhābhivaṃsa）譯《長部》及《長部註》為緬文[12]。

公元一八五七年，敏東王遷都至曼德勒。他在位時，在政治上勵精圖治，想要復興國家，但時勢已不能遂願。在佛教方面，由於他篤信和熱心護法，得到進一步的發展。公元一八七一年四月敏東王召集二千四百位高僧，其中也包括斯里蘭卡及東南亞其他國家的高僧，在首都曼德勒舉行「第五次三藏結集」[13]，詳細考訂校對聖典原文同異，加以改正，經過五個月完成。更將結集三藏巴利語，分別鐫刻在七百二十九塊方形大理石上，分為律藏一百一十一塊，經藏（五部）四百一十塊，論藏二百零八塊，豎立在曼德勒丘陵山麓下一座拘多陶塔（Kuthodaw pagoda）內，中央為一座雄偉的大塔，四周圍繞七百二十九座小塔，每塊石碑豎立在小塔內受到保護。這項工作，敏東王共挑選了一百名優秀石工，從公元一八六〇年五月至一八六八年五月完成，用了八年時間。被譽為「世界上最厚的書籍」，祈願聖教長久流傳，這種偉業和聖跡，現在還存在曼德勒古都郊外[14]。

敏東王著名的國師般若薩彌（Paññāsāmi），是伊耶達磨僧王的弟子。他受戒五年，著緬文《音義分析》（Saddattha-bhedacintā），受戒十年，譯《名義燈》（巴利語辭書）為緬文，並引用多種經論考訂。後來又著巴利語《教史》（Sāsanavaṃsa，或譯為《佛教史》），分為十章，為佛教史名著，其中緬甸佛教史為第六章，占全文一半以上。此外還有其他多種著述。

伊耶達磨僧王著《善王之道》（Surāja-maggadīpanī），為學僧講解《中阿含註》，被記錄和翻譯下來，之後書寫在貝葉上。慧勝種譯《本生經》為緬文。

公元一八四七年，緬甸傳去斯里蘭卡的僧團，因比丘與俗人在有水的地方，建了一道橋，方便比丘們來參加結界僧羯磨，但橋連接到結界以外去。當時一位智善心（Ñāṇalaṅkāra-sumana）上座舉行僧羯磨，如說戒等，已經過二、三年。後來一位提難陀上座（Dhinanda），認為結界不合法，不願共同作僧羯磨，因此，緬甸傳去斯里蘭卡的僧團分成兩派。

公元一八五六年十二月，提難陀派兩位比丘到緬甸，請示僧王，僧王審查經律，聲明那樣的僧羯磨是不合法的。因此兩位比丘重新自僧王受戒，次年八月回斯里蘭卡。公元一八五八年，智善心也派比丘二位、沙彌一位，與一俗人至緬甸，僧王也為三人重新受戒，然後協助他們回斯里蘭卡。後來緬甸傳去斯里蘭卡的僧團比丘至曼德勒，都要重新受戒。

依《教史》記載，公元一八六二年時，緬甸全國佛教共分五個宗派，即阿羅漢派、鬱多羅耆婆車波多派、尸婆利派、多摩陵陀派、阿難陀派⓯。

公元一八八五年十一月十一日，英緬第三次戰爭爆發，只十多天時間，同月二十八日，英軍就攻陷首都曼德勒，緬甸貢榜王朝末代君王施泊（Thibaw，一八七八—一八八五）被俘，與王后同被放逐於印度孟買的拉德乃奇黎島（Ratnagiri I.）上。次年元旦英國宣布，緬甸為英國女王統治下的版圖。

貢榜王朝前期，是緬甸社會文學發展最盛時期，產生多位著家。其中吳昂溧用緬文改寫印度的史詩《羅摩衍那》，僧人婆奧他用生動的散文翻譯《本生經》（十卷），名稱為《五百五十本生故事》。這兩本緬文譯本，後來影響緬甸文學的發展很大，一直流行至今。在史學方面，在吳卡拉《大史》的基礎上，瑞亭等溫編著《新史》，文字優美，著者更充分利用了孟雲王時期搜集很多的碑銘，修正了《大史》上一些錯誤⑯。

第二節　著衣的論爭再起

在本篇第四章第二節中，已說過東固王朝時期緬甸佛教僧團有著衣的論爭。東固王朝滅亡後，佛教著衣的論爭，並沒有解決；到貢榜王朝時期，著衣的論爭更趨激烈。

阿瑙帕雅於公元一七五二年，建立貢榜王朝後不久，披覆派善生上座等上書國王，說明沙彌進市邑時，依律制著衣應該披覆兩肩。但是偏袒派阿都羅國師等也上書國王，認為此事以前已經平息，現在不應該再起論爭。所以，國王沒有認真處理此事，推說國事繁忙，留待以後解決。可是後來，阿瑙帕雅王卻命令全國僧人都要服從國師的規定，這樣一來，披覆派就必須遵守偏袒派的規定。但有兩位上座，仍教誡他們的弟子，應該遵守入市邑時著衣披覆兩肩。

國王命令其中一位牟尼陀瞿沙（Munindaghosa）至王都稅布，召集僧眾會議。當時牟尼陀瞿沙在會議中受到警告，有一比丘對他說：「現在全國的僧眾，都要依國王和僧王的命令遵行，即依偏袒派的規定，現在只有你一個人及弟子披覆兩肩，你為什麼要違抗命令呢？」牟尼陀瞿沙回答說：「我以前聽說，你是很有修學、持戒、知慚愧的比丘，像你這樣的人，不應該說出這樣的話。我是很少福報的人，沒有力量為依靠。請你轉身注視我的老師（佛像），假使你記得我是他的弟子，你就不應該說出這樣不合理的話。」

那位比丘問：「誰是你的老師？」牟尼陀瞿沙對佛像作禮說：「這位就是我的老師！」說完，站立於僧眾中，偏袒右肩，行去佛像面前合掌恭敬地說：「佛陀！弟子願意犧牲自己性命，盡形壽不捨棄佛陀的戒法！」後來，國王把他驅逐出緬甸境外，地名叫摩辛伽（Mahanga）。牟尼陀瞿沙仍至各處教授他的學僧，並譯《攝阿毗達摩義論》為緬文。

之後，國王知道他在邊境的作法，就派人召他回來。牟尼陀瞿沙心想：「這次國王想要殺我了。」於是便捨戒還俗，跟著使者至王都。國王問他：「我聽說你是比丘，聚合很多僧眾，為什麼現在變成俗人呢？」牟尼陀瞿沙答：「大王！我想大王命我回來，或將要殺我，如果我不捨戒還俗，大王殺我，會得到很深重的罪業；所以我在來見大王之前，先捨戒還俗，免得大王會得重罪，現在大王如要殺我，就請吧！」國王下令把他囚禁起來，出兵去征討泰國大城。回軍時至直通的毘林（Bilin）得病去世⓱。

阿瑙帕雅王去世後，披覆派的正智（Ñāṇā）受封為國師。這時披覆派認為，我派僧長已為國師，有所依靠了，於是上書國王，說明沙彌入市邑時，應該著衣披覆兩肩。偏袒派阿都羅國師也上書，說此事以前已經平息，所以兩派未再爭論。

公元一七七六年以後，一位曼陀摩羅（Maṇḍamāla）上座，教授很多學僧，他常說沙彌入市邑時，著衣應該披覆兩肩才合法；而偏袒右肩，在三藏及註疏典籍中找不到根據。關於著衣的事，他引據多種經論，寫了一本書抉擇是非。又有一位難陀摩羅（Nandamāla）比丘，依據三藏及註釋等，向國王欽拘明（Singu Min，一七七六—一七八一）呈書說，沙彌入市邑時著衣應該披覆兩肩，至於偏袒右肩入市邑，經論中查不到證明。於是國王邀請兩派僧眾在王宮中舉行集會，各自陳述理由和意見。

披覆派依據經律，舉明理由出處：「比丘沙彌當學，著衣遮蔽（身體）。」因巴利語Parimaṇḍala一詞，意思即是「遮蔽身體」或「遮蔽全身」之義。而偏袒派舉不出任何根據，僅說是依前人流傳下來的習慣奉行。結果偏袒派辯論失敗，國王就命令全國比丘沙彌進市邑時，應該披覆兩肩，即依披覆派實行[18]。後來到孟雲王時，著衣的論爭又起。那時阿都羅國師還在，上書國王，說明沙彌入市邑時，著衣偏袒右肩是合法的，因為已經找到斯里蘭卡過去一位已證阿羅漢的目犍連上座著的《小聖典》（Culagantīpada）中說：「沙彌著衣，應如僧伽梨可掛搭於左肩上，再圍束腰部。」但經過辯論和審查，發現阿都羅根據的論典，是後來斯里蘭卡一個同名目犍連所寫的，而且不是很正確的論典。最後國王公布，命令全國比丘沙彌，應依披覆派奉行。偏袒派自此以後逐漸衰微，甚至不存在了。這是公元一七八三年的事，長達七十五年的著衣論爭終於結束了[19]。

❶ 阿瑙帕雅為緬甸「第三位民族英雄」，中國史籍記為「雍籍牙」。前兩位是阿奴律陀及莽應龍。

❷ 般若薩彌著：《教史》第六章。

❸ 1. 馮汝陵著：《緬甸史話》，第一四一頁。此書說四、五十萬。
2. 賀聖達、李晨陽著：《緬甸》，第七十五頁，說約一百五十萬。

❹ 1. 般若薩彌著：《教史》第六章。
2. 五十嵐智昭譯：《緬甸史》，第一八二—一八三頁。

❺ 五十嵐智昭譯：《緬甸史》，第一七五頁。

❻ 五十嵐智昭譯：《緬甸史》，第一九一—一九二頁。

❼ 五十嵐智昭譯：《緬甸史》，第一八八—一八九頁。

❽ 賀聖達著：《東南亞文化發展史》，第二一三頁（根據《緬甸國王詔令》第四冊，第十七頁、第一一五—一一六頁、第一三四—一三五頁）。

❾ 賀聖達著：《緬甸史》，第二〇三頁。

❿ 1. 五十嵐智昭譯：《緬甸史》，第一九一—一九二頁。
2. 馮汝陵著：《緬甸史話》，第一五六—一五七頁。

⓫ 賀聖達著：《東南亞文化發展史》，第二一二頁。

⓬ 般若薩彌著：《教史》第六章。

⓭ 第一結集，佛滅年在王舍城舉行。第二結集，佛滅百年頃在毘舍離舉行。第三結集，佛滅二三六年在華氏城舉行。第四結集，北方所傳為佛滅六百年，迦濕彌羅五百比丘集會，迦膩色迦王護法；南方所傳為佛滅六世紀初，斯里蘭卡毘多伽摩尼王時，三藏及註譯書寫貝葉上。

⓮ 1. Sir Charles Eliot: *Hinduism and Buddhism*, Vol. Ⅲ, p. 65。

2. Kavīvarañāṇa：《東南亞佛教史》（泰文），載《佛輪》月刊第十六卷。

⓯ 般若薩彌著：《教史》第六章。

⓰ 賀聖達著：《緬甸史》，第二〇七—二〇八頁。

⓱ 般若薩彌著：《教史》第六章。

⓲ 般若薩彌著：《教史》第六章。

⓳ 1. 山本達郎編：《東南亞細亞的宗教與政治》，第一四八頁。

2. Sir Charles Eliot: *Hinduism and Buddhism*, Vol. Ⅲ, p. 62-63。

第六章　英國殖民地時期的佛教

（公元一八八六至一九四七年）

公元一八八六年元旦，英國東印度公司總督杜弗林（Dufferin）發表公告：「奉女王御旨：過去由施泊王統治下之疆土，此後列入女王陛下之版圖，不再由該王統治，而由印度總督所委派經欽准之官員管理。特此布告通知❶。」

這一公告，宣布了貢榜王朝的結束，從此緬甸完全落為英國的殖民地，被列為印度的一個行省。英人初統治緬甸，緬甸各族人民因為國家滅亡，無不感到悲痛而拊膺切齒，在境內紛紛組織游擊隊，反抗英國統治，但終為英軍平息。緬甸初被併為印度一省，完全沿用英人統治印度的制度，緬人尤感不滿，至公元一八九七年四月四日，成為「自治省」。後來由於緬甸人繼續不斷展開民族運動，到了公元一九三七年四月一日，英國正式宣布緬甸與印度分治。

緬甸在英人統治下，緬甸社會中許多原有制度，均為之破壞。在佛教方面，佛教僧人在宗教和社會中的地位，也大為降低。英國行政當局，根據經濟上放任原則，表面上不對佛教有所干涉，也不對佛教作正式承認，緬甸人民子弟傳統的佛寺教育，在英人新教育制度下，也沒有獲得應有的地位。緬甸在英人統治以前，佛教寺院學校普及全緬，教師亦多由僧人擔任，負責教育的任務。到英人統治緬甸後，普通學校卻後來居上，有取代佛教寺院學校之勢。可是緬甸人民初等教育的普及（在公元一九三一年時，男子百分之七十以上識字），在比率上，還是多半由於佛教寺院學校的貢獻❷。

英人對緬甸佛教的事務，聽任自然，這種態度，就是不重視佛教。所幸緬甸佛教早深入民間人心，也由於緬甸僧人與人民的團結，努力發揚佛教，才能繼續生存下去。緬甸人認為捨棄自已固有宗教信仰，去信仰其他宗教，是一種「迦羅人」（kala），意即「變成外國人」。也有人說：「緬甸人」與「佛教徒」，幾乎是同一個名詞❸。

早在英國對緬甸增加壓力時，公元一八八六年，施泊王曾公布：「英人意圖侵略緬甸，目的是為了毀滅佛教。」因此使得緬甸僧人以後常常關心和涉及政治，希望政治與宗教建立合作關係。但僧王曾禁止僧人關心或涉及政治❹。

英國初統治緬甸時，般若薩彌僧王還在世。但後來發生問題，因為以前僧王是由國王加封，不是由僧團中推出；緬甸淪亡後，沒有國王了，以後僧王由何人加封？到公元一九〇一年，庫仁（George Nathaniel Curzon，一八九九—一九〇五年任印度總督）至緬甸訪問時，對此問題才獲得解決。他主張由緬甸僧團自選，然後由英政府加封。公元一九二三年，繼為僧伽領袖的是坦溫（Taunggwin）長老，英政府封為「教統」

（Sasanabaing），職位與僧王相等[5]。

緬甸淪為殖民地以後，無論在政治上和經濟上，緬人都感到不滿，不斷有人起來反抗英國，爭取民族獨立運動。最顯著的是在公元一九〇六年，「緬甸佛教青年會」[6]的成立，號召緬甸獨立。這種民族主義運動，很多青年僧人投入，並擔任積極指導者的任務。到第一次世界大戰結束後，亞洲與非洲同時掀起空前高漲的民族獨立思潮，尤其是印度甘地所提倡的「不合作運動」，給緬甸人很大的影響。緬甸各地的佛教青年會、婦女會和一些愛國團體，又聯合組成了「緬甸佛教團體總會」（General Council of Buddhism Associations，簡稱 G. C. B. A.），要求英國在緬甸實行類似印度的政體改革，但為英國拒絕。此後，以「緬甸佛教團體總會」為中心的民族獨立運動，日益高漲[7]。

英人殖民統治者，為緩和日益高漲的民族主義運動的需要，同意採取了一些籠絡僧人知識分子的做法，如設立巴利語考試獎勵就是一例。公元一八九五年在殖民政府的主持下，舉行第一次巴利語考試，一百一十六人報名，其中包括僧人六十六名，按考試成績分為四級，分別獲得五十至一百五十盧比不等獎金。此後每年在曼德勒、毛淡棉、仰光舉行類似考試，報考的人數逐年增加，至公元一九二〇年達一千六百人，到公元一九三〇年代平均每年約三千五百人參加[8]。

建於公元一九〇七年的喬達基佛塔（Chaukhtatkyi Pagoda），供奉全緬甸最大的臥佛，這尊臥佛高八公尺、全長七十二公尺，佛足底部還刻有一百零八種動植物。此塔寺後來因為毀損失修，又於公元一九六六年重建，今與大金塔成為緬甸最具有代表性的佛教建築。

僧人參加領導民族獨立運動，其中以宇．烏多摩（U. Ottama）及宇．毘沙羅（U. Visāra）兩位高僧最著名。宇．烏多摩於公元一九二一年，從印度歸國，領導反英運動，提出拒用外國商品，採用本國貨，及不與英國政府合作的主張。宇．毘沙羅因參加反英運動，公元一九二九年被捕，在獄中絕食一百六十六天而死。後來緬甸成立的各政黨著名領袖，都是出自以前「佛教青年會」或「佛教團體總會」的中堅分子。而且各政黨中，甚至有愛國青年僧人參加[9]。

緬甸民族獨立運動，其所以利用佛教名義，及很多出家人直接參加，是因為出家人一方面本於愛國衛教的熱忱，一方面利用佛教團體的組織容易號召群眾。所以，初期的緬甸愛國團體，即以維護傳統的文化和宗教為口號。如緬甸的首相，最初就向全國人民聲明以「佛法的護持者」自稱。據史密斯（D. E. Smith）著《緬甸的宗教與政治》（*Religion and Politics in Burma*）一書中，將緬甸反英運動與佛教結合，舉出六點理由：

動。

1.英國政府合併緬甸以後，僧伽地位不被承認，出家人反英增加，掀起民族主義運

2.僧人在鄉村政治上有指導者的影響。

3.僧人自由的立場，政府支配力比較薄弱。

4.僧人身無一物，英國政府可能對之無藉口攻擊。

5.僧人在社會上傳統地位崇高，在鄉村中是調停者及教育者，對民眾容易產生影響力。

6.任何鄉村中都有佛寺存在，是人民集會場所，形成了組織網，可迅速傳達政治消息。

同時，緬甸民族複雜，地理風俗、言語差異大。宗教上還有伊斯蘭教、印度教、基督教，經濟上有金融資本家及被支配者階級，感情多少難融合。但佛教是緬甸大多數人信仰的宗教，等於是個最高價值的共通分母，能夠將緬甸各民族大團結起來，共同反抗英國統治，爭取國家的獨立[10]。

緬甸經過多年奮鬥犧牲下，爭取國家獨立的願望終於獲得實現。公元一九四八年一月四日英人移交政權於緬人，結束了六十三年殖民地的統治，成立「緬甸聯邦共和國」。

總之，英人占併全緬甸統治後，佛教全面開始走向衰落，佛教喪失國教的地位，沒有中央組織，而以寺院為單元，過去是一村一寺，漸漸兩、三村或三、四個村才有一寺。過去有僧王管理全國佛教，在英人統治後，僧人已喪失過去受國王和官員尊敬的地位；甚至有時僧王職位也被去除。寺院學校，特別是註冊的寺院學校，大量減少，公元一九一六年有三千四百一十八所，到了公元一九二五年僅剩一千一百八十二所，許多僧人逐漸喪失做老師和傳統文化傳播者的地位⓫。

在英國統治時，關於緬甸佛教學術方面，在此也做一簡要介紹。緬甸佛教出家人，向來對於三藏的研究就非常注意，特別是對論藏。全國佛寺中，都有巴利三藏豐富的存書，古都曼德勒更是佛教文化和佛教教育的中心，一些珍貴罕有的經典，在佛寺中也能見到。全國有聖典印刷所三處，即「漢他瓦底印經處」（Hanthawady Press）、「蒙提尼三藏印務處」（P. G. Mundyne Tipitaka Press）、「札布密特瑞印經處」（Zabu Meet Swe Press），包括印刷三藏、註釋、疏鈔等。在二十世紀初，緬甸佛教風行研究阿毗達摩，在家佛教徒也有不少人研究。其中精於阿毗達摩研究的一位比丘雷迪長老（Ledi Sayadaw，一八四六—一九二三），著有《雙論研究》及《哲學關係》，於公元一九一四及一九一六年，倫敦巴利聖典協會出版。尼雅長老（Nyaungyan Sayadaw，一八七四—一九五五），他曾被選為僧統，著作約一百五十種，其中重要的有《大會經》（《長部》第二十經）、《梵天請經》（《中部》第四十九經）、《雪山（夜叉）經》、（《相應部》第十九經）、《戒蘊疏》、《禮敬疏》等。一位直通的比丘明貢長老（Mingun Sayadaw，一八六八—一九五五），著《彌蘭陀註》（一九四九）、《藏釋註》、《迦絺那（衣）抉擇》、《涅槃論》等。他具有許多新見解，與僧團及政府相抗，如他在《彌蘭陀註》中，認為比丘可以為女子傳授戒法。公元一九〇〇年前後，一位著名的佛學家及哲學家瑞尤昂，將三藏中的論藏譯成英文，並寫了一篇介紹佛教巴利語哲學的文章。西人杜羅塞爾（Charles Duroiselle）曾有關緬甸古代文物著作多種，及著《實用文法》（*Practical Grammar*）小冊。恩格（Z. Aung）著《哲學概要》（*Compendium of Philosophy*，一九一〇），內容多為翻譯《攝阿毗達摩義論》及比較研究，以及其他阿毗達摩的論述，列為名著；公元一九一五年又譯《論事》為英文。蒙廷教授（Prof. Maung Tin）譯《法集論義疏》（Aṭṭhasālini，英名*Expositor*, 2 vols, 1920-1921）及《清淨道論》（*Path of Purity*, 3 vols, 1922-1931）為英文。宇蒙齊（Ledipandit U. Maung Gyi）及宇林（U. Lin）二人，亦有阿毗達摩方面的著作。又有一位智光（Paññāloka）上座，用孟加拉語撰寫阿毗達摩方面的論著[12]。

❶ 馮汝陵著：《緬甸史話》，第一七四頁。

❷ 1. Brian Harrison: *South-East Asia: A Short History*, p. 223、248。中譯本《東南亞簡史》，第二四六、二六二—二六三頁。

2. 崔貴強著：《東南亞史》，第二八五頁。

❸ 1. Sir Charles Eliot: *Hinduism and Buddhism*, Vol. Ⅲ, p. 69-70。

2. Kavīvarañāṇa：《東南亞佛教史》（泰文），載《佛輪》月刊第十六卷。

❹ Kavīvarañāṇa：0t: *Hinduism and Buddhism*, Vol. Ⅲ, p. 65-66。

❻「緬甸佛教青年會」的宗旨：一、會員互相親睦。二、健全緬甸社會與宗教，及喚起輿論。三、健全佛教知識的普及。四、增進體育。五、集合同志促進佛教運動。公元一九〇六年「佛教青年會」成立，至公元一九一七年政治運動受到鎮壓，會員中積極分子都退出，而參加政黨團體。前後約十年時間，是其黃金時代。它也是後來民族運動各團體的先驅。（立花俊道等著：《南方圈的宗教》，第一一三—一一五頁。）

❼ 1. D. G. E. Hall: *A History of South-East Asia*, p. 698-699。

2. 立花俊道等著：《南方圈的宗教》，第一一三—一一五頁。

3. 馮汝陵著：《緬甸史話》，第一七六—一七七頁。

❽ 賀聖達著：《東南亞文化發展史》，第四二三頁。

❾ 立花俊道等著：《南方圈的宗教》，第一一三—一一五頁。

❿ 山本達郎編：《東南亞細亞的宗教與政治》，第一五五—一五七頁。

⓫ 賀聖達著：《東南亞文化發展史》，四二一—二二頁。

⓬ P. V. Bapat: *2500 Years of Buddhism*, p. 426-428。

第七章　緬甸獨立後的佛教

第一節　佛教組織與僧人生活

緬甸脫離英國殖民地統治後，成立緬甸聯邦共和國。公元一九六一年緬甸聯邦憲法第二十一條規定：「一、國家承認佛教為聯邦大多數公民之宗教特殊地位。二、國家又承認伊斯蘭教、基督教、印度教及神教為聯邦境內現存之宗教❶。」

公元一九六三年緬甸人口會議報告，全國人口約二千三百六十六萬四千人。宗教人口的分布，依日本文部省編的《各國宗教統計》說：緬甸全國佛教徒占百分之九十，伊斯蘭教占百分之三，印度教占百分之三，基督教占百分之二，其他占百分之二。最大的民族為緬族，其次是撣族、孟族、克倫族、欽族、印度人、中國人等。以宗教信仰來分，緬族人百分之九十八信仰佛教，撣族人和孟族人也多數信仰佛教。山地民族多信神教；基督教在山地布教信徒漸有增加，特別是在克倫族，百分之六十七是基督教徒，但是對緬族人布教，收獲甚微。在英人統治期中，緬族人改信基督的只有百分之零點一五的比率。伊斯蘭教和印度教，主要是印度人信仰，很少緬族人為教徒❷。

緬甸佛教僧團，是由蒲甘王朝傳承下來，曾經過多次分裂和統一。現在緬甸佛教僧團，主要分成三派，即：善法派（Saddhamma-nikāya，直譯正法派，緬文稱哆達磨派Thudhamma Gaing）、瑞景派（Shwegyin-nikāya）、達婆羅派（Dvāra-nikāya）。三派在教學上，對三藏聖典所遵奉的都是完全相同；只有在戒律上，特別是所持用物、著衣法及生活儀節有些差別。善法派是從前著衣被覆派轉變而來，即在十八世紀末孟雲王召開正法會議後而成立，為緬甸上座部最大的宗派，僧眾近十萬人，組織龐大，占僧人總數百分之九十左右。善法派在戒律上，可使用傘和草履，可咀嚼檳榔果實，允許觀劇、吸菸，特定誦經的場合，許可用扇。在佛寺及出外，著衣都要偏袒右肩；並積極參加社會關懷。瑞景派是創於一八六〇年，創始人宇闍伽羅（U. Jagara，一八二二—一八九三），以出生於瑞景村（Shwegyin）而得名，是針對善法派的改革而分裂出來，在戒律上主張嚴格實踐，此派僧眾在午後不允咀嚼檳榔果實及葉；禁止吸菸、乘馬車、觀劇、符咒等。出寺外須披覆兩肩，托缽須用帶子懸在右肩下。公元一九七三年此派有僧伽一萬三千二百八十九人，寺院一千七百六十六座。達婆羅派也是創於公元十九世紀中下葉，由奧波法師（Okpo Sayadaw，一八一七—一九〇五）在興實塔地區成立，提倡佛教淨化運動。巴利語Dvāra，意為門、門徑，所以達婆羅派（Dvāra-nikāya），又可直譯為門派，是通過身門、語門、意門代替身行、語行、意行，用以皈依三寶。主張在律藏中戒律都要嚴格遵守，禁與別派比丘接觸或共餐，不許手執金錢及觀聽歌舞等。此派僧人最少，出寺外須披覆兩肩❸。

緬甸佛教只有比丘、沙彌、信士男、信士女；沒有比丘尼、沙彌尼、正學女（式叉摩那）❹。據緬甸宗教部統計，全國僧人約十三萬，到每年安居三月期間，會增多數萬。全國佛寺約有二萬餘所，每所佛寺都由一位德學及戒臘高的比丘任住持，領導住眾修學和處理寺務。在緬甸佛教盛行的地區，每一個鄉村都有數個或至少一所佛寺，比較稍大的佛寺，都有佛殿、講堂、佛學院、佛教學校和休憩處的設立。住持通常是擔任院長及學校校長。一般社會風俗，普通男孩十二、三歲，入寺為沙彌；滿二十歲，可進受比丘戒。出家後，除三衣一缽及應具物外，傘、文具、書籍、眼鏡許可攜帶；指環、手錶及一切裝飾品，嚴禁持有。飲食自托缽而來。出家人日常費用，由俗家親屬及信徒供給；出家人接受僧教育，不需繳學費、雜費等。出家後，如不想繼續過僧團生活，可隨意捨戒還俗❺。

緬甸僧人的職務，修道是出家人最重要的行事，有規定的日課，住在佛寺，平常清晨四至五時起身做早課。天明後，出外托缽。午前時間較短，較少上課及作法務，如有空餘時間，比丘沙彌可自修或處理私人之事。正午以前，需食事完畢。午後，長老、上座們開始教學，教授青年比丘沙彌經論教理，經文念誦，或為佛教學校上課。晚上有晚課行持，復習所學課程。佛寺中設立的普通佛教學校，多數為小學，僧人可任教師，教導學童一些簡單的佛教教理、行儀、念誦。至於佛學院的教育，青年比丘沙彌主要學習的是巴利語文法、巴利語翻譯緬文、緬文佛法及常念誦的經文，另外也學習一些社會科目。

僧人在如法如律生活中，要參加各種羯磨行儀，如誦戒、安居、自恣等。一些地區的佛教活動、民間佛教儀式、國家慶典等，如有需要時，僧人也要出席參加。一般佛教徒結婚，出家人會受邀請誦經祝福及供養。還有命名、新屋落成、死者火葬儀式，出家人大多受到邀請參加，採用佛教儀式。哆達磨派的僧人，更有為俗人占星、符咒、驅逐惡鬼等。總之，緬甸僧人在民間社會上，普遍受到尊敬和供養。在宗教生活上，修行和研究教理，是宗教師及知識分子❻。

緬甸同其他南傳佛教國家一樣，沒有比丘尼僧團，但有一種近似的沙彌尼或學法女。她們剃除頭髮，受持八關齋戒，不限長期或短期，也有終生受持的，著深黃色衣裙及肩披一塊淡黃色布（泰國均為白色），附住在佛寺裡；但在戒律上，不承認她們是沙彌尼或正學女，而仍屬信士女。她們也可向施主托缽，或接受財物供養。如不想繼續生活為學法女，也可隨自己的意願蓄髮還俗。

第二節　佛教與國家的關係

公元一九五〇年緬甸政府要求英國巡洋艦到斯里蘭卡，將佛教聖物佛牙迎至國內讓人民公開瞻仰朝拜。當佛牙抵達仰光時，總統吳瑞泰、總理吳努親率文武百官至碼頭恭迎，而後在許多城市作巡迴展出，激勵僧俗對佛教的熱情❼。

緬甸獨立後不久，佛教在政府協助下，於公元一九五〇年公布三個規章：（一）設立僧伽法庭。（二）設立宗教部。（三）設立佛教評議會。現在分別簡介如下。

一、僧伽法庭：僧伽法庭，巴利名「法的規範」（Dhamma-ācariya），分兩處設立，一在首都仰光，一在古都曼德勒。兩處僧伽法庭負責促進和監督僧人戒律，及解決僧俗之間的法律糾紛，但常遇到許多困擾的問題。僧伽法庭主要是為僧人而設，因為僧人在戒律上所犯的輕重罪，可能在國家法律上是沒有罪的；同時僧人上普通法庭，也不很適宜，有損佛教尊嚴。不過僧人如犯了嚴重國法，則先勸令或強迫還俗，而後再依國家法律治罪❽。

二、宗教部：宗教部的設置，是基於憲法第二十一條第一項：「國家承認佛教為聯邦大多數公民之宗教特殊地位。」佛教在政府協助下，制定僧伽有關法規，設立佛教大學，佛教教師的培養。也基於憲法，聯邦總理吳努（U. Nu）及宗教部部長宇千頓（U. Chan Htoon）為佛教徒的指導者。為了發揚佛教，必須有佛教機構的設立，做為政府與佛教之間的聯繫，所以有佛教評議會的設置。吳努總理在國家議會中做出提案的理由說：「佛教評議會是緬甸全體佛教徒代表的團體，負有宗教上指導性的組織。目的在促進全國勵行宗教實踐，建設佛教穩固的基礎。佛教要保持辯論，佛教傳教師要仿傚基督教傳教師至外國宣揚佛教的精神❾。」

三、佛教評議會：佛教評議會（The Buddha Sasana Council），於公元一九五〇年制定條例，公元一九五一年八月二十六日成立。「佛教評議會條例」（The Buddha Sasana Council Act）規定由本部及地區代表八十名委員組成，擔任諮問委員會的性質，賦予如下之任務：

（一）單獨或由組織協力，向緬甸聯邦及外國宣揚發展佛教思想。

（二）在緬甸聯邦內外，設立傳布中心，提供研究會所及必要的設施。

（三）施行佛教聖典筆試及口試等，計畫推行振興佛教聖典的工作。

（四）推行及獎勵佛教聖典研究。

當時宗教部部長尼溫（Ne Wan）認為振興佛教需具備三個要素：真實虔敬的僧伽、堅固團結的在家教徒、政府獎勵，三個要素結為一體。

佛教評議會具體推行的事業，首先將巴利聖典譯為緬甸文發行，實施巴利聖典考試制度。前者費用多數由福特基金會資助；後者協助在家佛教徒研究聖典的意願，成績優良者並給與獎勵。公元一九五二年，開始有一萬二千人報名，分十個場所，考試阿毗達摩原典。公元一九六〇年，有一萬五千人以上報考，其中八千人及格。監獄中的囚犯，也鼓勵研究佛典，每年分兩次考試，及格者由佛教評議會發給證書。

非佛教徒的山地居民，也派遣僧人前往傳教，這在殖民地時代是沒有的。宗教部並派人員參與，這表明政府要以佛教達到促進各民族團結。佛教評議會的努力，據公元一九五九年報告，在北部邊區建立一百二十二所小型佛寺，有一百二十四位僧人擔任民眾的指導者，並供給學童教科書和衣服等。僧人傳教師的衣食，都由佛教評議會捐助款項中撥出。

吳努總理向議會提案設立佛教評議會的理由中，提倡佛教向海外傳布，需有傳教師培養的機構，所以在公元一九五二年設立佛教大學。它要求僧人入學，需具備佛學的知識，主要是教育英語及信底語（Hindi，梵語之一種，北印度土語）。可惜後因種種原因而停辦，有些外國已就學的比丘，亦遭遣散。佛教向外國傳布，佛教評議會的計畫，由吳努總理個人的活躍而擴大，所以吳努至印度、英國、美國等各地演說時，都有提及佛教思想的言論。公元一九六二年他至印度訪問時，得到四十個少年至緬甸研究佛教，給予訓練，期望日後成為印度的佛教傳教師。

佛教評議會修行方面，亦提供給予方法上的指導，由有經驗的人指導修習內觀法，在全國設立組織推行實踐❿。

關於緬僧修學的情形，從初出家沙彌起，首先要學習日常念誦的經文，上初級佛學課程，背誦戒本，然後學習巴利語，由初級而至高級。每年由宗教部派員，會同各地高僧，舉行一次大考，由初級至高級。考得高級佛學程度者，由政府頒給「法師」文憑。在第四級大考時，要背誦古典巴利名著《辭燈》（巴利辭典）。第六級大考及格者，在發給文憑前，需經一次品貌檢查，身體五官無殘缺者，才可頒給，因為這是一個教導師的學位。凡精通巴利三藏及二十年戒臘者，政府封贈「哲士」榮銜。公元一九五六年時，比丘榮獲哲士學位者五十三人，頒有法師文憑者一千零四人。各地所設巴利佛學院計有三十八所⓫。

吳努總理這種推行佛法的熱心，在議會中雖然沒有遭到人反對，可是贊成的人也不多。

公元一九五四年五月十七日「衛塞節」，緬甸佛教在國家贊助下，舉行「第六次結集」，由宗教部負責，實際上是由佛教評議會推動工作。這次結集的意義，旨在團結佛教徒，促進上座部佛教的興盛，以及提高緬甸獨立國的地位。場所是選在仰光北郊八公里處的藝固山崗上。先構築仿傚印度第一次結集時的七葉窟，於公元一九五三年一月十五日完成，窟內大殿堂可容納一萬人，投下巨資約二百萬美元，這是吳努總理要求政府出資興建的，並有六萬人獻出勞力。在山崗上，原先建有一座和平塔，塔基周圍九十二公尺，高三十六公尺，塔內藏有舍利弗及目犍連二大弟子的舍利，塔於公元一九五一年落成。在和平塔與石窟附近，建有一間佛教大學、一座戒堂、一座圖書館、一所療養院，這是緬甸獨立以來最偉大的建築物⓬。

第六次結集，以敏東王時第五次結集所鐫刻的七百二十九塊大理石經文為依據，並廣採斯里蘭卡、泰國、柬埔寨、倫敦巴利聖典協會及緬甸各種巴利語版本，作詳細校訂。最後結集完成，印刷流通。這次結集，邀請了南傳各國比丘參加，大乘國家比丘，也受到邀請前往觀禮，共費兩年多時間，至公元一九五六年五月二十四日衛塞節完成，以迎接佛紀二五〇〇年隆重的慶典⓭。

參加第六次結集的許多位高僧，都是精通三藏者。緬僧特別強調三藏的背誦，所以有能背誦一部經論或數部經論的人。在公元一九五三年，緬甸有一位明貢持三藏法師（Mingun Tipiṭakadhāra Sayadaw，一九一一—一九九三）的大長老，能夠準確無誤地背誦出有一萬六千多頁的全部巴利語三藏聖典，成為緬甸有史以來的第一位三藏持誦者，並被列入了世界吉尼斯紀錄大全⓮。

公元一九五四年九月，緬甸聯邦政府公布：「政府各級學校禁授佛教課程」，其理由是緬甸為一多民族國家，各族信仰宗教不同，政府應聽憑各自發展，不偏袒任何一種宗教。但這一禁令，很快受到佛教徒的反對，認為佛教是緬甸多數人信仰的宗教，禁令違背了人民意願及民間習俗。結果政府與佛教協議，佛教徒學生可授佛教課程，其他宗教徒學生，也可授予所信奉之宗教課程⑮。

設立在佛寺的公立學校，一律可授與佛教課程。公元一九五四年十二月三日，「第三屆世界佛教徒聯誼會代表大會」，在緬甸仰光和平塔大石窟舉行，會議連續三天，出席大會有四十多個國家單位，共三百多人；政府首長、人民團體及各地前往觀禮的人，兩千人以上。大會開幕禮，由聯邦政府總統巴宇親臨主持及致詞。會議三日中，通過決議案二十二件。並決定在公元一九五六年，第四屆世界佛教徒聯誼會在尼泊爾召開。

公元一九五六年五月二十四日，是第六次結集圓滿之日，也是教主涅槃二千五百年紀念之日，佛教與聯邦政府決定舉行最隆重的慶祝大典。慶祝大典於五月二十二日在仰光和平塔大石窟中舉行，緬甸總統、總理、各部首長，都出席參加，數十國家派有佛教代表，各國駐緬甸使節，結集三藏的二千五百位高僧，及來自各地比丘、男女信徒，共一萬數千人齊集大會場。全國休假六天，大赦或囚犯減刑，發行佛教二千五百年紀念郵票、紀念乘車券、航空券，下令禁屠六日。二千六百六十八位青年集體於紀念日發心出家⑯。

在緬甸獨立後，佛教振興的工作，固然獲得不少進展，但還有一件重要事件，就是「佛教國教化」的問題在推行時，受到很多阻擾和紊亂，成功只是曇花一現，最後終因政治上的變動而被廢除了。

早在公元一九四七年五月，緬甸在激烈爭取獨立運動期間，「反法西斯人民自由同盟」在仰光起草憲法時，就有人提案「佛教國教化」。但為避免妨害國家團結，會因宗教而引起少數民族對多數民族不和，最終決定「國家在宗教問題上保持中立的原則」。同年六月九日，國民議會制定的憲法，有關宗教的各項是：「國家承認佛教為聯邦大多數公民之宗教特殊地位」（第二十一條第一項），「國家又承認伊斯蘭教、基督教、印度教及神教為聯邦境內現存之宗教」（第二十一條第二項），「國家在宗教的信仰或信條的理由上，不限定條件或設有差別」（第二十一條第三項）。公元一九五四至一九五六年，第六次結集期間，佛教國教化的呼聲再次燃起。佛曆二五〇〇年結集閉幕後，三個佛教團體共同提案佛教國教化，並向總理及宗教部呈書說明。當時吳努總理答覆，在旨趣上贊同，但有三項理由反對：（一）恐怕國家蒙受重大分裂。（二）緬甸的政情不安，給外國有機可乘入侵。（三）招惹非佛教徒對此產生許多誤解。因為憲法上規定，人民信教自由，國家對待所有宗教都一律平等⑰。

佛教徒對此感到不滿。而此時反法西斯人民自由同盟（執政黨），正有鬧分裂的傾向，即以吳努為首的清廉派，和宇巴瑞（U. Ba Swe）為首的保守派，互相對立成為政敵。公元一九五八年春，二派正式分裂，佛教國教化也成了政爭。因政局的變化，吳努辭職，由尼溫將軍組成過渡政府，籌備大選。公元一九五九年九月二十六日，清廉派在和平塔召開代表大會，準備競選，吳努發表宣言中，表示他如再執政，一定要推行實現佛教國教化。保守派受軍部支持，強調宗教與政治分離，並猛烈抨擊吳努違反憲法條項「禁止濫用宗教做為政治的目的」（第二十一條第四項）。公元一九六〇年二月七日選舉結果，清廉派大勝。新政府成立後，為解決佛教國教化的各種問題，乃成立「國教問題顧問委員會」，委員以高僧十八位及在家信徒十七人組成，向全國各地人民訪問，徵求當地各宗教人士的意見。結果全國人民贊成者占大多數，其他宗教徒亦多支持政府這一主張，只有伊斯蘭教各團體及緬甸基督教同盟（新教）持反對態度⑱。

「國教問題顧問委員會」積極推動佛教國教化，盡管遭到不少阻礙，經過一年多的努力，終於在公元一九六一年八月十七日在議會提出（憲法第三次改正案），修改第二十一條第一項文為「佛教為聯邦內大多數公民信奉的宗教，定為國教」。又在第二十一條內追加第五項為：「聯邦政府從每年預算中最少撥出百分之五金額，做財政援助宗教有關事業」。又有附帶事項規定：

（一）聯邦政府努力推進佛教教學研究、佛教實踐活動等，政府尊重三寶，如遇一切危難中傷，佛教受到保護。

（二）政府有責任適當地管理保護第六次集結聖典、註釋書，避免印刷上的錯誤；聖典及註釋書的印刷，由政府制定並許可。

（三）政府有責任適當地保管在曼德勒近郊，第五次結集時銘刻三藏聖典及註釋書的碑文。

（四）最高僧伽會議，每年召開一次，（政府）接受他們的忠告及建議。又憲法第四十三條（有關藝術、科學、調查、文化機關、巴利、梵文的研究，享有國家的保護和資助）附加事項：

1. 國家幫助修復文化遺產的古塔。

2. 國家資助在聯邦內建立僧伽醫院，以及依佛教戒律規定與俗人有區別的看護及食物。

在政府第三次憲法修正案的同時，制成了「國教推進條例」，詳細地闡明佛教對民眾生活的影響。即國立學校所有佛教徒，教授佛學；大學、師範學校講授佛學；佛日廣播宗教節目；學校休假，禁止販賣酒類；裁判所內設供佛像；各地圖書館添置三藏經典等。憲法改正後，八月二十六日經議會票決，結果佛教國教化法案贊成三百二十四票，反對二十八票，棄權十九票[19]。

憲法第三次修正，雖獲通過佛教國教化，但實際上並未成功。不久因山地少數民族、印度裔伊斯蘭教徒，與緬族人更激烈地對立起來，國內政治不安，佛教徒與非佛教徒因宗教的差異，助長社會階層的對立。也由於佛教一些僧人及教徒，近於狂熱的態度，使事件擴大起來，至九月間，衝突更形尖銳化，政情更趨不安。政府為緩和反政府運動，即做第四次憲法修正案。將第二十條：（人民）「有權利宣白信仰自由，舉行祭祀的權利」改為「有權利宣白信仰自由，舉行祭祀，及教育的權利」。又在第二十一條追加第六項：「因被發言或文字中傷，包含所有危害他教的虛偽陳述，政府有保護此宗教之責任[20]」。

這些條款修改後，僧人認為「佛教國教化的意義已失」，「政府對其他的宗教也是國教化了」。第四次修正案，九月十八日下院通過，二十二日上院通過，政府為防止滋事，在國會外邊布置警察及裝甲車。很多佛教團體態度更轉趨強硬，一個月後，青年僧的團體，占據了仰光郊外的伊斯蘭教寺，煽動反伊斯蘭教徒運動，多人死亡。政府加派警察，逮捕暴徒，政局愈加不安。軍人覺得國家有解體的危險，於公元一九六二年三月二日，決定政變，吳努總理以下全體閣員被逮捕，成立「革命評議會」，尼溫將軍掌握權力。革命評議會宣布實行「社會主義」，否定特別擁護佛教的政策，廢止國教推進條例，停止佛日政府機關及學校休假，解除（佛日）酒類的販賣。

再談中緬佛教的關係，公元一九五五年十月十五日，由緬甸政府大法官吳登貌率領聯邦佛教代表團，迎請中國佛教聖物佛牙到達仰光，總統巴宇和政府要員親到機場恭迎，準備安供在新建完成的吉祥山大聖窟，在沿途中設置十多處停息站，讓人民參拜，人山人海，道路為之堵塞，增進了中緬兩國人民的情誼。佛牙在緬甸巡迴展出半年期滿，然後送回中國[21]。

緬甸上座部佛教，在六、七百年前由緬甸和泰國傳入盛行於中國雲南的西雙版納、德宏等傣族地區。傣族人於公元十三世紀創立了傣文，才有刻寫貝葉佛經。到公元一五六九年，西雙版納宣慰司刀應勐娶了緬甸東固王朝的金蓮公主為妻，隨同公主前來的有緬甸佛教僧侶，他們帶來了巴利三藏及佛像，又在景洪地區建築多所佛寺，使傣族上座部佛教得到了進一步的發展。傣族僧人誦經用巴利語，很多佛經已譯成傣文。現在傣族人口約有七十萬，佛教徒生活習俗很多與緬族人相近[22]。

第三節　軍人政府與佛教僧團

公元一九六二年五月二日，尼溫發動了軍事政變，結束了吳努的民選政府，建立由十七名高級軍官組成革命委員會担任政府重要的職位。軍人政府執政後，採取了嚴格的政教分離措施，取消了佛教國教的法令，停止國家給佛教的財政資助，禁止國家新聞媒體做宗教宣傳，並且禁止佛教評議會工作，阻斷佛教的發展，步履艱難，影響了以後幾十年的佛教事業㉓。

革命三週後，佛教評議會依據憲法第二十一條第五項規定，要求政府依宗教人口比率，支給公元一九六二至一九六三會計年度緬幣三百六十萬；軍政府反而進行調查佛教評議會的機構、會計、財產、債務，佛教評議會遭到解體。

在軍人政府執行嚴格的政教分離措施下，新政權在意識型態上表現它多少離開了傳統的佛教，將宗教的道德原則從僧伽身上轉變為普通人民的責任。佛教的原則不只是由僧伽來體現和推廣，而是由社會主義綱領、黨的幹部和政府部門來實行的。因此尼溫不是採取消滅僧伽政策，反對宗教，是以黨的幹部來取代比丘以往的社會責任，讓宗教純粹獨立發展，不過多數緬族人認為這違背了一向的傳統習俗及人民的意願。革命委員會欲使宗教純潔化，特別是佛教為大多數緬甸人都信奉的宗教的純潔化，而且使僧伽純潔的任務只有僧伽自己才能完成，不再介入世俗政治而受到汙染。因此在緬甸環境中，不再允許僧人從事政治活動，否則會受到警告或被拘捕判刑㉔。

公元一九六二年以後，緬甸軍人政府實行保守主義，關閉與外部世界往來大門，對外文化交流也中斷，境內或外國所有企業公司都一律實現國有化。一些外國機構和外企都完全撤出。到公元一九六四年，「世界佛教聯誼會」亦遷移至泰國，設立永久會址，並有人長駐辦公，與世界各國佛教徒保持聯繫。

與以前相比，實行政教分離後，嚴禁比丘們參加政治活動，僧人失去出頭露面的機會，當然會情緒不滿。在公元一九六五年一些僧人起來抗議國家用行政命令控制僧人，公元一九七四年一些僧人因為前聯合國祕書長宇丹遺體歸葬緬甸而掀起的抗議風潮，都被緝捕投入監獄。

但對於能夠同政府合作的僧人，軍人政府基本上還是保持尊敬態度。不過大部分僧人在緬甸的社會主義道路上就失去了建設性作用。自公元一九六二年之後的三十年間，僧人在樂意不樂意下，都只能政治靠邊站，思想上也回歸到傳統的佛教觀念上去，與政府保持「不即不離又若即若離」的態度。

公元一九六五年一月十八日，尼溫將軍廢除某些有利僧人的法規，如佛教大學、佛教教師培養所等。另一方面，巴利語受到資助研究，佛教遺跡也受到保護[25]。

六十年代中期，緬甸政府注意到傳統佛教信仰在人民生活中的重要性，以及僧侶在人民心中的地位，所以軍政府逐漸與佛教界修好。政府認識到「如果政府制定實施的政策得不到僧人的支持，那肯定是不會長久的」，因此注意團結僧人，尊重他們的權益，保持傳統宗教及其文化的影響。但仍然堅持把宗教排除在政治之外，嚴格執行政教分離政策。公元一九六五年政府召開全國僧伽會議，沒有取得顯著的成果，政府未得到僧伽的全力支持。公元一九七四年國家制定憲法中，仍然執行政教分離政策，強調「不論種族、宗教信仰、地位或性別，在法律面前一律平等」。為防止僧人操縱選票，還特別規定僧人「無選舉權及被選舉權」，但種族和宗教衝突仍有發生。

八十年代政府對佛教的態度有了進一步的改變，在仰光召開第二次全國佛教代表大會，會議主題為：「全國佛教純潔、鞏固、發展各派僧侶代表大會」。有九個佛教宗派僧侶一千二百二十六人代表出席。這次會議通過了「僧伽組織基本章程」、「僧侶律法糾紛案件審理裁決法」、「中央僧侶負責機構」等全國僧伽組織領導機構。尼溫政府也建築了大聖塔，表明政府對佛教的關心與支持，取得僧伽的諒解和認同㉖。

公元一九八七年因為經濟的惡化，很快導致政治危機，九月五日政府宣布廢除部分紙幣，當天仰光的學生，舉行了罷課和遊行示威，市民和僧人都有參加，引起一次很大的政治風潮，軍政府立刻採取行動鎮壓抗議活動，死難數百名學生。次年為了紀念死難的學生，國內再次掀起遊行示威的浪潮。由於得到國內輿論的支持，學生們聯合佛教僧人在瑞德宮（大金塔）前集會抗議，再次呼籲民主自由和經濟改革。一些年輕的僧人，政治態度卻比吳努時代的僧人還要激進，抗議人群要求尼溫下台，立刻實行民主和改革。在一些城鎮已經癱瘓的行政部門中，學生和僧人接管了權力。最後反對派推舉緬甸獨立之父翁山將軍的女兒翁山蘇姬為領導人，領導反對派活動與外部世界聯繫起來。公元一九八八年七月尼溫退休，八月國內開始劇烈騷動，防暴警察控制了仰光政府機關，驅趕和槍擊遊行示威學生和僧人及民眾，事後仰光統計死難者約五百至一千人，全國約達數千人之多[27]。

公元一九八八年蘇貌軍政府執政，政府與佛教又產生了矛盾，佛教僧人拒絕為軍人死後做誦經的儀式，以此消極抵抗軍政府。政府覺得此舉對穩定軍心極為不利，至公元一九九〇年十月二十一日，軍政府發出最後通牒，要求僧侶必須馬上停止拒絕為軍人做誦經的行為，否則處以重刑。僧人在政府的壓力下，放棄了抵制行動[28]。

公元一九九〇年全國大選活動，青年比丘們致力爭取國家權力由軍方向民選政府交接，當年九月以曼德勒為主的青年比丘數千人，組織抵制軍人政府活動，首先是拒絕接受軍人及其家屬的施捨供養，這實際上是拒絕軍人的宗教虔誠，嚴重影響政府的威信。十月底，政府軍隊開始整肅佛寺，有一百三十三座佛寺被搜查，有些僧人被捕，並強迫僧人接受布施，同時號召強調僧人應回到修行的重要意義[29]。

到了公元一九九一年後，甚至到公元二十一世紀初開始，佛教僧人經歷長久和多次的挫折後，而且以僧人身分在抗議活動中要謹慎克制，在傳統和信仰上要求不可亂來，而每次都被鎮壓下來，佛教也受到損傷。因此青年比丘們政治運動就趨於零落了。加以政府號召僧人應回到傳統社會上去，以修行為本職。這也是九十年代以來政府與僧伽關係比較融洽的時期30。

公元一九九四年軍政府從中國迎請佛牙前往緬甸做第二次巡禮（第一次在一九五五年吳努時代），這表示政府對國家傳統宗教的尊重，滿足人民信仰的需要，也有對民族宗教的扶持和管理的意義，及間接緩和政府與宗教的關係。

現在緬甸佛教徒，約占總人口的百分之八十以上，僧人約三十萬。依據公元一九九〇年十月二十一日緬甸官方的報紙《勞動人民日報》所說，緬甸登記的比丘有十四萬三千一百五十二人，沙彌有十六萬四千零七十七人，修道八戒女二萬二千一百三十六人（長期八戒優婆夷，過類似出家清修的生活）。而到一九九四年，比丘保持不變，沙彌卻增加到二十萬零六千六百八十二人，八戒女二萬三千零一十七人31。佛寺約二萬所。僧團分有九個宗派，而主要的是善法派，占僧數百分之九十左右。

佛教評議會，到了七十年代後，和軍政府的關係得到緩和，再重新恢復活動，主要致力於弘揚佛教文化，推行佛教教育，開發禪修等工作事業，恢復加入世界佛教聯誼會。宇千吞（一九〇二—一九八八）曾是一名政治家，參加過反英獨立運動，擔任過緬甸獨立政府宗教部長、大法官；他也是一名有影響力的佛教徒，公元一九五八至一九六三年被選為世界佛教聯誼主席，代表緬甸佛教徒訪問多個國家。公元一九六七年後完全投入到佛教事業；公元一九八〇年擔任緬甸三藏委員會祕書長，致力於巴利語佛經英譯工作。由於他對佛教的貢獻，泰王曾授予他最高的白象獎章。

第四節 現代緬甸禪法的教學

一、南傳佛教禪法的基礎

南傳上座部佛教，現代緬甸禪法的教學，依據經論的基礎，可分兩大系統：

一、四念處系統：㉜

依《大念處經》所說，重視身念處、受念處、心念處、法念處的修習。如果經常按照四念處修習，可以消除散亂雜念，斷除煩惱，獲得智慧。

（一）身念處：安住於身，隨觀身體

1.入出息念：初修習禪法的人，心比較散亂，妄想雜念多，開始可以修習入出息念，是較為理想的方式，把注意力放在呼吸上，呼吸是我們最自然和最常重覆的身體活動，一直以呼吸為專注的對象。

2.四威儀：在行、住、坐、臥四威儀中，可藉由注意身體的任何一部分而增長正念，深化禪修的覺知。雖然平常在禪修中，只談到坐禪和行禪，很少提到立姿和臥姿，其實在禪修時，所有的姿態中都要保持正念，以抗衡貪、瞋、癡等煩惱的生起。

3.正念正知：以正念正知觀察自己的色（身）、受、想、行、識，清楚了解當前身心所發生每項的事情，以增長戒、定、慧。正知，即是明覺，依《大念處經》解釋，修行者做任何事情時都要保持正知，無有片刻分離。有四種正知：利益正知、適宜正知、境界正知、不癡正知。在禪修中要努力保持正念分明，清楚自己身、口、意的行為。

4.觀身不淨：經中說：復次，諸比丘！比丘思惟此身，自足底而上，由頭髮而下，皮所包覆，充滿種種不淨，思惟：此身中有髮、毛、爪、齒、皮、肉、筋、骨、髓、腎、心、肝、橫膈膜、脾、肺、大腸、小腸、胃中物、屎、腦（屬於地界的二十部分）；膽汁、痰、膿、血、汗、脂肪、淚、淋巴液、唾液、黏液、關節液、尿（屬於水界的十二部分）。透過自己的正念，學習訓練觀察自己的身體，將它視為三十二個部分的集合，知其不淨，而生厭惡，可對治貪欲。

5.四界分別觀：觀身包括外在部分和內在部分，我們會發現到，其中有部分如地界的堅固，如水界的液體，火界與風界屬於消化和循環，較難觀想。我們的身體的每個部分，都在不斷地產生變化，不淨與無常，都會生、老、病、死，實無一個自我的存在。

修習四界分別觀，會打破心對自我的執著。

6.墓園九觀：九種墓園觀是建立屍體變壞不同的階段上，生起厭惡與不淨，目的是為了離欲。《清淨道論》說十不淨相：膨脹相、青瘀相、膿爛相、斷壞相、食殘相、散亂相、斬斫離散相、血塗相、蟲聚相，骸骨相。

（二）受念處：安住於受，隨觀感受

受有三種：樂受、苦受、不苦不樂受，都是指身心的感受。比丘經驗樂受時，了知是樂受，經驗苦受時，了知是苦受，經驗不苦不樂時，了知是不苦不樂受，而且能以智慧觀察，了知受無常、苦、無我的本質。隨觀感受，看到感受的生滅，沒有不變之受的存在。而一般人的感受，只知道樂受是樂受，苦受是苦受等。

（三）心念處：安住於心，隨觀心識

心念的活動，與身、受相關，所有的貪、瞋、癡等煩惱，都以六根為媒介，以觸受和覺受為取捨，遇樂即喜，逢苦則憂。觀察心的生滅，了知心是無常不實的，不會因渴愛與邪見而執取它。

（四）法念處：安住於法，隨觀諸法

1.五蓋：五蓋是貪欲蓋、瞋恨蓋、昏沉睡眠蓋、悼悔蓋、疑蓋。五蓋是禪修的負面的因素，阻礙我們的入定。禪修者隨觀注意五蓋的生起，五蓋就會消除。

2.五取蘊：五蘊是色、受、想、行、識，指構成我們身、心的五種因素，包括物質與心理的現象。取是指眾生執取這五種法（五蘊）為我。禪修者了知五蘊也是依因緣的聚散而生滅，實無恆常的自我，也就不會執取了。

3.十二處：十二處分內六處與外六處，內六處指六根，外六處指六塵。我們的身心透過內六根與外六塵的接觸，才會生起認識作用，產生染欲與結縛。禪修者了解結縛的生起與滅除，透過如理作意與止觀的修息，能夠逐漸捨離結縛。

4.七覺支：念覺支、擇法覺支、精進覺支、喜覺支、輕安覺支、定覺支、捨覺支。七覺支是資助我們覺悟，達至圓滿的涅槃解脫。

5.四聖諦：苦、集、滅、道四聖諦，是佛法基本的義理，為佛陀所認知和證悟，而成為正等正覺者。苦聖諦是一切皆苦，是世間的現實，苦的特性是不斷地使人受苦惱；集聖諦是苦惱由種種原因集起而形成；滅聖諦是斷除苦惱的原因，意指解脫貪、瞋、癡等一切煩惱的寂滅；道聖諦是導致寂滅之道，即出離苦惱的方法，意指以八正道為正確的修行。

二、止觀系統：㉝

為了針對各類不同性格的人修習禪定，得到更高境界的發展，南傳上座部佛教建立一套非常具體的專門修定方法，稱為止觀系統。強調巴利三藏聖典的重要性，特別是對

「阿毗達摩」的研究與實踐。禪修者首先必須嚴持戒律，在戒清淨的基礎上修習止業處，擁有某種程度的定力後再轉修觀業處，次第成就七清淨及十六觀智，乃至斷除煩惱、現證涅槃。

止觀系統把定境分為十遍處、十不淨、十隨念、四無量心、一想、一差別、四無色等，共七類四十種，稱為四十業處。十遍處是：地遍、水遍、火遍、風遍、青遍、黃遍、赤遍、白遍、虛空遍、光明遍。十不淨是：膨脹相、青瘀相、膿爛相、斷壞相、食殘相、散亂相、斬斫離散相、血塗相、蟲聚相，骸骨相。十隨念是：佛隨念、法隨念、僧隨念、戒隨念、捨隨念、天隨念、寂止隨念、死隨念、身至念、安般（出入息）念。四無量心是：慈無量心、悲無量心、喜無量心、捨無量心。一想是食厭想。一差別是指四界差別。四無色是：空無邊處、識無邊處、無所有處、非想非非想處。

各種不同性格的人分為六類：（一）貪行者適合修習十種不淨及身至念。（二）瞋行者適合修習四無量及青、黃、赤、白四遍。（三）癡行者及尋行者宜修安般念。（四）信行者宜修佛隨念、法隨念、僧隨念、戒隨念、捨隨念、天隨念。（五）覺行者宜修死隨念、寂止隨念、食厭想、四界差別。（六）其餘的地遍、水遍、火遍、風遍、虛空遍、光明遍及四無色十種業處，適合於一切行者。

在佛音論師的《清淨道論》第九〈攝業處分別品〉中，又詳分「止的業處」和「觀的業處」，有具體的修習法。修習止業處是培養定力，屬於增上心學；修習觀業處是培養智慧，是屬於增上慧學。因過於詳細，此處從略。

二、現代緬甸教學禪法的大師

現代緬甸出現不少著名禪師，教學禪觀（Vipassanā，毘婆舍那），從公元十九世紀末至現在，在政府和民間支持下，推向全緬甸及國際社會，受到世界佛教徒的重視，引起很多人前往親近和修學。今依出生年排序，簡要介紹如下：

雷迪大師

雷迪（Ledi Sayadaw，一八四六—一九二三）出生在緬甸北部稅布省（Shwebo，現已改為孟瓦省〔Monywa〕），十五歲出家為沙彌，二十歲受比丘戒。他學習巴利語與經典，特別專精於《攝阿毗達摩義論》（Abhidhammattha-saṅgaha），著有《勝義燈論——究竟真理手冊》（Paramatthadīpanī—Manual of Ultimate Truth），成為論藏重要的參考書。公元一八八〇年他以巴利語與緬甸文寫了第一本書《成就者手冊》（Paramīdīpanī—Manual of Perfections）。公元一八七一年，緬甸敏東王在首都曼德勒舉行「第五次佛經結集」，雷迪比丘幫助審編論藏的經文。

除了教導比丘與沙彌巴利語，雷迪開始以緬甸的傳統方式修習內觀（Vipassanā），專注於觀息（Ānāpāna）與感受（vedanā）。公元一八八六年，他進入位於孟瓦北邊的雷迪森林避靜。不久許多比丘也來加入，請求他教導，他於是建立佛寺容納他們，名為雷迪他亞寺（Ledi-tawya），後來就以這座寺院的名字稱他為「雷迪」。到了公元一九一一年，雷迪大師的學者名氣與靜坐老師的名氣愈來愈大，當時統治緬甸與印度的英國政府授予他「最偉大的學者」（Aggamaha-pandita）的頭銜，他也獲得仰光大學文學博士的學位。

雷迪大師是影響整個現代緬甸佛教的一位偉大的長老，因為他的功勞，使得緬甸的禪修很普及。他七十三歲時雙目失明，於是將餘生都專注在靜坐與教導靜坐。一九二三年，他在曼德勒與仰光之間平曼鎮（Pyinmana）的一座寺院過世，享年七十七歲[34]。

莫因法師

莫因法師（Mohnyin Sayadaw，一八七二——一九六四）不僅精通內觀禪修，也是一位研究阿毗達摩的學者，因此強調行者在實修前應先熟悉阿毗達摩的基本觀念，以助於用清楚明白的方式直接觀察所有現象。當行者透過禪修而體認到事物終究是由元素、零件或群組構成，純淨的知識就產生了，這種知識將對色法與心法的真相有清楚的內觀，最終能以寧靜的心看到事物的來去，達到深層的內在和平。莫因的弟子以仰光的莫因寺（Mohnyin Monastery）為中心，遍布緬甸。

孫倫西亞多

孫倫西亞多（Sunlun Sayadaw，一八七八——一九五二），原名烏丘定，因來自中緬甸近敏建（Myingyan）的孫倫村洞窟寺院，而被稱為孫倫西亞多。烏丘定曾任職政府公務員以及結婚，後離職務農。公元一九一九年家鄉發生傳染病，鄉人的收成都不好，只有他依然豐收，在緬甸人的觀念裡，如果一個人世間財富突然增加，象徵此人即將死亡。因此，焦慮的烏丘定決定行善施飯供眾，一位來客談到有關毘婆舍那的修行，他聽到此法後深受感動，一有空閒就專注呼吸修習。因為他熱誠認真的努力，公元一九二〇年就證得初果至三果，之後他即出家，當年十月證得阿羅漢果。

在緬甸有一百座以上的禪修中心教導孫倫西亞多的修習法，位於仰光市南歐卡拉帕區的孫倫禪修中心（Sunlun Meditation Centre）是其中最大的。孫倫西亞多特別強調藉密集的強力呼吸和持續不動的身體痛苦所產生的力量，清除昏沉及散亂的心，使禪修者清醒和精神集中。

禪修中心每天清早三點就開始靜坐，禪者由練習吸氣開始，保持正念，強、猛、快速地呼吸，然後感覺身體的觸受，每次禪坐一至三小時，每天有五至七次的靜坐時段。禪者在禪坐時不論痛、癢，甚至抽筋也要保持身姿不動搖，透過苦的歷練獲得法的真相。孫倫的禪法簡單，貴在實踐，少有理論說明[35]。

唐卜陸法師

唐卜陸法師（Taungpulu Sayadaw，一八九六—一九八六），曾跟隨明貢尊者學習念處內觀兩年，後於毛淡棉附近教禪兩年，之後獨自在森林禪修十二年，實踐十三頭陀行。唐卜陸法師注重「正念」之功用，如實知身、心的作業與受報。修習「正念」，以「身至念（誦念、觀想身體的三十二部分）」為主，可以對治色貪欲，以及消除「我、我所見」的迷惑。唐卜陸強調，學佛是為了求覺悟，當我們看到無常、不完美、無我的實相，覺悟自然就會出現。

唐卜陸寺（Taungpulu Monastery）位於仰光北方的密鐵拉（Meiktila），占地二百二十五公頃，沒有電力與電話，有住眾三十多位。

烏巴慶

烏巴慶（Sayagyi U Ba Khin，一八九九—一九七一）出生於仰光，是一位在家禪修大師。公元一九二六年，他通過印度地方政府的會計業務考試；公元一九三七年，緬甸脫離印度統治後，成為第一位特別辦公室主任；公元一九四八年一月四日緬甸獨立之日成為主計長，此後擔任部長級職務多年，直至公元一九六七年退休。

烏巴慶約四十歲時開始跟隨烏帖（U Thet，一八七三—一九四五，曾在雷迪大師座下修學七年）學習內觀禪修，他精熟多種專注禪修的方法，並創造一種技巧來修毘婆舍那的內觀禪修，亦即在專注練習後，將注意力轉移到身上，進而有系統地觀察身體的感受，覺察諸受無常的實相㊱。

公元一九五二年，烏巴慶於仰光成立國際禪修中心（International Meditation Centre），他的教學風格直接、密集、實用，他認為佛教是去實踐，而非空談。除了緬甸，澳州、英國、美國、加拿大、德國、日本、荷蘭、新加坡、瑞士、比利時、丹麥、義大利等國，都有烏巴慶的禪修中心。

莫哥西亞多

莫哥西亞多（Mogok Sayadaw，一八九九—一九六二）是雷迪大師的追隨者，曾在上緬甸教授佛教心理學及佛經三十多年，後來到明宮（Mingun）接受毘婆舍那的訓練，之後應俗家弟子的要求開始教導內觀禪修。

莫哥法師強調必須要對法有所認識才能進入內觀的修習，他教導學生認識組成身心的四大元素、五蘊、六根等；並解釋緣起法的因果關係，說明貪慾和渴望如何使我們陷入痛苦的輪迴中。藉由內觀的修行，在五蘊的生滅過程中，觀察法的自性，可以超越因緣流轉而獲得真正的解脫。修習時先專注呼吸使心念集中，接著觀察在六根對六境時感受或心念的變化，如實知苦、樂、不苦不樂受的生滅，而體證無常、無我，來止息我見及生死輪迴。

莫哥法師的教法中，最重要的就是緣起法的應用。他說明因緣流轉中相依相待的因果相續性，引導修學者體驗身心變化的過程，藉由心念處內觀的訓練，衝破因緣流轉的連鎖，得到真正的解脫。

莫哥禪修中心（Mogok Meditation Centre），位於仰光市巴罕區的莫哥，是緬甸二百多座分院的總部。

馬哈希長老

馬哈希（Mahasi Sayadaw，一九〇四—一九八二），上緬甸雪布人，十二歲出家為沙彌，公元一九二三年受具足戒，並專研《大念處經》。公元一九四一年他通過了政府舉辦的法師（Dhamma-acariya）考試，同時獲得政府頒予的最高巴利語佛學哲士，以後全心投入智慧禪的修行。因住在實肯（Seikkhun）的馬哈希寺（Mahasi），而始被人稱為馬哈希尊者。他應弟子們要求，撰寫了《毘婆舍那——智慧禪法手冊》（Manual of Vipassana Meditation），是一本真正和完整的禪修書，包含了智慧禪學理和修行的說明。

公元一九四七年，馬哈希在仰光成立馬哈希禪修中心（Mahasi Meditation Centre），以弘揚佛法、傳授指導內觀禪修法為主。有很多禪修者在此得到利益安樂，便從當地推展到全球，傳授馬哈希禪法的國家有印度、尼泊爾、泰國、斯里蘭卡、馬來西亞、日本、英國、美國、澳洲等地。在緬甸境內則由他的弟子相繼成立道場百處以上，每年約有數千人自世界各地來此做短期或長期的修學。平常約有兩百人在中心內修習四念處，全年整日密集地專修十六至十八小時，行禪與坐禪交互進行，影響了同是南傳佛教的泰國、斯里蘭卡現代禪法教學的興起。公元一九五二年緬甸舉行巴利三藏「第六次結集」，馬哈長老多擔任最後的審訂工作[37]。

屬於馬哈希禪修系統的，還有班迪達禪修中心、沙達馬然希禪修中心、恰密禪修中心等三處較為著名。

昆達拉禪師

昆達拉禪師（Kundalabhivamsa Sayadaw，一九二一—二〇一一）出生於緬甸的Waw市鎮，九歲時出家為沙彌，曾在多間寺院學習，其中較為出名的為Shwehintha和Maydhini森林寺院，禪師於公元一九五六年和一九五八年分別通過考試，取得兩個法阿闍黎的頭銜。公元一九七七年昆達拉在馬哈希大禪師指導下習禪，一年後成為禪修指導老師，於公元一九七九年成立沙達馬然希禪修中心（Saddhammaransi Meditation Centre），每日教導僧伽逾二百名，二十年不輟。

昆達拉禪師的緬文著作非常豐富，曾經出版三十三部本佛書，其中十七部著作已譯成英文，他也是馬哈希修禪中心的僧團顧問之一，常受信徒的邀請赴新加坡、英國、法國及美國主持禪修課程及弘揚佛法。

班迪達法師

班迪達（U Pandita Sayadaw）公元一九二一年生於緬甸仰光市近郊，十二歲出家為沙彌，二十歲受具足戒。公元一九五〇年開始，在馬哈希大長老的指導下學習毘婆舍那禪修。公元一九五二年，通過緬甸政府的上座部佛學考試，獲得「法阿闍黎」（Dhamma-acariya teacher）的尊銜。

馬哈希圓寂後，班迪達曾任馬哈希禪修中心院長數年，爾後在因緣具足之下，接受護法居士們的懇請，主持位於仰光的班迪達禪修中心（Panditarama Sasana Yeiktha），弘揚正法，禪修活動全年無休。值得一提的是，禪修中心每年都會舉辦青少年、成人的短期、長期出家訓練，給予良好的熏陶，教導禪修與研讀佛學經教，以避免因開放觀光後逐漸受到歐美科技物質主義的潮流衝擊及其他宗教滲入。在緬甸之外、尼泊爾、澳大利亞、英國和美國，都有班迪達禪修分支中心[38]。

葛印卡

葛印卡（S. N. Goenka，一九二四—二〇一三）祖籍為印度，出生於緬甸瓦城，公元一九五五年起親近烏巴慶長者學習內觀的方法，持續約十四年的時光。公元一九六九年受烏巴慶長者指派前往印度傳法，貢獻一生。公元一九七六年在印度孟買附近的伊加埔里（Igatpuri）成立國際內觀中心，每年約有五萬人參加課程[39]。公元一九八二年開始，更於世界各地成立內觀中心，舉辦內觀課程。緬甸內觀禪修中心（Dhamma Joti）則成立於公元一九九三年，占地八公頃，禪堂可供一百七十人共修。

葛印卡的教導著重在內觀的實修，強調要親自去體驗佛法的好處，並應用於日常生活中。

傑拿克法師

傑拿克法師（Janakabhivamsa Sayadaw）出生於公元一九二八年，十五歲出家開始研讀佛經，公元一九四七年受比丘戒。公元一九五三年至一九五四年曾跟隨馬哈希尊者學禪，之後，他被邀請在「第六次巴利文佛典集結」中擔任編輯。公元一九六七年他被馬哈希禪師任命為馬哈希禪修中心的禪修老師。公元一九七七年受信眾禮請至恰密禪修中心（Chanmyay Yeiktha Meditation Center）擔任住持，因此也被稱恰密禪師。法師於公元一九九三年榮獲緬甸政府授予的「業處阿闍黎」（Kammathanacariya）頭銜，並於公元一九九五年榮獲「首座業處阿闍黎」（Agga Maha-Kammatthanacariya）封號。

傑拿克法師教學特別重視行、住、坐、臥生活舉止的輕柔緩慢，以正念直接觀察身心現象，洞悉心的運作，從而明白其真實本質，令行者得到智慧。該中心另有一森林道場位於莫比（Hmawbi），距離仰光市約一小時車程，經申請同意，可前往靜修[40]。

帕奧禪師

帕奧禪師（Pha Auk Sayadaw），法名烏．阿欽納（U Archin），公元一九三四年出生於緬甸興達塔鎮（Hinthada Township）的雷鐘村（Leigh Jhyaung）；九歲於薩林寺（Sa Lin Monastery）受沙彌戒；二十歲於耶吉寺（Ye Gyi Monastery）受比丘戒；二十二歲參加僧伽會考，取得法阿闍黎（Dhamma-acariya）的資格。

公元一九六四年曾跟隨數位當代長老學習四界分別觀、出入息念、觀禪等業處多年，隨後於直通（Thaton）尼明達拉山（Nemindara Hill）的達溫居（Tawaing Gyi）森林、召特隆山（Kyauk Talon）的樂心寺（Citta Sukha Monastery），及葉鎮（Ye Township）附近的阿馨叢林寺（Ah Sin Tawya）等處潛修十餘年。在這期間，依據巴利聖典及相關註疏，深入研究禪觀理論以配合止觀實踐，兼習頭陀行（dhutaṅga）。

公元一九八一年應烏．阿嘎般雅（U Aggapaññà）長老之邀接任帕奧叢林禪院住持，開始教授住眾禪修，依止學眾有數百人之多，來自世界各國的僧尼及愛好禪修人士極其踴躍。在緬甸國內，除了毛淡棉本部——帕奧禪林之外，仰光、北緬曼德勒及東枝等市區，亦設有分部。

帕奧禪師所教授的禪法，乃依據《清淨道論》中三學、七清淨及十六觀智之次第，強調禪修者應以「戒清淨」為定、慧二增上學之基礎。因個別的根器與需要不同，一般由「安那般那念」（出入息觀）或「四界分別觀」入門，遍修入禪業處，如：三十二身分、白骨觀、十遍、四護衛禪（慈心觀、佛隨念、不淨觀及死隨念）、四無色禪，得具色、無色界八定之後，次以「色、名」業處，「緣起」，「相、味、現起與足處」修習觀禪（毘婆舍那）。在教學之餘，帕奧禪師更以八年時間完成五本約四千頁之鉅著《趣向涅槃之道》（Nibbanagaminipatipada）[41]。

❶ Kavīvarañāṇa：《東南亞佛教史》（泰文），載《佛輪》月刊，第十六卷第十期。

❷ 山本達郎編：《東南亞細亞的宗教與政治》，第一五〇—一五一頁。

❸ 1. 山本達郎編：《東南亞細亞的宗教與政治》，第一五一—一五二頁。

2. 宋立道著：《傳統與現代——變化中的南傳佛教世界》，第二二六—二二八頁。

❹ 南傳佛教斯里蘭卡原有比丘尼僧團存在，中國道宣《行事鈔》中，亦記載劉宋元嘉十年（四三三），有僧伽跋摩至揚州，當時正有師子國（斯里蘭卡）先後到達兩批比丘尼。斯里蘭卡中世，常因國家戰亂，佛教衰微，尼僧團斷絕傳承，所以後來就沒有比丘尼了。

❺ 1. 山本達郎編：《東南亞細亞的宗教與政治》，第一五二—一五三頁。

2. 樂觀著：《護國衛教言論集》上，第一九六—一九七頁。

❻ 山本達郎編：《東南亞細亞的宗教與政治》，第一五四—一五五頁。

❼ 楊曾文主編：《當代佛教》，第九十八—九十九頁。

❽ Kavīvarañāṇa：《東南亞佛教史》（泰文），載《佛輪》月刊第十六卷，第十期。

❾ 山本達郎編：《東南亞細亞的宗教與政治》，第一五七—一五八頁。

❿ 山本達郎編：《東南亞細亞的宗教與政治》，第一五七—一六〇頁。

⓫ 樂觀著：《護國衛教言論集》下，第四五〇—四五一頁。

⓬ 山本達郎編：《東南亞細亞的宗教與政治》，第一六〇—一六一頁。

⓭ 1. Kavīvarañāṇa：《東南亞佛教史》（泰文），載《佛輪》月刊第十六卷。

2. 山本達郎編：《東南亞細亞的宗教與政治》，第一六二頁。

⓮ 林欣著：〈試論南傳佛教的傳承〉，載於香港《內明》第二八一期，一九九五年八月。

⓯ 樂觀著：《護國衛教言論集》下，第四六七—四六九頁。

⑯ 1. 山本達郎編：《東南亞細亞的宗教與政治》，第一六二頁。
2. 樂觀著：《護國衛教言論集》下，第四五四—四五八頁。
3. 日本佛教時代社編：《佛教大年鑑》，一九六九年版，第八〇六—八〇七頁。
⑰ 山本達郎編：《東南亞細亞的宗教與政治》，第一六四—一六六頁。
⑱ 山本達郎編：《東南亞細亞的宗教與政治》，第一六七—一六八頁。
⑲ 山本達郎編：《東南亞細亞的宗教與政治》，第一六七—一六八頁。
⑳ 山本達郎編：《東南亞細亞的宗教與政治》，第一六八—一六九頁。
㉑ 楊曾文主編：《當代佛教》，第一〇一—一〇二頁。
㉒ 1. 常任俠主編：《東方佛教文化》，第一四〇—一四一頁。
2. 藍吉富主編：《中華佛教百科全書》（七），第三七五四頁。
㉓ 楊曾文主編：《當代佛教》，第一〇七頁。
㉔ 宋立道著：《傳統與現代——變化中的南傳佛教世界》，第三九五—三九六頁。
㉕ 山本達郎編：《東南亞細亞的宗教與政治》，第一七〇—一七一頁。
㉖ 楊曾文主編：《當代佛教》，第一〇八頁。
㉗ 宋立道著：《傳統與現代——變化中的南傳佛教世界》，第四〇〇—四〇一頁。
㉘ 楊曾文主編：《當代佛教》，第一〇九頁。
㉙ 宋立道著：《傳統與現代——變化中的南傳佛教世界》，第四一二頁。
㉚ 同上書，第四〇五及四一二—四一三頁。
㉛ 宋立道著：《傳統與現代——變化中的南傳佛教世界》，第三十六頁。
㉜ 下列四念處系統，依南傳《大念處經》四念處主要內容解說。
㉝ 下列止觀系統，依葉均譯《攝阿毗達摩義論》附錄〈略談南傳佛教修定的方法〉一文做簡說。及參

考佛音論師的《清淨道論》的第九〈攝業處分別品〉。

㉞ 參考網路：「上座部佛教大師——雷迪西亞多——上座部佛教搜索」。

㉟ 參考傑克・康菲爾德著、新雨編譯群譯：《當代南傳佛教大師》〈第六章孫倫西亞多〉，第一六九—一七四頁。

㊱ 參考網頁資料：空法師、張慈田，〈緬甸內觀禪修道場簡介〉。（http://www.dhammarain.org.tw/books/inside/inside.htm#陸、緬甸內觀禪修道場簡介）

㊲ 參考網頁資料：空法師、張慈田，〈緬甸內觀禪修道場簡介〉。（http://www.dhammarain.org.tw/books/inside/inside.htm#陸、緬甸內觀禪修道場簡介）

㊳ 班迪達尊者百度百科。

㊴ 參考網頁資料：空法師、張慈田，〈緬甸內觀禪修道場簡介〉。（http://www.dhammarain.org.tw/books/inside/inside.htm#陸、緬甸內觀禪修道場簡介）

㊵ 上列班迪達禪修中心、達磨倫西禪修中心、傑拿克禪修中心，參考網頁資料：空法師、張慈田，〈緬甸內觀禪修道場簡介〉。（http://www.dhammarain.org.tw/books/inside/inside.htm#陸、緬甸內觀禪修道場簡介）。

㊶ 參考帕奧禪師著、尋法比丘譯：《智慧之光》〈緬甸帕奧禪師簡介〉（中譯本）。

第三篇

泰國佛教史

第一章　泰族立國前的佛教

第一節　國土與民族

泰國（Thailand）位置於北緯五點三七度至二十點二七度，東經九十七點二二度至一百零五點三七度。全國面積五十一萬四千平方公里。東部接壤柬埔寨，南控暹羅灣，尖端連接馬來西亞，西鄰緬甸，東北與寮國以湄公河為界。全國地勢分為北部、中部、東北部、南部四個區域。北部多丘陵，中部是平原，東北為柯叻高原，南部地形狹長。根據泰國公元二〇〇五年七月統計，全國總人口六千四百七十六萬人。首都設置在曼谷，人口七百九十萬。

泰族人在公元一二五七年才正式建國，至今只有七百多年歷史。現在泰國的民族，以泰族（Thai）為主，約占百分之四十，寮族（Lao）占百分之三十五；其他是吉蔑族（Khmer）、羅斛族（Lawa）、孟族（Mon）、撣族（Shan）、馬來族（Malay）、矮黑族（Negrito）、沙蓋族（Sakai）等。如加上泰北山區若干少數民族在內，共有三十多個民族。又據泰國官方估計，有華僑四十萬九千五百零六人；另據華僑研究學者及中國估計，在泰國境內的華僑及華裔，實超過三百五十萬人❶，多數為潮籍。印度人及印裔，也有數十萬人。泰語為國語。佛教是泰國國教，百分之九十以上的居民信仰佛教，馬來族信奉伊斯蘭教，還有少數信奉基督教新教、天主教、印度教和錫克教。

在泰族未建國以前，各種民族雜居，過著原始或部落的生活，很少歷史記載。據歷史學者考證，古代當地的土著為矮黑族及沙蓋族等，散居於克拉地狹、湄公河三角洲及泰國東南部山區。後來柬埔寨有一支吉蔑族人侵入，把原始土著逐走，向南遷移，進入馬來亞境內，而吉蔑族人就在征服的土地上組成部落。不久，吉蔑族在泰境中部一帶，勢力強大起來，所占的幅員也最廣。在湄南河❷上游和東北的柯叻高原，散居著羅斛族，泰史又稱拉哇族（Lawa）；孟族❸和撣族則居於西北部及薩爾溫江一帶，這三族的勢力較吉蔑族為弱。但這些民族，都曾在泰族興起之前，在泰國境內不斷戰爭，建立過許多短暫的部族或小國家。

泰國最大的民族是泰族，原先居住在中國雲南邊境，約公元七世紀末開始向南遷，逐漸越過湄公河進入平原地區，經過數世紀與吉蔑族、羅斛族等戰爭，終於形成泰境內的一個主要民族。

泰族向南遷移，分布於湄公河一帶的稱「小泰族」，分布於今日緬甸北部地區的稱「大泰族」，又稱「撣族」。今日泰國境內的泰族，就是由湄公河進入湄南河流域的小泰族。小泰族和大泰族合稱「暹」（Siam），是出自梵語 Syama，為「金色」或「棕色」之意。大泰族稱「撣」，與「暹」字音義相同。

泰國人及有些西人寫泰國史或東南亞史，每多誇大泰族人古代建國歷史輝煌，他們主張泰族自漢代哀牢、唐代南詔而迄宋代大理。其實廣義的泰族，包括範圍很廣，哀牢、南詔（後改稱大理），一為中國雲、貴兩省邊區民族，有時獨立，有時直屬中國，這只能說明泰族在中國西南地區建國的歷史，而與以後逐漸南遷分支的泰族、撣族、寮族各自建國的歷史，淵源是不相同的。不能因為他們古代有同族血緣的關係，就混為一談。泰國史上第一個獨立政權，素可泰王朝崛起於公元一二三八年，然後逐漸強大起來，而南詔滅亡於公元一二五三年，所以無理由可說南詔為泰族人的前身。也就是說，哀牢、南詔的建國，是中國雲、貴邊區的泰族；泰國、寮國和緬甸的撣部，是南遷的泰族。

泰國在未立國前，不時有些小邦或部族的建立，但時間都不長，很難於考訂。至中國隋、唐時，稱泰國為「赤土」❹；元朝時才與中國發生關係，《元史》稱其為「暹」；明朝時稱之為「暹羅」。《明史．暹羅國》說：「暹羅在占城西南，順風十晝夜可至，即隋唐赤土國，後分為羅斛、暹二國……元時，暹常入貢，其後羅斛強，並有暹地，遂稱暹羅斛國。」至於什麼時候正式稱暹羅國，《明史》也有一段記載：

「洪武十年（一三七七），昭祿群膺承其父命來朝，帝喜，命禮部員外郎王恆等齎詔及印賜之，文曰『暹羅國王之印』，並賜世子衣幣及道里費，自是其國遵朝命，始稱『暹羅』❺。」

《明史》上所記的羅斛國，約在公元十世紀時，是孟族人在原墮羅缽底之地建立的羅斛國，其中心在湄南河中游的華富里（Lopburi），因為距安哥不遠，政治上常受到安哥支配，但能阻擋安哥部分的勢力，使泰族人後來有能力反過來取代孟族人，在泰境建立佛教國家❻。

但依泰文《暹羅史》所記：「佛曆一八〇〇年（一二五七），素可泰（Sukhothai）王朝建立後，始以暹羅做國名，暹羅國名由此始。」如果素可泰王朝建立後，即以暹羅做國名，那麼中國賜暹羅王之印（洪武十年，即公元一三七七年），應是隨原來暹羅國名而賜，非是賜印之後始稱暹羅。

西人東來後，也都稱泰國為「暹」（Siam，或暹羅）。至公元一九三九年五月，泰國變法為君主立憲制，才改稱為泰國（Thailand）。「泰」（Thai）在泰文中，兼有「自由」與「泰族」之意；而且在泰國各民族中，以泰族為主。所以泰國的解釋，含有「自由之邦」與「泰族之邦」的意思。

番禺，望占波（Campa）而陵帆，指佛逝（Srivijaya）以長驅……讚曰：『為我良伴，其屆金洲……』。」（《大正藏》第五十一冊，第十一頁）這是指現在的蘇門答臘。日人佐藤俊三著《阿育大王》一書，考須那與鬱多羅二位長老往金地弘法，認為是緬甸及馬來亞一帶❾。依緬甸人說，古代金地是在下緬甸的直通，為孟族人所建立的國家，盛行上座部佛教❿。泰國丹隆親王考證金地，是在泰國西陲，當時為孟族人的居地，領域包括今日緬甸東南地區，及泰國版圖的大部分。所以泰人認為二位長老是經由緬甸沿泰國的西陲北碧孔道入泰，至當時金地國的中心，即現在的佛統⓫。柬埔寨及寮國，也有人說金地是在他們的國家境內。以上各說，都是依據部分理由而加以強調，因此英國佛教學者戴維斯（T. W. Rhys Davids，一八四三—一九二二）解釋說，孟族人建立的國家，自緬甸東部而至越南，及自緬甸南部延至馬來亞，都為金地，即後人所稱之「印度支那」，這包括現在的越南、柬埔寨、緬甸、泰國、寮國、馬來亞等⓬。

問題是金地的都城又在哪裡？依泰人考證出土的佛教古物，認為須那與鬱多羅往金地傳教，最初的根據地，可能是在現在緬甸南方的範圍，再流傳到泰國的中部，而以佛統為中心，當時是孟族人及羅斛族人居住的地方。而且在公元紀年前後，南印度就有很多人遷移至東南亞，其中也有不少是佛教徒。印度人的文化、知識和能力都遠勝過本地人，後來就逐漸獲得統治權力，而形成印度化國家，如以印度地名為當地地名，或以梵文和巴利文稱當地地名，譬如佛統的巴利名意思為「最初城」（Nagara-paṭhama），佛統塔巴利名意思為「最初塔」（Paṭhama-cetiya）。所以泰人認為佛統是古代金地國的都城，而都城也稱金地。因此金地名稱傳至印度及斯里蘭卡，在《大史》中都有記載二位長老前往金地傳教之事⓭。

在佛統周圍，發現很多宏偉的舊式建築古蹟，有溯至阿育王時代的。如現在層罩在佛統大塔的原形古塔⓮，就是與阿育王時代建築的山奇（Sañci）佛塔圖形相同，成半球覆缽形。這種形式，泰人認為可能就是須那與鬱多羅二位長老時所建築。又在佛統塔周圍，掘得古印度南方字體巴利語「緣起法偈」碑文：「諸法從緣起，如來說此因，彼法因緣盡，是大沙門說。」原碑文如下：

"Ye dhammā hetup-pabhavā teasṃ Hetuṃ thatāgato, tesañ ca yo nirodho, evaṃ vādī mahāsamaṇo." ⓯

泰人也認為這表示二位長老初來到金地傳教，是用巴利語或印度其他方言向金地人說法。但那時金地已先有印度人到達，可以幫助長老翻譯，後來有佛教徒學習巴利語，所以在佛統才發現巴利語碑文。除此，後來印度的佛教藝術，如阿摩羅鉢底（Amarāvatī）與笈多（Gupta）時期的佛教藝術，也同樣傳到佛統地區⓰。當然主張佛

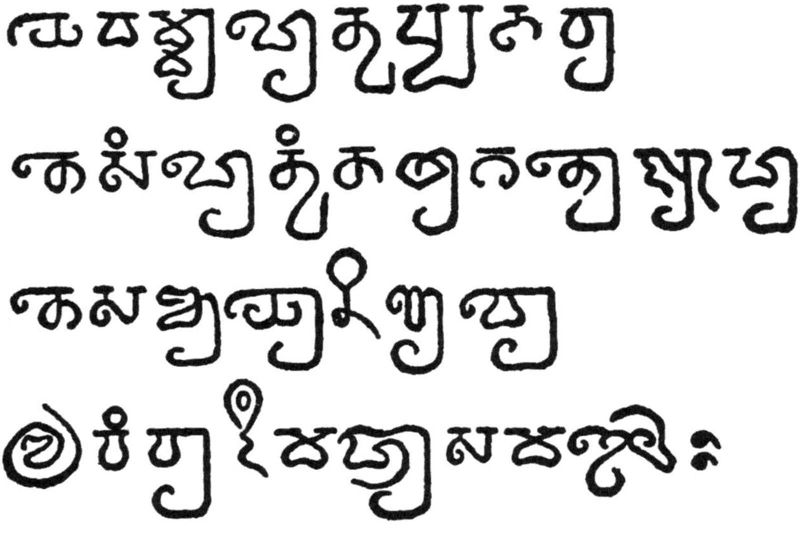

圖3-1：佛統塔周圍發現的古南印度文緣起法偈碑文

統是金地國的中心，仍是一個爭論問題。

緬甸人以直通為金地，因為在緬甸史記載，大約在公元一〇五七年，緬甸蒲甘王朝阿奴律陀，曾向金地請求三藏，但為金地國王所拒絕。阿奴律陀王甚怒，出兵攻克直通，而取得三藏及迎請僧人至蒲甘。那時直通是在孟族人統治下，上座部佛教非常興盛[17]。至於緬甸古代史也缺乏記載，而阿奴律陀王相去阿育王時代達一千二百多年，所以主張直通為古代的金地，也存有疑問。

公元六世紀，聚居於湄公河流域的孟族人，已發展至沿湄南河流域，建立了墮羅缽底國（Dvāravati）。當時柬埔寨扶南帝國已經解體，促成其

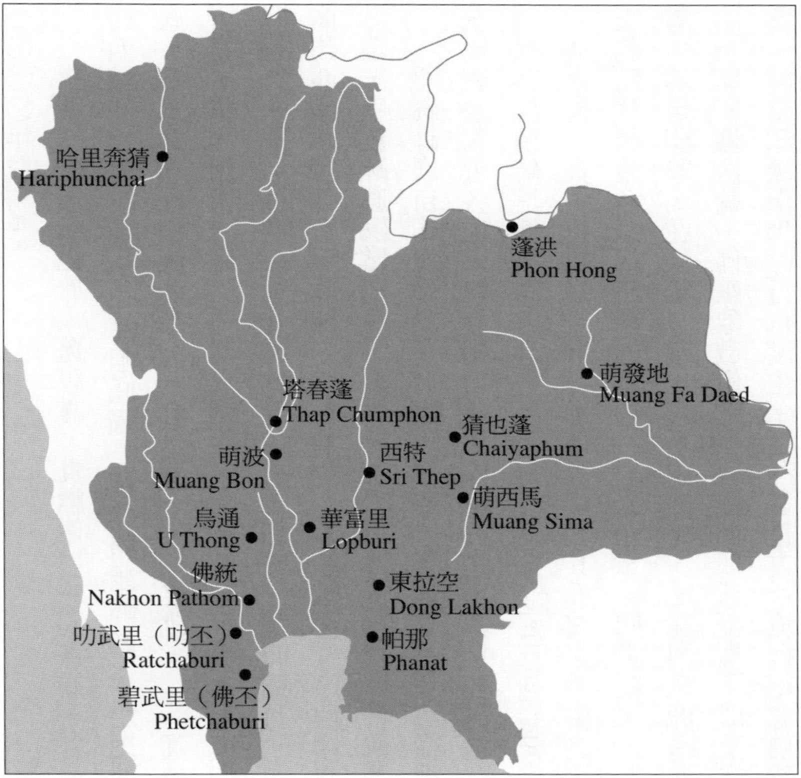

圖3-2：墮羅鉢底國主要城市

他新興各邦的成長與強盛。而柬埔寨新成立的真臘國，方致力於扶南本部，墮羅鉢底乃得逐漸發展，鞏固其地位，至公元六世紀末，已成為重要國家。墮羅鉢底分散在泰國中部平原，重要中心地點在佛統和素攀（素攀武里）。公元七世紀中，曾屢遣使者朝貢中國。公元八世紀末，國祚漸衰，然仍保持獨立國家之地位，以迄公元一〇〇〇年左右⑱。

墮羅缽底一名見於《舊唐書．真臘傳》，同書卷一九七〈列傳〉又作墮和羅；《大唐西域記》卷十中「三摩呾吒國」條作墮羅缽底；《南海寄歸內法傳》卷一作社和缽底，卷三又作杜和羅（卷一「社」為「杜」之訛）；《通典》卷一八八作投和國。《舊唐書．墮和羅傳》說：「南與盤盤，北與迦羅舍佛，東與真臘接，西臨大海，去廣州五月日行。」《通典．投和羅》條：「投和國，隋時聞焉，在南海大洲中，真臘之南，自廣州西南水行百日至其國……有佛道，有學校，文字與中夏不同。」依以上記載及學者考證，墮羅缽底國當在今泰國南部地狹以北，都城在佛統⑲。

墮羅缽底自印度接受了文化、宗教、藝術等，這可從很多出土古代文物考知。在佛統周圍及鄰近各地，曾發掘很多佛像等古物，其年代可遠溯至墮羅缽底時代，該等古物現保存於佛統塔博物館（Phra Pothom Chedi National Museum），重要者珍藏於曼谷國立博物館。其中有完好之青石佛像數尊，其面貌與袈裟之褶紋式樣，非常接近印度笈多王朝時代或笈多以後時期的藝術（約公元三、四世紀）。石刻的法輪與伏鹿圖佛座、古塔、佛足印等，在佛統一帶也有不少出土。法輪與伏鹿是象徵佛陀在鹿野苑為五比丘說法，稱初轉法輪，佛座象徵佛陀在菩提伽耶菩提樹下成正覺，佛塔象徵佛陀在拘尸那涅槃，雙足印象徵佛陀行化度生。這些都是古代流行紀念佛陀的方式，被認為不能直接塑造佛像來供奉，只可用事物象徵來代替。至阿育王後，大約公元一、二世紀時，希臘人進入印度，或有希臘人信仰佛教，才開始介紹塑造佛像供奉和禮拜。佛統出土的法輪等古物，構造藝術雖是墮羅鉢底時代仿傚印度笈多佛教藝術，但藝術家及工匠揉合了新的風格，尤其是佛像方面，成為古代東南亞佛像藝術優秀的作品。出土的佛像中年代最久者，是一尊坐佛，為轉法輪之姿，係公元六、七世紀之物。此外尚有不少大小石刻佛像和金屬佛像，及很多泥塑佛像，都是仿傚笈多或笈多以後的藝術。在羅斛（在華富里）、巴真、素攀、柯叻等地也發現有相同的佛像，可見墮羅鉢底的地域是很廣的。據考古學家說，在佛統周圍有些現代寺院，是建築於古寺院之遺址上。在佛統上端夜功河（Meklong）右岸一小村邦德（Pong Tuk），曾發現古代建築物地基多處，其中有紅土佛塔底腳及一方形佛殿地基。又在一遺址上，發現一佛殿磚砌地基，及一磚塔底部，構造很類似佛統原形古塔，推為公元五、六世紀建築物。亦出土石佛像及銅佛像多尊。佛像的塑造，佛塔及寺院的建築，都表現墮羅鉢底時代藝術優美的風格。墮羅鉢底是沿承了金地國的佛教信仰，盛行上座部佛教，也有人信大乘佛教，但不普遍[20]。

墮羅鉢底國是南傳佛教在東南亞所建立的最早據點之一，也是東南亞早期的文化體系之一，近人學者研究關於早期墮羅鉢底塑造佛像等藝術，從公元六至十一世紀，總結有以下幾個特點：其一、墮羅鉢底是佛教傳入東南亞最早的據點之一，與南傳美術相關的眾多文物證明，與後代近千年一直延續相連接，從未間斷過，可提供早期美術上的研究。其二、早期東南亞最強大的國家，如柬埔寨的安哥、印尼的室利佛逝等，信仰大乘佛教、密宗、印度教等，都未能傳承下來，而泰人在建立素可泰王朝後，獨尊南傳上座部（斯里蘭卡大寺派），而形成全民信仰，這很可能是上承墮羅鉢底時期的作法。其三、墮羅鉢底的主要人種是孟人，他們對南傳佛教和東南亞文化研究而言都頗具重要性，因為公元後的一千年裡，活躍於中南半島（尤其是泰、緬一帶）。今天孟人在緬、泰及東南亞其他國家中都已成為少數民族，如果要了解早期東南亞和南傳佛教文化，則一定不能忽視孟族人所留下來的墮羅鉢底美術[21]。

墮羅鉢底國的衰亡，是因公元九、十世紀時柬埔寨的安哥（Angkor）王朝日漸強大起來，金地國被攻陷，勢力為其所代替。沿湄南河流域很多城郡，如羅斛封給王子為屬地；在巴塞河（Pasak）流域，有逝調國（Śrideva，現在碧差汶府），也成為屬地。除此，柬埔寨的勢力還進入到泰境東北方首要城郡的披邁；但未能完全消滅北部及西北部孟人所控制的各重要城郡。柬埔寨安哥王朝前期與中期，信仰婆羅門教及大乘佛教，亦曾影響和傳入泰國中部。

二、大乘佛教的傳入

大乘佛教傳入泰境，可分兩個時期：一是印尼室利佛逝王朝時傳入，二是從柬埔寨傳入，即當羅斛國時期。

約在公元八世紀，印度大乘佛教先傳至蘇門答臘及爪哇，再越海傳至柬埔寨。一些大乘佛教僧人傳教師，來自迦濕彌羅（又名罽賓，今喀什米爾），至蘇門答臘及爪哇時，那時正是室利佛逝最興盛時期，信奉大乘佛教。由於室利佛逝當時國勢強大，武威伸至馬來亞及泰境南部，即從北大年至素叻。信仰大乘佛教的室利佛逝國，將大乘佛教傳入馬來亞及泰南。本來在墮羅缽底興盛時期，泰國南部和連接馬來亞境內，有不少大小邦國，如中國史籍中記載的赤土國，據考即現在馬來亞柿武里（Saiburi），也有說是緬甸南部的丹老（Mergui，墨吉），人民信仰佛教及婆羅門教；盤盤國（Phan Phan），即現在泰國素叻，人民信仰上座部佛教；丹眉流，即現在泰國的洛坤。這些地區，在公元七至十一世紀，都成了室利佛逝的領域。室利佛逝的嶽帝王朝，因與南印度波羅王朝關係友好，接受傳入的密宗信仰，同時也傳到馬來亞及泰南。從泰國古代的佛教建築，也可考證大乘密宗從室利佛逝時期傳入泰境，如猜耶佛塔、洛坤古塔（此塔外形是後來加修，為斯里蘭卡式），及用混合金屬鑄造比人大的觀世音菩薩像，或多種泥塑的佛像、菩薩像，完全與室利佛逝（爪哇島）時代的形式一樣。在泰南博他崙府的沙旺洞（Sawan）、霍刹魯洞（Akhalu）、北大年府的甘攀山（Kampan）、也拉府的達拋山洞（Tabhau）等處，發現很多古物，都是大乘佛教及室利佛逝勢力影響的產物。室利佛逝的大乘佛教只傳入泰境南部，而未及中部及北部。雖然在中部佛統曾發現室利佛逝時代一些觀音菩薩像，東北部嗎哈沙拉堪（Maha-sarakhram）也發現一些菩薩像等，但都很小，可能是後來從南部帶入的[22]。

公元十世紀中期至十三世紀中期，自柬埔寨王蘇利耶跋摩一世（Suryavarman I，一〇〇二—一〇五〇）以後，其勢力伸至泰境各地，成立多個統治城郡。以羅斛為中心，統治墮羅缽底以南地區；以素可泰為中心，統治墮羅缽底以北地區；以室利提婆（Śrideva，古地名，在碧差汶府）為中心，統治巴塞河流域各地；以披邁為中心，統治南部高原地區；以色軍（Sakonnakhon）為中心，統治北部高原地區等。其中以羅斛最重要，所以在泰國歷史上有稱「柬埔寨統治時期的羅斛國」，或稱「羅斛王朝」（Lopburi Period）。

柬埔寨安哥時期諸王，有些是佛教徒，有些是婆羅門教徒。流行在羅斛時期的佛教，有上座部佛教和大乘佛教，只是上座部佛教並不興盛，因為雖然有些柬埔寨國王是佛教徒，但都信仰大乘佛教。羅斛時期的大乘佛教，是從柬埔寨扶南時期傳承下來的，當墮羅缽底興起時，信奉上座部佛教，大乘佛教暫時受到阻滯；到室利佛逝時，大乘密宗又傳到柬埔寨及泰境中部和南部，很快發展起來。

柬埔寨統治泰國時，曾建築了很多佛寺和神廟（泰人又稱石宮）等，譬如披邁石宮、拍隆藍石宮（Phanomrunk）等。披邁石宮是大乘密宗重要的地點，推定建於公元十或十一世紀。石宮門上的雕刻，東扇為降三世明王像，西扇為佛陀感化瞻婆王的故事，這些圖像都是大乘佛教的象徵，特別是密宗。公元一一〇八年建築的披邁寺（Wat Phimai）最具規模，是砂岩建築，有四百五十公尺圍牆環繞，成十字形展開，壁上及門楣有毘濕奴神的浮雕。在羅斛的三峰塔，也明顯地證明是大乘佛教的遺址，塔形如安哥時期的建築，裝飾甚多，但大多已損毀。除了建築，羅斛時期還遺有很多古物，如佛像、菩薩像、神像等。尤其有很多小型泥質的護身佛（後人所稱），頭戴花冠瓔珞，手持賜福物，或耳垂長，或手作降魔印，這些形式都與大乘密宗有關。但是當時羅斛本地人民，並未完全隨柬埔寨人信仰大乘佛教，仍有很多人保持信仰墮羅鉢底流傳下來的上座部佛教。在華富里（即古羅斛）發現一柬埔寨碑文說：「羅斛城有舊部比丘，自墮羅鉢底時代傳入；有大乘佛教比丘，自柬埔寨傳入，正輝煌地發展著。」自此，大乘佛教梵文三藏，代替原有巴利文三藏盛行於泰國㉓。

三、蒲甘佛教的傳入

公元一〇四四年，緬甸阿奴律陀王建立強盛的蒲甘王朝，征滅南方孟族的國家，迎請孟族的上座部高僧至蒲甘，推行佛教改革，熱心提倡上座部佛教。因此上座部佛教在緬甸迅速發展起來，非常隆盛，對國內外影響很大，使緬甸一躍成為發揚上座部佛教的重地，以蒲甘為中心。

泰族人原在中國雲南、貴州、廣西等地居住，自公元前一、二世紀逐漸向東南方遷移。到公元十一世紀中期，泰族人南徙更多起來，不久，便建立了蘭滄（Lan Chang）和蘭那（Lanna）兩個小國家。蘭滄泰族一系，後來向泰國東北部發展，成了以後的寮國。蘭那是泰族首先在泰境內建立的一個小帝國，在中國史書上稱「八百大甸」。又自公元十至十二世紀，史稱「前八百大甸」（都城在清盛）；自公元十二至十五世紀，史稱「後八百大甸」（都城在清邁）。蘭那泰族，在中國境內哀牢及南詔時即信仰佛教，待遷移至泰國西北，接受孟族和柬埔寨的文化後，信仰上座部佛教的，是受到孟族人的影響；信仰大乘佛教的，是受到柬埔寨人的影響。到蒲甘王朝強盛時，其勢力先伸展至泰國北部的蘭那國，然後逐漸達到孟族人的中心地墮羅鉢底。

當緬甸人統治了泰國北部等地，並傳入上座部佛教後，因受蒲甘文化的影響，泰國北部佛教的建築等，都富有緬甸佛教的特徵，如清邁府的七峰塔，是依蒲甘大菩提塔形式建築，那時蘭那為蒲甘的屬地。因此泰國歷史學者認為，此時期的佛教是「蒲甘式的佛教」。蘭那強盛時，轄境包括現在清邁、南奔、南邦、昌萊及緬甸的景棟㉔。

當時另外還有兩個泰族邦國：一稱拍堯（Payao，公元一〇九六年立國），都城拍堯（今昌萊），在今清萊府南部；一稱哈里奔猜（Hariphunchai，今南邦），由孟族血統遮摩（Cāma）女王統治。這位女王曾請五百位僧人，攜帶三藏聖典往各地弘法，因此奠定北部上座部佛教深遠的基礎㉕。可是不久女王就攜民南徙，這地方一度被羅斛族所占。這兩個小國和前面的蘭那，泰國歷史稱為「古泰族的三城國」，但他們始終偏處泰國西北一隅，而且時常受到柬埔寨和蒲甘勢力的影響，政治動盪不定，沒有多大發展，致使後人對他們認識不多，也不甚重視。在泰境北部的蘭那和蘭滄泰人，因受蒲甘佛教影響，信仰上座部佛教；但自素可泰南部以下的泰人，因先受柬埔寨傳入大乘佛教和婆羅門教的影響，大多仍信仰大乘佛教。

四、斯里蘭卡佛教的傳入

當公元一一五五年，斯里蘭卡波羅迦摩巴忽一世，熱心護持振興斯里蘭卡衰微已久的佛教，改革僧團。這種偉大的盛事，傳到其他信仰佛教的國家，就有緬甸蒲甘和孟族的僧人，到斯里蘭卡留學，在斯里蘭卡僧團重新受比丘戒，當他們修學完成後，回到自己的國家，就傳布斯里蘭卡大寺派的佛教。

至於斯里蘭卡佛教傳入泰境，是在公元一二五七年以前。據說在公元十三世紀初期，斯里蘭卡有一位羅睺羅比丘，從蒲甘去到泰南洛坤弘法，成立斯里蘭卡僧團，得到國王和人民的信仰。當時洛坤是屬於室利佛逝血統的馬來王統治。在洛坤有一座「舍利塔」，原來建造是室利佛逝的形式，後經加建改為斯里蘭卡的式樣㉖。

泰族人正式建國是在公元一二五七年，就是「素可泰」王朝。約在公元一二七七年，有一碑文記載說坤藍甘亨王（Kun Ramkamheng）建造佛寺供養自洛坤來的高僧，這可證明斯里蘭卡佛教僧團，早先傳入洛坤，後來聲譽遠揚至素可泰，而受到國王的信仰，就禮請斯里蘭卡僧團出家人至素可泰弘揚佛法㉗。

自斯里蘭卡上座部佛教在泰國獲得發展後，原自柬埔寨傳入多數人信仰的大乘佛法，逐漸滅亡。但最初佛教也分為兩派：一是原先存在的僧團，一是斯里蘭卡傳入的上座部僧團，這和當時緬甸、孟族、柬埔寨情形一樣，後來漸合成一派（斯里蘭卡大寺派）。在泰國這兩派僧團由協議而和合無諍，這可從那時舉行受戒的儀式獲得證明，即受戒的人，必須念誦巴利文三皈和梵文三皈各一次㉘。

斯里蘭卡佛教傳入泰國，影響最為深遠，關於發展的情形，將在以下各章節中敘說。

❶ 此華僑數字四十萬九千五百零六人，是依泰國政府外僑法規定，保有中國籍而未入泰籍計算的。生長在泰國的華裔及已申請入泰籍的華人，都計為泰人。所以泰國與中國兩方的估計，有如此大的距離。詳見巴素（Victor Purcell）著、郭湘章譯《東南亞之華僑》上冊，第一四七—一五五頁；及郭壽華著《泰國通鑑》，第二二九頁。

❷「湄南」（Menam）在泰語中，是江、河之義；實際上河名為「昭披耶」（Chaophraya），即「昭披耶河」（Menam Chaophraya）之意，因泰語一般稱謂名詞都放置於前面。而外國人不懂泰語者以為湄南就是河名，所以稱為「湄南河」。

❸ 孟族：是吉蔑族與緬族的混合種。

❹ 赤土：《隋書．赤土傳》卷八十二說：「赤土國，扶南之別種也，在南海中，水行百餘日而達，所都土色多赤，因以為號。」又《明史．外國傳》卷三二四，謂暹羅「即隋唐赤土國」。今歷史學者考訂赤土方位，尚未確定。但多主張是在泰國南部之宋卡，或宋卡與北大年之間。

❺ 出自《明史》卷三二四；但依泰國歷史所說，是為叔姪關係。又《明一統志》卷九十〈暹羅國〉條：「至正間（公元一三四一—一三六八），暹始降於羅斛，而合為一國……永樂初，其國止稱暹羅國」。

❻ 陳炯彰著：《印度與東南亞文化史》，第一三一—一三二頁。

❼ 慶祝佛曆二五〇〇年紀念委員會編：《慶祝佛曆二五〇〇年紀念特刊》（泰文），第十三頁。

❽《大史》XII. 44-45。

❾ 許雲樵著：《南洋史》上卷，第五十二—五十三頁。

❿ 般若薩彌著：《教史》第六章。

⓫ 慶祝佛曆二五〇〇年紀念委員會編：《慶祝佛曆二五〇〇年紀念特刊》（泰文），第十七—十八

頁。

⑫ Kavīvarañāṇa：《東南亞佛教史》（泰文），載《佛輪》月刊第二十卷。

⑬ 慶祝佛曆二五〇〇年委員會編：《慶祝佛曆二五〇〇年紀念特刊》（泰文），第十五—十六頁。

⑭ 罩在佛統大塔內的原形古塔，高三十九公尺，傳說建於佛滅五七〇年，亦說佛滅千年後建。現在的古塔無法可見，後在大塔旁仿建一塔，形狀大小相同。

⑮ 1.《泰國碑文集》（泰文，二冊）。
2. 淨海法師著：《泰國佛統大塔》，載《慈航》季刊第十一期。

⑯ 1. 陳明德著、淨海法師譯：《泰國佛教史》，載《海潮音》第四十六卷第五—八期。
2. 慶祝佛曆二五〇〇年委員會編：《慶祝佛曆二五〇〇年紀念特刊》（泰文），第二十頁。

⑰ 詳見本書〈第二篇緬甸佛教史〉第二章第一節。

⑱ 姚枬、許鈺編譯：《古代南洋史地叢考》，第一五八頁。

⑲ 許雲樵著：《南洋史》上卷，第一九二—一九三頁。

⑳ 陳明德著、淨海法師譯：《泰國佛教史》第三節，載《海潮音》第四十六卷第五—八期。

㉑ 摘自嚴智宏：〈南傳佛教在東南亞的先驅：泰國墮羅鉢底時期的雕塑〉，載《臺灣東南亞學刊》，二卷一期，二〇〇五年。

㉒ 陳明德著、淨海法師譯：《泰國佛教史》第四節，載《海潮音》第四十六卷第五—八期。

㉓ 1. 陳明德著、淨海法師譯：《泰國佛教史》第五節，載《海潮音》第四十六卷第五—八期。
2. 慶祝佛曆二五〇〇年委員會編：《慶祝佛曆二五〇〇年紀念特刊》（泰文），第二十七—二十八頁。

㉔ 1. 陳明德著、淨海法師譯：《泰國佛教史》第八節，載《海潮音》第四十六卷第五—八期。
2. 慶祝佛曆二五〇〇年紀念委員會編：《慶祝佛曆二五〇〇年紀念特刊》（泰文），第二十八—

三十頁。

㉕ 1. 陳明德著、淨海法師譯：《泰國佛教史》第三節，載《海潮音》第四十六卷第五—八期。

2. Robert C. Lester: *Theravada Buddhism in Southeast Asia*, p. 73-74。

㉖ 1. 陳明德著、淨海法師譯：《泰國佛教史》第九節，載《海潮音》第四十六卷第五—八期。

2. 慶祝佛曆二五〇〇年紀念委員會編：《慶祝佛曆二五〇〇年紀念特刊》（泰文），第三十一頁。

㉗ 慶祝佛曆二五〇〇年紀念委員會編：《慶祝佛曆二五〇〇年紀念特刊》（泰文），第三十一頁。

㉘ 慶祝佛曆二五〇〇年紀念委員會編：《慶祝佛曆二五〇〇年紀念特刊》（泰文），第三十二頁。

第二章　素可泰王朝的佛教

（公元一二五七至一四三六年）

第一節　素可泰初期的佛教

早期的泰國歷史，可以稱為信史的，是從公元一二五七年泰族建立的素可泰（中國史籍稱速古台）王朝開始；尤其是在泰族發明文字（約公元一二八二年）以後。在這之前，都是吉蔑族人、孟族人的勢力統治著泰境的版圖。

公元一二三八年，泰族中崛起一位領袖坤邦克藍杜（Kun Bang Klang Tao），號召泰族人與境內的吉蔑族人戰爭，結果戰勝奪得了素可泰城，而建立泰國歷史上第一個獨立政權，這就是素可泰王朝。

坤邦克藍杜於公元一二五七年正式登基為王，改號室利因陀羅提耶（Śri Intaratiya），繼續從事開拓疆土。公元一二五三年，元朝忽必烈派兵遠征雲南，征服大理，促使住在中國境內的泰族人（普通稱擺夷），曾大規模南遷，與原先遷入泰境的泰族人會合，這也增強了素可泰王朝的勢力。

初期的素可泰王國，國土尚很狹小，除素可泰城外，僅占領有彭世洛，其他的廣袤土地，還在吉蔑人統治中。所以素可泰王朝初期佛教信仰的情形，是上座部佛教和大乘佛教兼有，即吉蔑人統治的地區，多數信仰大乘佛教（可能是密宗），泰北昌萊、清邁、南邦等地，因先受緬甸蒲甘佛教的影響，信仰蒲甘傳入的上座部佛教，而泰南洛坤，佛教則從斯里蘭卡傳入。此斯里蘭卡佛教，先傳入緬甸南部孟族，然後再傳入泰南洛坤。本來洛坤人民，原先也是信仰蒲甘上座部佛教，但從斯里蘭卡僧團來到以後，人民就轉變信仰斯里蘭卡上座部佛教了❶。

泰族未立國前及建立素可泰王朝初期，境內各民族除已先信仰佛教外，一般人民也信鬼神，吉蔑族人有部分兼信婆羅門教。後來斯里蘭卡佛教傳入興盛起來，大乘佛教及蒲甘佛教就漸形衰亡，但人民信鬼神的潛意識仍存在，直至現在也一樣。不過那時泰人信鬼神，與現在泰人信鬼神有深淺程度的不同。那時泰人信有大威神力的鬼神，能主宰人的禍福，能保護國家和人民，人們必須對鬼神敬畏有加。在素可泰發現一碑文記載說：「祭奉鬼神，國家平安，享祚久遠……不祭奉鬼神，鬼神不作保護，國家會有災難❷。」不過信仰鬼神，是人類各民族極為普遍的原始信仰，它隨時代、環境及文化等影響，而不斷改變。

素可泰第三位君王坤藍甘亨（一二七七—一三一七），在泰國歷史上是一位雄才大略的英主，為室利因陀羅提耶第三子，少年時助父戰爭，即負有英名，展露了他卓越的軍政才能。中國《元史》稱他為「敢木丁」。他即位後，便大事開拓疆土，兼併了許多鄰近邦國，一躍而成為湄公河流域的強大國家。國土北至現在寮國的琅勃拉邦，東達湄公河，南至馬來半島洛坤，西收孟（吉蔑）人在自己勢力範圍內。在這之前，先後交替影響於東南亞的三大強國，不是早已滅亡，就是趨於衰微。如強盛的緬甸蒲甘王朝已覆滅，國內紛爭不息，與泰族同系的撣人，縱橫於下緬甸。至坤藍甘亨時，緬甸境內的坦沙里、土瓦、馬塔班，都臣服於泰國；孟吉蔑人在泰境內的勢力，完全被趕回柬埔寨境內，過去爪哇烜赫一時的室利佛逝也已崩潰，勢力退出東南亞大陸。而且從此，吉蔑人和室利佛逝的大乘佛教，在泰境內也很快地衰亡下去❸。

坤藍甘亨除了武功，亦注重內政修明和外交關係，積極振興文化教育，大力提倡佛教，柬埔寨吉蔑人的藝術，緬甸人的傳統法律，也分別輸入泰國。與西北部的蘭那和拍堯兩個泰族邦國，保持友好合作的關係。他與中國元朝通好，聘請五百名華籍陶工至素可泰，在王城附近設窯燒製瓷器，開創了馳名的宋加洛陶器業。他還與印度及斯里蘭卡通好，輸入印度文化及斯里蘭卡佛教。

坤藍甘亨最大的貢獻，乃是創立泰文。在他即位以前，泰國境內本來通行孟吉蔑文，約在公元一二八三年，他召集全國學者，研究文字的改革和創製，把原有的孟吉蔑文，轉化成為適於書寫的泰族語文，國王也親自參與其事。以孟吉蔑文等為藍本，酌量減去筆畫繁多而彎曲的，袪除重疊字母改為一個，及創立四聲讀音，後來再經稍加改革，成為今日的泰文。公元一二八五年素可泰立有一碑文說：「昔無文字，大曆一二○五年末，坤藍甘亨王決心創立泰文[4]。」大曆（印度及東南亞古曆法之一）一二○五年，即公元一二八三年。坤藍甘亨豎立的石碑，繼續敘述當時素可泰人民信仰佛教的情形說：「……素可泰人，常布施，常持戒，常供養；素可泰王坤藍甘亨，及一切大臣、人民，不論男女，都信仰佛教。安居期間每人持戒；出安居後一月中，舉行功德衣供養。」

至於對佛教的發揚，坤藍甘亨特別提倡斯里蘭卡佛教。原因是當他征服泰南洛坤後，那裡已有斯里蘭卡佛教，很多洛坤的比丘往斯里蘭卡求學，在斯里蘭卡僧團重新受戒，然後回到本國，發展僧團。由於他們經常聽聞斯里蘭卡僧團戒德莊嚴，精研三藏，優於其他各派僧團，所以特別尊重敬仰，邀請洛坤的斯里蘭卡僧團至素可泰弘揚佛教。斯里蘭卡僧團抵達素可泰後，國王建寺供養他們，因為斯里蘭卡僧團的比丘們，歡喜住在山林靜處，適於修行佛道，所以國王就在城外建了阿蘭若寺供養。在一塊碑文上讚揚斯里蘭卡僧團說：「……在素可泰城西，坤藍甘亨造阿蘭若寺（今石橋寺），供養一位有智慧深通三藏的僧王，他由洛坤迎來，德學優於此城僧眾。」國王每半月之黑分和白分(即相當中國農曆之月半及月末),都例常前往阿蘭若寺,聽僧人說法和受持齋戒,或與僧人討論佛法及佛教事務❺。

國王為了與斯里蘭卡通好,並派洛坤的首長至斯里蘭卡,而獲得斯國贈送著名的「獅子金佛像」(Buddha Siha),現為泰國珍貴佛像之一,供奉於曼谷國立博物館的佛殿中。

斯里蘭卡上座部佛教僧團在泰國得到發揚後,巴利三藏及註釋書,也最完備。在此之前,孟族人的上座部佛教,雖然非常發達,但不一定有純粹完整的巴利文三藏。有些已經遺失,或摻雜了大乘佛教及婆羅門教的經典在內。

另一碑文記載說:「此素可泰城,有佛寺、金佛像、立佛像(九公尺);有大型佛像、中型佛像;有大型佛寺、中型佛寺;有僧眾,有上座,有長老……」。

自泰南洛坤斯里蘭卡系的僧團至素可泰成立後,孟族人舊有的上座部佛教及大乘佛教,逐漸滅亡。這時素可泰、蘭那、柬埔寨、孟族的僧人,到斯國僧團受戒和求學的日漸增多,當他們回國後,促使斯里蘭卡系僧團產生很多有密切關係的派系。有時禮請斯里蘭卡僧人,到自己的區域為戒和尚。總之,在公元十二、十三世紀,緬甸、泰國、柬埔寨、孟族、寮國等,已完全信仰斯里蘭卡系的上座部佛教,而大乘佛教漸趨隱沒和滅亡❻。

坤藍甘亨在位四十三年，勵精圖治，是素可泰王朝最隆盛的時代，對佛教虔誠護法，提倡斯里蘭卡系的佛教，發揚光大，對後世影響深遠，在泰國歷史上被尊為「偉大的帝王」。

第二節　素可泰佛教的發展

雄才大略的坤藍甘亨王，於公元一三一七年去世後，繁榮昌盛的素可泰王朝，國勢便日漸衰微，各附屬邦地紛紛叛變，繼位的太子羅泰（Loethai，一三一七—一三四七），昏庸無能，沉湎於酒。他即位不久，下緬甸馬塔班方面，首先宣布脫離附庸關係，並舉兵南下，奪回土瓦及坦沙里；羅泰至公元一三三〇年才出兵征討馬塔班，卻反為所敗。不久，琅勃拉邦、永珍、洛坤等藩屬，也乘機宣布獨立。與此同時，素可泰南方有另一股泰族勢力，即烏通（Uthong）太守，正在日漸強大，不斷向外伸展，很快就占領洛坤、叻武里等地，連緬甸的土瓦和坦沙里也在控制之下。到一三四四年，由於烏通發生瘟疫，死者甚眾，遂於公元一三五〇年遷都至阿瑜陀耶（Ayutthaya，中譯大城），從此素可泰已成偏安之局。

素可泰第五代立泰王（Thammaraja Luthai，一三五四—一三七六）時，因南方大城日益強大，素可泰王朝的領土，除了都城外，只保有宋加洛、彭世洛、甘烹碧、披集、那空沙旺等地。不過這位國王生性仁慈，厭惡殘酷的戰爭，鑑於國運已衰落，所以特意加強文治，改革政治，修建道路，濬通運河，開拓農業，提倡文教，勤政愛民。特別是熱心發揚佛教，在各地興建佛寺和佛塔，鑄造佛像，勸導鼓勵僧人研究經論。不久，國家呈現一片中興昇平景象，受到國內人民忠心的擁護。但由於藩邦已強大，受形勢所迫，無法恢復過去的聲威。

立泰王不但是賢明的政治家，也是偉大的學者及虔誠的佛教徒，精通佛學、哲學、天文等。著有一部《三界論》（Tribhūmi-Kathā），引證多種經論、註釋書及其他典籍，多達三十餘部，詳細論述佛教的人生觀和宇宙觀，全書共十章，討論欲界、色界、無色界，及眾生因果善惡業而招感三界的苦樂，由天上、人間、下至三塗之苦。這部《三界論》，已成為泰文古典文學名著。然而這部書直至公元一九一二年才在素可泰城荒煙蔓草中發現，被埋沒了五百多年。國王又在宮中設立學術研究所，廣招學員，親自任教，講解佛學及天文學，改進曆法，使國內學術之風大盛❼。

立泰王即位後，公元一三六一年派使臣至斯里蘭卡延請高僧彌曇迦羅（Medhamkara）至素可泰弘揚佛教，整理並改革僧團。次年，特別禮請斯里蘭卡僧領，為自己的傳戒和尚，在芒果林寺（Ambavanārāma）捨身出家，過了一段出家修行的生活。這是泰國歷史上第一位在位的君王在佛教中出家。此舉對人民起了示範的作用，影響後來泰國男子直至現在，在一生中至少一次短期出家，接受佛教道德的熏陶❽。

立泰王在位時，曾領導鑄造幾尊著名的巨大佛像，留存於後世，如現在供奉於彭世洛府大舍利寺（Wat Phrasri-ratnamahādhātu）的「清那叻銅佛」（Buddha Jinarāj），及供奉在曼谷善見寺（Wat Sudassana）的大銅佛等。

素可泰鑄造的佛像藝術，其淵源當然是受到先前墮羅鉢底、吉蔑和孟人的影響，然後更吸收斯里蘭卡造佛像的藝術。泰國造像藝術家，運用技巧加以改良和創新，所鑄造的青銅佛像，與以前所造的佛像，在形式上有相當大的不同。所鑄造的佛像，不論坐姿、行姿、臥姿，都形體優美及線條流暢，表現高尚超然的性質，且能把握靜止或動作的微妙，予以和諧的表達。例如佛陀成正覺像，表現全然靜止的樣子，肌肉寬馳，面部沉靜，慈祥含笑，反映出心境的安寧與滿足。又如行姿佛像，是泰國藝術家特別創意，左足穩踏地上，右足輕輕抬起，左手平胸前半舉起，做說法或施無畏姿勢，右臂垂於身部，做自然擺動，態度高雅而富韻律，表現在遊化途中瞬間停息的生動姿態，也富有寫實的風格❾。素可泰佛像形制的特徵，如頭部似蛋形臉、弓形眉、雙眉與鼻梁相連，頂上有螺髻，呈火焰狀，佛身圓柔，手足指修長，有清秀雅潔感，表情平靜安詳。其他建築佛寺及佛塔的藝術，也有很高的成就。

立泰王時，又將坤藍甘亨所創的泰文，加以改革簡化，更易於書寫，同時加上音調符號等，使人容易閱讀。

前說，立泰王生性仁慈，厭惡戰爭，但在公元一三五九年，為形勢所迫，不得已而遠征北部的卑利及難府，在戰爭中對俘虜不但不忍殺戮，而且禁止部下虐待他們。在幾次大城軍隊來攻素可泰戰爭中，國王也是一樣慈悲地對待俘虜。這在古代的帝王來說，實在是非常難得的。可以說，立泰王完全是受了佛教慈悲的感化。公元一八三三年，在素可泰舊城一批碑銘之中，有一段記載：「王之仁德，寬容大度，若海洋之納百川者然，博愛施仁，是之謂也。王居恆愛民若赤子，常赦免囚犯，賜之以金，俾得贖罪，並遣之歸家。故王當政之日，國無奴隸，人民皆獲享自由，並樂其業。王之令譽，遂播揚於各國；各地之民，均樂其仁政而歸之，相安而處焉❿。」此時素可泰，被稱為暹羅文化的搖籃。

斯里蘭卡系的佛教僧團被迎至素可泰，獲得發揚後，信仰而出家的人日漸增多，因此需要建立僧團管理制度。佛住世時僧團本有律制，但後來佛教傳布的地方廣了，到達不同的地區和國家，就有所謂「隨方俗」的見解。為了適應各地不同的情形，律制也就有些伸縮性。在泰國僧團管理制度，特設有「僧爵」職掌僧團的事務。泰國最先有僧爵的，就是自素可泰王朝坤藍甘亨王時開始，而且僧爵是由國王加封的⓫。

根據泰國古文獻記載，坤藍甘亨王於公元一二九二年從斯里蘭卡請來三藏，以正統斯國佛教為國教，並由洛坤的上座部佛教高僧擔任素可泰僧王⓬。

丹隆親王在《僧伽史》中有一段記述：「泰國的僧爵，最早所見是素可泰王朝三世王坤藍甘亨的碑文，約刻成於佛曆一八三六年（一二九二），其中記素可泰「有僧王，有僧伽尊長，有大長老及上座。」僧王可能是最高的僧職，僧伽尊長是低於僧王以下的職位，至於碑文中的大長老及上座，可能是指依律制具有僧臘的盛德大長老或上座，不是國王加封的僧爵。丹隆並認為，除素可泰城有一位僧王外，其他遠近各屬國藩邦，可能都有一位僧王，及其之下的多位僧伽尊長。並且當時斯里蘭卡有「大僧領」（Mahā-svāmin），其副者為「僧領」（Svāmin）。素可泰設「僧王」及「僧伽尊長」，名稱雖不同，而管理僧團職務可能是一樣的⓭。

又據泰國北方歷史記載，素可泰時僧團管理分左右二首：右首，封僧王一位、僧伽尊長三位；左首，只封僧伽尊長三位。這可能是在立泰王時開始。亦有說，僧團分左右二首，起因可能由於派別不同。派別的不同，又分兩種說法：一是原有的舊僧團及新至的斯里蘭卡系僧團；還有當時的僧團，分有聚落住者及阿蘭若住者。聚落住者以研讀經論及弘法為主，多數為舊派僧人；阿蘭若住者，離群而住，以修禪觀為主⓮。

立泰王去世後，素可泰王朝勢力就更形衰弱，至公元一三七八年，淪為大城王朝的附庸，後來的繼承者，殘延約六十年，到公元一四三六年，便被大城滅亡了。

第三節　清邁時期的佛教

前章中曾說公元十世紀泰族人在泰境北方，首先建立一個蘭那王國。當泰族在湄南河流域逐出柬埔寨的勢力，建立素可泰王朝時，在北方的泰族也逐出孟族的勢力於濱河（Ping R.）流域。約在公元一二八一年，前八百大甸的後裔孟萊王（Mangrai），戰勝統治南奔的孟族王衣巴（Ye-Ba），摧毀孟族勢力，在公元一二九六年以清邁為新都，中國史籍上稱後八百大甸。

這時斯里蘭卡系的佛教已在素可泰盛行，但清邁初期的佛教，是由南奔孟族人傳入。孟萊王是一位虔誠的佛教徒，約在公元一三〇七年，他在近清邁的南奔，建庫庫達寺（Wat Kūkūt），寺中建一磚砌方形佛塔，四周為圓形台基，塔體高尖，除塔基及塔頂，中間五層，每面安置佛像十五尊，共計六十尊。此塔現仍保持完整，為泰國獨特風格的著名古塔。王又在清邁建清曼寺（Wat Chiengman）[15]。

到公元一三六七年，哥那王（Kue-Na，一三五五—一三八五）在位時，為了發揚佛教，派僧人往孟族的洛坤攀（Nakon Pan），即緬甸的摩爾門（Moulmein，亦譯毛淡棉），禮請斯里蘭卡論師烏都槃摩訶沙瓦彌（Udumbanmahāsvāmi）至清邁成立斯里蘭卡系僧團，但論師派遣他的弟子阿難陀代替他前往。公元一三六九年，王又派使至素可泰城，禮請泰僧蘇摩那（Sumana）至清邁，協助建立斯里蘭卡僧團。蘇摩那也是烏都槃的弟子。不久，國王獻出自己在清邁的花園，做為弘揚佛教的寺院，這就是現在著名的花園寺（Wat Suandok），自此斯里蘭卡系的僧團，在清邁獲得進一步的發展[16]。

公元一三八〇年代，在清邁素貼山高一千五百公尺處建一南邦大舍利寺（Wat Phra That Lampang Luang），寺中央有一高聳的大金塔，寺和塔的風格，頗受緬甸蒲甘建築影響，沿山登上佛寺，有三百多級石階，石階兩旁各有一條用陶磚砌成的巨龍，長約一百五十多公尺，尾在山上，頭在山下，突出地表，張口露牙吐舌，極為雄壯。

公元十四世紀中期，清邁多位僧人往斯里蘭卡留學，學成後返國弘法。至公元一四四一年，虔誠佛教的三界王（Tilokarāja）繼位後，廣造佛寺及鑄造佛像，因此佛教文化和建築藝術得到進一步的發展。約在公元一四五五年，開始建築著名的大菩提寺，仿傚印度菩提伽耶佛塔建造，因有大小七塔，所以通稱七塔寺，構造非常莊嚴優美。於公元一四七七年國王護法，由法授（Dhammadinna）長老領導高僧約一百位，在大菩提寺舉行三藏結集，經一年而成，這是泰國歷史上第一次三藏結集[17]。

清邁研究佛法亦很盛行，高僧學者輩出，能用巴利文著作及註釋經論，如智稱（Ñāṇakitti）著《阿毗達摩述記》（Abhidhamma-yojanā）、《根本迦旃延文法述記》（Mūlakaccāyanayojanā）、《戒律述記》（Vinayayojanā）等。在三界王之後（一四八七）不久，妙吉祥（Sirimaṅgala）著《吉祥燈論》（Maṅgalattha-dīpanī）、《毘輸安多羅本生燈論》（Vessantara-jātaka-dīpanī）、《鐵圍山燈論》（Cakkavāḷa-dīpanī）、《法數疏》（Saṅkhyapakāsakaṭīkā）。公元一四九五至一五二五年，寶智著《勝者時鬘論》（Jinakāla-mālinī）[18]。

公元十六世紀中期，清邁被緬甸占據。此後緬甸與泰國常交替著統治清邁。

❶ Phrapatana Trinaronk：《泰國佛教的發展情形》（泰文），第三十七—三十八頁。

❷ Phrapatana Trinaronk：《泰國佛教的發展情形》（泰文），第三十九頁。

❸ 陳明德著、淨海法師譯：《泰國佛教史》第十一節，載《海潮音》第四十六卷第五—八期。

❹ 1. Phrapatana Trinaronk：《泰國佛教的發展情形》（泰文），第一一九—一二二頁。
2. Prince Dhaninivat: *A History of Buddhism in Siam*, p. 6。

❺ 1.《泰國碑文集》，引用之碑文約立於一二七七年之間。
2. Prince Dhaninivat: *A History of Buddhism in Siam*, p. 5。

❻ 陳明德著、淨海法師譯：《泰國佛教史》第十一節，載《海潮音》第四十六卷第五—八期。

❼ 1. Prince Dhaninivat: *A History of Buddhism in Siam*, p. 9-10。
2. 陳明德著、淨海法師譯：《泰國佛教史》第十一節，載《海潮音》第四十六卷第五—八期。

❽ PhrapatanaTrinaronk：《泰國佛教的發展情形》（泰文），第七十一頁。

❾ 瑪戈著：《泰國藝術叢談》，第三十一頁及三十七—三十八頁。

❿ 馮汝陵著：《泰國史話》，第十九—二十頁。

⓫ Phrapatana Trinaronk：《泰國佛教的發展情形》，第七十三—七十五頁。

⓬ 1. D. G. E. 霍爾著：《東南亞史》上冊，第二二二頁。
2. 賀聖達著：《東南亞文化發展史》，第二四二頁。

⓭ Phrapatana Trinaronk：《泰國佛教的發展情形》，第七十五—七十九頁。

⓮ Phrapatana Trinaronk：《泰國佛教的發展情形》，第七十九—八十一頁。

⓯ 1. 瑪戈著：《泰國藝術叢談》，第二十四頁。
2. 泰國藝術廳編：《泰國藝術》，第一四一—一四二頁。

⑯ 陳明德著、淨海法師譯：《泰國佛教史》第十二節，載《海潮音》第四十六卷第五—八期。

⑰ 陳明德著、淨海法師譯：《泰國佛教史》第十二節，載《海潮音》第四十六卷第五—八期。

⑱ 1. 陳明德著、淨海法師譯：《泰國佛教史》第十二節，載《海潮音》第四十六卷第五—八期。

2. Prince Dhaninivat: *A History of Buddhism in Siam*, p. 13-14。

第三章　大城王朝的佛教

（公元一三五〇至一七六六年）

第一節　大城王朝前期的佛教

當素可泰王朝國勢衰微後，在南方另一股泰族力量正日漸強大，以烏通（Uthong）為根據地，乘機宣布獨立。至公元一三四四年，由於烏通霍亂流行，人民死亡慘重，烏通王只好放棄該城，遷移人民至湄南河與巴塞河（Pasak R.）的匯合處，在舊時柬埔寨存有殘餘勢力的阿瑜陀耶城（Ayutthaya，梵語意為不可毀滅，華僑稱大城），定為新都。

公元一三五〇年，大城經過一番建設後，烏通王就正式晉位，改王號為拉瑪鐵波底（Ramadhipati，一三五〇—一三六九）❶，與北方的素可泰形成對峙之勢。拉瑪鐵波底即位後，即用兵進攻王城以北的華富里，滅掉羅斛人所建立的羅斛國。羅斛國被滅掉後，吉蔑人的勢力在泰國中南部地區就完全消失。尤其是公元一三五三年，大軍攻陷柬埔寨的王都安哥，柬國淪為大城王朝的藩屬。此後拉瑪鐵波底又南進，征服馬來半島北端的宋卡，馬六甲也俯首稱臣。公元一三五六年，素可泰已衰落，且發生饑荒，拉瑪鐵波底派軍北上，攻占素可泰南部邊陲重鎮的猜納，素可泰立泰王生性仁慈，憎惡戰爭，同時也無力抗拒，便派出使者通過和平談判，收回猜納，因此南北兩方維持了約四十年和平。

拉瑪鐵波底是一位大政治家。他即位後，兼採素可泰的法律及吉蔑人的制度，訂立許多新法律，公正嚴明，適合當時社會的需要。他於公元一三五〇至一三六六年，頒布了證據法、叛逆法、訴訟法、拐帶法、侵犯人民法、雜事法、盜賊法、土地法、夫妻法等。由於他的思想開明，又具有傑出才能，為國家建立各種制度，勵精圖治，替大城王朝奠定了四百多年的基業。

至於大城王朝初建國期間的佛教，歷史敘述很少，這可能由於建國初期，忙於戰爭和政治，無暇多顧宗教。說到大城王朝初建國時的佛教，不能不回顧大城王朝以前佛教的情形。依據歷史及出土古物考證，大城的地域，先時是墮羅缽底、室利佛逝、羅斛國三個時期勢力範圍。如第一章中所說，墮羅缽底是信仰最早傳入的小乘上座部佛教；室利佛逝受到爪哇的勢力影響，信仰大乘佛教；至柬埔寨吉蔑人勢力伸入泰境，以羅斛為中心，盛行大乘佛教，但亦有少數人信仰原有的上座部佛教，也有人信仰婆羅門教。所以大城王朝初建國時，以及消滅吉蔑人勢力的羅斛國，多數人信仰佛教是無疑的。

拉瑪鐵波底在位期間，為了紀念在大城的建都，於公元一三五三年曾建佛陀最勝寺（Buddhaiśvarya）。於公元一三六一年，他進行佛教改革，派遣使節到斯里蘭卡迎來斯國僧人，整頓僧伽組織。斯里蘭卡佛教記載，受邀請的是僧王，到泰國建立僧團。又於公元一三六三年建巴考寺（Wat Pākao）❷。

當波隆摩羅闍（Boromaraja，一三七〇—一三八八）在位期間，與中國明朝維持和平友好關係。洪武十年（一三七七），波隆摩羅闍派他的姪兒那空膺（Nokon In）為使，朝貢中國。據《明史》記載：「昭祿群膺承其父命來朝❸，帝喜，命禮部員外郎王恆等齎詔及印賜之，文曰『暹羅國王之印』，並賜世子衣幣及道里費。自是其國遵朝命，始稱『暹羅』。比年一貢或一年兩貢，至正統後或數年一貢云。」至此兩國關係，終大城王朝之世而不衰。

公元一三九三年，柬埔寨出兵攻泰國東南方的尖竹汶及春武里等地，並強擄泰民六、七千人，移入柬埔寨。結果泰王領大軍東征柬埔寨，攻陷柬埔寨的首都安哥城，富麗堂皇的安哥王城及吉蔑人的文化，遭受到泰人徹底的毀滅。

公元一四〇八年，那空膺取得政權，稱為因陀羅闍一世（Intharaja I，一四〇八—一四二四）。適在此時，明成祖派鄭和第二次出洋南巡，到達大城。有隨從馬歡著有《瀛涯勝覽》及費信著《星槎勝覽》，記述當時出洋所歷各國情形。《瀛涯勝覽・暹羅國》記佛教說：「崇信釋教，國人為僧為尼者極多，僧尼服色與中國頗同，亦住庵觀，持齋受戒[4]。」

公元一四三一年，東方柬埔寨經過長期養精蓄銳，力量逐漸復甦，遂脫離泰國獨立。泰王波隆摩羅闍二世（Boromaraja II）為要削弱敵人力量，派兵攻柬埔寨王都安哥，歷時七月終告攻下，柬王被殺。其後柬國新王龐哈耶特（Ponha Yat）為避泰人侵擾，遷都至百囊奔，歷史上輝煌偉大的安哥城就此廢棄。

至恒萊洛迦王（Boroma Trailokanātha，一四四八—一四八八）時，勵精圖強，對於軍事與文官制度，多所改革，主要是將各地方行政權收回，代以中央集權制。

恒萊洛迦王是一虔誠佛教徒，將以前王宮改為佛寺，定名最勝遍知寺（Śrisarvajña），成為當時大城最重要最富麗的佛寺，因在王宮之內，成為王家佛寺，並不住僧眾[5]。另在河岸之地，建造新王宮。

在北方因常受到清邁的侵襲與敵對，為鞏固北部的國防，王於公元一四六三年，遷都至彭世洛，時間達二十五年。恒萊洛迦王遷都至彭世洛後，不久即與清邁在素可泰城發生一次非常激烈的戰爭。此後十年，即轉為地下的間諜暗鬥。

王初至彭世洛時，曾命令建一朱拉摩尼寺（Wat Culāmaṇī）。在與清邁戰爭停止後，恒萊洛迦王依佛教習俗，入朱拉摩尼寺出家為比丘八個月，緬甸及寮國都遣使來祝賀，清邁國王也派使及十二位僧人往彭世洛觀禮。隨同國王同時短期出家的有二千多人，成為當時佛教界的一件盛事。八個月後，國王捨戒還俗復位。怛萊洛迦王對於文學造詣亦深，一四八二年，曾撰《大本生詞》（Mahājāti）一書，敘述菩薩行布施波羅蜜的故事，現在被泰國教育部選為中學課本。他並在大城及彭世洛等地，修建多所佛寺❻。

據北方《清邁史》記載，早在公元一四二二年，大城曾有兩位比丘，一名梵牟尼（Brahmamuni），一名蘇摩（Soma），與七位清邁比丘及一位柬埔寨比丘，同赴斯里蘭卡重新受戒，及受教育多年。後來返國，邀請斯里蘭卡的摩訶毘羯摩婆訶（Mahāvikramabahu）及優多摩般若（Uttampaññā）兩位比丘同行，先抵達大城，遂後發展成立一個斯里蘭卡系的僧團，嚴持戒律，獲得人民的信仰。歷史上記載，怛萊洛迦王可能就是在這個僧團出家❼。

至拉瑪鐵波底二世（Ramadhipati II，一四九一—一五二九）在位期間，因與清邁戰爭，特注重兵役制度改革，設軍役登記處，規定全國男子由十八歲至六十歲，都有服役的義務。

王又注意佛教的發展，曾修建「最勝遍知寺」，增加佛殿、佛塔等，更顯得輝煌偉大。公元一五〇〇至一五〇三年，下命塑造一尊巨大立佛，名「最勝遍知佛」（Buddha śrisarvajña），高十六公尺，以黃金二百八十六泰斤（約合一百七十三公斤）塗裹佛身。後來大城被緬軍攻破，此尊佛像身上的黃金被熔下取走，劫後的佛像直到現在仍在大城露天供奉❽。

拉瑪鐵波底二世在位期間，為了存放父、兄的靈骨，而在王家佛寺內一角，建造巨大的佛塔或塔廟，做長久祭奉，此舉開啟了以佛塔為王家喪葬之所的風氣❾。

公元一五一一年，葡萄牙人芬南德斯（Duarte Fernandez）帶著印度總督的信函，到達大城覲見泰王。這一年八月，葡人已經滅掉馬來半島上的馬六甲王國，所以派使往泰國探聽虛實，想在泰境內取得商業特權。至公元一五一六年，葡人第三度派使至泰國，結果兩國締結條約，允許葡人在泰國自由居住，並開放大城、北大年、洛坤等處為通商口岸。

帕猜羅闍（Phrajairaja，一五三四—一五四六）即位之初，國境尚算承平，於是進行疏濬湄南河工作。但緬甸的東固王朝已日漸強大起來，勢力不時伸進泰國邊境。一五四〇年，緬甸王德彬瑞蒂統兵攻泰境的格因（Gyaing，今屬緬甸毛淡棉），泰王親率大軍對抗，結果泰國戰勝，逐緬軍出境。但從此兩國結下深仇大恨，不斷發生戰爭。

帕猜羅闍去世後，宮闈生變，事件平定後，請出一位已出家的王子繼位，晉號節迦羅博（Chakrahat，一五四九—一五六九）。因泰國宮闈的生變，緬王德彬瑞蒂又統兵三十萬突入泰境，迅速攻下甘武里、素攀等地，直逼泰京大城。經過一次城外激戰，泰王退入城內堅守，被圍困一個多月。後因緬軍缺糧，且國內生亂，緬王只好回師。

公元一五五六年，緬王莽應龍（Bayinnaung）先滅了上緬甸阿瓦王朝，這時又打敗撣邦，並且又征滅立國二百六十多年的清邁王朝。

公元一五六三年，緬王再發兵攻泰國，很快攻占了甘烹碧、宋加洛等城，彭世洛也告陷落，以前平定宮闈之亂有功的駙馬坤披連（Kun Phirer）向緬王投降。次年二月緬軍直抵大城。當時緬王手下有一支葡萄牙砲兵，利用猛烈的砲火，終告攻破大城。泰王見大勢已去，只好與緬王簽訂一個屈辱的條約，規定把太子送到緬甸做人質，獻白象四頭及每年納貢等。

後來節迦羅博王為了懲罰坤披連不忠，趁他去緬甸朝覲，派兵突襲彭世洛，把坤披連的妻子及兒女，全部押至大城作人質。事為緬王莽應龍知道，決定再遠征泰國。公元一五六八年十二月，緬軍入泰，勢如破竹，很快逼近大城，泰王閉城堅守。次年初，泰王節迦羅博身死，由次子摩欣（Mahin）繼位。公元一五六九年八月，大城經緬軍圍攻九月，終告陷落，摩欣王被俘。

緬王莽應龍另立坤披連代理為王，然後奏凱回國。大城王朝開創二百一十九年，傳位十七代，至此暫告中斷，以後的十五年間，泰國被列為緬甸的一省，各重要城郡都由緬甸設官管治，採用緬甸法律。

節迦羅博王時曾在舊王宮建築佛殿，又建一座旺猜寺（Wat Vanchai）。公元一五六五年王見國步艱難，精力不濟，讓位於次子摩欣主政，退隱後宮，一年後，自己再入一佛寺為僧。因摩欣無能，公元一五六八年只得請老父還俗，重執朝政⑩。

緬王莽應龍戰勝泰國後，曾在大城西北一處河堤上，建一孟人式金山塔（Phu Khao Tong），紀念他的勝利⑪。

在大城東南郊的越帕南寺（Wat Panan Choeng，又稱三寶寺），始建於公元一三二四年，經過多次修葺，是現存最巍峨壯麗的古寺；佛殿中供奉一尊高十九公尺的釋尊坐像，是泰國佛殿內最大的佛像⑫。

第二節　大城王朝後期的佛教

緬王莽應龍攻陷大城後，雖立坤披連為王，但他是一個傀儡，事事受制於緬甸，並且他的長子納理遜（Naresuen）也被帶去緬甸做人質。坤披連過去因大城宮闈平亂有功，官至彭世洛太守及召為駙馬。但在彭世洛被緬軍攻破時，他向莽應龍投降。後來泰王責他賣國求榮，表示不滿，他遂真心依附緬甸。這時他見故國淪亡，人民受壓迫，就開始想掙脫緬甸人的控制。

卻在這時，以前為藩屬的柬埔寨，見大城已亡於緬甸，遂常常舉兵入寇泰國，俘走很多人民充作奴隸。於是坤披連以防備柬埔寨入侵為由，請求緬王准許修整城郭，建立軍隊。公元一五七一年，坤披連又向緬王請求，放歸在緬甸作人質已達六年的納理遜太子，此時已十五歲。太子歸國後，即被委任為彭世洛太守，等於副王，後來竟成為泰人復國的大英雄。

公元一五八一年緬王莽應龍去世後，繼承者昏庸無能，各地藩邦叛變。公元一五八四年，緬軍攻泰，但被英勇的納理遜王子擊敗，自此掙脫緬人的控制，重新建立起一個獨立自主的國家，中興了大城王朝。在以後的兩年中，緬軍又攻泰兩次，也被沉重擊敗。公元一五九〇年，納理遜繼位（一五九〇—一六〇五），國家由中興而強大，恢復了過去的領土，曾兩次出兵攻緬，其他鄰邦和屬國也不敢再侵犯。他對國家民族的貢獻，以及他卓越的軍事才能，極受後世推崇和歌頌，在泰國歷史上被尊為納理遜大帝。

納理遜一生多在復國戰爭中。史書上記載他對佛教之建樹不多，只在公元一五九二年，於素攀東北的達拉班達魯（Trapangtru），靠近沙萊湖（Sa Roi），建築了一座勝利吉祥塔（Jayamangala），因為曾在這地方擊敗二十五萬緬甸大軍，建塔紀念戰功。當他戰勝回至大城，對在沙萊湖戰役過程中，作戰不力或延誤軍機的將領，都加以定罪，有些甚至被判死刑。當時僧王出來為他們請命，要求從寬處理；納理遜便要求他們立功贖罪。於是僧王又向納理遜建議，為了慶祝戰爭勝利，建築佛塔紀念，國王同意，就在巴考寺內建築一塔。此塔模仿緬王莽應龍在大城所建金山塔的形式，紀念佛塔建成後，舉行盛大的慶祝，並改寺名為勝利吉祥寺（Wat Jayamangala）[13]。

納理遜去世後，由王弟厄迦陀沙律（Ekathotsarot，一六〇五—一六一〇）繼承，他也是與兄長納理遜一起馳騁疆場復國中興的英雄人物。他在位時很少戰爭，主要的功勳是整頓法治，革新稅法，進行外交和商業活動，使國家更為繁榮興盛。

公元一六〇六年，葡萄牙天主教傳教士石奎拉（Balthazar de Sequeira），從緬甸坦沙里到達大城，這是天主教士至泰最早的記載[14]。

厄迦陀沙律在位六年期間，為了紀念兄王，特諭令建一佛寺名婆羅車多伽藍（Wat Varajeṣṭhārāma）。又鑄造五尊大佛，佛像鑄成，命令造龍舟，做水上遊行，迎至婆羅車多伽藍供奉，並舉行七天禳災法會儀式。因為那時水利未興，洪水氾濫後，有極多農人的田園被淹沒。國王又供養田地與僧團，收益做為佛寺經費[15]。

厄迦陀沙律逝世後不久，由一個宮妃所生的王子頌曇（Songtham，一六一〇—一六二八）繼位。他是一位賢明之主，對國家文化與經濟頗具貢獻。頌曇王少年時曾出家為僧，法名淨法（Vimala-dhamma），據傳僧爵曾升至一府的僧伽尊長。當他為王後，對佛教事業亦非常熱心，他曾命令興建和修葺多所佛寺[16]。

頌曇王在位時，一位從斯里蘭卡回國的僧人向國王呈報，曾有斯里蘭卡的僧人告訴他，佛陀生前踏過的足印，在泰國的蘇槃那山（Suvaṇṇapabbata，意為金山）也有一個。於是頌曇王命人各處尋找，結果在沙拉武里（華僑稱為北標）尋獲。國王命令在該地建築佛殿，供人瞻仰禮拜。此山後被稱為「佛足山」（Buddha Pāda），成為佛教聖地[17]。

頌曇王曾撰《大本生詞》（Mahājāti），為泰國文學名著之一。又命令印刷內容完備的三藏，供僧人研究[18]。

到了篡奪王位成功的巴薩通（Prassat Tong，一六三〇—一六五六）時代，據一些泰史記載，他曾命令建猜瓦那寺（Chai Vatnārāma），仿照柬埔寨安哥寺的模型，非常精美，但規模小很多，此寺後來被緬軍攻大城時所毀。公元一六三一年他命令修理王家佛寺的最勝遍知寺。次年命令在挽巴茵（今大城府縣治之一）造一行宮；然後在行宮旁建一寺名春蓬尼柯耶寺（Chumbom-nikāyārāma），寺中有一木造十二層的菱形佛塔。行宮和佛塔，多數是仿傚中國建築的形式[19]。

到那萊王（Narai，一六五七—一六八八）時，亟謀整頓內政，促進海外貿易，提倡文化事業，與法國通好，在西方列強逐漸滲入泰國時期，仍能保持國家的昌盛。

公元一六六二年那萊王派軍北征清邁，攻破清邁城，緬甸派兵救援，亦被擊潰。泰軍在清邁獲得大批的戰利品，其中包括一尊著名的師子佛像，帶回大城。其後又揮軍西進，攻下緬甸的摩德馬、庇古、達貢（即仰光）等地。雖然不久緬人又收回，而自此以後，泰、緬兩國維持了九十多年的和平。公元一六六四年，荷蘭派出海軍封鎖湄南河口，使泰國對外貿易，幾陷於停頓。荷蘭更迫使泰國簽訂一個不平等條約。條約主要內容為：荷人享有經營泰國獸皮出口專利權，泰國商船不得聘用華人，荷人在泰犯罪有治外法權。

當時法國亦對東方伸展勢力，尤其負有特殊使命的傳教士，早在東南亞各地活動。公元一六六二年，法國的摩特勞勃主教（Motte Lawbert）到了大城；二年後又有巴魯主教（Palu）率領一批法國傳教士到達泰國。那萊王就想藉法人的力量打擊荷蘭，因此這批法人傳教士甚得泰王特別的禮遇，在泰國境內自由傳教，建設教堂、學校、醫院等。公元一六七六年，大城出現第一所由法國天主教會辦的學校，招收一百名泰國學生；另外又有「十字架信徒會」，廣泛吸收女性信徒[20]。

公元一六八三年，法國的勢力在泰國已經成長，訂立法暹條約，法人在泰除了享有傳教和貿易特權外，還享有治外法權和經營部分錫礦權。泰王雇用六百名法國御林軍；後來又有一支實力雄厚的法國艦隊抵達泰國，包括戰艦十六艘及海軍一千四百名，分駐於曼谷和湄南河口等重要據點，完全控制了泰國國防。這引起泰人甚大恐慌，遂掀起反法的浪潮，表現最為激憤的是佛教僧人，因為自法國傳教士在泰國展開活動以後，佛教受到很大的衝擊。到公元一六八八年，那萊王病重，由排外的領袖（國王的乳母兄弟）帕碧陀羅闍（Pra Phetraja）攝政，於是對法人採取行動，下令進攻駐紮曼谷的法軍，並大肆捕殺境內的法國傳教士及其他的天主教徒。這一全民性的排外運動，保住了國家的命脈，粉碎了法人殖民的野心。

那萊王曾命鑄造數尊佛像，其中滲合金銀等金屬。那萊王病危時，因無子嗣，只收養一個螟蛉子，常想立為儲君，但大權握在帕碧陀羅闍手裡。那萊王自知死後，帕碧陀羅闍必將爭位，所以召宮中男職五十餘人，促其盡快出家修道，以免在他駕崩後，性命難保，五十餘人皆從命。

那萊王期間，據法人使節拉魯比亞著《暹羅國誌》記載，大城佛教的出家人，有舉行佛學考試。雖有泰國學者認為佛學考試之事，可能自素可泰時期就流傳下來，但《暹羅國誌》記載確為首次提到[21]。那萊王又精諳文學，博覽佛教三藏，曾著有佛教詩集及故事集多本。此時文風很盛，產生很多著名詩人。

那萊王死後，原任攝政王的帕碧陀羅闍登上王位。他對朝庭異己的殺害手段，頗為卑鄙。但他是領導排斥法國勢力的中堅人物，免除泰國淪為法人殖民地，也有不可泯滅的功勞。

此後五、六十年中，泰國大致是承平的。值得一提的，就是當波隆科斯（Boroma Kos，一七三三—一七五八）在位期間，斯里蘭卡國王吉祥稱王獅子，於公元一七五

○年，遣使抵達泰國大城。斯里蘭卡由於國家戰亂及佛教衰微，致令僧團戒法斷傳，所以遣使至泰，禮請泰國僧團前往斯國傳授戒法。泰王命令組一僧團，由優波離（Upāli）上座領導前往，為斯里蘭卡佛教傳授比丘戒，復興了斯國的僧伽系統。此派後來發展迅速，因由泰國傳入，就稱為「暹羅宗」（Syāma-vaṃsa, Siam School）。發展至今已成為斯國僧人最多的一個宗派。

波隆科斯在位二十五年，是一位明君，他勤政愛民，國內民豐物富，可算是一個太平時代。他對佛教事業的發揚，也非常熱心護持。曾命令修理多所著名的佛寺，增加新建築物，恢復莊嚴美觀。在他治世時，文學也很發達，特別是戲曲方面，有十四本戲曲產生，多數描述佛陀的前生，是由五十個本生故事編成。國王的長子達磨提比沙（Dhammadhipesa）於公元一七三二年出家，寫了兩本佛教著名詩集，一名《華蔓詞》（Māleyya），描述歷遊天上與地獄的情形；一名《難陀優波難陀（龍王）經詞》（Nandopananda-sutta）。兩書都賦有因果報應之義。公元一七四一年，他還俗後，又寫了一些世俗的詩篇和戰歌。同時期又有摩訶那伽比丘著《富樓那所教經詩》（Puṇṇovāda）[22]。

波隆科斯王去世後，國家經過五十多年的承平，一般官吏大多習於奢華，耽於逸樂，武備久疏。卻在這時，內部又發生爭奪王位，外則強敵侵凌，國事日非。王位由伊迦德（Ekathat，一七五八—一七六七）王子爭得，偏偏他又昏庸無能，溺於淫樂，不足以領導國家。

公元一七五九年，緬甸貢榜王朝創立者阿瑙帕雅，興兵侵泰，先攻占坦沙里，繼續北上，圍攻大城。後因雨季，尤以阿瑙帕雅身罹重病，只得退軍，於歸途中死亡。公元一七六五年，緬甸孟駁王再向泰大規模用兵，大軍分兩路，北路自清邁南下，南路由坦沙里北上，直向大城挺進。緬軍圍攻大城，經過十四個月激戰，雙方死亡枕藉。而且緬軍糧餉源源而來，城內泰軍則外援斷絕，民眾盡成餓殍，加以瘟疫流行。至公元一七六七年四月，在緬軍的炮火猛轟下，終至城破國亡。大城原來佛寺佛塔林立，共有三百多座；但經過這次戰爭後，全城被夷為廢墟，所有王宮佛寺、民間房屋，多半被火燒燬。泰國歷代所存文獻典籍，都付諸一炬，無數財物珍寶都被掠走。有三萬多泰人，被擄走為奴，其中包括一些王子和僧人㉓。至此，經過四百一十七年的大城王朝已滅亡。

❶ 拉瑪鐵波底係蘭那王國的後裔，後來舉家南遷至素攀的烏通。長大以後，與前任烏通太守之女結婚。岳丈死後，生前無子，太守之職就由女婿繼承。

❷ 1. Phrapatana Trinaronk：《泰國佛教的發展情形》，第二二〇—二二一頁。
2. 賀聖達著：《東南亞文化發展史》，第二四二。

❸ 昭祿群膺即是那空膺，為波隆摩羅闍之姪，《明史》誤記他們是父子關係。那空膺後來為王，稱號因陀羅闍一世。

❹ 馬歡係會稽人，信伊斯蘭教。引文見馮承鈞著《瀛涯勝覽校注》，第十九頁。又東南亞各佛教國家，無比丘尼傳承，尼應指學法女。

❺ Phrapatana Trinaronk：《泰國佛教的發展情形》，第二二三頁。

❻ 1. Prince Dhaninivat: *A History of Buddhism in Siam*, p. 19。
2. 賀聖達著：《東南亞文化發展史》，第二四三頁。

❼ 1. Phrapatana Trinaronk：《泰國佛教的發展情形》，第一九九—二〇〇頁。
2. 陳明德著、淨海法師譯：《泰國佛教史》第十三節，載《海潮音》第四十六卷第五—八期。

❽ Phrapatana Trinaronk：《泰國佛教的發展情形》，第二九〇—二九一頁。

❾ 賀聖達著：《東南亞文化發展史》，第二四三頁。

❿ 辛島昇等譯：《印度支那文明史》，第一八六頁。

⓫ 辛島昇等譯：《印度支那文明史》，第一八六頁。

⓬ 賀聖達著：《東南亞文化發展史》，第二四七頁。

⓭ 1. Phrapatana Trinaronk：《泰國佛教的發展情形》，第三〇〇—三〇一頁。
2. 辛島昇等譯：《印度支那文明史》，第一八八頁。

⓮ 馮汝陵著：《泰國史話》，第九十八頁。

⓯ 1. Phrapatana Trinaronk：《泰國佛教的發展情形》，第三〇一—三〇五頁。

2. 棠花著：《泰國四個皇朝五十君主簡史》，第六十八頁。

⓰ 棠花著：《泰國四個皇朝五十君主簡史》，第六十九頁。

⓱ 此佛足印非常碩大（約五乘二英尺），有三種傳說不同：一謂此佛足印是佛住世時，親往今日泰境傳教留下的聖跡；一謂此佛足印是依佛陀生前踏過的足跡，斯里蘭卡模仿塑造紀念，於素可泰王朝時贈送泰國；一謂早期泰境內佛教徒塑造紀念佛陀。自佛足印發現後，全國民眾前往朝拜，香火不絕。

⓲ 1. 棠花著：《泰國四個皇朝五十君主簡史》，第七十一頁。

2. Phrapatana Trinaronk：《泰國佛教的發展情形》，第三〇七頁。

⓳ Phrapatana Trinaronk：《泰國佛教的發展情形》，第三七八—三八一頁。

⓴ 馮汝陵著：《泰國史話》，第一二六—一二七頁。

㉑ Phrapatana Trinaronk：《泰國佛教的發展情形》，第四一七—四一九頁。

㉒ 辛島昇等譯：《印度支那文明史》，第一九六頁。

㉓ 馮汝陵著：《泰國史話》，第一四七—一五五頁。

第四章　吞武里王朝的佛教

（公元一七六七至一七八二年）

緬甸攻陷大城以後，適在此時中國乾隆皇帝幾次派軍征緬，使得緬軍主力不能不調回應付，只留下三千駐軍統治泰國，藉以鎮壓泰人的反抗。

由於緬甸軍力在泰國很薄弱，這時在泰境其他各地有力量的太守等，都紛紛起來擁兵割據稱雄。他們約有五大勢力，其中一位中泰混血兒，名叫鄭信（Phya Taksin）❶，以羅勇（Rayong）為根據地，嗣後占領春武里、尖竹汶等地，勢力大增，遂溯湄南河北上，取得吞武里、曼谷，然後進軍大城，緬甸大將蘇紀（Sugyi）陣亡。於是淪陷半年的大城，為鄭信所光復，成了復興泰國民族的大英雄。鄭信見大城毀壞過甚，不堪再為王都，就決定在吞武里定都稱王，這就是著名的「吞武里王朝」，當時鄭信年僅三十四歲。

在登基後兩年多內，鄭信又領兵南征北討，剷平國內其他割地稱雄的四大勢力，重收柬埔寨和寮國為屬國。公元一七七五年與緬軍作戰，攻入清邁，並劃為泰國的領土，奠定了今日泰國疆域的基礎。

鄭信原籍廣東澄海鄭鏞之子。鄭鏞年輕在鄉時，放蕩不羈，不容於鄉里，遂南渡至泰國大城，後因賭致富，娶泰女洛央（Nok Iang）為妻，於公元一七三四年生下鄭信。鄭信七歲時，入哥薩瓦寺（Wat Kosavat）從高僧通迪（Tong Di）讀書；十三歲依泰國風俗入三昆訶羅寺（Wat Sam-vihāra）出家為沙彌，攻讀佛學及巴利文。數年後還俗，受義父薦引為波隆科斯王侍衛官，餘暇時學習華文、印度文、緬文、越文等。至二十一歲時，再入哥薩瓦寺出家為比丘三年，從高僧研究佛學及巴利文，還俗後再入宮擔任原職。國王見他甚有才幹，封為達城太守❷。

緬軍侵泰前，鄭信奉詔入大城，協防王都。緬軍圍攻大城時，他勇敢善戰，能以少勝多；但不為昏庸國王所重用。鄭信眼見都城大勢已去，危在旦夕，乃率領部下五百人，突出緬軍重圍，到達泰國東岸的羅勇，招募各地華泰青年加入部隊，起來保護國家。不久知大城已陷落於緬甸，非常憤慨，就決心驅逐外軍，以光復國土為己任。

鄭王定都於吞武里後，命令修復黎明寺（Wat Arun，音譯阿倫寺），並加以擴充，做為宮內的王家佛寺，不住僧眾。此寺位於曼谷湄南河西岸吞武里，與玉佛寺隔河相望。寺中著名的阿倫佛塔，塔基為正方形，上有五座佛塔，中央的主塔後來增高到七十九公尺，五座塔表面，全部用古代義大利大理石和中國彩色陶片及玻璃嵌成人物、繁花等圖案。全塔環繞三層平台，每層高約二公尺，極為高聳壯麗❸。王又下諭，在大城陷落時，奔赴各處避難流落的僧人，回歸到原來的佛寺，並給與各種協助。他並聘請有德學的高僧來吞武里王都安住，冊封僧爵及職務，推行弘法工作，淘汰不良的出家僧眾，鼓勵優秀的僧人。他協助搜集於戰爭中散失的三藏及各種典籍，如有缺失不全的，就向柬埔寨等國抄寫補全❹。

公元一七七八年，鄭王派兵征服永珍，接著又攻占琅勃拉邦。從永珍獲得價值連城的一尊玉佛，迎歸吞武里供奉。關於此尊玉佛歷史，據五百年前一位泰僧用巴利文寫成的一本《玉佛傳》記載：約在佛滅後四百年時，印度龍軍論師造，以七塊翡翠綠玉雕成，高六十公分，寬四十八點三公分，在頭、肩、腹、膝等部，內藏九粒佛陀真身舍利。這尊玉佛在南印度供奉約一千年，後來因為戰亂，一個戰敗的王子帶玉佛逃至斯里蘭卡，就獻給斯里蘭卡國王供奉。公元十三世紀，斯里蘭卡上座部佛教正傳入泰國，斯里蘭卡國王就將玉佛贈送給素可泰王朝。後因長久戰亂，人們對玉佛和歷史都淡忘了。直至公元一四三三年，在泰北昌萊一座被雷擊的寶塔中被發現，因在佛像身上一片貼金脫落，現出燦爛的玉質，而轟動全泰北，人民紛紛前往禮拜，當時清邁王就將玉佛迎至南邦供奉。公元一四六八年又迎至清邁一佛寺。公元一五五一年移至琅勃拉邦供奉，經過三十三年，後因懼緬兵入侵，遷都至永珍，玉佛也同時移至永珍。鄭王征討永珍戰勝後，獲得這尊玉佛，就迎至吞武里王宮供奉。公元一七八二年曼谷王朝成立後，在對岸曼谷建築王家玉佛寺做永久供奉[5]。

鄭王創立吞武里王朝，是泰國史上最強盛的王朝，可惜只維持了十五年。根據泰史記載，鄭王後來精神錯亂，因他生前受佛教影響很深，平常歡喜修習止觀禪定，精神病發作期間，曾自稱是聖者，命令僧人向他禮拜，違者輒遭毒打，或革除僧籍。結果引起人民的反對，發生叛亂，鄭王被叛軍所困，知道形勢不利，自願退位為僧。而在這時，鄭王派往征討柬埔寨的名將昭披耶查克里（Chao Phay Chakri）兄弟，得悉國內生變，未與柬軍交戰，即回軍吞武里，一些文武官員都在城外歡迎，並陳說鄭王失政，民不聊生。昭披耶查克里遂被擁立為王，乘機把鄭王定罪，處以極刑，其年僅四十八歲。鄭王的太子及其他王妃所生子女二十多人也被處死。有些歷史學者對鄭王晚年罹患精神病一事，深表懷疑，甚至認為他是遭人蓄意構陷誣衊，以做為謀取王位的藉口[6]。鄭王被處死後，沒有得到公開或廣泛的悼念，二年後（一七八四）才為他舉行了王家火葬儀式。

鄭王之死，在民間有一種傳說，說鄭王未被打死，而在他神經錯亂後被藏到柯叻一座山上，為他修建一所豪宅，直到公元一八二五年才去世[7]。

吞武里王朝雖然很快覆亡，但他畢竟是復興民族國家的大英雄，豐功偉績，受到後世泰國人的欽敬。後人在吞武里黎明寺裡還供奉著鄭王的巨型琺瑯的塑像，莊嚴肅穆，一百多年來，受到人民的瞻仰與禮拜。此黎明寺，一般人（特別是華人）都稱鄭王寺

（Wat Cheng）。又在吞武里市中心，一個巨型圓環的中央，亦塑有高大的鄭王騎馬出戰銅像以做紀念。

❶ 鄭信未為王前，曾任達城（Tak）太守，甚得百姓愛戴，都尊稱他Phya Tak或Chao Phya Tak Sin，泰文義為達城太守或達城太守信；後來調任其他地方任職，人們還是這樣稱呼他。至於泰國歷史上則稱他Phrachao Tak Sin（Phra是尊稱，Chao是王之意）。一般人亦簡稱鄭昭，即是鄭王之意。

❷ 1. 馮汝陵著：《泰國史話》，第一五七—一五八頁。

2. 丘繼華著：《暹羅七百年史》，第三十九—四十頁。

❸ 賀聖達著：《東南亞文化發展史》，第二五一頁。

❹ 陳明德著、淨海法師譯：《泰國佛教史》第十四節，載《海潮音》第四十六卷第五—八期。

❺ 淨海法師著：〈曼谷玉佛寺〉，載《慈航》季刊第三期。

❻ 1. 馮汝陵著：《泰國史話》，第一七〇—一七一頁。

2. Kavīvarañāṇa：《東南亞佛教史》（泰文），載《佛輪》月刊第二十卷。

❼ 朱振明著：《泰國：獨特的君主立憲制國家》，第二十八頁。

第五章　曼谷王朝的佛教

（公元一七八二年至現在）

第一節　曼谷王朝佛教的發展

當鄭王復國征服群雄時，他年輕時的知己及心腹部將昭披耶查克里，是一個軍事重要人物，歷次征討立功甚多。公元一七八二年呑武里王城等地，突然發生叛亂，昭披耶查克里就乘機殺了鄭王，被部下擁立為王，簡稱拉瑪一世（Rama I，一七八二—一八〇九），即今日曼谷王朝的開創者。

拉瑪一世登位後，即遷都湄南河對岸曼谷，徵用柬埔寨民工一萬人及寮國五千人，在曼谷興建王宮和玉佛寺，歷時三載。又開鑿城堡戰壕及環城河道，以防敵人的侵襲。

拉瑪一世年輕時曾出家為僧，與鄭王所住之寺院為鄰，因此二人結識為好友。後來鄭王復國攻下大城後，由拉瑪一世之弟帕摩訶蒙特里（Phra Maha Montri）引薦投入鄭王麾下，馳騁疆場，兄弟二人立下不少功勞，極得鄭王愛護與重用，很快升至上將軍，官高爵顯。

拉瑪一世奪得王位後，除了戰爭保衛國家外，立意將曼谷建成像過去大城國都一樣。他首先的行動，是重新建立僧伽制度，發布一系列用來針對僧人紀律的宗教法規。在王宮內建築玉佛寺（Emerald Buddha Temple）供奉玉佛，又下令修建其他十三座佛寺，如著名的菩提寺（原為古寺），歷時七年多，巍峨壯麗❶。

他又諭令恢復過去被鄭王革職的僧王，並重新委任多位高等僧伽尊長，來管理全國僧團；革除鄭王所封的僧王及高等僧伽尊長，或予以降職，或令還俗❷。同時進一步鼓勵僧人和諧，淘汰紀律差素質低的不良僧人。命令在各處已毀壞的佛寺，如大城、華富里、彭世洛、素可泰等地，搜集古代的佛像，共得一千二百四十八尊，迎至曼谷，加以修飾後，收藏在新建或其他修理過的佛寺裡供奉，或賜給一些佛寺供奉❸。

公元一七八八年，佛教召開僧伽長老會議，僧王任主席，決定在大舍利寺（Wat Mahādhātu，為王弟所建），整理結集三藏，費時五月完成。參加長老及上座比丘二百一十八位，另有在家居士學者三十二人。將已經結集完成的三藏，做永久保存，全部用貝葉印製，加貼金粉。此三藏共有三百五十四札，分律藏八十札，經藏一百六十札，論藏六十一札，聲明差別等五十三札，共有貝葉三千六百八十六束。又編印其他藏經及註釋，分送各地佛寺，供比丘們研讀，從此研究佛法風氣盛行❹。

公元一八〇八年，自素可泰迎請六點二五公尺高的巨佛，至曼谷王城中心新建的善見寺（Wat Sudassana）供奉。此尊佛像為素可泰王朝時所鑄造（公元十六世紀）。此善見寺中國風味頗濃，在寺院四周有二十八座中國式七層寶塔，各高六公尺，又在石階走道兩旁，豎立多尊中國式文臣武將的石雕像，據說是早期華人移民來泰時走海道用以壓船的。

拉瑪一世在位期間，他運用國王的權力，促進保護及改革僧團。在公元一七八二年及一八〇一年中，他公布約有十個敕令，強調國王有護持僧團的責任。敕令的內容，命令比丘們忠實地宣揚佛法和守持戒律，如第三和第四敕令，要求所有的比丘，須隨身攜帶身分證明；第五敕令載明比丘犯根本戒，遭擯棄驅逐罪，懲罰還俗；第十敕令表示已經發現一百二十八個僧人犯罪，宣判還俗及服勞役❺。

拉瑪一世期間，佛教重要著述，有披耶達磨巴里差（Phya Dhamma Prija）著《三界論考釋》，即依據立泰王所著的《三界論》古典，做詳細考釋。其次菩提寺頌勒溫那叻僧王（Vanarat）著巴利語三藏《結集史》（Saṅgītivaṃsa）❻。

在文學和藝術方面，在王家玉佛寺四周迴廊彩繪著印度古典文學《羅摩衍那》史詩雄偉的連環圖畫，共計一百七十八幅，泰文稱為《拉瑪堅》（Ramakian），畫面彩色鮮美，人物生動，通過拉瑪的美德和英雄的形象登上王位。公元一七九七年拉瑪一世並命令朝臣們將《羅摩衍那》全部譯成泰文，最足以表現印度宗教藝術傳入泰國，而又摻合了泰人的技藝，變成泰人文學和戲劇創作的源泉。所以曼谷王朝歷代國王都稱號為「拉瑪」，可從這個故事反映出來[7]。

拉瑪二世（Rama II，一八〇九—一八二四）時期，適值西方列強從事海外擴張，泰國也為英、法等國勢力獵取目標之一，但終拉瑪二世在位期間，泰國主權尚未受到侵害，國家尚算太平，很少戰爭。

拉瑪二世年輕時曾出家為比丘，受佛教教育，學業大進，曾撰寫文學多種。此王期間巴利文佛法教育獲得改革。原有制度巴利文分為三級，即比丘或沙彌，能翻譯經藏的定為初級，能翻譯律藏的定為中級，能翻譯論藏的定為高級。但這種制度不能使比丘佛法精深，所以改革分為九級考試制度[8]。

在此期間，斯里蘭卡佛教遣派僧人帶了佛舍利及菩提樹至泰國，加強兩國佛教的聯繫。此時斯里蘭卡已淪為英國殖民地，佛教衰微，泰國佛教選派七位比丘，往斯國宣揚佛教。

拉瑪二世在位時，未立王位繼承人。王后所生之子摩訶蒙骨（Maha Mongkut），在公元一八一七年，由父王命令出家為沙彌，住大舍利寺；公元一八二四年，受戒為比丘[9]。除此，又命令修建多所佛寺，大多是拉瑪一世時未完成的。

公元一八二四年拉瑪二世去世時，合法繼承人是蒙骨，但這時他還在出家為僧，就為一位王妃所生的哥哥帕難高（Phra Nang Klao）奪了王位，成為拉瑪三世。據一些歷史記載，拉瑪二世知道他不久要去世，而且相信國王繼承委員會，在一個強大的波納家族（Dit Bunnag）支持下，將會選擇帕難高為繼承人，因此決定保護蒙骨避免受到政治糾葛，威脅生命，所以先做安排蒙骨到一寺院出家為僧。而在這之前三週，偶然一隻白象死去，是為不祥的徵兆⑩。

拉瑪三世（Rama Ⅲ，一八二四—一八五一）時，下令修建各地多所佛寺。諭令高僧和學者，翻譯三藏及特別論典為泰文（未全部譯完），使佛法能發揚普及。公元一八三六年，命令修理菩提寺，在佛殿四邊內廊安供從全國各地收集得來的古佛一千二百三十七尊；臥佛殿內大臥佛，長達四十六公尺，佛雙足底用玳瑁片嵌成的千幅輪圖案，極為壯麗⑪。此寺也成為教育人民知識的寶庫，除了增建佛殿佛塔，寺廊供奉多尊坐佛；更搜集豐富的史詩壁畫、古代佛教藝術，將其重新刻畫嵌在佛殿、亭台的廊壁上，其中還包括文學、醫術及各種技藝等，供人民觀賞和研究。王曾多次派比丘往斯里蘭卡，及供養斯里蘭卡來泰國的比丘⑫。

拉瑪三世時期最重要的一件事，就是出家的王弟摩訶蒙骨，法號金剛智（Vajirañāṇa），修學佛法，深入三藏及各種註釋，並精通巴利、梵語、英文等。他為了改革佛教，提倡嚴格戒律，一八二九年創立「法宗派」（Dhammayutika-nikāya，意為法相應部），而原有舊僧團（多數），遂稱為「大宗派」（Mahānikāya），至此泰國僧團分成兩派，流傳至今[13]。據說蒙骨進行佛教改革，是在一次他偶然遇到了國內一位孟族高僧，通過與他討論，確信孟族在戒律上的合理性。

拉瑪三世本想打算讓長子繼承王位，但在臨終時，王室的主要王子及王室高級官員開了一次會議，決定迎請出家的蒙骨還俗登上王位。

拉瑪四世（Rama IV，一八五一——一八六八），在未登位前曾為比丘二十七年，並創立法宗派，公元一八五一年還俗即位。拉瑪四世是一位英明之主，但此時西方列強正在泰國積極尋求發展，自公元一八五五年至一八六八年，英、美、法、德、葡、荷、義等國家，都壓迫泰國訂立條約，取得在泰國各種特權利益，包括享有領事裁判權在內。

王在位時，繼續關心佛教改革，制訂多種管理佛教僧團規約，勸令僧人嚴格遵守戒律，加強僧伽教育。對法宗派尤為熱心護持，在曼谷及其他重要城市，興建多所佛寺供養法宗派，如母旺尼域寺（Wat Bovoranives，為法宗派總部）、皇冕寺（Wat Mongkut）、叻帕提寺（Wat Rajaphradis）、巴通溫寺（Wat Patun）等。公元一八五三年，他命令修建佛統塔（Paṭhama-cetiya），在外層建造一大塔層罩著原有的古塔，此塔裝修至拉瑪六世時才完成，高約一百二十多公尺，圓徑二百四十公尺，為泰國最大的佛塔[14]。此塔型式簡單，風格厚重平實，上為螺旋形塔剎，中段塔身為覆鉢形，底部有寬廣的圓形基壇，繪有佛陀《本生經》相關的壁畫。正門入口處有佛陀雕像，並有階梯通向底下的地面。

拉瑪四世時，曾派僧團前往斯里蘭卡，與印度佛教徒聯絡，獲得印度贈送佛像和菩提伽耶的菩提樹。又傳法宗派至柬埔寨⑮。拉瑪四世根據佛法的研究，提倡舉行「敬法節」（Māgha Pūjā）⑯慶祝，時間訂在泰曆三月十五日（西曆一、二月間），紀念佛住世時集會一千二百五十位阿羅漢弟子於王舍城竹林精舍，聆聽佛陀重要的教誡。

拉瑪四世在出家時著有巴利文《戒壇抉擇論》（Sīmāvicāraṇa），書成後帶至斯里蘭卡，受到各派僧人的讚揚。又當時泰國僧王著有《善逝量論》。

拉瑪五世（Rama V，即朱拉隆功王Chulalonkorn，一八六八—一九一〇）時代，泰國周圍的各國，即印支三邦淪為法屬殖民地；緬甸和馬來亞，也淪為英屬殖民地。泰國在英、法兩大勢力籠罩之下，拉瑪五世為了擺脫外國控制，發憤圖強，特銳意維新，改革行政，實施新教育，努力建設，廢止奴隸制度，更主動利用外交策略，雖然失去一些土地和藩屬，但終能保持國家獨立，所以他在泰國史上是一代英主。

五世王同時極力護持佛教，委託在母旺尼域寺出家的王弟金剛智，在公元一八八八年，領導編修巴利文三藏，將原先的古柬埔寨文字，改為泰文字母，並參考斯里蘭卡及緬甸的巴利文寫本校訂，然後編成三十九冊，印刷一千部，至公元一八九三年完成。這是南傳佛教國家，也可說在世界上，巴利文三藏印刷最完備的紙裝本之始（早期都為貝葉）。這消息傳到世界各地，很多信仰佛教國家，外國圖書館，包括歐美各國，都紛紛向泰國請求贈書，以供研究，泰王均下令賜贈。當時有英國佛教學者戴維斯（T. W. Rhys Davids）夫婦創立「巴利聖典協會」於倫敦，出版羅馬字體巴利三藏，同時他們翻譯一些經典為英文，泰王亦命令出資支持[17]。

公元一八九〇年曼谷大舍利寺成立「大舍利寺學院」（Mahādhātu Rājavidyalaya），為大宗派高級巴利語研究中心。一八九三年母旺尼域寺成立「皇冕學院」（Mahamakut Rājavidyalaya），為法宗派高級佛學研究中心。後來這兩所學院改為佛教大學。皇冕學院於一八九四年辦有佛教《法眼》雜誌，並繼續出版至今，成為泰國佛教最久的雜誌[18]。

公元一八九八年，在尼泊爾迦毘羅衛城遺址一古塔中掘獲舍利，有文字記載說明是釋迦族佛陀舍利骨，那時印度總理柯爾森（M. Curson）送給有信仰佛教的泰國政府。當時日本、斯里蘭卡、緬甸也派使至泰國，請求分得一部分，其餘的命令在曼谷沙凱寺（Wat Saket，亦譯金山寺）建金山塔（Bhu Khau Tong）供奉[19]。

公元一九〇二年，拉瑪五世命令訂立僧團約章，成為法規，傳於後世。又命興建大理石寺（The Marble Temple），整座佛殿內外及圍廊，都用大理石建造，大理石都在歐洲選購。佛殿後面的迴廊中，從全國搜集供奉五十一尊比人形還大青銅佛像，各種姿態都有，好像是泰國佛教藝術發展的一個縮影，此寺為曼谷著名佛寺之一，富麗莊嚴。又建叻母匹寺（Wat Rajpobidh）、貼素燐寺（Wat Tepsriudravas）等[20]。

拉瑪六世（Rama VI，一九一〇—一九二五）是一政治家及文學家，著有《佛陀覺悟什麼？》、《向軍人說法》；另有《東方猶太》及《醒來吧，暹羅！》等數種，其中有言論詆毀排斥華僑。拉瑪六世在面對公元二十世紀初的西方列強的壓力，尤關心泰國的民族團結，加強民族主義的意識，他創造了國家、宗教、國王三者為核心的象徵體系，三者互相依持並成為在現代社會中生存下去求得發展的根本依據[21]。

此王在位期間，僧王金剛智著有佛書及課本多種，因而制訂了泰文佛學教育基礎，為短期出家的比丘和沙彌，做普通佛教教育課本，一般在家佛教徒也可以修讀[22]。至今仍為泰文佛學院各級基本教科書，及嘉惠後人學習佛法。內容包括：佛陀格言、佛學、佛傳、結集論、戒律、儀規。另有一本六卷的巴利文教科書《巴利文法》。

拉瑪七世（Rama VII，一九二五—一九三四）時，由僧王室利薄他那（Jinavara Sirivatthana）領導多位長老會議，再修訂改編五世王時代的巴利三藏，使更臻精確完備，然後號召全國人民出資助印，全藏共四十五冊（表示佛陀說法四十五年），這是現在泰國最完備及最新改編的巴利三藏[23]。公元一九三二年，因為國內政情，遂改專制為君主立憲。

公元一九三八年泰國內閣改組，由鑾披汶出任總理。他在執政初期，曾設法促使國內兩派僧團合併為一，但未成功。公元一九三九年五月二十日，鑾披汶宣布將暹羅國號改稱泰國。

公元一九四〇年，由政府贊助，以僧王帝須提婆（Tissadeva）為領導，組織「巴利三藏全譯泰文委員會」，集合二、三十位精通巴利語高僧主持。關於巴利三藏翻譯泰文，雖然過去在大城王朝時代，及曼谷王朝拉瑪三世時，已經翻譯了不少，但多數是經藏部分，律藏和論藏部分極少。而且以前的翻譯，因時代不同，文字句法不同，翻譯目的不同，因此並不一致，所以必須重新全譯，或對已譯的做選擇性採用。至於經費方面，則成立譯藏基金會，由佛教徒各方面捐助。至公元一九五一年，巴利三藏已經全譯完成，計律藏十三冊，經藏四十二冊，論藏二十五冊，合共八十冊（表示佛陀住世壽命）。但是全部出版經費非常龐大，於是向當時國務總理鑾披汶請求，為了迎接佛曆二五〇〇年（公元一九五七年，泰國佛曆比斯里蘭卡和緬甸減一年，以佛滅次年算起）紀念大典，必須盡速籌備出版，結果由政府贊助泰幣三百萬銖（約相等於十五萬美元）。這樣，就由原來計畫出版一千部增至二千五百部。

拉瑪八世（Rama Ⅷ，一九三四—一九四六）時，公元一九四一年泰國政府頒布僧伽法令，佛教僧伽組織仿效國會形式，僧王由總理提名，國王批准，為最高領袖，終身任職，下設僧伽內閣、僧伽議會、僧伽法庭，實行三權分立。

在京畿府（即曼谷）挽卿縣建吉祥大舍利寺（Wat Śrimahādhātu），供奉自印度迎請來的佛陀舍利。

泰國曆法傳統上使用佛曆為紀年，但月和日都使用公曆。泰國歷史上曾用陰曆五月初一為陰曆年首日，公元一八八二年改為公曆四月一日為新年。由於泰國新年時間與世界公曆對照算法使用非常不便，於是泰國政府於公元一九四一年，開始使用公曆一月一日為新年。佛教和民間仍可兼採陰曆，所以泰國佛教一些重要節日，如佛誕、敬法節、安居日，或僧人每半月說戒、一般佛日等，仍用陰曆計算。

拉瑪九世（Rama IX，一九四六—現在）時期[24]，佛教為了發展高等僧伽教育，於一九四六年，法宗派皇冕學院，改為皇冕佛教大學，分為三個部門，七年畢業。次年，大宗派大舍利寺學院，也改為摩訶朱拉隆功佛教大學，分為四個部門，八年畢業。兩所佛教大學所教科目，包括佛學、佛教語文及社會各種學科，就讀學生，限定為比丘和沙彌[25]。

公元一九五一年，由政府贊助一半，其餘一半募自民間，在曼谷郊區興建一所現代化的僧伽醫院，專為治療患病的比丘和沙彌之用。現有病床四百張，醫藥、住院、飲食等完全免費。

公元一九五六年十月二十二日，現今拉瑪九世依泰國佛教傳統，在玉佛寺舉行短期出家為比丘十五天，僧王金剛智為傳戒和尚。出家後駐錫法宗派母旺尼域寺，十五日圓滿，捨戒還俗。

公元一九五七年，即泰國佛曆二五〇〇年，為盛大舉行慶祝紀念，在曼谷王宮前廣場，自五月十八日起，一連舉行七日七夜慶祝，高僧每日輪流誦經講法，並邀請各佛教國家派代表參加。全國各地亦熱烈慶祝，放假及禁屠三天，大赦全國囚犯，又有二千五百男子出家為比丘，發行佛曆二五〇〇年紀念郵票，舉行佛教文藝比賽等，全國歡欣鼓舞，普天同慶㉖！因泰國與臺灣有邦交，臺灣中國佛教會應邀組團參加，團長甘珠爾瓦及代表九人印順、道源、周宣德等前往出席。

公元一九五八年，世界佛教聯誼會第五屆大會在曼谷召開，從十一月二十四日至三十日，有十八國代表一百八十八人參加，提出主要議案：呼籲各國佛教徒努力實現佛陀的和平精神；禁止原爆；南傳北傳佛教互相多做文化交流；修建美化佛陀誕生藍毘尼園聖地等㉗。

五十年代，泰國已漸進入資本主義體系，在鑾披汶政府統治時，思想還比較開放。公元一九五八年八月國防部長沙立發動政變，取得政權後，執行親美反共政策。泰國僧團兩大派之間高層內部常發生摩擦，主要原因是兩派都想爭取特殊的政治地位，大宗派控制國內百分之九十的寺院，法宗派是少數，但因與王室有特殊關係及持戒謹嚴享有較高聲譽，僧伽中央大權常由法宗派掌握。由於受到反共思潮的影響，政府曾下令逮捕三位大宗派僧人，被指為共產黨同路人，公元一九六〇年僧伽內閣褫奪他們的僧籍，理由是他們曾於公元一九五六年九月，應邀參加中國佛教協會在北京舉行佛教座談會，親見當時大陸佛教發展的情形，會後在中國中央廣播電台發表談話，稱讚中國共產黨的宗教自由政策，回國後又發表專文報導。之後並株連到他們的老師，即著名的佛教學者高僧披莫丹（Phra Phimontham或Phra Phimoldham），在公元一九六三年夏亦遭拘捕，罪名是「挑撥公眾，違抗政府」，起訴書說他是共產黨，罷黜出僧伽內閣、大宗派大本山大舍利寺住持、摩訶朱拉隆功佛教大學校長等職，褫奪僧籍。公元一九六四年，軍事法庭宣判以前被捕三位至中國僧人無罪釋放，二年後，披莫丹長老亦獲判無罪釋放，轟動一時的披莫丹共產黨案至此結束㉘。據一些報告說，披莫丹長老幾年在拘留所中，除了不自由，每日仍勤於禪坐，研讀經論。獲釋後回到大舍利寺，仍受到各方僧俗的尊敬，生活態度自若，教學不倦，但婉拒與外界聯絡。著者於公元一九六〇年赴泰修學南傳佛法時，亦因他的核准許可，並且一同共住在大舍利寺中。

公元一九六二年泰國政府頒布了新的僧伽法令，在次年一月一日執行。新僧伽法令內容為：國王從高僧大長老中選一位為僧王，做僧伽領袖。大長老會議代替了僧伽內閣，它只對僧王起諮詢作用，國家宗教廳長擔任大長老會議的祕書長。在各地方僧伽組織中，任命一名督察，負責監督僧伽的宗教活動。政府教育部有權輔助僧王的任命及對僧伽財政補貼，按委任僧職的級別，由政府發給薪金。依據這一新法令實行，軍政府對僧伽就更容易管理和控制了㉙，把國家和佛教更緊密地聯繫在一起。

公元一九六四年僧伽與政府推出「傳法使計畫」，內容有以下幾方面：

一、選拔對國家和佛教忠誠及解行優秀的僧人，特別是兩所佛教大學畢業僧，及具有方言能力者，派往各府、市、縣、鄉村宣揚佛法。

二、組成多個僧人小組，分赴全國各地區工作。公元一九六四年有一百七十五名僧人參加；次年有八〇二名；最多時達二千名。

三、傳法使的具體任務，是向村民講解佛法，奉行五戒，常行布施，熱愛佛教，及對國家和國王效忠，進行精神與道德的淨化，改造犯罪；同時亦阻止了共產主義思想在國內散播㉚。

近十多年來，泰國佛教向外國發展亦很熱心推動。在公元一九五六年以前，就有泰國比丘往馬來亞及新加坡弘法，發展至今，在檳城、新加坡、吉隆坡、怡保等處，已建築十多所佛寺，而信眾多數為華人，馬來人回教徒是很難改變他們宗教信仰的。公元一九五七年，印度政府在菩提伽耶聖地，獻地一萬七千平方公尺，歡迎泰國佛教前往建佛寺，至公元一九六〇年，在泰國政府資助下，建築一座非常莊嚴雄偉的「佛陀伽耶泰寺」（Wat Thai Buddhagaya），派遣比丘輪流長期弘法。公元一九六四年，有泰國比丘智成就（Ñāṇasiddhi）領導，在倫敦成立「佛光寺」（Wat Buddha Padīpa），輪派五、六位比丘長住，經常演講佛法及教授禪觀，經費亦由泰國政府資助[31]。

公元一九七五年中泰兩國建立了外交關係，佛教也重新開始交流。一九八〇年中國佛教協會趙樸初會長到曼谷出席世界宗教和平會議常務理事會，受到泰國佛教界的熱烈歡迎。次年泰國佛教僧侶代表團亦訪問中國，受到班禪等人友好歡迎。後來泰國佛教徒曾多次組團訪問中國。公元一九八七年趙樸初會長率團到曼谷參加國際佛教學術交流會，並進行一週的訪問，受到泰國眾多佛教團體的歡迎，僧王也親自接見。為了增進兩國佛教文化的交流，中國佛教協會於公元一九九〇年六月，派出雲南傣族上座部佛教青年學僧十名赴泰國留學。他們在泰國學習三年，主要是學習巴利語及南傳佛教教義等[32]。

現在泰國佛教徒占總人口約百分之九十五以上。有僧人二十八萬，其中比丘十八萬，沙彌十萬，佛寺約二萬五千所，佛塔十萬座[33]。

第二節　僧伽組織與國家的關係

（一）略史：泰國佛教僧伽組織，自公元十三世紀中葉，素可泰王朝成立，傳入斯里蘭卡上座部系佛教後，即正式立為國教。當時僧伽組織，即由國王尊封一位德學具足、精通三藏的長老為僧王，另又尊封各府僧伽府長及地方初級僧官，形成全國僧伽行政組織系統。至大城王朝時代，國土擴大，佛教更為發達，僧伽數量大增，僧伽行政組織除沿襲素可泰王朝舊制，另對弘揚佛法有功僧人及具足德學比丘，概給予尊封僧伽爵位，分為九級：僧王、副僧王、公、侯、伯、子、男及師尊一級、二級；並依僧爵高下，由國家制定食俸。曼谷王朝成立後亦沿襲舊制。至拉瑪七世時，泰國改為君主立憲，之後佛教亦制訂僧伽憲章，設立僧伽內閣、僧伽議會等，於公元一九四一年頒行。這是仿照國家的組織，而予以簡化㉞。

（二）僧伽行政組織：泰國僧伽行政組織，分中央僧伽行政與地方僧伽行政兩部分。中央僧伽行政以僧王為全國僧伽領袖，僧伽內閣十位，即僧務院長、僧伽內務部長、僧伽宣傳部長、僧伽教育部長、僧伽福利部長，另外有次長五位。僧伽議會，由四十五位僧伽委員組成。僧伽法庭，分初審、上訴審、最高審三級。至於地方僧伽行政，分九省、七十一府、縣、區、鄉、佛寺，依層次隸屬管轄㉟。

以上這種新制，本較合乎現時代，可是公元一九六〇年間，泰國僧團宗派之間的高層領導者，發生嚴重摩擦，甚至互相藉政治勢力傾軋。遂於公元一九六二年，修改僧伽憲章，多項仍恢復過去僧王集權，其組織簡介如下：

僧王是佛教最高領導者，由國王尊封，終身職位。下設僧伽最高機構，稱為「大長老（僧伽）會」（Mahāthera Samāgama），有十三名委員，僧王任主席，四位副僧王為當然委員，其他八名由推選產生，任期二年，對於僧伽的行政、教育、宣傳、福利、戒律、規章等有決議權。政府宗教廳廳長為此會之祕書長。在大長老會之下又設僧伽議會，分為二組，即大長老會議及小組委員會（即對大長老會議提出各種議案之前，對該議案的審議，徵詢佛教僧伽學者及旁聽者意見）。在大長老會下，又設僧伽法庭，保持以前之初審、上訴審、最高審三級。在大長老會與地方僧伽組織之間，設有大教區僧伽會，即全國分為中部、北部、東北部、南部四大教區，大宗派設四大教區，各有僧長一位，但法宗派僧眾少，全國只設一位。此五大教區僧長，直屬大長老會，或由大長老會委員擔任。在大教區之下，即屬地方僧伽組織，大宗派全國分為十八個管區，法宗派分為四個管區，共有管區僧長二十二名。依次是府僧伽會、縣僧伽會、鄉村僧伽會、各佛寺僧伽。在大長老會之下，又專設巴利文教學總管處、佛學教學總管處、佛教使節局（派遣僧人至國內外弘法）。

為使易於了解，列表如下：

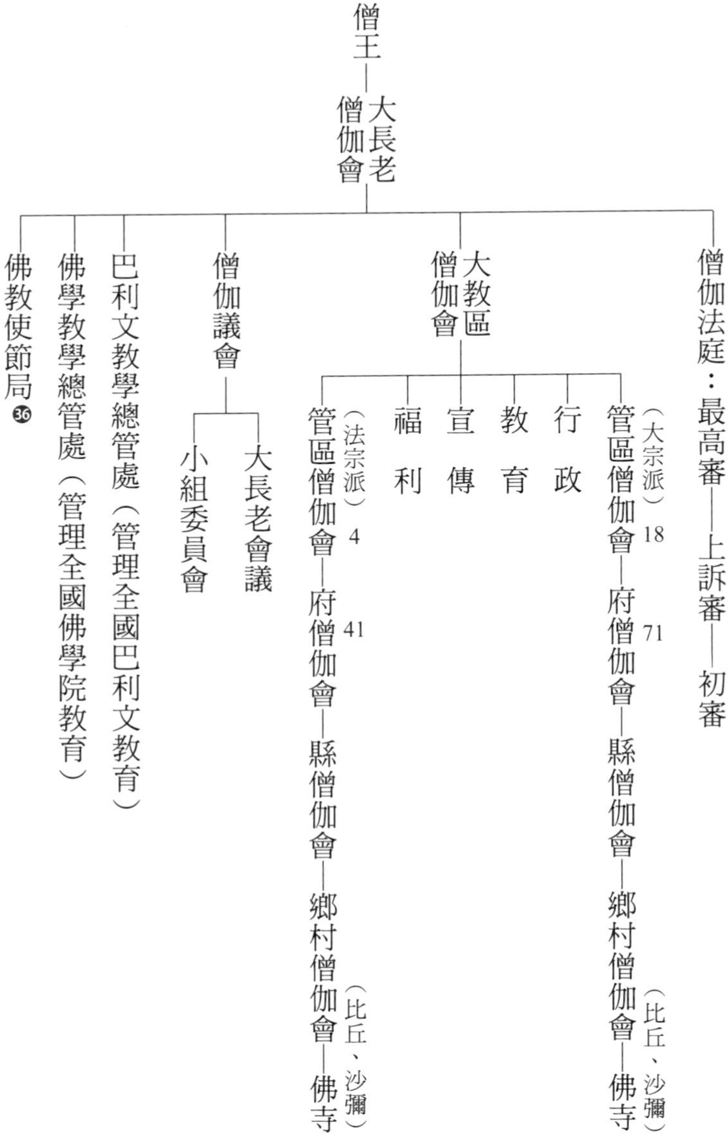
僧王
大長老僧伽會
僧伽法庭：最高審—上訴審—初審
大教區僧伽會
行政
教育
宣傳
福利
管區僧伽會（大宗派）18—府僧伽會 71—縣僧伽會—鄉村僧伽會—佛寺（比丘、沙彌）
管區僧伽會（法宗派）4—府僧伽會 41—縣僧伽會—鄉村僧伽會—佛寺（比丘、沙彌）
僧伽議會
大長老會議
小組委員會
巴利文教學總管處（管理全國巴利文教育）
佛學教學總管處（管理全國佛學院教育）
佛教使節局 36

至於兩派佛教及僧數，依泰國教育部宗教廳一九六四年調查，全國有佛寺二萬三千四百五十四所，比丘十六萬六千九百七十五人，沙彌八萬五千一百二十七人，共計二十五萬二千一百零二名。另依一九六八年，佛教星期日學校事務局最新調查如下：

	大宗派	法宗派	共計
佛寺	二三〇・八二寺	一・〇二三寺	二四・一〇五寺
比丘	一六六・四五九人	八・八〇七人	一七五・二六六人
沙彌	八三・二一三人	四・四四八人	八七・六六一人
*男少年	九六・七三三人	八・〇九五人	一〇四・八二八人

*男少年，多為寄住佛寺中學生，及為僧人使用男童。[37]

（三）佛教與國家的關係：泰國自立國以來，歷經七百多年，都以佛教為國教，成為傳統的習慣。現在泰國憲法第七條規定：「國王須信奉佛教；且是宗教的擁護者。」又規定：「……人民有信仰宗教及舉行禮拜完全之自由……。」因為不准僧人參政，所以第九十條第三項規定：「比丘、沙彌、修道者不得行使選舉權[38]。」

泰國佛教僧伽，除了自己有僧伽行政組織外，政府亦設有宗教廳（屬教育部）管理各宗教事務。宗教廳的組織設廳長一人，轄下分為一處和六科：1.祕書處：分文書組、統計組、法律組、財庫組；法律組專為維護各宗教權益而設。2.宗教教育科：分學術組、圖書組、研究組、宗教學校組；協助全國比丘沙彌教育，籌備校舍經費；外國留學僧獎學金，也由本科承辦受理。3.宣傳科：分布教師組、促進教育指導組；本科職員多數是以前出家時獲得高等巴利文學位捨戒還俗後，協助宣揚佛教文化教育工作。4.宗教贊助科：分典禮組、救濟組、宗教事務組；負責國家（王室和政府）與佛教等各種宗教禮儀，籌備布置；發給全國僧爵、僧職薪俸及供物；救濟遭受災難的佛寺和僧人。5.宗教財產科：分佛寺財產登記組、簿記組、中央僧伽利益組、地方僧伽利益組；代僧人處理全國佛寺財產登記、租收，以及代處理僧俗財產糾紛。6.僧伽祕書科：分中央組、僧伽事務組、佛教經典組、資助教育組、公共利益組、大長老僧伽會議等，本科先派人布置，會議時記錄，及協助僧伽推行事務，承受執行僧伽命令。7.建設科：分佛寺建築組、佛寺修理組、設計組、聯絡組；負責興建及修理佛寺、佛塔、佛教勝地，設計圖案模型，調查和蒐集宗教資料，與上級聯絡，及推行在外國建寺傳教工作[39]。

宗教廳是管理全國各宗教的事務，憲法規定佛教為國教，但對其他宗教，政府一樣尊重人民信仰宗教的自由，並給予援助。依公元一九六〇年全國人口調查，共兩千六百二十五萬七千一百九十六人；公元一九六七年調查為三千零五十七萬八百四十六人；佛教徒占百分之九十三點五，伊斯蘭教徒百分之三點九，基督教徒百分之零點六，其他百分之二㊵。政府每年對各宗教都有援助預算，例如公元一九五八年如下：

I. 援助宗教支出：

佛教	佛寺修理及維持	泰幣	九・〇〇〇・〇〇〇銖
	佛學院、巴利文佛學院	泰幣	五〇〇・〇〇〇銖
	佛教僧團費	泰幣	一〇〇・〇〇〇銖
	二所佛教大學	泰幣	四〇〇・〇〇〇銖
伊斯蘭教		泰幣	四九五・〇〇〇銖
基督教		泰幣	四五・〇〇〇銖
共計		泰幣	一〇・五四〇・〇〇〇銖

II. 僧俸及行政等支出：

僧俸	泰幣	四・四二二・〇〇〇銖
僧伽行政	泰幣	一〇・九八八・〇〇〇銖
獻迦絺那衣（袈裟）儀式	泰幣	二二〇・〇〇〇銖
僧扇	泰幣	六五八・〇〇〇銖
宣法	泰幣	四〇・〇〇〇銖
國際會議	泰幣	三五・〇〇〇銖
資助外國留學僧	泰幣	一二〇・〇〇〇銖
共計	泰幣	一六・四八三・〇〇〇銖[41]

（四）大乘佛教在泰國：雖然大乘佛教於公元十三世紀已在泰國滅亡，但還有些形式和觀念未隨著絕跡，如願生佛國土；曼谷王朝第四世王時，有些佛教徒在虔誠禮佛時，常發願成佛。除此，還有人相信佛教徒賢明的國王是菩薩或佛的化身。在吞武里王朝及曼谷王朝第三世王時，也有人稱僧王為佛的。另有些不包括在巴利三藏內的經典，

如《福德輪經》、《三藏頂經》等，說人僅要念誦或書寫經典，就可獲得不可思議的功德，這些都是大乘佛教遺留下來的觀念[42]。

大乘佛教傳入泰國的另一個時期，是由近代越南和中國佛教徒帶進。在吞武里王朝時，因越南發生叛亂，有越南王族和人民至泰國頗多，他們同時帶入自己信仰的大乘佛教。越人文化風尚，與中國略同，佛教也傳自中國，乃在吞武里建一寺。曼谷王朝第一世王時，又有很多越人至泰，在曼谷建二寺。這三所佛寺，都是華、越人共建，主持者則為越僧，用越南佛教儀規。至三世王時，越人又在曼谷、北碧、尖竹汶三地，各建一佛寺[43]。

至拉瑪五世王時，有中國南粵續行和尚至泰，具足戒行修持，受中、泰人民敬仰，乃集資在曼谷興建永福寺，後又修甘露寺。不久華僧至泰漸多，遂發起興建龍蓮寺，八年始成，為全泰最大華寺。開光之日，五世王賜該寺泰名外，並策封續行比丘為「華僧尊長」，又封其他二華僧為左、右二尊長。越南出家人，亦在同一時期下諭敕封。不久續行又往北柳興建龍福寺，未久即圓寂，趺坐安詳而逝。第二位華僧尊長果悟比丘，深有禪定工夫，亦獲泰國王室，及中、泰人民敬仰[44]。

至九世王時，華僧普淨法師升任華僧尊長後，曾在北碧建普仁寺，奠石結界，可依律傳授戒法，並被泰國僧王封為傳戒和尚，因此可度泰地華人出家，發給度牒；以後又建立化僧舍、仙佛寺；公元一九六〇年，在曼谷郊區，又興建規模宏偉的普門報恩寺，至公元一九七〇年始告完成，恭請泰王駕臨主持落成大典，盛況空前㊺。今日在普淨尊長門下出家的華僧，約近二百位，分住各處華寺，並且依泰國風俗，多數為短期出家。泰地華裔青年出家，多數在小時候受泰文教育，對中文及大乘佛法認識不多。普淨尊長甚得當地華僑皈信，弟子眾多，法緣極盛。為了今後大乘佛法種子繼續在泰國發芽生長，更應注意發展華僧教育之事。

在曼谷的華僑佛教徒，亦成立很多佛教社，宣揚大乘佛法，其中重要的，如中華佛學研究社、龍華佛教社，過去多年經常定期舉行信徒集會，研讀佛法、念誦、講說。有時國內或其他地區有高僧至泰，除接待食住及旅遊活動等，常受邀請為華僑講經說法。

華裔青年陳明德居士，精通中、泰、巴、英等語文及大小乘佛法，在皇冕佛教大學任教多年，教授大乘佛法及佛教史。曾譯中文《金剛經》及《維摩詰經》等為泰文㊻，並經常至各地佛教文化學術研究機構演講大小乘教義，全國擁有極多讀者和聽眾，惜其不壽，於公元一九六六年十二月九日去世，年僅三十八歲，為中、泰佛教一大損失！

總之，華人、越人的大乘佛教在泰國的弘揚，其信仰的人眾和影響，主要還是在華、越人的範圍內，泰人信仰大乘佛法的很少。

第三節　泰國現代佛教教育

現在泰國佛教教育的情形，可分下列四方面來敘說：

一、泰文佛學院：

佛學院是在全國普遍設立，設在規模較大和僧眾較多的佛寺，僧眾少的佛寺，可至鄰近的佛學院就讀。佛學院分為初級、中級、高級，僧俗都可報名入學，除了課本自備，學費全免。凡新出家者規定都要就讀，不限年齡。每年開學時間是在七月安居時開始，至十二月中終止，教學僅約半年時間。學期結束時，每年舉行一次全國大會考（短期出家還俗者可不參加），甚為嚴格。及格者每年約占百分之三十左右；不及格者來年仍須就讀原級，考多少次不受限制，因為這是出家修學佛法的基本教育。佛學院各級人數不受限定，多者七、八十人，少者三、四人亦開班。教課者，亦多由寺中佛學程度較高的比丘擔任，並由常住供養飲食及微少零用金，或向宗教廳申請補助。

泰文佛學院課程內容如下：

級別	授課內容
初級	佛陀格言、佛學、佛傳、戒律、儀規。
中級	佛陀格言、佛學、佛弟子傳、結集論、戒律、儀規。
高級	佛陀格言、佛學、佛及弟子傳、結集論、戒律、僧團組織章程。

依公元一九六七年統計，全國共有佛學院四千零五十六所；出家及在家學生（在家各級不讀戒律，或以其他科目代替）如下：

	出家（比丘、沙彌）	在家
初級	一二二·七三六名	一三·九一〇名
中級	二〇·三八三名	二·九四二名
高級	一一·五五五名	九五三名
共計	一四四·六七四名	一七·八〇五名[47]

泰文佛學院資格考試：例如公元一九七五年度測驗，應考者十六萬七千八百十一人，及格者五萬九千五百八十八人，及格率百分之三十五點五。

二、巴利文佛學院：

依公元一九六〇年統計，全國共有巴利文佛學院五百四十九所，修業比丘和沙彌二萬二千一百四十二名，教師一千八百零七位㊽。設在規模較大和僧眾較多的佛寺，其他佛寺的學僧實行走讀。學僧課本自備，學費全免，教師的飲食及少數零用金由常住供給，或向宗教廳請求補助。巴利文佛學院，一向不准在家信徒就讀。每年開學時間約在陽曆六、七月間，至次年二月終止。巴利文分初級、中級、高級三個階段，每個階段又分三級，共九級：初級至五級，規定須入巴利文佛學院就讀，聽教師講解；六級以上，著重自己研究，或請人教導，或成立小組請專家指導。就讀巴利文佛學院，都為青年比丘和沙彌；中年老年出家者極少學習。每年學期結束時，舉行全國大會考一次，參加考試的及格比率，只約占百分之二十左右。考不及格的，仍須繼續在原級就讀，年數不限。考取三級以上者，尊稱為「大比丘」（Mahā-bhikkhu，泰語稱Phramaha；沙彌考上者，受比丘戒後，即升為大比丘），並且由僧王或國王頒贈巴利文學級僧扇。考取巴利文學級越高，榮譽越高，受僧俗尊敬。現將巴利文九級課程內容簡列如下：

初級巴利文課程

一、二、三級：《巴利語文法》五冊、《初級翻譯巴利語課本》二冊、《法句經註》八冊。（一至三級合併一次考試，考試及格者，獲得巴利文第三級學位。）

中級巴利文課程

四級：《巴利語文法》、《吉祥燈論》。

五級：《一切善見律註》第三冊、泰文與巴利文對譯。

六級：泰文與巴利文對譯、《法句經註》泰文重譯巴利文、《渡疑律釋》。

高級巴利文課程

七級：《一切善見律註》第一、二冊、《吉祥燈論》泰文重譯巴利文、泰文與巴利文對譯。

八級：《清淨道論》三冊、《勝義諦寶庫論》、泰文與巴利文對譯。

九級：《攝阿毗達摩義論》；《攝阿毗達摩義論複註》、《清淨道論》泰文重譯巴利文、巴利文作文[49]。

第三級、第八級、第九級考試為三天，其餘為二天。

巴利文佛學院資格考試：例如一九七五年度測驗，應考者一萬一千九百二十一人，及格者二千五百六十五人，及格率百分之二十一點五。

三、佛教大學：

泰國佛教大學有兩所，即摩訶朱拉隆功佛教大學和皇冕佛教大學，專為教授青年比丘、沙彌及社會青年世間知識及佛學知識。

摩訶朱拉隆功佛教大學

摩訶朱拉隆功佛教大學是為紀念曼谷王朝五世王的，他對佛教教育非常提倡，建立了佛教教育僧團。公元一九四七年由大宗派大舍利寺學院改成。目前大學政策主要有四個實踐方向：1.培養人才，2.研究與發展，3.對佛教的支援並提供學術資源予社會，4.護持文化。大學分設四個系：佛學系、教育系、人文系、社會系。有分本科、碩士、博士課程。有泰文課程，英文課程。本科裡有英文、巴利文、寺院管理、佛教心理學、禪修、人文關懷等方面的課程。碩士是兩年到兩年半制，博士是三年制。

公元一九七八年摩訶朱拉隆功佛教大學，在皇家資助下，於廊開府興建分校區，開始進行區域性擴張。公元一九八四年泰國政府公布認證由皇室資助的摩訶朱拉隆功佛教大學，授予學士學位資格，等同於一般國立大學。公元一九九九年摩訶朱拉隆功佛教大學，在大城府新校區舉行的隆重奠基儀式。翌年學校進一步收購土地，新校區總面積約為五十二公頃。最初創校的大舍寺地址，則為摩訶朱拉隆功佛教大學的總部。

公元二〇〇一年大學和幾所高等教育機構建立附屬關係，有十個分校區，以及七所佛教學院、七所附屬研究院，十間延伸教室、和十八個學術單位。在斯里蘭卡、臺灣、韓國等設有合作分校，目前在校學生有兩萬多人。申請本科的學僧必須得有高中學歷，申請碩士的必須有本科學歷，申請博士的得有碩士學歷。碩士生畢業後，也可以再進一步到印度或歐美國家的大學深造，研究宗教哲學，攻讀博士學位。

摩訶朱拉隆功佛教大學設立的系所，下屬有四個學院和一個研究院。學院包括：佛學院、人文學院、師範院、社會學院。二〇〇七年，學士、碩士、博士學生人數如下：

系別	學士	碩士	博士
佛學系	三．九五四人	八一〇人	六十七人
教育系	一．二三六人	五十七人	
人文系	一．〇五九人	二十五人	
社會系	二．八八一人	八十四人	
共計	一〇．一七三人		

公元二〇〇八年，有畢業學生：博士十位，碩士九十二位，大學部一千七百零二位。公元二〇一〇年，摩訶朱拉隆功佛教大學在大城府的新校區舉行落成開幕儀式[50]。

皇冕佛教大學

皇冕佛教大學之定名，是紀念拉瑪四世的，因他未登位前，曾出家為比丘二十七年，創立法宗派。它的前身就是皇冕學院，於公元一九四六年改為佛教大學，設在法宗派總部母旺尼域寺。皇冕佛教大學招生亦兼收大宗派學僧，因為法宗派僧人數量少，規模及發展亦不及摩訶朱拉隆功佛教大學。

公元一九六〇年後，有鑒於西方學制的教育已成為泰國教育的主流，為了接軌世界潮流，泰國的法宗派支持傳統僧人大學教育也必須改革為西方學制，所以再設置碩士班與博士班。

初設立時期課程基本科目如下：

大學部教學課程

巴利文、梵文、英文、教授學、東西方論理學、世界宗教教義、世界史、泰國文學與文化史、佛教與科學、治理僧伽學、考古學、社會學、各種常識等。

碩士班教學課程

佛教宣傳學、比較宗教學、比較哲學、梵文、英文、中文、法文、大乘佛教常識、宗教史、英語辯論宗教問題、高等佛教哲學、修多羅（佛經）文學、各種常識等。

博士班教學課程

佛教研究、哲學研究、梵文、中文、英文、法文、禪定修學與智慧、佛教宣傳及比較其他宗教、護教辯論學、巴利文文學、各種常識等[51]。

二派佛教大學的授課內容大抵相同，除了原有的上座部佛學外，亦加入了大乘佛學、西方哲學等。比丘沙彌的入學資格，必須考取泰文佛學院高級畢業，及考取巴利文佛學第四級以上資格，方可入學。

四、佛教星期日學校：

佛教星期日學校是在公元一九五〇年代，由兩所佛教大學利用大學的校址和教師，招收一般社會少年兒童和成年人（包括男女），在星期日來寺聽講基礎佛學，以及社會其他的實用學科，課程由淺至深，分班次上課，各班每次上課三小時。在上課前，先由僧人領導做簡單的念誦儀式。這種佛教星期日學校發展至今，在曼谷及其他各地重要城市，已成立了多所，對一般人民施以佛教教育和道德熏陶，收效很大，報名就讀的人也非常踴躍。

現在泰國新教育制度，是由國家教育部統一管理，但全國還有一半以上的小學和中學，仍設在佛寺裡，其中也有不少是由佛寺主辦，受國家教育部屬下管理。

第四節　泰國佛教現代的思潮

二次世界大戰後，亞洲及世界許多地方，產生種種形形色色的思潮，特別是曾被歐美殖民的國家，提倡民族主義爭取到獨立後，利用宗教是一支很大的力量，泰國雖然未遭殖民統治過，但自公元十九世紀以來，一直尋求現代化，以防止強國的入侵。上世紀五十、六十年代前後，有處於地下的共產黨，反對美國勢力的擴張。公元一九五八年八月軍人發動政變，與美國資本主義集合，採取反共政策，強調與共產主義做鬥爭，加緊思想控制，佛教僧伽亦受制於政府。公元一九七三年軍政府倒台，恢復了議會民主制度。由於走向國家社會現代化，帶來許多前所未有的東西，經濟發展固然帶來物質的繁榮，也造成倫理道德的下降，社會犯罪率的增加，生態環境的惡化。影響所及，佛教中也有部分僧人隨波逐流，生活行為不檢。這些都對傳統的泰國佛教提出了挑戰，於是有不少著名高僧和佛教徒社會菁英，本著佛教的基本倫理價值，結合當時社會現實，提出自己的理想見解，做為改善社會風氣的參考，或有化世導俗的功能，從而形成佛教社會新傳統和新思潮的運動。

一、佛使比丘和素拉司瓦拉差對現代社會的理念

佛使比丘（Buddhadāsa bhikkhu，一九〇六—一九九三），父親是華人，祖籍福建，母親是泰人，生於泰國南部，八歲出家為沙彌，接觸佛法並受教育，二十一歲受具足戒，他是當代泰國最著名的高僧和禪師，佛教思想學者，博學知識豐富，著作極多，其中巨著《出入息念》（Ānāpānasati），詳盡解說正統坐禪的呼吸法，從初級到最後覺悟。佛使比丘思想敏銳，不囿於傳統，闡發法義的短論及簡要談話，自成一家。他胸襟廣闊，包容性大，曾將中國禪宗的《六祖壇經》及《傳心法要》譯成泰文，對佛教貢獻卓越。他曾獲得泰國暹羅學會的徽章，公元一九八〇年摩訶朱拉隆功佛教大學授予名譽博士學位。但他一生大部分的時間都在泰國南部猜耶（Chaiya）解脫自在園（Wat Suan Moke）度過[50]，這是一座住了五十多位比丘、少許長期受持八戒女及在家信眾的寺院，被一個寧靜的池塘和數十畝的森林所環繞著，山丘裡散布著小茅屋，居處簡樸舒適，教授將禪定應用於日常生活中，或指導比丘們研讀經典[52]。

佛使比丘主張做一個佛教徒的責任，首先要克服先天的貪婪，基於個人的道德良心，要具有社會公義。現代佛教的社會責任，要使社會財富的分配趨於公平，從而緩解人生在此世間的苦難。他對國家傳統的佛教僧伽主流保有一定的距離，並不完全都認

同。佛使比丘雖然關心社會改革，但不是政治僧人，他主要的活動是宣傳佛陀的基本教誨。他批評資本主義社會，人們為自私自利的動機驅使，導致了社會的平衡完全喪失。他們的行動完全違背了事物本質，由於物質的發展取代了心靈的發展，從而心的染汙和貪婪便不斷增長。佛使比丘認為共產主義仍然沒有完全擺脫占有和執著，生產國有制也是一種占有方式，也不贊成共產主義以暴力實現對剝奪者的剝奪。他有限的肯定社會主義，依據兩個原則運行，一方面是相互制約，另外一方面是積極地重視他人，以菩薩道為模範為眾生而捨棄一切，人們為社會全體利益而工作。但社會主義有缺點，主張資產國有化的政策也是一種貪欲，會造成另一種剝削制度。所以他在七十年代中期一本小冊子中提出了「如法的社會主義」的思想，他認為佛陀的教法，尤其是佛陀的戒律具有強制性，可以挽救現代道德的危機和頹勢。但他對當時泰國現實政治很少批判，甚至可說是支持軍人政權的[53]。

佛使比丘培養了大批僧俗弟子，日後擔任了一方教化的佛教領袖，在學術及政界等都擁有很多的信眾。

當時被稱為泰國良心的素拉司瓦拉差（Sulak Sivaraksa），他從事新聞工作，主編過《社會科學評論》，又是「參與佛教的國際網絡」英文撰稿人，指導非政府組織的「亞洲發展文化論壇」（為聯合國經濟和社會理事會顧問成員），以及參與佛教文教多項工作。七十年代，在他創立的「亞洲發展文化論壇」上發言說：「我們的目的是為了在年輕人中間樹立理想主義，使他們能夠獻身於人民的事業。我們努力復興佛教價值觀……我們相信，僧伽也能夠通過教育和大眾健康的事業而再次發揮作用。」他倡立一個「宗教與發展委員會」，機關刊物名《長養善法》，聲明自己要配合佛教僧伽投入積極社會行動，參與環境保護和宗教文化價值觀的保護活動。因為素拉對泰國社會的直言批評，公元一九八四年及公元一九九一年，曾兩度遭到軍政府短暫的逮捕入獄，但他仍不斷向泰國全社會呼籲民主、憲法、公正、人道[54]。

二、吉滴烏篤對現代社會的主張

吉滴烏篤（Phra Kittiwuttho）法師，在公元一九五七年二十歲出家為比丘，到七十年代中成為最有名的反共僧人。他主張佛教要關心社會，比丘應該為自己的政治理想在社會中努力，包括支持政府鎮壓共產黨的行動。他最有爭議的言論，竟然主張殺死共產黨不違反佛教戒律，說共產黨是魔羅的產物，不屬於人道。吉滴烏篤創辦了一所「靜心學院」，獨立於泰國傳統佛教僧伽教育體制，主要是培養比丘和沙彌，讓他們在畢業後在社會上工作和傳教。他基於一個前提認識：「佛教的繁榮取決於健康的社會經濟狀況……如果人民是貧困不安的，佛法必定也每況愈下。」學院除設宗教課程之外，也有一些非常世俗的學科。包括已還俗的學員，至七十年代中期已培養了一萬多人，使之成為吉滴烏篤信念的骨幹[55]。

吉滴烏篤後來捲入一起進口沃爾沃轎車逃稅的醜聞，因此有一段時間內不能不韜光養晦，改變他的形象。公元一九八〇年晚期，僧伽長老會議推薦他擔任曼谷著名之一的勒康寺（Wat Rakhang）住持，被吸收到傳統的僧團內，但靜心學院還是半獨立的。在他身上結合了政治保守和經濟發展的兩個原則，他主張「一個堅強的但是仁慈的中央政府，應該由現行統治機構的代表組成，它應該能夠造福人民並最大限度地去推行發展社會福利計畫」[56]。

三、八十年代的法身寺運動

泰國佛教法身寺（Wat Dhammakāya）的成立是這樣的，有一位蒙坤貼牟尼法師（Phra Monkolthepmuni，一八八五—一九五八），他以其甚深的禪境和獨特的禪坐法門傳授給一位老優婆夷，後來老優婆夷又將此禪法傳授二位年輕的比丘，並護持他們於八十年代初，在曼谷市北二十公里處，占地三點六平方公里，建築了目前的法身寺。住持正法乘法師（Phra Sudharmayanathera），副住持定精進法師（Phra Bhavana-viriyakuhn）。蒙坤貼牟尼法師特創的禪坐法門叫「法身止觀靜坐法門」，大意是繫心於臍上二指處，觀想一純淨水晶球，由此深入禪定，漸次解脫證果。目前法身寺內有常住僧俗一千多人，其中四百多位比丘，二百多位沙彌，四百多位八戒優婆塞、優婆夷。蒙坤貼牟尼法師的塑像處處可見，是這座寺院精神上的導師。已奠基的紀念堂在落成後將供奉蒙坤貼牟尼法師的金像，這尊像由一噸純黃金鑄成。建於公元一九九五年，至公元二〇〇〇年完成的「大法身舍利塔」，是一座代表和平與智慧、佛光普照千年的圓頂佛塔。塔內總共供奉了一百萬尊法身佛像，舍利塔廣場的設計能容納一百萬人集體靜坐、舉辦法會等。其次是「國際法身堂」，是一棟兩層高的多用途建築物，總面積超過四十英畝（三十一萬九千九百八十四平方公尺），可容納三十萬人，進行道德培訓，主辦法會與修行靜坐。一九九八年舉行一萬名泰國青年短期出家，儀式就在國際法身堂舉行[57]。

法身寺運動中的積極分子都是居士，他們一般在週末到寺中修行，靜坐或聽經，平常都有自己世俗的職業。他們大多是屬曼谷社會中上流人物，具有很強的精神化傾向。他們傳教採取個人對個人的勸化活動，也撰寫文章、小冊子，組織國際討論會議，派遣比丘到國內外弘法，弘法的人員都接受過弘法計畫的培訓。經費主要是信眾捐贈。法身寺反對在世外修行，是保守或傳統主義的[58]。

泰國社會中對法身寺有嚴厲的批評，許多人不承認它的合法性，有異端的思想。著名佛教學者了天法師（Phra Thepwedhi）認為：從上座部佛教的傳統來看，法身寺教授的禪法並不能引導人至解脫境界，因為其中我執太重，有我慢心而不能如實觀察世間的我法二者[59]，又有排斥其他宗派的傾向，過分熱衷同政界和軍界的要人拉關係。同時在三學中忽視戒律和智慧的解脫作用，而單純的強調禪法，是背離了佛教的中道和寬容。

四、反叛傳統僧伽的靜無憂運動

有一個出家青年名叫覺護比丘（Phra Phothirak），他在六十年代是電視娛樂節目的英俊小生，當時過著花花公子的生活。過了一段時候，終於厭倦了世俗的享樂，於公元一九七〇年在泰國法宗派出家為比丘。他是個做什麼事都是盡心盡性的人，出家以後，他主張並實行更嚴酷持守戒律，便棄絕葷腥，成了素食主義者，更批評三淨肉可食的說法，又批評僧團中對某些犯戒的寬容，根本不破除修行人的欲望，因他持戒精嚴，不久而名聞全泰國佛教界。他出家才一年多，便向寺方要求許可他收徒眾，因為不合法，當然不會得到許可，於是他又到大宗派出家。公元一九七五年他完全脫離了正統的僧團，自行獨立，而他從未自僧伽當局獲得傳授戒法的權力。再下一步他走得更遠了，他自稱是舍利弗再世，將自己的理論與佛陀連結。還有他認為無論僧俗佛弟子，都不應該拜佛像行禮懺法事，要拋棄一切宗教儀式，他認為這些無助於修行者的真正解脫。跟隨他的人每天只需禪定默想，參加布薩日集會，堅決戒除肉食，就是在家眾，也要實行一日兩餐，表示真正的信心，結了婚的居士也要放棄夫婦生活[60]。

覺護的主張對受過教育在社會中層和低層的青年，還是有號召力的。他們認為現在占據在佛教主流地位的，並不是真正的實行原初的佛陀言教。覺護在他的家鄉東北建寺弘法，到八十年代末，這個靜無憂運動，也吸收了一些社會上層的人士，特別是一位很有名氣的占儂少將（Chamlong Srimuang，當選過兩次曼谷市長），曾皈依了他，這對他起了保護作用，讓他躲過了一次又一次的風險。從公元一九八八年開始，泰國正統僧伽就一直注意他的反傳統行為，最高僧伽委員會專門立案對他調查，以及僧俗著名學者對他提出嚴厲的批評，最高僧伽委員會才做出裁決：認為覺護已經嚴重違犯了佛教戒律和泰國歷屆政府的僧伽法，給予他褫奪僧籍的處分，並送交刑事法庭審判。公元一九八九年六月十九日覺護終被取締，他的七十九名弟子也被逮捕入獄，但到公元一九九四年仍未結案審決，因社會人士對覺護存在著褒貶不同的意見[61]。

第五節　教授現代禪定對後世的影響

持戒、修定、求慧，是佛教三學，為修行者必須學習的三個基本目標，雖可偏重，但不可偏廢。南傳佛教各國一向也重視禪定的修習，特別是實踐林居派的苦行僧。但因時間久遠，修持法門源自各個不同的傳承，亦甚龐雜。經過現代的一些禪師的改革，渾厚純樸和精進不懈的修行，簡潔而深刻地呈現出來。

一、阿姜曼與阿姜索

公元十九世紀末，泰國兩位最著名的林居派僧人，是阿姜曼（Achaan Mun，一八七一—一九四九）和阿姜索（Achaan Sao）；阿姜索曾是阿姜曼的老師。阿姜曼在公元二十世紀三十、四十年代是東北泰法宗派最著名的禪師，他教授的禪法對後世影響很大，後來著名的阿姜查（Achaan Chah）及佛使比丘都曾親近過他習禪。阿姜曼的門下高足不少，又將他的禪法弘傳全國各地，如中泰的阿姜李，東北泰的阿姜查和阿姜摩訶布瓦，北泰的阿姜瓦和阿姜辛。阿姜索和阿姜曼批判了佛教僧人對神通的追求和炫耀，主張習禪的人應該首先認真持律，強調讀經習論，他們特別發揮了佛音《清淨道論》中的十三支頭陀行的修持，反對為求神通而下工夫。他們對禪法改革的特點，重實行作風，砥礪苦修，精勤持戒。他們都聲稱，涅槃是現世可實現的事。阿姜曼將佛教置於戒、定二學基礎上，這種主張既是傳統頭陀行苦修的繼續，也是改革力圖復歸原始。跟阿姜曼習禪的人中，有許多是西方知識分子。今天在東北烏汶的阿姜查的寺院，就是著名的國際禪定中心，他直接影響到上世紀六十至八十年代禪修的發展[62]。

二、僧伽中央推廣禪修的計畫

自從泰國成為現代國家後，政府一直將雲遊僧與村落僧視為目標，企圖以中央集權來管理各種佛教傳統的僧人，在曼谷菁英的眼中，稱頭陀僧為流浪漢，實踐苦修是毫無價值的。公元一九五〇年代，禪修在都市佛教徒中建立起地位，大宗派高階僧人披莫丹（Phra Phimontham或Phra Phimoldham）與僧伽內政部長在公元一九四一年的「僧伽法案」中，試圖整合禪修與經典研習，將它們合而為一，以改革並復興現代佛教。在他的觀念中，「佛教的本質……只有在禪坐中可以尋獲」。他並於公元一九四九年從龍蓋、孔敬、柯叻與烏汶等府，邀請當地傳統的禪修大師到曼谷大舍利寺，指導比丘與沙彌修習奢摩他（定），為了在僧人與信眾間推廣禪修，更在公元一九五一年建立毘婆舍那禪修中心，開始全國性的禪修課程[63]。

披莫丹覺得緬甸式的毘婆舍那禪法，對泰國的都市人來說，既簡單又實用。因此在一九五二年從東北送一位具有九級巴利文程度、名摩訶求度耶那希提（Maha Chodok Yanasithi）的泰寮大宗派比丘，到緬甸修習毘婆舍那。當摩訶求度回到泰國時，也帶回兩位緬甸禪師（其中一位是他的指導者）到泰國來教授毘婆舍那，在一九五三至一九六

○年間，摩訶求度一直在大舍利寺禪修中心指導禪修。大宗派的這項創舉，引發了法宗派長老對該派禪僧的注意，在一九五一年法宗派南方領袖邀請阿姜辛（Achaan Sing，阿姜曼的資深弟子）到南方的碧武里府，教導僧侶與在家信徒禪修。三年後，一九五五年晉升另一位禪師阿姜帖為南方三府——普吉、攀牙與甲米府——僧伽府長與「法」的導師。一九五七年，又贈予阿姜曼的三位弟子——阿姜辛、阿姜帖與阿姜李王家頭銜[64]。

然而政治與環境的變化使推廣禪修並未能持久。主要原因是公元一九五七至一九五八年間，右翼軍人及新政府的國家經濟發展和開發森林政策，包括僧伽當局想把大多數地方傳統佛教僧人，納入曼谷的僧伽組織系統中。其次的原因加上泰國僧伽兩派上層組織過去長期的暗中鬥爭，到公元一九六〇年披莫丹遭到撤職，頭銜被撤銷，更身陷牢獄，在大舍利寺的禪修中心也被拆除。至於兩位緬甸來的禪師，一位回到緬甸，而另一位到春武里府教導禪修。這次政治事件，使泰國佛教產生根本社會性的改變，也使僧伽中央推廣禪修的計畫無疾而終[65]。

三、佛使比丘及阿姜查

上世紀六十至八十年代，泰國林居的禪師仍得到繼續的發展，如佛使比丘（Achaan Buddhadāasa，一九〇九—一九九三）是當代泰國最有名的高僧。他除了是一位佛教傳統和經典的大學者外，也博學許多知識領域。他用泰文及英文寫了很多關於禪定、比較宗教學和在日常生活應用佛法的書，這在本章前一節中已做過介紹，不再重述。

阿姜查（Achaan Chah，一九一八—一九九二）出生在泰國東北部烏汶府拉差他尼鎮（Rajathani）的一個小村，是泰國當代佛教最具影響力的禪師，被公認的阿羅漢，也是巴蓬寺的建立者。幼年出家為沙彌，研讀基本經教，後還俗幫助父母務農。公元一九三九年，他二十歲，決定再出家，受比丘戒後，研讀佛學及巴利文。他研讀過戒、定與慧的教理，雖然那些內文陳述詳盡且細節精微，但他卻不知如何將教理實際地付諸實踐。公元一九四六年他放棄了學業，開始托缽行腳。他往東北部親近阿姜曼一段短暫時間，阿姜曼提示他，雖然這些教化的確廣博，但在本質上卻很單純，有了「正念」的安置，如果看到了在內心生起的每件事物，當下便是真正的修行之道了。所以他在此段因緣裡豁然開悟。公元一九五四年，他受邀返回故鄉，就在一處熱病橫行、鬼魅出沒、稱作「巴蓬」的森林附近住了下來。不顧簡陋的住處以及稀少的食物，追隨他的弟子，人數愈來愈多。後來被人稱為巴蓬寺的寺院就是設立在那兒，當時在泰國北部叢林裡，約有三十所分支道場建立了起來。

跟隨阿姜查習禪的僧俗弟子，過著極為簡樸的生活，奉行日中一食，所需物品限制到最少。每天兩次集體靜坐和課誦，以及晚上阿姜查通常開示說法，以禪修為生活的重點。禪修者住在林中個人茅篷，常在打掃乾淨的小徑上練習行禪，道場提供了孕育智慧的環境。在正式靜坐裡，他教人先觀出入息以調心，等心安住了，繼續觀察身心的變化。以生活簡樸，保持自然，以觀察心念為修行的要訣。禪修就是：無論做什麼事，都要念念分明[66]。公元一九七七年阿姜查應邀訪問英國，並留下一些比丘僧團在那兒。阿姜查於公元一九七九年再到英國，隨後轉往美國、加拿大去訪問並教學。公元一九八一年由於糖尿病所致，健康逐漸走下坡，緩慢失去了對四肢的控制，終至全然癱瘓而臥病在床。公元一九九二年一月在他的烏汶巴蓬寺，安詳地離開了人間。

四、阿姜念的身念住內觀法

阿姜念（Achaan Naeb，一八九七—一九八三）出生於一個與緬甸毗連的泰國省長的家庭，公元一九三二年她三十五歲時去到曼谷布拉寺親近一位緬甸巴頓塔威拉沙比丘（Achaan Pathunta U Vilasa），學習修持四念住禪觀，四個月之後她就成就了，然後研究阿毗達摩並成為一位重要的佛學專家，她是第一位將阿毗達摩的教法引入泰國的人。後來，她開始在許多寺院建立禪修中心，教導人修學禪法。最後是在皇家的贊助下，於曼谷的金山寺（Wat Sraket）創立「佛教研究與心靈福祉協會」（Buddhist Research and Mental Welfare Association），從事教學傳播內觀修行的工作。金山寺位於現代曼谷市中心，是一座非常寬廣而安靜的寺院，兼設有教學禪修講堂。

當有人來向阿姜念學習時，她可能先指示來訪者舒適地坐著，並要求他們不要動。通常，訪客很快就會不自覺地改變姿勢。這時她就說：「等等，不要動！你為什麼移動呢？還不要動。」阿姜念的教學就是如此直接指向苦的根源——即我們的身體。如果我們固定在某個姿勢，試著不動，苦就會慢慢地增加，而迫使我們改變姿勢。我們每天的動作都是依循相同的行為模式：睡覺緩解疲累、吃東西紓解飢餓、坐下減輕站立的痛苦、談話看電視轉移不安的心，每一個動作都是為了紓解身體無可避免的痛苦。阿姜念指示我們觀照日常生活與動作中出現的苦的因果，清楚覺知其中的過程就是苦的止息與獲得覺悟之道[67]。

阿姜念的身念住內觀法，其特色是不斷地觀察整個身體，直到真正明瞭心為止。在日常生活中，必須時時保持如理作意，防止貪瞋的生起，進而滅除痛苦。它是從修習四念住下手而體證身心的三法印（無常、苦、無我）。

五、阿姜摩訶布瓦

阿姜摩訶布瓦（Achaan Maha Boowa，一九一三—二〇一一）在泰國東北部的森林苦行僧傳統裡，是一位著名的住持與老師。他精通巴利經典，研讀幾年的基本佛法後開始禪修。阿姜摩訶布瓦在森林中禪修數年之久，大多數的時間接受泰、寮森林著名的老師阿姜曼的指導。阿姜曼最廣為人知的是對禪定與入觀的教法，以及他巨大的影響力和嚴厲的教學方式。

阿姜摩訶布瓦強調，堅定的專注力是生起智慧的前兆，他也教導我們如何用智慧來觀察、研究身心，藉以培養專注力與寧靜，再以此專注力導引出更深的智慧。雖然阿姜摩訶布瓦也討論傳統的戒、定、慧三學，但他認為不一定要照特定的順序來發展，甚至，他認為不應該依照任何步驟來發展禪定，而應該在染著出現時，同時修戒、定、慧來解脫煩惱。

阿姜摩訶布瓦鼓勵初學者，以反覆誦念方式來培養初步的定力，可以只用口誦或與觀想並用，當定力建立之後，專注地去觀察身體各部分的特性、心的特性；觀照無明與邪見，是如何導致我執及輪迴的痛苦。阿姜摩訶布瓦特別提到在禪修時腦中可能出現的影像或現象，他提醒不要因為這些奇異而不尋常的經驗感到興奮，這些經驗沒有什麼價值，他強調「無論是哪一種禪定，智慧永遠是重要的」。

阿姜摩訶布瓦的森林寺院帕邦塔寺（Wat Pah Ban That），位於泰國東北部烏董府（Udorn），占地約有一百畝，出家眾不超過二十人。延續其師阿姜曼的風格，阿姜摩訶布瓦教導學生的方式很嚴格，他也要求新學生做禪修數年的承諾。帕邦塔寺的修習方式，就像其他泰、寮的森林寺院，透過嚴格與極簡的生活進行，住小茅篷，用井水洗澡，日出即外出乞食，一天只吃簡單的一餐，長時靜默，簡化所需，以減少世俗思想。因此，森林寺院成為密集禪修的地方，也成為非常特殊的教育環境。在簡樸的生活下，一個人可以舒緩、澄淨，觀察其身心而發展智慧[68]。

六、阿姜達摩達羅

阿姜達摩達羅（Achaan Dhammadaro，一九一三－二〇〇五）曾經是有家室的男子，後來出家。他在一間能提供他一間房自修禪定的寺院，獨自在這房裡禪修幾個月，直到他發現到深入佛法教育之路，從這房裡出來後，他前往泰國南部，開始在洛坤（Nakom Sri Thammarat）的托國寺（Wat Tow Kote）教導智慧禪。此寺是洛坤一間大的寺院，寺院裡超過一半的地方是做為男女修禪者的修行地帶。出家人的地帶有超過五十間小舍，圍繞著一大片空地，做為每天集體行禪與立禪的地方。此外這裡亦包含一個火葬地，對禪修者可提供觀看火葬，為他們的修行添上「墟墓觀」。早上及中午以前，修行者在一個大堂用餐。要親近阿姜達摩達羅問問題是容易的，老師經常會與他的禪修者一同在外頭站或走。關於修禪的講座每天都通過播音機播出。已超過十二名西方人在托國寺參學過，阿姜達摩達羅特別樂於教導他們，包括泰籍與西洋學生。

阿姜達摩達羅的禪教強調對「感覺」與「感受」常交替運用，以保持正念。透過對變化中的感覺保持持續的正念，使我們能看清一切的體驗都是剎那至剎那間生滅的。他解說這很顯然的，因為色身與感覺是五蘊的基礎。佛陀指示我們依身體觀照身體、依感受觀照感受、依心識觀照心識、依法觀照法。阿姜達摩達羅運用對身體及感受中所有的剎那至剎那間的醒覺，以及對心的細微動態的醒覺，做為直接體驗內在真諦的工具。在講析禪修時，他描述觀照感受如何將引導我們在「心所依處」（「心所依處」傳統上被認為是心的住處）直接體驗一切感覺。當一切的體驗，甚至心，被知覺為「心所依處」的生滅感覺，我們看到了無常、苦、無我的真諦。這導引我們朝往最深的真諦，苦的息滅、涅槃的體驗[69]。

七、阿姜朱連

阿姜朱連（Achaan Jumnien，一九三二—）出生在一個鄉村，六歲開始學禪修，最早學習專注禪修和慈悲禪觀。他被訓練為一名民俗治療師，保持獨身並持續禪修。他二十歲時出家為僧，跟隨泰國許多有名的師父，修習各種專注和禪修的方法。他四處雲遊，然後在托國寺追隨阿姜達摩達羅學習內觀禪修。

阿姜朱連三十多歲時，已因闡述佛法的智慧和慈悲願力，而漸被當地人熟知，世康塔瓦斯寺（Wat Sukontawas）的人特別請他前去教導。世康塔瓦斯寺位於泰國南部樹林、橡膠樹茂盛的山區，是政府軍和山區共產黨叛軍長期激烈衝突的焦點。當他剛到那裡時，有人警告他最好離開，否則會被槍殺。但他以佛法願力繼續教學，終於能夠教導鎮上的政府軍，隨後也感化了山區的反抗軍。

後來阿姜朱連遷移到南部邊境甲米府有很多洞窟的克拉比（Krabi）山上，當地是回教興盛的部落，阿姜朱連改善當地居民的生活，以慈悲心與回教徒維持良好的關係。同時蓋建了「老虎洞寺」，於此建立僧團，每年夏安居時，指導上百位的比丘和二百位八戒女，修習內觀法門。也有西方人曾在此學習[70]。

第六節　佛教徒生活的實踐

泰國是南傳上座部佛教興盛的國家，國民傳統習慣，男子一生中都要至少出家一次，認為是人生中的一件大事。出家時間的長短，隨個人自願。比丘戒有二百二十七條，沙彌有十戒。出家一年稱初臘，須依師而住，五年稱中臘，滿十年稱上座。出家後，四事供養（食、住、衣、藥）及日用物，皆來自信施者（父母親友及信徒）。飲食由托缽而得，可食魚肉，但不可自行殺生，不得食人、馬、象、猴、蛇、虎、貓、獅、犬、豹十種肉。

每日早晚兩次行持，每次約半小時；每半月舉行誦戒。一個月有四次佛日，在家信眾帶著香花往佛寺禮佛誦經，受持五戒或八關齋戒，聆聽僧人說法。廣播電台及電視台，在佛日及特別節日，都請僧人向民眾廣播說法，或安排播放佛教節目。關於佛教重要的節日，一年中有三次，即泰曆三月半為敬法節；六月半為敬佛節（紀念佛陀誕生、正覺、涅槃）；八月半為敬僧節。這三個節日，是代表對三寶的禮敬，國家都定為特別假日，全國放假，舉行慶祝。敬僧節次日，即進入僧人三個月安居期。在安居前一兩個星期中，發心短期出家的人特別多，全國僧人會增多五、六萬。有些政府公務員，如以前沒有出過家的，這時也可以特別請假三個月，入寺短期出家。安居三月期滿後，即捨戒還俗。出安居後一個月期中，全國僧俗流行舉行獻「功德衣」儀式，每所佛寺都有舉行。泰王及王后亦每年分別輪流至著名佛寺親自主持獻功德衣儀式、向僧人供養衣物等。

在過去數百年中，泰人男子青少年出家，固因信仰和習俗報答父母之恩，還有一主要原因，在寺院生活中可以學習到佛法、律儀、語言文字（泰文及巴利語等）、歷史，以及道德熏陶和各種必要的禮儀，這樣的還俗後，會獲得社會的認可，所以出家期限，多為數年或數月。但近代泰國因為經濟較發達，教育提高，工商業繁榮，交通便利，特別是居住在城市裡的人，出家期限已經縮短到幾個月，甚或數週或數日，更有些人說沒有時間出家了。而泰國女性雖沒有出家的習俗，但在家庭和社會上地位也很重要，可以居家學佛，從事業經濟活動，供獻三寶，孝敬父母，在家庭也有很高的發言和支配權，甚至成為許多行業的要角。

國家重要節慶，乃至人民平常婚喪喜慶之事，大多請僧人誦經祝福及供養，增加功德，或超度亡者。

除以上行事，一般青年出家人，多數是學僧，接受僧教育；中老年僧人，多數是擔任寺務及弘法工作，也有專心修持或研究經教的。有些知識較差的出家人，為了迎合俗人，替人看相、算命及念經咒的。泰國沒有比丘尼及沙彌尼，但有一種長期或終生受持八關齋戒的學法女，她們剃光頭髮，穿著白衣（不是袈裟，是一塊長條白布披裹在身上），而且也寄住在佛寺裡，聆聽住持或耆德比丘的教誡，甚至也有部分接受信施者供養，聽說在鄉下這種受持八關齋戒的學法女，也有出外托缽的。據說全國這種學法女約有二萬人左右，她們可就讀泰文佛學院，也可隨自己意願蓄髮還俗回家。一般人認為她們這樣的生活，也是出家的一種（西人佛教徒稱她們為尼），但在南傳佛教律制上，她們仍歸屬為優婆夷。這可說是在南傳比丘尼制度斷絕傳承後，是一種方便女子出家的形式。

泰國也有在家佛教徒組織，如「泰國佛教總會」及「佛教青年會」，此二佛教團體，在曼谷都有很大的會址，分會散布全國各府，定期集會演講或研討佛法，或請僧人說法，並辦有佛教雜誌及出版佛教小叢書等。此外還有「佛教婦女會」及很多地區性的佛教組織。公元一九六四年，「世界佛教徒聯誼會」亦遷移至泰國設會址，並有人長駐辦公，與世界各國佛教徒保持聯繫，每兩年或三年，定期召開「世界佛教徒聯誼大會」一次，過去會長一職當初由泰王之姑母苾莎邁笛斯庫爾公主（H. S. H. Princess Poon Diskamais Piul）長期擔任。公元一九六九年在曼谷籌建了永久會址，經費由各國佛教徒募集，泰國政府也有津貼補助。

❶ 陳明德著、淨海法師譯：《泰國佛教史》第十五節，載《海潮音》第四十六卷第五─八期。
❷ 棠花著：《泰國四個皇朝五十君主簡史》，第一〇八頁。
❸ 陳明德著、淨海法師譯：《泰國佛教史》第十五節，載《海潮音》第四十六卷第五─八期。
❹ 陳明德著、淨海法師譯：《泰國佛教史》第十五節，載《海潮音》第四十六卷第五─八期。
❺ Rodert C. Lester: *Theravada Buddhism in Southeast Asia*, p. 79。
❻ 陳明德著、淨海法師譯：《泰國佛教史》第十五節，載《海潮音》第四十六卷第五─八期。
❼ David K. Wyatt 著、郭繼光譯：《泰國史》，第一三九頁。
❽ Kavīvarañāṇa：《東南亞佛教史》（泰文），載《佛輪》月刊第十六─二十卷。九級考試制度，詳見本章第三節〈現代佛教教育〉。
❾ Kavīvarañāṇa：《東南亞佛教史》（泰文），載《佛輪》月刊第二十卷。
❿ David K. Wyatt 著、郭繼光譯：《泰國史》，第一五二及一五四頁。
⓫ 賀聖達著：《東南亞文化發展史》，第二五〇頁。
⓬ 陳明德著、淨海法師譯：《泰國佛教史》第十五節，載《海潮音》第四十六卷第五─八期。
⓭ 陳明德著、淨海法師譯：《泰國佛教史》第十五節，載《海潮音》第四十六卷第五─八期。
⓮ 陳明德著、淨海法師譯：《泰國佛教史》第十五節，載《海潮音》第四十六卷第五─八期。
⓯ Kavīvarañāṇa：《東南亞佛教史》（泰文），載《佛輪》月刊第二十卷。
⓰ Māgha Pūjā 敬法節。Māgha 為印度三月名，音譯末伽。敬法節是紀念佛住世時，一千二百五十位大阿羅漢不約而同地集會王舍城竹林精舍，聽聞佛說波羅提木叉教誡。著名的〈通誡偈〉：「諸惡莫作，眾善奉行，自淨其意，是諸佛教」，即在此次集會中宣說，時間在三月月圓日。
⓱ 陳明德著、淨海法師譯：《泰國佛教史》第十五節，載《海潮音》第四十六卷第五─八期。

⑱ 1. 陳明德著、淨海法師譯：《泰國佛教史》第十五節，載《海潮音》第四十六卷第五—八期。

2. Robert C. Lester: *Theravada Buddhism in Southeast Asia*, p. 80。

⑲ 1. 栗原古城譯：《印度的佛教》，講座佛教Ⅲ，第二百五十三頁。

2. Kavīvarañāṇa：《東南亞佛教史》（泰文），載《佛輪》月刊第二十卷。

⑳ 陳明德著、淨海法師譯：《泰國佛教史》第十五節，載《海潮音》第四十六卷第五—八期。

㉑ 宋立道著：《傳統與現代——變化中南傳佛教世界》，第一〇七頁。

㉒ 陳明德著、淨海法師譯：《泰國佛教史》第十五節，載《海潮音》第四十六卷第五—八期。

㉓ 陳明德著、淨海法師譯：《泰國佛教史》第十五節，載《海潮音》第四十六卷第五—八期。

㉔ Kavīvarañāṇa：《東南亞佛教史》（泰文），載《佛輪》月刊第二十卷。

㉕ Kavīvarañāṇa：《東南亞佛教史》（泰文），載《佛輪》月刊第二十卷。及參見本章的第三節〈現代佛教教育〉。

㉖ Kavīvarañāṇa：《東南亞佛教史》（泰文），載《佛輪》月刊第二十卷。

㉗ 日本佛教時代社編：《佛教大年鑑》（日文），第二六七頁。

㉘ 1. 楊曾文主編：《當代佛教》，第一二一—一二二頁。

2. 宋立道著：《神聖與世俗——南傳佛教國家的宗教與政治》，第一〇七—一〇八頁。

㉙ 楊曾文主編：《當代佛教》，第一二二—一二三頁。

㉚ 楊曾文主編：《當代佛教》，第一二一—一二二頁。

㉛ Kavīvarañāṇa：《東南亞佛教史》（泰文），載《佛輪》月刊第二十卷。

㉜ 楊曾文主編：《當代佛教》，第一四一—一四二頁。

㉝ 楊曾文主編：《當代佛教》，第一四四頁。

㉞ 陳明德著：〈泰國僧伽行政史略〉，載《海潮音》第四十三卷第八期。

㉟ 1. 陳明德著：〈泰國僧伽行政史略〉，載《海潮音》第四十三卷第八期。
2. 山本達郎編：《東南亞細亞的宗教與政治》，第一一〇—一一一頁。

㊱ 日本佛教時代社編：《佛教大年鑑》（日文），第八一七—八一八頁。

㊲ 日本佛教時代社編：《佛教大年鑑》（日文），第八一八頁。

㊳ 山本達郎編：《東南亞細亞的宗教與政治》，第二五四—二五五頁。

㊴ 淨海法師著：《佛國日記》，載《海潮音》第四十五卷第三期。

㊵ 山本達郎編：《東南亞細亞的宗教與政治》，第一二三頁。關於泰國伊斯蘭教徒，多數集中於馬來西亞邊境之五、六府，因過去此地曾屬馬來人統治，後為泰人征服。基督教徒多數為華、越人。另曼谷等地，約有三、四十萬印度裔人，多信仰印度教。

㊶ 山本達郎編：《東南亞細亞的宗教與政治》，第一一四頁。上列佛寺修理及維持費，僅指是年政府之援助預算。多數佛寺修理及維持費，還是要靠佛寺本身經費及信徒淨施。但有一百四十九所王家佛寺，其中多為著名佛寺，如缺乏修理及維持費，則由政府津貼。所謂王家佛寺，乃由歷代王室人員獻建，或由王室人員領導募建。

㊷ 陳明德著、淨海法師譯：《泰國佛教史》第十六節，載《海潮音》第四十六卷第五—八期。

㊸ 1. 陳明德著、淨海法師譯：《泰國佛教史》第十六節，載《海潮音》第四十六卷第五—八期。
2. 華宗僧務委員會：〈泰國華僧弘教簡史〉，載《海潮音》第五十三卷第九期。

㊹ 陳明德著、淨海法師譯：《泰國佛教史》第十六節，載《海潮音》第四十六卷第五—八期。

㊺ 1. 陳明德著、淨海法師譯：《泰國佛教史》第十六節，載《海潮音》第四十六卷第五—八期。
2. 華宗僧務委員會：〈泰國華僧弘教簡史〉，載《海潮音》第五十三卷第九期。

㊻ 其中《維摩詰經》泰譯本，曾獲全泰國青年文學傑作第一獎。

㊼ 日本佛教時代社編：《佛教大年鑑》（日文），依公元一九六九年統計，第八一五頁。

48 淨海法師著：《佛國日記》，載《海潮音》第四十五卷。

49 陳明德著：《暹羅佛教漫談》一文，載在張曼濤主編《現代佛教學術叢刊．東南亞佛教研究》，第一一六—一一七頁。依著者所知，現在巴利文九級課程有些已經重新變動。其中一至三級，著重文法基礎及巴利文譯泰文；四至七級著重巴利文譯泰文及泰文譯巴利文；八、九兩級，除巴利文和泰文互譯，並用巴利文寫作詩偈或韻文。

50 參考google.com百度百科，阿難陀著：《摩訶朱拉隆功大學》一文，公元二〇一三年十月更新。

51 參考陳明德著：《暹羅佛教漫談》一文，收在張曼濤主編《現代佛教學術叢刊83．東南亞佛教研究》，第一一九—一二二頁。

52 傑克．康菲爾德著、新雨編譯群譯：《當代南傳佛教大師》，第二一七—二一八頁。

53 宋立道著：《神聖與世俗——南傳佛教國家的宗教與政治》，第二六〇—二六二頁。

54 宋立道著：《傳統與現代——變化中的南傳佛教世界》，第四七二—四七六頁。

55 宋立道著：《傳統與現代——變化中的南傳佛教世界》，第四三二—四三三頁。

56 宋立道著：《傳統與現代——變化中的南傳佛教世界》，第四三四頁。

57 取自：泰國．亞洲——途牛旅遊網。

58 宋立道著：《傳統與現代——變化中的南傳佛教世界》，第四三六頁。

59 宋立道著：《傳統與現代——變化中的南傳佛教世界》，第四三七—四三八頁。

60 宋立道著：《傳統與現代——變化中的南傳佛教世界》，第四三六—四三七頁。

61 宋立道著：《傳統與現代——變化中的南傳佛教世界》，第四三八—四三九頁及三一九頁。

62 宋立道著：《傳統與現代——變化中的南傳佛教世界》，第三一六—三一七頁。

63 卡瑪拉．提雅瓦妮琦著、法園編譯群譯：《消失的修行森林——森林回憶錄》。

64 卡瑪拉．提雅瓦妮琦著、法園編譯群譯：《消失的修行森林——森林回憶錄》。

65 卡瑪拉．提雅瓦妮琦著、法園編譯群譯：《消失的修行森林——森林回憶錄》。

66 傑克．康菲爾德著、新雨編譯群譯：《當代南傳佛教大師》，第九十五—九十六頁。

67 傑克．康菲爾德著、新雨編譯群譯：《當代南傳佛教大師》，第二三七—二四〇頁。

68 傑克．康菲爾德著、新雨編譯群譯：《當代南傳佛教大師》，第二七七—二七九頁。

69 傑克．康菲爾德著、新雨編譯群譯：《當代南傳佛教大師》，第四〇七—四〇八頁。

70 傑克．康菲爾德著、新雨編譯群譯：《當代南傳佛教大師》，第四二七—四二八頁。

第四篇

柬埔寨佛教史

第一章　扶南時期的佛教

（公元一世紀頃至五五〇年）

第一節　國土與民族

柬埔寨全稱柬埔寨王國（The Kingdom of Cambodia），位於中南半島南部，介於北回歸線與赤道之間。東與越南中部為界，西臨暹羅灣及泰國東部，南毗連越南南部，北與泰國東北及寮國西部接壤。經緯度為東經一百零二點二度至一百零七點四二度，北緯十點五度至十四點二五度。全國總面積十八萬一千零三十五平方公里。全國行政區畫為二十個省和四個直轄市，首都在金邊。

柬埔寨（Cambodia，Kambuja）在公元一世紀時即已建國。漢時稱「扶南」，隋及唐初稱「真臘」，中唐時稱「吉蔑」，元時稱「吉孛智」（或甘孛智），明代萬曆以後稱「柬埔寨」，而柬埔寨人則始終自稱「吉蔑」或「柬埔寨」。泰人、越人、華人稱「高棉」（Khmer），是「吉蔑」的轉音，西人稱「柬埔寨」。大概「吉蔑」是指種族名，「柬埔寨」為國家名❶。

柬埔寨建國近二千年，是東南亞最早古國之一，有過輝煌的歷史及燦爛的文化。一般歷史學者大多把柬埔寨的歷史畫分為四個時期：一、扶南時期，二、真臘時期，三、安哥時期，四、安哥以後時期❷。如將法國侵入柬埔寨殖民統治時開始，中經一九五四年獲得獨立後至現在，可列為近代時期，所以畫分為五個時期。

以上五個時期，它們的歷史連貫性及文化相似性，是無可置疑的，但各個時期統治疆域的範圍，變動很大，有時地區頗廣，有時境域很小，都城也常設置在不同的地方。考古學上證實，古代扶南文化遺址，大部分於湄公河三角洲地帶，不全在今日的柬埔寨境內❸。

柬埔寨人口，公元一九九八年舉行全國性人口普查，總人口為一千一百四十三萬五千人；公元二〇〇八年最新一次人口普查，全國總人口為一千三百三十九萬五千六百八十二人，其中男性占百分之四十八點六，女性占百分之五十一點四，人口增長速度較高。柬埔寨的民族，主要是吉蔑族（Khmer），是淵源於古代印度文荼族（Muṇḍa），即高棉人，人口約一千一百七十八萬，占全國總人口約百分之九十，其他為占族、老族、泰族、馬來族、波尼西亞族（Polynesian）、土著民族等。華族人口約有六十萬（二〇〇四年）。由於吉蔑族占人口絕大多數，所以柬埔寨在歷史上亦長期稱吉蔑或吉蔑人，即中國所稱之高棉或高棉人。

吉蔑人與下緬甸及泰國境內湄南河流域的居民孟族（Mon），在種族關係上很密切，似乎吉蔑族與孟族之間兩族的祖先，有一個時期在中南半島中部及西部存在過，後來泰族自中國邊境南徙，滲進兩族之間，迫使吉蔑人住在中南半島東部及泰國之中部，而孟族居西部。現在無法證明吉蔑人與越南人在血統上的關係❹。吉蔑人過去曾與越南的占婆族（Champa）及泰族不斷地發生戰爭，因此致使民族精華受到很大的損傷。

關於吉蔑族的來源，歷史學者迄今尚未有確定的論斷，而一般認為，吉蔑族雖是外來移民，但很早就定居於現在柬埔寨境內，與當地土著混血而形成。公元七世紀初，真臘王質多斯那（Citrasena）兼併扶南以後，原屬扶南各部的人就以吉蔑族人為中心，漸漸在血統、政治、文化上融成一個單一民族。因長期的血統混雜及戰爭耗損，純粹的吉蔑族人已日漸減少❺。

在柬埔寨境內，有二十多個少數民族。其中泰族人，大多屬於寮國泰族，由寮國移入；與泰國接壤的地區，也有不少泰南人雜居。占族為古代占婆國遺留種族。越族（Annan）多居住沿海，思想與習慣頗受中國文化影響。在柬埔寨的華僑及華裔，統計約五十萬人，以福建及潮州籍人居多。首都金邊（亦稱百囊奔）有十餘萬華人。

關於柬埔寨的古代歷史，本國記載非常缺乏。現在首先依憑的是中國史籍中的有關著錄，其次是柬埔寨已發掘出來的碑文及遺物。通過近代歷史學者對東南亞史的研究，經過整理和考訂，雖不能詳實，然已能對柬埔寨的歷史有一個簡要的輪廓。

古代東南亞各國，除越南深受中國文化影響以外，其他國家都直接或間接地受到印度文化的影響，包括宗教、語文、藝術、政治、哲學等，其中特別是宗教文化方面影響最深遠。柬埔寨在古代東南亞是首先深受印度文化影響的國家之一。柬埔寨的語文，是從梵文、巴利語等改變而成，語言系統是屬孟吉蔑語（Mon-Khmer），和泰國及下緬甸的孟族人相近，都與印度的文荼語（Muṇda）有關，同屬澳亞語系（Austro-Asiatic group）❻。印度的梵文，曾在古代的柬埔寨盛行，至少在王廷中被採用，這可由出土梵文碑銘可做最有力的證明。

第二節　扶南時期的佛教

扶南（Funan）一名的起源，首見中國正史《三國志》卷六十之〈呂岱傳〉。呂岱在公元三世紀上葉孫權時（二二二—二五二）為交、廣刺史，曾「遣從事南宣國化，暨徼外扶南、林邑、堂明諸王各遣使奉貢❼」。呂岱所遣派的使者，為從事朱應及中郎康泰二人。《三國志》雖未著錄二人之名，然《梁書》卷五十四有記此事說：「及吳孫權時，遣宣化從事朱應、中郎康泰通焉。其所經及傳聞則有百數十國，因立記傳❽。」同書卷五十四〈中天竺傳〉又說：「其時，吳遣中郎康泰使扶南。」依〈呂岱傳〉中所記，孫權於黃龍三年（二三一）召呂岱還，可證遣使之事，應在此前[9]。

扶南的名稱，雖於公元三世紀上葉初見於中國正史，然依中國史籍及柬埔寨出土碑銘考訂，知扶南之建國，最遲不會晚於一世紀[10]，只是到公元三世紀才與中國有外交關係。到了公元第三世紀至第六世紀中葉（從後漢末至南北朝終），扶南成為南海中稱霸的強大王國。

扶南是音譯，出於柬埔寨語之Phnom，其意為「山」，經轉音讀為Funan，中譯扶南。根據印度及東南亞古代習俗，人們非常崇拜山嶽，所有宗教建築聖地，都在高山上，表示神聖崇高。這種傳統也使很多國王都加以「山嶺之王」的尊稱。Funan即「山都」之義，以山為國號[11]。

關於扶南建國，《晉書》卷九十七〈扶南傳〉：「扶南西去林邑（Lin-I，即占婆Champa）三千餘里，在海大灣中（按指暹羅灣），其境廣袤三千里，有城邑宮室。人皆醜黑，拳髮裸身，跣行，性質直，不為寇盜。以耕種為務，一歲種，三歲穫。又好雕文刻鏤……文字有類於胡（胡指西域）；喪葬婚姻略同林邑。其王本是女子，字葉柳；時有外國人混潰者[12]，先事神，夢神賜之弓，又教載舶入海，混潰旦詣神祠，得弓，遂隨賈人泛海至扶南外邑。葉柳率眾禦之，混潰舉弓，葉柳懼，遂降之，於是混潰納以為妻，而據其國。」

《梁書》卷五十四〈扶南傳〉記載：「扶南國俗本裸體，文身披髮，不制衣裳。以女人為王，號曰柳葉，年少壯健，有似男子。其南有徼國，有事鬼神者，字混填……乘船入海，遂入扶南外邑，柳葉人眾見舶至，欲取之，混填即張弓射其舶，穿度一面，矢及侍者。柳葉大懼，舉眾降混填。混填乃教柳葉穿布貫頭，形不復露。遂治其國，納柳葉為妻，生子分王七邑。其後王混盤況，以詐力間諸邑，令相疑阻，因舉兵攻并之，乃遣子孫中分治諸邑，號曰小王。盤況年九十餘乃死，立中子盤盤，以國事委其大將范蔓。盤盤立三年死，國人共舉蔓為王。蔓勇健有權略，復以兵威攻伐旁國，咸服屬之，自號扶南大王。乃治作大船，窮漲海，攻屈都昆、九稚、典孫等十餘國，開地五六千里。次當伐金鄰國[13]，蔓遇疾，遣太子金生代行。蔓姊子旃，時為二千人將，因篡蔓自立，遣人詐金生而殺之。蔓死時有乳下兒名長，在民間，至年二十，乃結國中壯士襲殺旃。旃大將范尋又殺長而自立。更繕治國內……。」

從《晉書》及《梁書》的記載，法國著名漢學家伯希和作《扶南考》[14]，推定混填至扶南時，最晚不會遲於公元一世紀。伯希和並斷定混填一名，即是梵文憍陳如（Kauṇḍinya）的對音，此名出於印度婆羅門種姓。按公元一世紀前後，印度人已漸東移，定居東南亞，其後東南亞各地便出現了一些印度化國家。混填（或憍陳如）至扶南為王，是為印度人統治東南亞及其文化影響最深遠之事。

扶南早期的疆域，依考古學上所得證據，初於交趾支那（Cochin-China）的南端，以後移往湄公河三角洲地帶（遺址大部分散布於此），再後逐漸擴展到現在的柬埔寨和越南。《梁書．扶南傳》說：「在日南郡之南，海西大灣中，去日南可七千里，在林邑西南三千餘里，城去海五百里，有大江廣十里，西北流，東入於海。其國輪廣三千餘里，土地洿下而平博。」依學者考證，其中所說里程固不足為據，而方位可取。海西大灣即指暹羅灣，大江應指瀾滄江下流的湄公河，自西北流，東南入海。依柬埔寨馬德望省一出土碑銘說，最早的都城梵名為「毘耶馱補羅」（Vyādhapura），意即「狩獵者之城」。《新唐書》卷二二二下〈扶南傳〉說：「治特牧城，俄為真臘所并，益南徙那弗那城。」特牧城經學者考證即毘耶馱補羅，大約在現在的波羅勉省巴南附近。最後都城那弗那城，梵文為「新城」（Navanagara）之義，在今安哥波利（Angkor Borei，可能為梵語 Nagara-purī 的音訛）。不過關於古代扶南的位置及都城所在，有幾種不同說法，至今尚難確定⓯。

上引《晉書》及《梁書》扶南傳，說南有外國人，或南有徼國人混填「事鬼神者」，夢神賜弓，詣神祠，可證知混填來自印度婆羅門種姓，為婆羅門教徒。神祠即指婆羅門教廟。但無法確定來自印度何地，可能為南印度人。混填至扶南為王，是為印度人拓殖東南亞印度化最早發軔的萌芽時期。

公元一世紀初，中、印兩國交通和商業的聯繫，已經非常頻繁，東南亞介於兩國海上交通所經之地，深受中、印兩大文化的薰染，印度移民直接帶給東南亞宗教文化，影響最為深遠，而中國卻只是通過使節往還及經濟通商交流，影響遜退其次。

在公元前，印度與東南亞已有緊密的商業聯繫，印度人對東南亞區域就具備了較多的認識⑯。斯里蘭卡《大史》記載，公元前三世紀，阿育王派遣傳教師中，就有須那及鬱多羅兩位長老至「金地」傳教。公元後，印度移民開始大規模湧入東南亞，可歸納為兩種原因：1.從事商業，因遠在紀元前，印度與地中海就建立了商業關係，印度人把東南亞出產的香料、黃金、寶石等，轉運到西方，賺取豐厚的財富。2.宣揚宗教，印度是一個宗教非常濃厚的國家，公元前一千多年雅利安人創立了婆羅門教；公元前六世紀又出現了佛教。古代印度至東南亞的移民，其中有一部分是虔誠的僧侶和教徒，他們背井離鄉，拓殖異域，且具有不畏艱苦犧牲殉道的精神，熱忱宣揚宗教，印度文化因此能遍布東南亞各國。印度的宗教隨移民傳入東南亞，先是婆羅門教，然後是佛教。

混填至扶南為王，大約在公元一世紀下半葉，其繼承者諸王，傳至盤況年九十餘乃死，必為公元二世紀時人；其後三年，范蔓為王，約有半世紀之久；至朱應、康泰使扶南時，已是公元三世紀上半葉，為范旃或是范尋在位的年代。據《梁書》卷五十四〈中天竺傳〉說：「吳時（二二二─二八〇）扶南王范旃遣親人蘇物使其國。從扶南發，投拘利[17]口，循海大灣中，正西北入，歷灣邊數國，可一年餘到天竺江口，逆水行七千里乃至焉。天竺王驚曰：『海濱極遠，猶有此人。』即呼令觀視國內，乃差陳、宋等二人以月支馬四匹報旃，遣物等還，積四年方至。其時吳遣中郎康泰使扶南，及見陳、宋等，具問天竺土俗。」據學者依中國史籍考證，康泰等奉使扶南，不會遲於公元二三一年，經歷國家眾多，為時甚久，得知范旃遣蘇物使天竺，及見陳宋於扶南，而問天竺土俗，約在公元二四五年。伯希和推范旃在位之年，介於公元二三〇至二四五年之間；范尋在位當不出公元二四〇至二八九年之間[18]。

自公元二八七至三五七年間，似乎多年陷於混亂，中國史籍缺乏記載，關於宗教亦不得而知。但從當時東南亞其他國家片斷記載佛教情形，以及出土碑銘推知，可猜想有佛教的存在。例如吳赤烏十年（二四七），康僧會從交趾（現在的河內）來華；他是康居人，他的父親因與交趾貿易，由印度而移住交趾。後來康僧會於交趾出家，學習三藏[19]。《太平御覽》卷七八七引康泰《扶南土俗》說：「扶南之西南有林陽國，去扶南七千里，土地奉佛，有數千沙門，持戒六齋日，魚肉不得入國。」林陽國位置，有人考為緬甸勃朗（Prome），或緬甸中部；亦有人說或是現在泰國的邦德（Pong Tuk）[20]。在福康村（Vocanch，今越南芽莊的地區）出土古代林邑（一九二年建國）的梵文碑銘

（二〇〇—二五〇頃），為佛教的文件，字體屬於南印度的一種，暗示室利摩羅（Śri Mara）是當時佛教的護法者，梵文為宮庭通用語文。芽莊在一個時期是占婆的國土，但也有人認為室利摩羅是隸屬扶南[21]。

扶南王名每冠以范姓，如范蔓、范旃、范尋，學者考為梵文跋摩Varman一字略音，為當時南印度若干統治者之王號，後亦為東南亞若干王朝所採用。

扶南國開始全部印度化，是在公元四世紀末及五世紀初。公元三五七年，扶南王竺旃檀，曾向中國奉表獻馴象。竺旃檀王或無嗣，歿年無可考。約公元四〇〇年前後，有另一位憍陳如被迎立為扶南王。《梁書》卷五十四〈扶南傳〉說：「其後王憍陳如本天竺婆羅門也。有神語曰：『應王扶南。』憍陳如心悅，南至盤盤（Pranpuri）。扶南人聞之，舉國欣戴，迎而立焉。復改制度，用天竺法。」盤盤國是當時暹羅灣附近的印度化國家之一，憍陳如是來自印度的婆羅門，在盤盤宮庭中很有勢力，他可能利用自己的地位，到扶南為王，扶南愈加印度化了，提倡信仰婆羅門教。

憍陳如的後裔，有持梨跋摩曾於公元四三四、四三五、四三八年，遣使向中國獻貢。越南南圻發現一碑文記載：求那跋摩（Guṇavarman）王謹獻與印度神毘濕奴（印度教三大神之一的守護神）之靈廟者。據考此求那跋摩確是憍陳如的後裔，治國約於公元五世紀中葉或稍後[22]。

《南齊書》卷五十八《扶南傳》記載：「宋末，扶南王姓僑陳如，名闍耶跋摩（Jayavarman），遣商貨至廣州；天竺道人那伽仙（Nāgasena）附載欲歸國，遭風至林邑，掠其財物皆盡；那伽仙間道得達扶南。」其後，闍耶跋摩王於永明二年（公元四八四）遣天竺道人釋那伽仙向中國上表，文說：「臣前遣使齎雜物行廣州貿易，天竺道人釋那伽仙於廣州，因附臣舶，欲來扶南。海中風漂到林邑，國王奪臣貨易，並那伽仙私財。具陳其從中國來此，仰序陛下聖德仁治，詳議風化，佛法興顯，眾僧殷集，法事日盛……是以臣今遣此道人釋那伽仙為使上表，問訊奉貢。」又說：「……謹附那伽仙並其伴口具啟聞，伏願愍所啟。並獻金鏤龍王坐像一軀，白檀像一軀，牙塔二軀……。」

那伽仙到了建康（今南京），《南齊書．扶南傳》有說：「那伽仙詣京師，言其國俗事摩醯首羅（大自在）天神，神常降於摩耽山，土氣恆暖，草木不落。」《梁書》卷五十四〈扶南傳〉說：「俗事天神，天神以銅為像，二面者四手，四面者八手，手各有所持，或小兒，或鳥獸，或日月。」

由以上引文，可知當時扶南信奉印度傳去的婆羅門教，崇拜大自在天神；《梁書》所說，即是摩醯首羅天神及其侍者之像。婆羅門教被定為國教。但我們也應注意，當時扶南業已奉行佛教，因表文為一位出家人所齎呈，文中多言佛法之意，並且又獻貢佛坐像一軀，白檀佛像一軀，佛教牙塔二軀，這都可證明那時扶南有佛教的存在。

再從其他文獻記載，也可證明當時扶南有佛教信仰，但不及婆羅門教的盛行。《法苑珠林》卷十四說：「齊建元（四七九—四八二）中，番禺毘耶離精舍舊有扶南國石像。」（《大正藏》第五十三冊第三八八頁中）

闍耶跋摩在位時（四八四—五一四），有扶南國兩位僧人至中國譯經，依《續高僧傳》卷一所記：「僧伽婆羅（Saṅghapāla），梁言僧養，亦云僧鎧（Saṅgha-varman），扶南國人也。幼而穎悟，早附法律，學年出家，偏業《阿毘曇論》。聲榮之盛有譽海南。具足已後，廣習律藏。勇意觀方，樂崇開化。聞齊國弘法，隨舶至都，住正觀寺……天監五年（五〇四），被敕徵召於楊都壽光殿華林園正觀寺、占雲館、扶南館等五處傳譯，訖十七年。都合一十一部，三十八卷，即《阿育王經》、《解脫道論》等是也……普通五年（五二四）因疾卒于正觀，春秋六十有五。」（《大正藏》第五十冊第四二六頁上）

〈僧伽婆羅傳〉中文附記：「梁初又有扶南沙門曼陀羅（Mandra，亦作曼陀羅仙Mandrasena）者，梁言弘弱。（公元五〇三年）大齎梵本遠來貢獻，敕與婆羅共譯《寶雲》、《法界體性》、《文殊般若經》三部，合一十一卷。雖事傳譯，未善梁言，故所出經文多隱質。」（《大正藏》第五十冊第四二六頁中）

上舉三部經只是扶南所獻梵本一部分的翻譯。還有僧伽婆羅譯出的，依《歷代三寶紀》卷十一所說：「其本並是曼陀羅從扶南國齎來獻上。」（《大正藏》第四十九冊第九十八頁下），有如下經論：

《阿育王經》十卷、《孔雀王陀羅尼經》二卷、《文殊師利問經》二卷、《度一切諸佛境界智嚴經》一卷、《菩薩藏經》一卷、《文殊師利所說般若波羅蜜經》一卷、《舍利弗陀羅尼經》一卷、《八吉祥經》一卷、《十法經》一卷、《解脫道論》十三卷、《阿育王傳》五卷。（《大正藏》第四十九冊第九十八頁中）

僧伽婆羅及曼陀羅都是扶南國僧人，在闍耶跋摩王時來中國譯經，並由扶南國持來多種梵文佛經獻上，這些事實都可證明當時扶南同時盛行信仰佛教。再從僧伽婆羅與曼陀羅所譯出的經典看，是梵文系大乘經論占最多；只有一部《解脫道論》是屬巴利語上座部佛教系統。《解脫道論》為公元一世紀頃優波底沙（Upatissa）造，亦為巴利語佛教傳燈祖師之一，全論有十二品，論述解脫的要道；亦為佛音《清淨道論》的先驅。由所譯經典內容推知，當時扶南信奉的佛教，是印度傳入的大乘佛教占優勢；如《文殊般若》、《文殊問經》、《度一切諸佛境界智嚴經》等，是含有般若中觀的思想㉓。

依《梁書》卷五十四〈扶南傳〉記載，闍耶跋摩死於公元五一四年，庶子留陁跋摩（Rudravarman）殺嫡弟自立。公元五一九年，留陁跋摩王遣使向中國獻天竺旃檀佛瑞像等。公元五三九年扶南王最後的使者來中國，說扶南有佛髮，長一丈二尺。梁武帝詔遣釋雲寶24隨扶南使者歸國，往迎佛髮。

真諦三藏法師，後來亦由扶南迎來中國，或與此事有關。《續高僧傳》卷一〈拘那羅陀傳〉：「拘那羅陀（Guṇarata），陳言親依，或云波羅末陀（Paramārtha），譯云真諦……本西天竺優禪尼國人……大同中（五三五—五四五）敕直後張氾等，送扶南獻使返國，仍請名德三藏大乘諸論雜華經等。真諦遠聞行化儀軌聖賢，搜選名匠惠益民品。彼國乃屈真諦，並齎經論……以大同十二年（五四六）八月25十五日，達於南海。沿途所經，乃停兩載。以太清二年（五四八）閏八月始屆京邑。」（《大正藏》第五十冊第四二九頁下）。伯希和、馮承鈞等，都認為雲寶或隨張氾同行26。佛髮與真諦所齎來的經論同抵達南海郡。

《歷代三寶紀》卷十一及《續高僧傳》卷一，都記錄真諦帶來中國的經論，如全部翻譯的話，共二萬餘卷，「多是震旦先所未傳」（《大正藏》第四十九冊第九十九頁上）。真諦所譯，六十四部，合二百七十八卷，為其中甚少部分。可證知當時扶南為東南亞強大的文化國家，佛教亦流行，存有自印度傳來豐富的梵文佛典。

《續高僧傳》卷一〈真諦傳〉，附記有扶南國須菩提（Subhūti），於揚州至敬寺，為陳主（五五七—五八一）譯大乘《寶雲經》八卷。這與梁時曼陀羅所譯的七卷，兩者少有差異，而大體一致[27]。

真諦三藏停滯扶南的期間，為留陁跋摩王在位，此王對佛教甚為護持。而且依扶南自身的資料已獲證實，即在南圻巴蒂（Bati）的塔普羅寺（Ta Prohm）境內，有一梵語碑文，殘留十一偈，而第七偈以下已很難解讀。幸第三偈和第五偈中，知當時立此碑文的國王即留陁跋摩，其父王即闍耶跋摩，這正與中國的正史記載一致。其中第六偈表示留陁跋摩王皈依三寶為優婆塞，證知王乃一虔誠的佛教徒。第四偈記王「非為實現王權的義務，而為此世界的人實現為善的意向」及「正法的虔誠信奉者」。此碑文似為紀念寺院的興建者。再從該碑後面二首佛偈內容看，學者們雖無法決定為大乘或小乘，但可斷定富有大乘的內容。

從以上所引各種資料，扶南國初興於公元一世紀頃，至公元五、六世紀國勢而達於鼎盛，前後歷五百年，為東南亞一大強國，也是最先和最重要的一個印度化國家。在宗教方面，先是信奉婆羅門教；後來佛法亦同樣盛行，而且當時扶南為佛教的重要中心。

中國史籍中，自留陁跋摩以後不再記扶南王名，約在五四〇年以後，國都為真臘所攻陷，淪為屬國，扶南至此式微，其王系仍延存若干年，因為在公元七世紀初還遣使至中國朝貢；至公元六二七年，才完全為真臘兼併[28]。

❶ 吉蔑之名，《舊唐書．真臘傳》（卷一九七）：「南方人謂真臘國為吉蔑國。」《新唐書．真臘傳》（卷二二二下）：「真臘亦曰吉蔑，本扶南屬國。」柬埔寨之名，元代周達觀著《真臘風土記》中說：「其國自稱甘孛智」。《明史．真臘傳》（卷三二四）：「其國自稱甘孛智……萬曆（一五七三—一六一九）改為柬埔寨。」按柬埔寨之原名，在柬埔寨本國中很早就採用，最初記錄此名稱的，為公元八一七年芽莊之一碑文。又公元十二世紀中葉，柬埔寨與斯里蘭卡交通頻繁，《大史》中常用柬埔寨之稱。又按柬埔寨一名，出自梵語Kamboja。

❷ D. G. E. Hall: *A History of South-East Asia*，在書後年表中，將柬埔寨的王朝歷史，分為以上四個時期，亦多為學者所採用。

❸ 陳正祥著：《真臘風土記研究》，第九頁。

❹ 1. Sir Charles Eliot: *Hinduism and Buddhism*, Vol. Ⅲ, p. 100。
2. Brian Harrison: *South-East Asia: A Short History*, p. 35-36；及中譯本《東南亞簡史》，第三十七—三十八頁。

❺ 除柬埔寨境內吉蔑族人之外，另在越南南方有吉蔑族人約四十萬，在泰國東南，也有吉蔑族人約三十萬，成為越、泰兩國的少數民族。

❻ 山本達郎編：《東南亞細亞的宗教與政治》，第八十一頁。

❼ 《三國志》卷六十，即《吳書》卷十五〈呂岱傳〉。

❽ 《梁書》卷五十四〈海南諸國傳總敘〉。考朱應撰有《扶南異物志》，早佚。康泰有《吳時外國傳》、《吳時外國志》、《扶南土俗》、《扶南傳》、《（康泰）扶南記》，以上恐是同一書籍，而稱呼不同，早佚；然《隋書經籍記》及《唐書藝文志》，曾引用以上諸書之句。康泰為康居人（《北平圖書館刊》第四卷第六號，向達撰《漢唐間西域及南海諸國古地理書》敘錄）。

❾ 伯希和著《扶南考》（Le Fou-Nan），發表於遠東博物院之校刊，馮承鈞譯，收在《史地叢考續編》，附錄一，認為遣使推為公元二四五至二五〇年之間，今有人考證其誤。

❿ 伯希和著、馮承鈞譯：〈扶南考〉，收在《史地叢考續編》，第二十九頁。

⓫ 1. 許雲樵著：《南洋史》上卷，第十頁。
2. 杉本直治郎著：《東南亞細亞史研究Ⅰ》，第四〇〇—四〇一頁。
3. 又按艾莫涅（Aymonier）認為「扶南」之名，純為華語，取扶南之義。但有人考左思《三都賦》中的〈吳都賦〉稱「扶南」。義淨《南海寄歸內法傳》卷一有「西南一月至跋南國，舊云扶南」，足證扶南一名，是由柬埔寨語之Phnom音譯。

⓬ 《晉書》記混潰；《南齊書》、《梁書》、《南史》記混填；北宋《太平御覽》等引康泰《扶南土俗》則用混慎。

⓭ 屈都昆，略作屈都、都昆，即《漢書．地理志》之都元，在今馬來半島。九稚應為九離之訛，或位於馬來半島西岸。典孫，亦作頓孫，史勒格（Schlegel）嘗考為下緬甸的Tenasserim。金鄰，亦作金潾或金陳，考即金地（Suvarṇabhūmi），位置未確定，或為下緬甸的直通，或為泰國的佛統。

⓮ 伯希和著〈扶南考〉（Le Fou-Nan），發表於遠東博物院之校刊，馮承鈞譯，收在《史地叢考續編》。

⓯ 1. 扶南國的位置，杉本直治郎著《東南亞細亞史研究Ⅰ》，第三六八—三六九頁，根據以前學者比較，有多種不同主張。
2. 許雲樵著：《南洋史》上卷，第七十三—七十四頁。

⓰ 關於印度人對東南亞的認識，在《羅摩衍那》（約完成於公元前二世紀，而其中最古部分成於公元前六世紀）史詩中，即記有東南亞的地名「金銀島」（Yavadvīpa），據學者考為爪哇及蘇門答臘；另一地名為「金地」（Suvarṇadvīpa）。

⓱ 關於「投拘利口」，列維（Levy）考為巴利語《彌蘭王問經》中的投拘利（Takola）；但亦有考「投」作動詞用，「拘利」為地名，因《水經注》卷一引《扶南土俗》本作「拘利」。

⓲ 1. 伯希和著、馮承鈞譯：〈扶南考〉，收在《史地叢考續編》，第四十二頁。
2. 許雲樵著：《南洋史》上卷，第七十六頁。

⓳ 靜谷正雄著：《扶南佛教考》（日文），第十五頁。

⓴ 許雲樵著：《南洋史》上卷，第九十二頁及第二一六頁。

㉑ 1. D. G. E. Hall: *History of South-East Asia*, p. 27。
2. 靜谷正雄著：《扶南佛教考》（日文），第十五頁。

㉒ 姚枬、許鈺編譯：《古代南洋史地叢考》，第一三九頁。

㉓ 靜谷正雄著：《扶南佛教考》（日文），第十九—二十三頁。

㉔ 伯希和著、馮承鈞譯：〈扶南考〉，收在《史地叢考續編》第四十三頁。考《南史》卷七十八，轉錄《梁書》之文，雲寶作曇寶，則其梵文似非Megharatna，應為Dharmaratna，伯希和認曇寶為是。

㉕ 馮承鈞著：《中國南洋交通史》，第三十六頁，註十二：「大同十二年四月改元中大同，則大同十二年無八月，年月必有一誤。」

㉖ 1. 伯希和、馮承鈞譯：〈扶南考〉，收在《史地叢考續編》，第四十三頁。
2. 馮承鈞著：《中國南洋交通史》，第三十六頁，註十一。

㉗ 《續高僧傳》卷一，附於〈拘那羅陀傳〉，《大正藏》第五十冊，第四三一頁。

㉘ 姚枬、許鈺編譯：《古代南洋史地叢考》，第一三九頁。

第二章　真臘時期的佛教

（公元五五〇至八〇二年）

真臘（Chenla）一名的由來，至今尚未能考訂確當的說明，亦不知其對音。但常為中國人於公元六世紀至十三世紀所說之吉蔑或柬埔寨。真臘國名，最早記載為《隋書》卷八十二〈真臘傳〉，先是扶南的屬國，後來兼併了扶南。

本章所要討論的，是自公元六世紀中期至八世紀後期之間，大多依據中國史籍片斷記載，或柬埔寨出土的碑銘，記敘真臘國印度化及宗教的情形。

大約在公元五五〇年前後，扶南國王留陁跋摩逝世後，當時在扶南北面的真臘，據湄公河中下游，最早以巴沙克（Bassak）為中心，領土包括今柬埔寨北部及寮國南部，本是扶南的屬國，遂趁機舉兵背叛，兼併了扶南東境，日漸強大起來。當時統治真臘的是兩兄弟，據吉蔑碑文（六〇四）說，真臘戰勝扶南，在公元五五〇年前後，波婆跋摩一世（Bhavavarman I，五五〇—六〇〇）在位，而指揮戰役者，似為王弟質多斯那（Citrasena Mahendra-varman，六〇〇—六一五）[1]。

《隋書》卷八十二〈真臘傳〉：「真臘國在林邑西南，本扶南之屬國也，去日南郡舟行六十日，而南接車渠國，西有朱江國。其王姓刹利（Ksatriya）氏，名質多斯那。自其祖漸已強盛，至質多斯那遂兼扶南而有之。死，子伊奢那先（Iśanasena，即Iśanavarman）代立，居伊奢那城（Iśanapura）。」

這段引文內未提到波婆跋摩王，但在文末指出於大業十二年（六一六）❷，真臘曾遣使入貢，本傳所記，似為貢使之語。但由柬埔寨碑文得知，公元五九八年波婆跋摩王尚在位；其弟質多斯那在何年登位，沒有記載。質多斯那即位後，稱摩醯因陀羅跋摩（Mahendravarman），死於公元六一五年。由其子伊奢那先繼承，大業十二年遣使入貢中國，當即伊奢那先在位之年。質多斯那統治期間，征服了下孟河流城（Lower Mun Valley）。至貞觀（六二七—六四九）初，伊奢那先大事擴張疆域，征服了斯頓仙（Stung Sen）流域的無毀城（Anindita-pura），建新都名毘耶馱補羅（Vyādhapura），殆即《隋書》之伊奢那城❸。此伊奢那城亦是七世紀時玄奘《大唐西域記》卷十所記之伊賞那補羅國（Iśanapura，在「三摩呾吒國」〔Samatata〕條），即指柬埔寨。沙畹（Chavannes）曾譯《大唐西域求法高僧傳》，將此文與柬埔寨碑文對照，而證明公元六二六年柬埔寨在位國王，即伊賞那跋摩（Iśanavarman）❹。

真臘兼併扶南，可能有兩個原因：一是王位的爭奪，留陁跋摩因是庶子殺嫡弟而取得王位；波婆跋摩雖不知與留陁跋摩有何關係，但已確知不是闍耶跋摩之子。

在維爾坎特（Veal Kantel）一碑文，曾記波婆跋摩有一姊，著錄其父名毘羅跋摩（Viravarman）。而毘羅跋摩未做國王，所以有人考訂，波婆跋摩不特為一侵略之人，或且用暴力奪得政權❺。二是可能與宗教信仰有關，因為留陁跋摩皈信佛教，而真臘統治者都信奉婆羅門教。義淨的《南海寄歸內法傳》卷一曾記：「南至占波，即是臨邑，此國多是正量，少兼有部。西南一月至跋南國，舊云扶南。先是裸國，人多事天，後乃佛法盛流。惡王今並除滅。迥無僧眾，外道雜居。」（《大正藏》第五十四冊二〇五頁中）據埃利奧特考證，惡王即指波婆跋摩。因為波婆跋摩及質多斯那都信婆羅門教，佛教曾受到迫害❻。

真臘信奉婆羅門教，但佛教亦流行。《隋書》卷八十二〈真臘傳〉說：「近都有陵伽鉢婆山（Lingaparavata），上有神祠，每以兵五千人守衛之；城東有神名婆多利（Bhadra），祭用人肉，其王年別殺人，以夜祀禱，亦有守衛者千人，其敬鬼如此。多奉佛法，尤信道士（道士指婆羅門）；佛及道士，並立像于館。」《舊唐書》卷一九七〈真臘傳〉亦說：「國尚佛道及天神，天神為大，佛道次之。」真臘的宗教，婆羅門教盛行，尤以祭濕婆神為多；佛法亦盛行，但為大乘；此外亦有祖先精靈等祭拜。《隋書》所說伊奢那城，其廢墟三波比利古（Sambor Prey Kuk），在現在的磅通（Kompong Thom）之北二十七公里。陵伽鉢婆意為「性器之山」，在今日寮國南端湄公河西岸，山名占巴索（Cham Pasak），高一千三百九十七公尺，山頂上有一天然巨石，形似祭奉之陵伽。真臘最初的都城，即建於此山麓。婆多利似為Bhadreśvara之音譯簡稱，指濕婆神種種的塑像及標名。奉祭婆多利時，且用人肉供犧牲❼。

伊奢那先在位約為公元六一一至六三五年，繼承者為波婆跋摩二世（Bhavavarman II，六三六—六五六），此王曾正式將婆羅門教的濕婆神定為國家信仰的宗教；但仍繼續信奉毘濕奴，所謂二神一體的崇拜，稱為訶利訶羅（Harihara）。訶利即毘濕奴神，訶羅即濕婆神，亦即《梁書》中所記的二面四手或四面八手的神像❽。大乘佛教是在民間流行。

到了闍耶跋摩一世（約六五七—六八一）時期，領土範圍又擴大了，南方包括暹羅灣沿岸，北邊與南詔相接，在下湄公河流域伸展到占巴塞一帶。自波婆跋摩建國至闍耶跋摩一世，在過去扶南的領土上，更為鞏固和強大。因為國王們都信奉婆羅門教，在伊闍那城建造了許多婆羅門教神廟，廢墟至今仍然存在，還留下不少煉磚與塑像，含有濃厚印度文化的素質，亦揉雜了土著的特徵❾。闍耶跋摩一世在位時，將都城從伊奢那城遷至巴塞安德（Prasat Andet），即現在的磅通之西北二十公里，接近大湖。

闍耶跋摩一世去世後，因無子嗣，國家有一段時期陷於混亂，部屬叛離，分裂成許多各自為政的小邦。約在公元八世紀初，真臘分裂為二國。據《新唐書》卷二二二下

〈真臘傳〉載：「神龍（七〇五—七〇六）後分為二半，北多山阜，號陸真臘半；南際海，饒陂澤，號水真臘半。水真臘地八百里。王居毘耶馱補羅。陸真臘或曰文單，曰婆鏤，地七百里，王號笡屈。」水真臘據有扶南的舊境，都毘耶馱補羅（Vyādhapura，今安哥波利，Angkor Borei），疆域包括今日柬埔寨及上湄公河三角洲地帶；陸真臘據有真臘舊境，都三波（Sambor，今巴塞Bassac境內），包括今日湄公河中游及丹里克（Dangrek）山脈以北的位置。

水真臘後又分裂為若干小邦，其中以三波城（Shambhu-pura，湄公河上的Sambor）為最大和最重要，公元七一六年由普希迦羅沙（Pushkaraksha）所建。陸真臘比較安定。到了八世紀下半葉，水真臘在混亂中，爪哇的嶽帝王朝興起後，勢力及於馬來半島及中南半島沿岸，曾於七七四年及七八七年侵襲占城沿海之地，並且降服真臘，占據真臘南部沿海很多地區。至公元八〇二年，才由闍耶跋摩二世（Jayavarman II，八〇二—八五〇）將二國復歸統一，脫離爪哇羈絆，創立安哥（Angkor）王朝。

真臘在征服扶南後，繼續承受了印度文化及宗教。而崇拜濕婆神，實際上定為國教；大乘佛教亦廣被信奉，情形與扶南時代略同。此時期中，吉蔑人的藝術風格，幾乎完全模仿印度，就現在的遺跡來看，有如下的特徵：

一、塔普羅式（Ta Phnom），由公元六世紀末至七世紀初。這多半是代表扶南末期的藝術，因真臘初期征服扶南北部的領土，恐扶南國王遷都至塔普羅。在安哥波利發現的雕像，包括婆羅門教神像及佛像，顯示與印度藝術有很深的關係，其中也有為後來安哥藝術前驅的傾向。

二、三波比利古（Sambor Prei Kuk）式，約公元七世紀上葉。此時期含有三群的寺院遺跡，推為真臘最初建都伊奢那城（Iśanapura）宗教上的建築物。這些建築物用煉磚造成，圓柱用石材，刻有豐富的雕像及花輪等，也受到印度藝術的影響。

三、波利敏式（Prei Kmeng）及磅拍式（Kompong Prah），自七世紀下半葉至八世紀。建築物與前代無多變化，但花輪增加葉飾。雕像多屬凡庸，只有一件精作，即毘濕奴與濕婆二神一體的訶利訶羅神像❿。

碑銘及門柱的刻文，是記載國家制度和歷史的主要資料，但更多碑文是記述宗教的情形。主要宗教是婆羅門教，為訶利訶羅混合的信仰。濕婆的信仰中，常以石雕的男性生殖器為崇拜的象徵。至於佛教，只發現一塊碑文上，說有少數的佛像及兩位比丘。如與扶南時期佛教盛行相比，則似有不及⓫。

❶ 馮承鈞著：《中國南洋交通史》，第一三〇頁，註二。

❷ 原文大業十三年，恐為十二年之誤。

❸ 崔貴強編著：《東南亞史》，第六十頁。

❹ 馮承鈞著：《史地叢考續編》，第三十五及四十九頁。

❺ 1. 馮承鈞著：《史地叢考續編》，第二十六—二十七頁。
2. 辛島昇等譯：《印度支那文明史》，第一〇七頁。

❻ 1. Sir Charles Eliot: *Hinduism and Buddhism Vol.* Ⅲ, p. 108。
2. 辛島昇等譯：《印度支那文明史》，第一〇七頁。
3. 陳正祥著：《真臘風土記研究》，第二十一—二十二頁。

❼ 原在公元四世紀時，占城王跋陀羅跋摩（Bhadra-varman）所建美山（My-son）神殿，即奉祭王家陵伽。柬埔寨王（Shreshtha-varman）在Cham Pasak戰勝占人之後，可能沿用此名（見辛島昇等譯：《印度支那文明史》第一〇六頁）。

❽ 1. 山本達郎編：《東南亞細亞的宗教與政治》，第九十九頁。
2. 陳正祥著：《真臘風土記研究》，第二十頁。

❾ 辛島昇等譯：《印度支那文明史》，第一〇九頁。

❿ 辛島昇等譯：《印度支那文明史》，第一一一—一一二頁。

⓫ 辛島昇等譯：《印度支那文明史》，第一一二—一一三頁。

第三章　安哥時期的佛教

（公元八〇二至至一四三二年）

第一節　安哥時期的佛教

闍耶跋摩二世是安哥王朝的開創者，柬埔寨國家偉大的英雄。碑銘說他是「來自爪哇」，這可能是說，公元第八世紀後葉，爪哇嶽帝王朝興起，勢力達於馬來半島及水真臘沿岸地區，並使真臘降服為屬國，闍耶跋摩二世被爪哇嶽帝王朝俘虜，當為人質。在一碑銘中，說到柬埔寨屬爪哇所統治。但當闍耶跋摩二世從爪哇回到了真臘後，便建立了新王制，這表示柬埔寨已經成為獨立國家，不再是爪哇的屬國了❶。

闍耶跋摩二世逐出爪哇的勢力，脫離為爪哇屬國的關係，努力統一了全國。他在位四十八年，初定都於因陀羅城（Indrapura），在今日的磅湛（Kampong Cham）之東；後又遷到大湖的北區，營造訶利訶羅拉耶（Hariharalaya），地近今日的暹粒，建設水利，開拓土地。最後在摩醯因陀羅山（Mahendra-parvata，即今古連山Phnom Kulen，亦稱荔枝山，在安哥東北約四十八公里）建都，正式即位。他曾招請一位婆羅門僧侶希蘭耶陀摩（Hiranyadama），至王廷主持宗教儀式，以便解除受爪哇王朝精神上的束縛，成為真正的獨立王國。他在古連山頂上建造神殿，奉祭陵伽，以象徵王權。待他在大湖地區統治鞏固之後，又再將都城遷至訶利訶羅拉耶平地。他是興建安哥藝術的第一位國王，展開了吉蔑民族歷史上最輝煌的時代。

闍耶跋摩二世死後，謚號「最高的君王」（Parameśvara），此名為濕婆神尊稱之一，也就是「王即神」（Devarājā）的崇拜自此王開始❷。

其子繼位為闍耶跋摩三世（Jayavarman III，八五〇—八七七），再後由一位旁系血統人繼承，名為因陀羅跋摩一世（Indravarman I，八七七—八八九）。兩人都以訶利訶羅拉耶為都城。因陀羅跋摩一世時擴大了領土，比今日柬埔寨國境為大。他關心水利，建造蓄水池及開鑿運河，供旱季時灌溉用水，使安哥地區經濟獲得進一步的發展。公元八七九年他在羅盧奧斯（Roluos）附近，為闍耶跋摩二世及其祖先造了六座磚廟，即今日普利科廟（Preah Ko）的廢墟；其次在公元八八一年，用石材建造巴肯廟（Bakong），安奉王家陵伽。上面所造的神廟，至今仍保存三座，是安哥時代早期的建築物❸。

因陀羅跋摩一世的兒子耶所跋摩（Yasovarman，八八九—九〇〇），是一位英明之主。在位期間，武功極盛，版圖遼闊，他擊敗了占城的侵擾。他又將國都向西北推移十多公里，在地勢較高的巴肯山麓建造新城，稱為耶所達羅城（Yasodharapura），每邊長四公里。他最大的成就，是在新都城開鑿東池（East Baray），長七公里，寬二公里，貯蓄古連河的流水，充足水源，供給都城及灌溉農田。

耶所跋摩王是一位宗教折衷主義者，他在東池的南岸，分別建造濕婆教派、毘濕奴教派和佛教的僧院。在他即位之後，於國內各地近古蹟之處，不分任何宗派，建築同名的僧院。他留存下來的碑文，曾傳有僧院規則[4]。僧院中有僧長一人，統管教徒，僧長必須具備豐富的學識，有五十個奴隸為屬，僧院招待旅行者住宿，實行醫藥施療，但禁制女人。此時期奉行的佛教，被認為是大乘佛教。

羅闍因陀羅跋摩（Rājendravarman，九四四—九六八）在位時，在東池中央，建造一座新塔廟，稱為「東彌朋」（Eastern Mebon）。在公元第十世紀下半葉，安哥王朝的政權，實際操縱在婆羅門貴族手裡，當時執政的婆羅門為耶若婆羅訶（Yajñavarāha），權力甚大，他在王城東北二十公里處，用紅沙岩建造一座非常精美的班台斯利神廟（Banteay Srei）。婆羅門是知識分子，王室顧問，執行宗教祭祀，與王室關係密切[5]。

此後國家陷於衰微和內戰，至公元十一世紀上半葉，蘇利耶跋摩一世（Sūryavarman I，一〇〇二—一〇五〇）在位，勵精圖治，恢復了國家的安定，並向西孟族人中心地的羅斛（Lop Bori）推進。此外他在大湖（Tonle Sap 或 Great Lake）之西，利用未耕地，執行開拓殖民。同時設立宗教團體，建造僧院，建設村落，開墾土地、水利工事等。此王在位期間皈依了大乘佛教，排斥其他宗教，他死後謚號為「趣向涅槃者[6]」。原是羅闍因陀羅跋摩二世興建的非米阿納卡神殿（Phimeanakas），至蘇利耶跋摩一世時重新修建完成，供王室祭祀之用。

蘇利耶跋摩一世兩個兒子前後繼承王位[7]，建造了西池（Western Baray），面積比東池更大，迄今仍可蓄水，用於灌溉。在西池的中央，建了西彌朋（Western Mebon）塔廟。又在王宮的南側，建築巴普昂廟（Baphuon），有銅塔一座。

當時有一婆羅門名提婆迦羅（Divakara或Divakarapandita），曾連續把持政權三十年，擁立數位國王登位。到蘇利耶跋摩二世（一一一三—一一五〇）時，國土又再擴張，東到占城，南臨暹羅範圍內，西鄰蒲甘，北連寮國，皆屬安哥統治，是為吉蔑人文明最隆盛時期之一。他在位期間，最令人注目的建築是一座十分雄偉精巧的安哥寺（Angkor Wat），這是他偉大的傑作，後來又經過三百多年不斷的增建，成為柬埔寨藝術最偉大最高的成就。寺中不供陵伽，而是安置毘濕奴神像，象徵神王的寺院。他逝世後，這裡就成為他葬身的靈廟。

蘇利耶跋摩二世死後，國家又發生動亂。不久，王位由一位堂兄弟繼承，名達朗因陀羅跋摩二世（Dharanindravarman II，一一五〇—一一六〇），或因他的信仰，民間佛教盛行。他受到妻子珠陀摩尼（Chudamani）公主的影響，公開傾向於大乘佛教。該王首先轉變王室的宗教信仰[8]。

公元一一七七年，占城艦隊攻陷安哥，殺死篡位者[9]。一位達朗因陀羅跋摩二世的兒子，從占城攻打回國自立為王，以四年時間，終擊退占城侵略者，於公元一一八一年，被擁立為王，這就是著名的闍耶跋摩七世（Jayavarman Ⅶ，一一八一－一二一九）。公元一一九〇年，占城王來攻，再被擊敗。公元一二〇三年兼併占城，北方達到現在的永珍，西面再領湄南河下流廣大的地域，以及控制馬來半島的北部。其領土的遼闊，為安哥王朝最強盛時代。

闍耶跋摩七世在位四十年，他的一個功業，是在全國建築醫院一百零二所，旅人驛站一百二十一所，整修從王都至各州城的道路。闍耶跋摩七世生於公元一一四五年，在佛教信仰及軍隊環境中成長。從碑文上得知，他像他的父王一樣，是一位虔誠的佛教信仰者。他的兩位王妃都是熱心的佛教徒。他以極高的熱忱建築佛寺，使大乘佛教盛行普及，成為國教。尤其在建築藝術方面，是安哥文化最輝煌燦爛的時期。公元一一八六年，他於東池西南為母冥福建造塔普隆寺（Ta Prohm）；公元一一九一年，又為父冥福建造普拉坎寺（Preah Khan），在此寺東面掘一蓄水池，中央建那伽般寺（Neak Pean）；王都近郊建班蒂克提寺（Banteay Kdei）等；另在其他地方建班台乍瑪寺（Banteay Chmar）等。最後他開始經營安哥城（Angkor Thom），城牆及城門都用巨石砌成，全長十二公里。在城中央興建了著名的巴戎寺（Bayon），包括五十四座石塔，中央主塔高四十三公尺，供奉佛陀坐像，其背後有那伽（龍）護衛；又每一座石塔四面皆雕有佛像[10]。此在《宋史》卷四八九及《真臘風土記》中，都有詳細的描述，在下節文中還會再次說到。

闍耶跋摩七世因受佛教的影響，對人民仁慈，關心社會福利。他興建的醫院，從留存的碑文來看，建有供奉藥師如來的殿堂；在巴戎寺多數的石塔上，四面雕刻的聖像，被認為是觀世音菩薩像，因此觀音的信仰非常盛行。由於國王信奉佛教，當時安哥可以說是以大乘佛教為中心，獲得迅速的發展，占盡優勢。但婆羅門教並未受到歧視，當時婆羅門教僧侶依然在宮廷任職。一碑文說明闍耶跋摩七世從緬甸召來一個婆羅門為王室祭司，並在以後繼承的兩位國王中，擔任同樣的職務[11]。

闍耶跋摩七世在登位時已五十多歲，約公元一二一九年頃死，死後謚號「最高最偉大的佛教徒」。

闍耶跋摩七世去世後，出現了劇烈的印度教復舊運動，原是佛教的巴戎寺變為濕婆廟，供奉陵伽取代了對觀自在菩薩的禮拜。公元一九三三年法國考古學者特羅韋（Trouve）在巴戎寺中央塔下的一個坑穴裡發現一尊巨大佛像，這被認為是闍耶跋摩七世在世時所鑄造的「佛為王者之像」（Buddhraja）。

據說闍耶跋摩七世的正后闍耶羅闍提鞞（Jayarajadevi），曾以大量豪華的布施撒遍大地。她死後，闍耶跋摩七世就提升她的姊姊因陀羅提鞞（Indradevi）填補了她的地位。因陀羅提鞞曾在三所佛寺學校中講授佛學，是著名的教師。她曾用梵文在非米阿納卡（Phimeanakas）碑銘上為闍耶跋摩七世寫傳記，並在一些城市中為國王、妹妹及自己造像。

安哥王廷文化高度的發展，人才濟濟，而另一方面在社會下層，也進行產生了巨大的變化，由一場群眾運動，就是人民接受皈依了斯里蘭卡大寺派上座部佛教。其情形大概是這樣的，在十二世紀末上座部佛教由孟族人傳入緬甸；到十三世紀中期傳播到泰族地區，再向東傳到柬埔寨。這是一種簡單樸素不很繁瑣儀式的宗教，僧人能獻身於刻苦清修的精神，又與人民保持直接的聯繫[12]。

闍耶跋摩七世去世後，以後安哥王朝的二百多年中，已漸漸式微，先是占城叛離，接著是單馬令（Tanbralinga，後來的洛坤）。泰國的日漸強大，對衰落中的安哥王朝尤具威脅。公元一二二五年，宋趙汝適所撰《諸蕃志》卷上〈真臘國〉條說：「真臘接占城之南，東至海，西至蒲甘，南至加羅希（Grahi，今猜耶）……其地約方七千餘里，國都號祿兀（即安哥Angkor）……奉佛謹嚴，一日用番女三百餘人舞獻佛飯……有神曰婆多利（Bhadra），祠祭甚謹。」可知佛教與婆羅門教同時盛行。

公元一二九六年，元周達觀隨使至柬埔寨，將所見所聞撰成《真臘風土記》，所記為公元十至十三世紀的情形，是安哥王朝最燦爛鼎盛的時代。關於當時宗教方面，記有三種僧籍：「為儒者呼為班詰（Pandita），為僧者呼為苧姑（古暹羅語稱僧人為Chau Kou）；為道者呼為八思惟（此名學者解釋不一，有認為是禁欲者和苦行者Tapassin；有認為是巫術者或妖術者）。班詰……於項上掛白線一條，以此別其為儒耳……苧姑削髮穿黃，偏袒右肩，其下則繫黃布裙，跣足。寺亦許用瓦蓋，中止有一像，正如釋迦佛之狀，呼為孛賴（暹羅語稱佛Phra或 Prah），穿紅，塑以泥，飾以丹青，外此別無像也。塔中之佛，相貌又別，皆以銅鑄成。無鐘鼓鐃鈸，亦無幢幡寶蓋之類。僧皆茹魚肉，惟不飲酒。供佛亦用魚肉。每日一齋，皆取辦於齋主之家，寺中不設廚竈。所誦之經甚多，皆以貝葉疊成……國主有大政亦咨訪之。卻無尼姑……而道教者亦不如僧教之盛耳。所供無別像，但止一塊石（按即陵伽 Linga）……俗之小兒入學者，皆先就僧家教習，暨長而還俗」；「家家皆修佛事」；「每一村或有寺或有塔，人家稍密」。

周達觀一行在公元一二九六年八月抵達安哥，停留大約十一個月。《真臘風土記》一書，為研究柬埔寨中古史最珍貴的資料。所記宗教的情形，雖然著者對印度式的宗教欠少認識，及記神佛之像混亂，但仍給我們一個大概的輪廓。可知當時柬埔寨的宗教，仍以婆羅門教及佛教為主，而佛教卻更為盛行，深入民間農村。

其中值得注意的，所記僧人的生活，只供釋迦佛像，不供其他諸佛菩薩像；僧人穿黃，偏袒右肩，其下則繫黃布裙，跣足，僧皆茹魚肉，供佛亦有魚肉，每日一齋，皆取辦於齋主之家，寺中不設廚竈。可見這時柬埔寨的佛教，似已從大乘佛教信仰轉變為南傳佛教信仰。這從其他幾件事情，也可獲得證實。

柬埔寨的佛教，由大乘佛教轉變為南傳佛教，並沒有確實歷史的記載，無法可知南傳佛教是怎樣傳入的。不過時間大概不出公元十三世紀後葉至十四世紀初葉。因為從公元十二至十四世紀，首先是緬甸孟族的僧人，從斯里蘭卡引進僧團，推行佛教改革；公元十三世紀後葉泰國也引進斯里蘭卡佛教。

約在公元一二七七年，泰國有一碑文記載，素可泰坤藍甘亨王（Kun Ramkamheng，元史稱敢木丁，一二七七—一三一七），造寺供養來自洛坤的僧王。當時洛坤屬於室利佛逝血統的馬來王統治；而斯里蘭卡佛教傳入洛坤，是在公元一二五六年以前。據泰國佛教史記載，有一位斯里蘭卡羅睺羅論師，從蒲甘遊化至洛坤（當時稱丹眉流），成立了斯里蘭卡僧團，甚為發達，後來傳入泰國及柬埔寨⓭。至於傳入柬埔寨的結果，則沒有記載。

到了公元十四世紀，東南亞印度化國家中，石碑已很少再用梵文。占婆最後的梵文石碑是公元一二五三年，柬埔寨最後的梵文石碑是在安哥東北迦苾拉城（Kapilapura）出土的，時間約在公元一三三〇年代。在這時期中，湄公河及湄南河流域地帶的婆羅門教及大乘佛教，都逐漸地趨向衰亡，代之興起的是自斯里蘭卡傳入的上座部佛教⓮。

柬埔寨傳入上座部佛教，可能是在安哥王朝闍耶跋摩八世（一二四三－一二九五）時已經開始，因周達觀於公元一二九六至一二九七年在安哥所見的已為上座部佛教。一二九五年，闍耶跋摩八世讓位與女婿，是為室利因陀羅跋摩（Śrindravarman，一二九五－一三〇七）。公元一三〇七年，室利因陀羅跋摩又捨棄王位入佛寺出家，讓位與一個親戚，稱為因陀羅闍耶跋摩（Indra-jayavarman，一三〇八－一三二七）。

公元一三〇九年，室利因陀羅跋摩自做的一分柬埔寨最早的巴利語碑文記載，他曾將一部分國家收入捐贈給佛寺，這表明是在他退位之前一年所做的決定。當他出家之後，致力提倡上座部佛教，這時安哥巴利語的上座部佛教已在全國發展中，婆羅門教只在宮廷中保有象徵形式而已⓯。

但柬埔寨人民接受上座部佛教信仰，佛教史記載略有分歧：一說闍耶跋摩七世送他出家的兒子多摩陵陀至斯里蘭卡大寺派修學，於公元一一九〇年回國，開始把上座部佛教引進柬埔寨⓰。一說柬埔寨的王子多摩陵陀出家為僧，後到斯里蘭卡修學，公元一一九〇年再隨車波多至緬甸組織大寺派僧團弘法，歷經四十多年，而未提到他回國的事，而且公元一二三三年他也在緬甸圓寂⓱。又一說緬甸孟族車波多比丘留學斯里蘭卡，公元一一九〇年回國時帶了三位異國同伴仿照斯里蘭卡大寺派方式建立一個上座部佛教僧團，其中一位比丘是柬埔寨王子，法國學者戈岱斯懷疑他就是闍耶跋摩七世的兒子，這一新教派的教義，由僧人傳播到湄南河流域各國，最後傳入柬埔寨，是由僧人在民間推動興盛起來，產生了革命性的效果，到公元十三世紀末，上座部佛教明顯地成為柬埔寨的主要宗教了，致使印度教和大乘佛教漸趨衰落⓲。

上座部佛教在柬埔寨民間很快興盛起來的另一原因，公元十三世紀初闍耶跋摩七世死後，安哥王朝的國政迅速衰退。公元十三世紀末，因為信仰「大乘佛教之金剛乘」，歷代國王極盡奢華，大量興建龐大的寺院，耗盡了國力資源。加上與泰國間的戰事均告失利，導致國疲民乏，因此人民厭倦了浮華，改而接受泰國和斯里蘭卡傳入的「上座部佛教」，減少布施浪費，回歸佛陀當時的質樸，以清淨儉樸的清修來求得解脫。柬埔寨接受上座部佛教後，梵文也在公元十四世紀初停止使用。此後的柬埔寨一直處於被鄰國征占成為殖民地，或成為傀儡政權⓳。

公元一三四〇至一三五〇年之間，寮國的法昂王（Fa Ngoun，一三五三—一三七三），自柬埔寨傳入上座部佛教，禮請高僧摩訶波沙曼多（Mahāpāsamanta）等二十二位比丘、三藏聖典、金佛像等至寮國弘揚佛法⓴。這些都可證實柬埔寨在此以前已信仰上座部佛教了。

公元一三五〇年以後，泰國的大城王朝已取代過去的素可泰王朝，對柬埔寨的威脅更大，不斷地向安哥侵占，據泰國歷史記載，曾至少有兩次占領安哥：第一次是在公元一三五二年；第二次是在公元一三九四年。其後三十年歷史情況不明。到了公元一四三一年，泰人又再圍攻安哥城，柬埔寨人盡力抵抗，由於內部叛變，王城終告陷落，國王被殺，其子龐哈耶特（Ponha Yat，一四三二—一四五九）繼位；次年，泰人退出，但安哥王城面臨強敵，防守困難，於是放棄了安哥王都，遷移至金邊。

第二節　安哥的藝術

安哥位於柬埔寨北部的暹粒省，離暹粒市北面約五公里，距首都金邊約二百四十公里，為公元八〇二至一四三二年安哥王朝的都城。其主要的遺跡，自公元九至十三世紀很多宏偉的石構建築及精美的石刻浮雕，後來特稱為安哥藝術。公元一四三二年，泰人入侵攻陷安哥，遭大肆劫掠和破壞，此後遂遷都至南部的金邊，安哥從此變為荒蕪，宏偉壯麗的建築物漸為熱帶叢林所淹沒，竟被後代人遺忘了。公元十九世紀初，《真臘風土記》被譯成法文[21]，沒有人相信有這個古城的存在。直到公元一八六〇年，法國有位博物學家亨利莫科（Henri Monkot）到安哥探險，次年發表了遊記，才揭開這被淹沒四百多年在叢莽中的古城。同時經過伯希和等學者翻譯、註釋、考證《真臘風土記》一

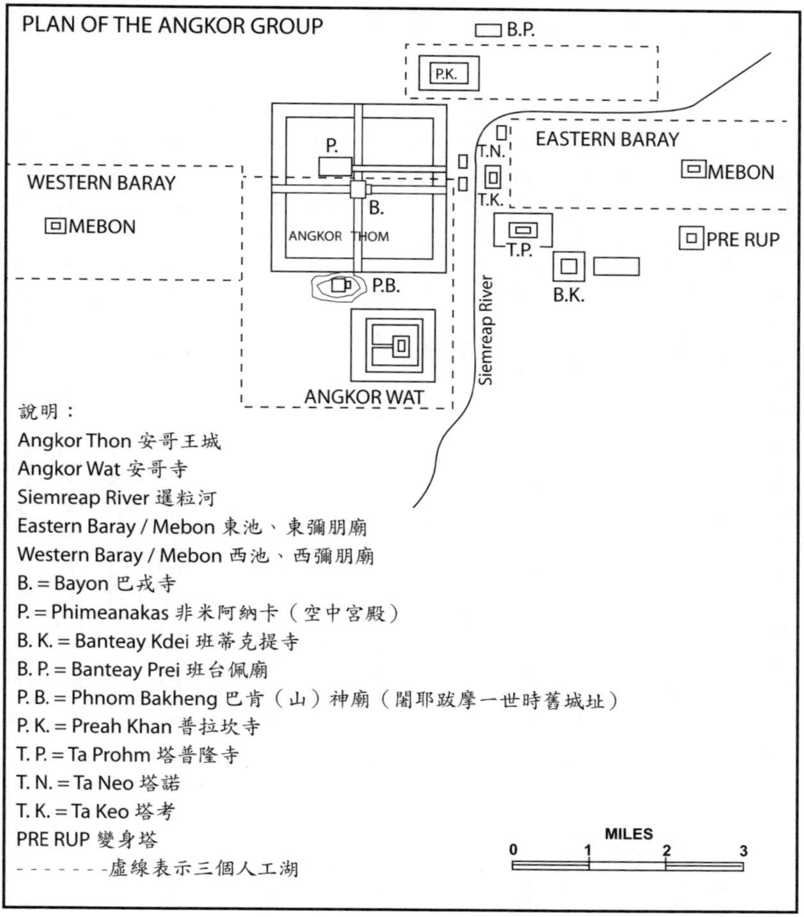
PLAN OF THE ANGKOR GROUP
B.P.
P.K.
P.
B.
ANGKOR THOM
WESTERN BARAY
MEBON
T.N.
T.K.
EASTERN BARAY
MEBON
T.P.
PRE RUP
B.K.
P.B.
Siemreap River
ANGKOR WAT
說明：
Angkor Thon 安哥王城
Angkor Wat 安哥寺
Siemreap River 暹粒河
Eastern Baray / Mebon 東池、東彌朋廟
Western Baray / Mebon 西池、西彌朋廟
B. = Bayon 巴戎寺
P. = Phimeanakas 非米阿納卡（空中宮殿）
B. K. = Banteay Kdei 班蒂克提寺
B. P. = Banteay Prei 班台佩廟
P. B. = Phnom Bakheng 巴肯（山）神廟（闍耶跋摩一世時舊城址）
P. K. = Preah Khan 普拉坎寺
T. P. = Ta Prohm 塔普隆寺
T. N. = Ta Neo 塔諾
T. K. = Ta Keo 塔考
PRE RUP 變身塔
-------虛線表示三個人工湖
MILES
0
1
2
3

圖4-1：安哥主要建築群平面圖

書，以及親往安哥實地勘察，研讀碑文，才漸了解安哥王朝過去的歷史。安哥古蹟的發現，經過清理和修復後，又重新成為舉世著名的勝跡。

安哥遺跡的建築群，估計共有大小六百餘座，從公元九至十二世紀累積四百年的經營。有些建築物已經成為廢墟，有些部分仍保存完好。現在選其著名及具有代表性的建築物，簡述如下：

公元八七九至八九三年建造的羅盧奧斯遺址群（Roluos），現在留存有三座廟，是安哥王朝最早期的建築群，都是以磚為主及石為副的結構。石門上及其他附件刻有浮雕；又有石刻神像、石獅、石牛、石蛇等。這裡有一個人工開鑿的蓄水池，供灌溉之用，長寬各為三點八及零點八公里。

巴肯廟（Bakheng）建於九世紀末，近安哥城。本是當時都城的中心，後因安哥城改建，位置變動，而變為城外南郊的一座廟。它也是以磚為主、石為副的建築群，建在六十公尺的山丘上，廟基為一高台，約十三公尺，分為五層，高台上建有五座砂岩砌成的尖塔。在高台的四周有磚塔三十六座；又其上每階層各有小塔十二個。台基每邊中央有一道階磴，階磴的兩側置有石獅。當時在城東開鑿一個人工池，稱為「東池」；後來在池中心又建一座塔廟，稱為「東彌朋」（Eastern Mebon），公元九五二年建成。這裡還有一頭用整塊巨石雕刻的石象，象身上刻有精美的裝飾物。

班台斯利神廟（Banteay Srei），亦稱女皇宮，公元十世紀中葉建造，至公元九六八年完成。它在安哥城東北約二十公里，是一座很精美的石廟。這時正是安哥藝術史上一個過渡時期，從建築的風格和方式上看，都顯出它的特點，它既繼承過去的一些傳統，又有些創新的東西。建築材料方面，改以石為主，磚退為次要。布局方面，開始放棄階層式的高台，而築在平地上，建築群布局分散而疏朗，不像以前那樣都擠在高台的各階層上。廟的中心為三座並列的塔形神祠，四周圍牆設有精巧的石門，門上刻著十分精美的浮雕，在門楣上有三角形的撐板，雕刻極為精美華麗。石刻浮雕有神像、花紋圖案及神話故事；在台階上安置有獅首人身像。

非米阿納卡（Phimeanakas）是「空中宮殿」的意思，在安哥城中心稍偏北，原建築於公元十世紀中葉，至公元十一世紀初可能又重新增建。現存的建築物是一座三階層的高台，台高約十二公尺，基部深二十八公尺，寬三十五公尺。平台四周建有迴廊，都有石級可登，由平台中央可直達中心的塗金塔。這種迴廊和塔上塗金頂，都是新出現的風格，而且完全為石結構。

巴普昂廟（Baphuon），在非米阿納卡南面約四百公尺處，建於公元十一世紀中葉。《真臘風土記》中「有銅塔一座」，應指此塔。據學者研究，所謂銅塔，可能是一座木塔，高達五十公尺，外包以銅，但現在已損毀，僅遺留三層石砌台基及其中心的塔基，四周有迴廊。台基底層深九百公尺，寬一百二十公尺，高約二十四公尺。四周迴廊壁上，刻有大量的浮雕，取材自《摩訶婆羅多》及《羅摩衍那》兩大史詩故事，刻工精美細緻，為柬埔寨藝術的新發展。

安哥寺（Angkor Wat），普通又稱「安哥窟」或「小安哥」，是安哥地區最偉大最傑出的建築物。它的位置在安哥城南面，為蘇利耶跋摩二世時建造。《真臘風土記》載：「在南門外一里許，周圍可十里，石屋數百間」，即指安哥寺而言。安哥寺是個巨大的構造，四周圍繞著河溝，闊達一九〇公尺，四周全長五點六公里。全部建築物，都是以石塊重疊而成。中央是一座三層式的高台，台基底部為一百九十七公尺乘二百一十五公尺，台上築有五個組成的尖塔，成四方形，中間一塔特別高大，聳立地面高約六十五公尺。三層階台上，每層四面都有石砌的迴廊，迴廊石壁上，刻滿著名的浮雕，據說每道迴廊長達二百餘公尺。其中以最低一層的浮雕最為精美，第二層迴廊四角，各建一小塔，第三層為主塔，各層的四邊都有石雕門樓。上下層之間都由加頂的迴廊連繫著，這是此時期建築的創新。

安哥寺四面都有入口，各有一門，而主要入口正門則為西門。正門築有寬敞的大石橋，跨越河溝，橋頭的月台和橋基的台座，形成突出的大平台，兩側以石雕的九頭那伽㉒為防護欄杆，更配置許多對立或背立的石獅。過了河溝橋，即為安哥寺址外圍的兩道石砌圍橋。圍橋西面有一門，門樓壯麗，上有三塔。門橋之內，是一片大廣場，可容數千人。東行沿著一條長達三百四十七公尺的大道，便達內圍牆的入口。大道兩側各有一個藏書室及水池。內圍牆深二百七十公尺，寬三百四十公尺。經由內圍牆一個十字形平台的後邊，有三道門直通寺塔。

安哥寺的構造宏偉壯麗，規模龐大，設計均勻，精緻莊嚴，不論寺塔、屋頂、迴廊，以及門窗、牆壁、殿柱、石階，都雕刻精美，裝飾細緻，極盡藝工的才智，達到建築藝術登峰造極的水準。迴廊上的浮雕，四邊合計長達八百公尺，牆壁高二公尺許，窗扇門框之處，莫不滿布優美的浮雕，都是代表柬埔寨浮雕中的傑作。由於迴廊有屋頂遮蓋，風雨不能侵入，所以石雕都保存完好。浮雕題材是以《摩訶婆羅多》及《羅摩衍那》中的神話故事為主，例如從西面正門進入，西迴廊的浮雕是描寫猴神助羅摩作戰的場面。南迴廊西組，是刻繪蘇利耶跋摩二世騎象領軍出陣戰爭圖；南廊東組，是幅地獄變相圖，敘說善惡因果報應，以受苦形相占多，善報者少。東迴廊兩面，是刻繪海中怪物攪海圖，及毘濕奴與惡魔戰鬥情形。北迴廊是毘濕奴與天神交戰圖。也有表現當時國王和人民生活的題材。這些著名浮雕，都是屬於淺浮雕的技法，但人物生動，形象逼真，畫面十分繁複，上下疊置，左右交連，精美絕倫，為優秀浮雕的創作。

安哥城（Angkor Thom），亦稱「大安哥」，是安哥王朝的都城，為十二世紀後半葉闍耶跋摩七世(一一八一—一二一九)時所建㉓。城牆都用石塊構成,城門也用巨石疊置,四周圍全長達十二公里,城外環繞城壕,壕上有一道廣闊的石橋,兩邊各有石刻巨蛇一條,蛇皆九頭高舉,各邊由五十四石巨人挽持著,形成石橋的欄杆㉔。城有五座雄偉的城門,門高約二十公尺,各為兩重,但東向開二門,其他都是一門。各門築有三座石塔,每塔四面皆雕刻觀世音菩薩像,面露慈悲含笑。城門兩側,各置一組三隻巨象的高浮雕,象鼻向地拾採蓮花。最後闍耶跋摩七世,在都城的中央建築了重要的巴戎寺,以及其他幾座石廟、石塔,又建築了王宮,使安哥變成一個偉大壯觀的都城㉕。

巴戎寺(Bayon),意為「中山」,據說是象徵著宇宙的中心,全部建築約由五十座石塔組成。寺門東向,中央為二階層的台基,兩層四周都有浮雕迴廊。下層高出地面約一公尺,台基長一百六十公尺,寬一百四十公尺。上層高出下層台基二點四公尺,長八十公尺,寬七十公尺。台上四周羅列二十八座石塔,中央是一座特大的主塔,塔頂高出平地約四十三公尺。如將兩層台基上環繞的石塔計算在內,共達五十多座。每座石塔的四面,都刻有觀世音菩薩像,面露慈悲,低視微笑,注視四方。亦有認為是安哥王朝的開創者闍耶跋摩二世像(九世紀上葉),開始有「王即神」化身的信仰。至闍耶跋摩七世篤信大乘佛教,亦有「王即佛、菩薩」化身的觀念,所以安哥城門上及巴戎寺尖塔上的雕像,亦被認為是國王闍耶跋摩七世像。

巴戎寺的石壁浮雕藝術，在台基做十字形的內迴廊上，多數以神話故事為題材；但在外迴廊上，有些題材是描寫國王事蹟或人民生活，例如戰爭場面、市場情形、舞孃形像、狩獵圖、鬥雞圖等，而且都是高浮雕，人物特別顯出圓渾，尤其是門神和音聲天像，富於創造性，表現精神充沛。由此可以看出，從安哥寺到巴戎寺的藝術過程，風格更趨於寫實，向技巧成熟階段發展。不過後者高浮雕裝飾，有時過分繁縟，深鑿顯露，已不如前者浮雕構圖壯闊，不刻意於顯露，較有含蓄之美。又巴戎寺有些建築物已經塌毀，不如安哥寺保存完整。

闍耶跋摩七世於公元一一八六年，在東池西南建塔普隆寺（Ta Prohm），紀念他的母親。據說這座寺當年用了七萬九千人工，用去金箔重達五噸，極為巍峨壯麗。寺中住有五千僧人，經費由三千一百四十個鄉村稅收來維持。此寺已受森林侵毀很多，裡面四周迴廊幽暗，而廊壁上的浮雕，大部取材於佛教。公元一一九一年又建普拉坎寺（Preah Khan亦譯寶劍寺），紀念他的父親。此寺大部已經傾毀，四周圍橋長共約三公里，外繞以約四十公尺寬的河溝，河水與當時北池相通。寺前之東門路旁排列一行巨石人。在安哥城北的北池中心一小島上，又建那伽般寺（Neak Pean，譯為蟠龍寺），周圍環繞石刻那伽，中有一百七十公尺闊的蓄水池，四面又有四小池環繞，布局有如花形。東西南北四門，分別以牛首、馬首、獅首、象首的石刻為裝飾。

《真臘風土記》中，對於當時安哥王城各種重要的建築物，都有概要的敘述，所說是公元十至十三世紀的情形，形容安哥的富盛，為柬埔寨最燦爛的文明時代。書中許多敘述的地方，大多可從現在安哥的遺跡對照出來，記載翔實。

安哥的建築藝術深受印度文化的影響，雖然是出於吉蔑族的建築家、藝術家、工作者，卻具有承繼印度建築藝術的風格，而又能運用技巧純熟的手法融合為自己獨創的特色。柬埔寨的建築藝術，肇始於公元六、七世紀，最初以孤立的聖壇形式出現，是受到印度笈多王朝時代藝術的影響。到了公元十二世紀，經過五百年不斷的發展，出現安哥的藝術，達到藝術的頂峰，姿態雄偉壯觀，富麗堂皇。而安哥寺與巴戎寺迴廊的浮雕，主題雖淵源於印度文學及宗教，但吉蔑族人卻加以改變，糅合一股含有本土的素質於其中，表現極為真實、活潑、和諧、匀稱、生動、精美，達到藝術極高的成就。

安哥地區從公元十至十三世紀，大量地產生燦爛輝煌的建築和藝術，在數目、規模和完美等方面都無與倫比，以一個農業社會，一定需要有很好經濟基礎才可完成。經過近代學者研究及空中攝影，得出一種結論，這是農業水力的問題。從扶南繼承了灌溉方法的吉蔑人，建造很好的水利系統，使土地的收益達到最大限度。安哥地區設計這個水利系統，主旨在解決太短時間內季風雨次數太多和雨量太大所引起的問題，用的方法是建成龐大的水力網，它保證雨季盡量儲水，以便旱季時可供人們消費的用水和稻田灌溉合理的使用。許多的儲水池，總面積達到五百零五萬公頃，灌溉的田畝一年可收三造甚至四造。這樣既可控制大洞里薩湖的泛濫及洪水的浸蝕，還有效地加強水道交通的運輸。不過，安哥王朝在長期建築揮霍有增無已，又常自大進行耗費巨大的侵略戰爭，終有不勝重負跡象，而漸走向衰落[26]。

❶ Sir Charles Eliot: *Hinduism and Buddhism*, Vol. Ⅲ, p. 109。

❷ 1. 辛島昇等譯：《印度支那文明史》，第一一六頁。
2. 山本達郎編：《東南亞細亞的宗教與政治》，第八十三—八十四頁。

❸ 〈柬埔寨著名的歷史遺產——吳哥古蹟〉，載《考古》雙月刊，一九七二年第三期。

❹ 1. 辛島昇等譯：《印度支那文明史》，第一一八頁。
2. 山本達郎編：《東南亞細亞的宗教與政治》，第八十四頁。

❺ 陳正祥著：《真臘風土記研究》，第二十四頁。

❻ 辛島昇等譯：《印度支那文明史》，第一二〇頁。

❼ 兄為Udayadityavarman，公元一〇五〇至一〇六六年在位；弟為Harsha-varman，公元一〇六六至一〇八〇年在位。

❽ 1. 辛島昇等譯：《印度支那文明史》，第一二九頁。
2. 陳正祥著：《真臘風土記研究》，第二十七頁。

❾ 達朗因陀羅跋摩二世之後，一一六〇年，子耶所跋摩二世（Yaso-varman II）繼位，大約公元一一六五年被一權臣Tribhuvanaditya-varman所篡。

❿ 辛島昇等譯：《印度支那文明史》，第一三一頁。

⓫ 1. 辛島昇等譯：《印度支那文明史》，第一三一—一三二頁。
2. 山本達郎編：《東南亞細亞的宗教與政治》，第八十四—八十五頁。

⓬ D. G. E.霍爾著：《東南亞史》上冊，第一五六—一五七頁。

⓭ 陳明德著、淨海譯：《泰國佛教史》（泰文），載《海潮音》第四十六卷，第九及十期。

⓮ 辛島昇等譯：《印度支那文明史》，第一五九及二四〇頁。

⑮ 辛島昇等譯：《印度支那文明史》，第二四〇頁。又今日泰、柬、寮王室的典禮儀式中，仍存有婆羅門祭師主持儀式，但已沒有宗教的力量。

⑯ 鄧殿臣著：《南傳佛教史簡編》，第一六一頁。

⑰ 般若薩彌著：《教史》第六章。

⑱ D. G. E.霍爾著：《東南亞史》，第一五六—一五七頁。

⑲ 王武烈著：〈南傳佛教建寺文化〉，香港寶蓮寺。

⑳ 詳見本書〈寮國佛教史〉第一章第二節。

㉑ 《真臘風土記》，最早法文譯本出版於一八一九年，譯者為勒姆薩（Remusat）。

㉒ 那伽（Nāga），譯為龍或蛇，被柬埔寨人視同聖蛇，崇拜龍。柬埔寨有名的建築物，如寺院、宮殿等，都以那伽為欄杆。安哥寺中央主塔中，供奉的佛像，盤坐在那伽身上。

㉓ 最早安哥城可能為木柵，公元一一八一年闍耶跋摩七世登位後，將安哥城全部改為石造。詳見〈柬埔寨著名的歷史遺產——吳哥古蹟〉，載《考古》雙月刊，一九七二年第三期，本節取材自此文。

㉔ 石巨人分兩邊排列，每邊各有五十四個，第一個較高大，為一多頭神，分三層，每層頭的四面各有臉孔。其餘的石巨人，都為二點五公尺高。據說右為善神，左為惡魔。又在安哥城東北側的普拉坎寺，東門口也有石人，但較小，每邊約二十七個，據說建成時期更早。

㉕ 闍耶跋摩七世時大乘佛教流行，盛信觀世音菩薩。觀世音菩薩的信仰，在安哥寺、巴戎寺等雕刻中，融合濕婆神與毘濕奴神的藝術表現，所以這些建築物尖塔上的四面雕像，常被誤認為婆羅門教的神像，後經證明是觀世音菩薩像。

㉖ D. G. E.霍爾著：《東南亞史》，第一七二—一七四頁。

第四章 安哥以後時期的佛教

（公元一四三二至一八八四年）

公元一四三一年，泰人再圍攻安哥城，柬埔寨安哥王城終告陷落，泰人掠走柬埔寨的寶藏，越南也進攻東部各省，安哥就成了廢墟。後來緬甸進攻泰國，柬埔寨乘機起兵夾擊，打敗泰人，以報前仇，因此與泰國種下歷史上結怨。國王龐哈耶特（Ponha Yat，一四三二—一四五九）因安哥王城面臨強敵，防守困難，於是放棄安哥王都，遷移至金邊。

柬埔寨是用佛曆，至於是在什麼時候開始採用，沒有明確的記載，可能是在南傳佛教傳入以後，及受到泰國佛教的影響。柬埔寨至安哥以後時期，可說是逐漸走向衰落和崩潰的時代。佛教也是同樣情況，但缺乏詳細記載。

公元一四三四年，龐哈耶特王為避泰人的侵略而遷都至金邊❶。在新都的東南一個山丘上，營造宮殿，建築一座鐘形的佛塔。公元一四七一年，越南擊潰占城，占城淪為一個很小的國家，從此越南一躍成為柬埔寨的強鄰，勢力漸漸伸進柬國境內。公元一五一六至一五六六年，恩倉王（Ang Chan）在位期間，他為了保衛國家領土，曾數次擊敗泰國軍隊的侵襲，收復在他以前喪失的土地。他在柬埔寨歷史上，被稱為是安哥以後時期最偉大的君主。恩倉王是一位虔誠的佛教徒，他建築很多佛塔來莊嚴他的首都❷。

公元一五五五年，葡萄牙基督教明道會（Dominicans）的傳教師克魯斯（Gaspar da Cruz），首先抵達柬埔寨當時的首都羅屋克（Lovek）傳教，但遭到佛教團體的反對，不久離去。公元一五八三年或一五八四年，又有另一批葡萄牙傳教師抵達柬埔寨，也遭遇同樣的情形，不久離去。其中只有一人為柬王所喜愛，留下學習柬語，組織一個小型基督教徒團體❸。

柬埔寨也有少數伊斯蘭教徒，這是約在四百年前，由馬來族人傳入，他們是自越南中部占（Cham）的地方移居柬埔寨之馬來人後裔❹。

公元一五八七年，泰國擊敗緬甸的侵略，遂趁戰勝之勢討伐柬埔寨的背盟毀約，原因是柬埔寨乘泰國與緬甸作戰之危，侵占泰國的巴真。這次泰國除收復巴真，並舉軍追趕至柬埔寨的新都羅屋克，然後才退兵。

公元一五九三年，泰國納理遜王集合了十萬大軍，向柬埔寨進攻，宣布要懲罰柬埔寨在公元一五八六年背盟毀約。泰軍分三路迅速攻下了柬埔寨的馬德望、暹粒、巴薩克等北部重鎮，然後會師進擊羅屋克，至次年七月攻破，都城為泰軍摧毀殆盡，國王薩陀（Satha）帶著子女，逃去寮國，客死異鄉。從此柬埔寨處於泰國控制之下，逐步走向衰微❺。

後來柬埔寨倚靠越南人的協助，才擊退泰人。但為了酬謝越南，允許越南人定居在柬埔寨控制下的西貢。嗣後占人因受不了越南人的壓迫，很多人擁到柬國境內，這不僅擾亂了柬國的安寧，也使柬國與越南的關係惡化起來。到了公元一六九一年以後，柬國兩個王子為了爭位，發生內戰，遂給與越南和泰國介入的機會，柬國漸呈分裂，一個政權由泰人支持，建都烏東（Udong）；一個政權由越南人扶助，建都西貢。雙方常互相討伐，戰亂延續多年。

到了公元十八世紀末至十九世紀初，柬埔寨的領土，比起安哥王城廢棄時代，已縮減了一半。公元一八〇〇年，越南兼併了整個南圻，大事移民。而西部的馬德望、詩梳風、安哥等省，已被泰國占領。

公元一八一二年，泰國責柬埔寨久不入貢，曾興兵問罪，柬王那坤暹（Nakuan Shan）遂奔南圻。後來藉越南軍之助得以復位，而泰人占據著柬埔寨北部諸省。公元一八三三年，越南在柬國的駐軍，儼然以統治者自居，並將柬國的省分易以越南名稱，及採用越南的政治組織。至公元一八四七年，泰、越、柬三國訂立協約，由泰人所立之柬王統治柬埔寨，而越南軍退出柬國，割讓嘉定、朱篤二州以謝越南。

公元十九世紀中葉，柬埔寨的諾羅敦王（Norodom，一八六〇—一九〇四）在位，這時柬埔寨國家已經面臨危亡之時。他既受制於泰國，而法國已侵占越南的大部分領土，逐步建立殖民統治，於是便利用越南做為侵略柬埔寨的根據地，向柬國討取宗主權。公元一八六三年，法國駐越南的總督拉格蘭地耶派出使者團向柬埔寨提出建議：「法王願將柬埔寨做為保護國，派駐節官一名長駐境內；柬國王未獲得法國同意前，不得擅自讓其他國家建置領事；法國與柬國子民，均有權分別在柬埔寨與法帝國境內自由居住；法國願意傾全力協助柬埔寨抵抗外侮，並負起維持境內和平與秩序❻。」當時柬埔寨因面臨泰國的威脅，國家瀕臨危亡之際，諾羅敦王便與法國簽署了〈烏東條約〉。至此柬國脫離了泰、越的壓迫，也結束了與泰國之宗主國關係。但泰國仍保有柬國的馬德望、暹粒、詩梳風及其他六個海島。

❶ 金邊，即百囊奔（Phnom Penh），意為「奔夫人山」。傳說在五百年前，奔夫人在湄公河邊淤泥中，發現五尊佛像的奇跡，便在近處山上建塔供奉，遂得名為「百囊奔」。

❷ D. G. E. Hall: *A History of South-East Asia*, p. 128。

❸ D. G. E. Hall: *A History of South-East Asia*, p. 233-234。

❹ 印海法師譯：〈柬埔寨之佛教〉，載《海潮音》第四十卷第四期。

❺ 1. 辛島昇等譯：《印度支那文明史》，第二四三頁。
2. 馮汝陵著：《泰國史話》，第九十二—九十三頁。

❻ 崔貴強著：《東南亞史》，第二五四頁。

第五章　柬埔寨近代的佛教

（公元一八六三至二〇〇〇年）

第一節　法屬時期的佛教

公元一八四六年，越南因遭受法國殖民軍的進攻，本國不遑自保，便自柬埔寨撤走軍隊，結束週期性的宗主國關係。柬埔寨表面象徵性獲得獨立，而法國人的勢力更加深入柬埔寨王宮，在法人不斷的壓迫下，到了公元一八六三年法國把柬埔寨正式納入在印度支那的殖民地體系，美其名說是保護國❶。

公元一八六七年，泰國曼谷王朝拉瑪四世蒙骨王去世，因他在未登王位前，曾出家為僧二十七年，是泰國佛教法宗派創始人，此派由柏索坤長老從泰國傳入柬埔寨時間不久，也是少數派，但具有王家宗教的色彩，與平民關係不大；這時法國軍事力量威脅泰國，所以兩國關係不好，柬國法宗派就失去泰國王家的支持；而柬國傳統佛教僧伽主流，在廣大農村，寺院控制權，就更落到古老的大宗派系統。

到公元一八八四年六月十七日，法人又強迫諾羅敦王簽訂了一個新條約。約中規定柬國王必須承認法國提出的一切有關行政、司法、財政及商業的改革；稅務、海關及公共工程部門，須由法人主管；法國每年津貼柬王三十萬法郎；柬埔寨在未取得法國同意前，不得向外借款。這樣，柬埔寨的文官被置於法國駐節官控制之下，而且重要官員都為法人，甚至全國教育，軍警組織，都受法人管制，所以名義上雖為「保護國」，實際上是法國的一個殖民地，於公元一八八七年併入為法屬印度支那聯邦。

諾羅敦王在位時，曾封法宗派索空法師為僧伽領袖，並在金邊王宮附近建一座波東拉迪寺（Botumradey）供養他駐錫，後成為柬國法宗派的大本營。傳統的大宗派總部設在金邊的烏那隆寺（Unalom）。索空法師年輕時曾在泰國王家佛寺留學多年，住在蒙骨王登基前創立法宗派的母旺尼域寺。公元一八八九年又派五位比丘往斯里蘭卡求法，回國時帶了佛陀舍利及大寺的菩提樹分枝。同時也派一個求法團到泰國，請求泰國王廷派一個僧團至柬埔寨傳授戒法，成立法宗派系統。就柬國傳統僧伽大宗派而言，一直持以懷疑甚至敵對態度對待這個源自泰國王室的法宗派。因此柬埔寨佛教兩派從一開始就分立，就不甚和諧❷。

金邊除了大宗派和法宗派多座佛寺外，還有最具特色的就是大王宮裡的銀閣寺（Silver Pagoda）了，它是柬埔寨輝煌文化的表徵，也是王家之寺，此寺建於公元一八九二年至一九一二年間，此寺屋頂蓋琉璃瓦，殿內地板由四千七百塊各重一公斤純銀磚鋪成，殿內儲藏王室珠寶，還有大小金佛各一尊，重七十五公斤，頭戴寶冠，佛身上鑲有九千五百八十四顆鑽石，最大的一顆鑲在佛像胸前，重達二十五克拉，其次是額上的鑽石重二十克拉。鏤刻精緻的佛像眼中，也鑲有寶石，寶光四射。在金佛像上方還有一尊約零點六公尺高的碧玉佛像，是用整塊翡翠雕成，據說是緬甸捐贈的禮物。銀閣寺牆壁上內外周圍的雕塑、壁畫等藝術，充分顯示柬埔寨藝術的精湛。

到西索瓦王（Sisovath，一九〇四—一九二七）在位，他信佛很熱誠，有意扶持法宗派，甚至鼓勵大宗派的僧人重受法宗派的戒法。由於法宗派與王家有特殊的關係，有錢人和鄉村的上層人，都願意同法宗派拉上關係。對法人殖民政府來說，絕沒有支持柬埔寨佛教的意思，但說來也很微妙，法人比較讚許大宗派，因為大宗派在農村有眾多信眾，對社會有較大安定的影響力，配合有助維持治安和稅收，而不大歡喜來自泰國王家的法宗派，由現代改造過的宗教形式，不那麼馴服，何況當時泰國是處在英國勢力範圍內。實際上法國人頒布一系列命令：要求僧人無論走到哪裡都要攜帶證明文書，禁止僧人傳統上多年習武，也禁止耍弄刀槍不入的特異能力，這些都是為了防止僧人滋生反叛的作為[3]。

二十世紀初柬埔寨的王國，雖然政治受法人管制，傳統觀念上仍借重佛教僧伽。因受西方資本主義逐漸滲透，就殖民社會政治制度發展而言，法人統治者希望穩定其統治，不得不維持甚至強化原來的宗教文化，而政治上他們維護及傳播西方的價值觀，也就是完全法國化。

公元一九〇七年，法國向泰國索回了馬德望、暹粒、詩梳風及柬埔寨東北的地區。

公元一九〇九年，大宗派僧王提恩（Tieng）上座開設兩所巴利文中學，一在安哥，維持了二年，一在金邊，五年後轉到王家寺院的帕膠莫洛卡寺（Wat Preah Keo Morokat），公元一九二二年改名王家巴利語高級中學，學校得到法人的支持，自此柬國僧人可以不再需要去到泰國求學。一九三〇年柬埔寨王家建立了一家佛教學院，並將一九二五年成立的王家圖書館也劃歸佛教學院使用。圖書館所保存的三千冊佛教書籍和四千多件佛教文獻，可惜在赤棉時期（一九七五—一九七九）完全被毀滅。

公元一九三〇至四〇年代，法人殖民地政府，要使柬埔寨文字拉丁化，柬國人為了保存自己的固有文化，起來致力反對文字拉丁化，領頭人就是佛教的恆修（Hem Chieu）上座，他是巴利語高級學校的一名教師，他抨擊這種文字改革，是對柬埔寨學術的蹂躪，是對全體柬埔寨佛教寺院學校教師的蔑視。這一反抗在全國掀起了軒然大波，法人殖民政府怕引起進一步政治動亂，便逮捕了恆修，將他送到昆侖島囚禁，公元一九四二年死時僅四十六歲❹。

法國占領柬埔寨，前後共達九十年，在積極方面來講，在法國「保護國」名義下，柬埔寨至少還保持了一完整的國體，避免被泰國及越南逐漸吞沒，而且向泰國討回了柬北部失土。公元一八九七年，法國宣布廢止奴隸制度，因當時柬埔寨的奴隸，約占人口三分之一，大部分是因債務而淪為奴隸❺。此外法人強調立法公平、建立醫院、鋪設公路、興造鐵道、建設城市，發掘柬埔寨過去的光榮歷史和整理工作，法人還積極提高國王地位，代表國家的象徵❻。

在消極性方面來講，法國對柬埔寨人民進行殘酷的榨取與奴役，掠奪大量的田產，並通過各種苛捐雜稅、物資侵占、貿易壟斷、銀行借貸、貨幣發行等，進行剝削。限制柬人言論、出版、集會、結社的自由。尤其是教育的忽視，全國沒有一所高等教育機構。教育不發達，文盲占百分之七十以上。並且強迫柬埔寨學校教學法語，派法人充當教員；政府官方文件規定須用法文，推行愚民政策使柬人與法人同化。

柬人在法國殖民統治壓迫下，曾不斷地激烈反抗，進行無數次的反法運動，其中亦有多次由佛教徒領導，但都被鎮壓下去。譬如在第二次世界大戰期間，柬埔寨一位高僧阿查汗鳩，因宣傳愛國思想，而被法國當局逮捕放逐。這件事引起柬人的抗議，在金邊集合數千群眾和佛教徒舉行示威遊行，要求釋放阿查汗鳩❼。

雖然每次反法運動都被殘酷地鎮壓下來，但無疑地也加深柬人的警覺，他們更加痛恨法國的殖民政策，以無比的決心和勇氣來爭取國家的獨立與自由。

公元一九四〇年，日本進攻東南亞各國。至次年七月，日軍已經完全從法人手中控制了整個印度支那，日本與法國簽訂協約，同意日本使用印支的港口、城市及機場。在經濟方面，又給予日本在印支的工商業和關稅優惠待遇。不久日本又脅迫法國將柬國的馬德望、暹粒兩省，以及寮國在湄公河西岸的土地割讓給泰國。日本還對柬國進行物資掠奪，主要為大米、橡膠、胡椒等。日本並強迫柬人負擔日本軍費，使柬人受到極大的痛苦。

公元一九四五年三月，日本以武力強迫法國交出整個印支的統治權。但是不久，日本在同年八月就戰敗向盟國投降了。日本戰敗後，法國又重新占領印支三邦。為了掩飾殖民政策，一九四六年一月，廢除柬埔寨「保護國」地位。同年十一月，又承認柬埔寨的獨立，但實際上當時法人在柬埔寨，仍擁有行政、財政、經濟和軍事等很多權力。

公元一九四七年尚未獲得真正獨立的柬埔寨政府，頒布憲法規定「佛教是國教」。一九四八年重新修訂有關僧伽法令，增加一些細則。規定柬埔寨僧伽分大宗派與法宗派，各有一位僧王或僧領袖，僧王由元首指定。僧伽組織仿照王國行政組織一樣，各派僧王下設省、縣、村僧官，最基層為佛寺住持。

由於柬埔寨人熱望爭取獨立，不斷地反抗法國箝制，法人就逐漸地交出一些權力。直至公元一九五四年七月，日內瓦會議協定，與會各國保證尊重柬埔寨的主權、獨立、統一和領土的完整，並對其內政不做任何干涉，法國願在協議規定期限內，撤退其駐柬埔寨軍隊。從此，法人結束了在柬埔寨前後近九十年的殖民統治。

近代柬埔寨的佛教，先是國家受法人統治，自然不會注意佛教的提倡，但佛教文化是柬埔寨傳統的信仰，深入普及民間，佛教仍在全國各地流行。就是在公元一八六三年以後淪為法國殖民地統治九十年中，柬埔寨的佛教文化可以說頂住了西方宗教文化的影響和壓力。在舊式的教育制度下，寺院就是學校，僧人擔任教師。同時，佛寺也是廣大人民的宗教活動中心，對三寶有崇高的敬仰。就是後來在新教育制度下，也有很多學校是由佛寺主辦，僧人兼任教師。公元一九一四年，在首都金邊創立了「高級巴利文學校」，給予青年出家人四年教育，並傳授現代一般的知識。後來這所學校並改制為學院。公元一九三三年成立初級巴利語學校，三年制課程。這種巴利文學校，到七十年代已發展為五百九十所，分布全國，學僧一萬人以上，每年約有二千位學生畢業❽。

公元一九二五年，在政府支持下於首都金邊成立一所王家圖書館，提供宗教指導的計畫；公元一九三〇年，創立一所佛教研究院（Buddhist Institute）。數年後，又由政府指定成立一個「三藏委員會」，包括許多位高僧和著名學者，編印巴利經典及翻譯成柬埔寨文。兩種語文如果編印出版，共約一百一十冊，公元一九五五年，已經出版五十冊。除此，還編印其他多種柬文佛教典籍，約有一百八十七冊❾。

第二節 獨立後政治動盪中的佛教

公元一九五四年七月在印度支那問題的日內瓦會議上，柬埔寨獨立得到與會大國一致承認，法國軍隊被迫撤出柬埔寨。

次年，獨立柬埔寨憲法仍規定「佛教為國教」。國家元首西哈努克親王勾劃了佛教與國家的關係說：「柬埔寨好像一輛馬車，由兩個車輪支撐。此二輪一個是國家，另一個是佛教。前者象徵驅動力，後者為宗教道德。馬車前進兩輪須同時運轉，這個道理同樣適用於柬埔寨在和平與精進的道路上穩步向前[10]。」

公元一九五七年是佛涅槃二千五百年紀念，柬埔寨全國舉行熱烈慶祝，再度掀起熱潮。以金邊塔子山廣場為大典的主會場，從五月十二日隆重舉行連續七天，專門派人到斯里蘭卡迎來佛陀舍利供國人瞻拜，邀請了十多個國家佛教代表參加。國王親自主持開幕及致祝詞。接著舉行舍利彩車陣容浩大的遊行，隊伍長達數公里。本年發心出家的人數激增，全國總額僧人達到八萬二千人。

公元一九五九年，西哈努克佛教大學（Buddhist University，柬名Preah Sihanur Raja）落成，是柬埔寨佛教高等學府。僧人考入學習三年，可獲一般文憑；再四年經考試及格者，可獲學士學位；繼續深造，通過答辯後，可獲得博士學位。公元一九六〇年招收四十名學士僧，並逐年增加。公元一九六五年一般學僧一百名，學士僧二十一名；公元一九七〇年分別增為一百二十九名和四十七名；公元一九七二年達到一百五十人和五十四人。學習主要課程為佛學理論、語言知識、西方科學知識，並配合日常禪修活動，培養行解並重優秀的佛教人才⓫。

公元一九六一年，第六次世界佛教徒聯誼會在柬埔寨首都金邊召開（十一月十四—二十二日），有二十五國派代表參加，共一〇七人，另旁聽者三百餘人。西哈努克親王主持開幕式，他發言呼籲，希望南北兩傳佛教信眾消除隔膜，團結合作，將佛陀的福音帶給不安的世界。

柬埔寨的佛教僧團，分為二個宗派：（一）大宗派（Mahānikāya）。（二）法宗派（Dhammayuttika-nikāya）。依公元一九五七年統計，全國有二千八百六十所寺院，八萬二千多位比丘和沙彌。傳統的大宗派，寺院占百分之九十四，僧人占百分之九十。這派是由公元十四世紀初期自泰國傳入。法宗派原是泰國曼谷王朝拉瑪四世蒙骨王（一八五一—一八六八）在未即位前所創立，實行佛教改革，提倡嚴持戒律。後來這派也傳入柬埔寨，此派僧人和寺院雖屬少數，但多為貴族出家，並獲得王家的支持⓬，勢力和地位不小。

公元一九六八年，編纂翻譯近四十年的柬埔寨文佛教三藏，終於全部完成出齊，共一百一十二卷，其中律藏十三卷，經藏六十三卷，論藏四十三卷。公元一九六九年四月一日，國家與佛教為此舉行隆重慶祝。公元一九七〇年，柬國統計有僧侶六萬五千零三十四人，其中大宗派六萬二千六百七十八人，法宗派二千三百八十五人；寺院三千三百六十九所，其中大宗派三千二百二十所，法宗派一百三十九所⑬。

南傳佛教是柬埔寨固有宗教文化，全國人口百分之八十五信仰佛教，因此，在柬埔寨憲法上，人民有「信教自由」，並且規定「佛教為國教」。國王是宗教維護者的象徵，也是佛教最有力的擁護者⑭。全國青年男子大多數在一生中至少一次出家，大多在雨季安居期間，接受佛教優良的訓練，經過一段時期，然後還俗；就是國王也常有暫時放棄王位，過一段出家修行的生活。

公元一九七〇年三月在美國的支持下，朗諾發動政變，推翻西哈努克，廢除君主立憲制，改名為高棉共和國。新政府繼續奉行佛教為國教政策。但佛教僧侶對新政府明顯的有兩種看法，即大多數佛教徒，主要是住在鄉村的僧人，仍明確的支持西哈努克親王，為此遭到壓制；住在城市的僧人，尤其年輕激進的知識僧人，對新政府表示欣賞。朗諾政府為了安撫佛教界，宣稱尊重佛教在民族傳統和人民生活中的重要性，軍隊也公開表態支持佛教在憲法中立為國教。公元一九七一年朗諾晉封兩派僧長為僧王，給與特殊禮遇；另一方面對僧伽施加壓力，強調僧人必須服從國家政府的領導⓯。

公元一九七五年四月十七日，柬埔寨人民解放軍解放金邊，由赤棉（亦稱紅色高棉，亦稱民柬）奪取了國家政權，成立民主柬埔寨，波爾布特（Pol Pot，一九二五—一九九八）是黨和國家最高領導人，由於他極左意識型態的作祟，忽視佛教在人民生活中重要性，嚴厲地鎮壓佛教徒，僧人被迫還俗，佛寺被拆除或被占用，佛像被搗毀，佛教經典被燒毀，不肯放棄宗教信仰的人被槍決，佛教受到了空前致命的打擊。據西方學者統計，公元一九七五年柬國原有僧侶約六萬五千人，至公元一九七九年所剩無幾，佛寺受到嚴重的破壞⓰。又依據後來公元一九八〇年為止披露的情況，人們相信在波爾布特政權下，百分之六十三的柬埔寨僧人死於槍殺和飢餓，餘下的或逃亡或還俗。越人攻下金邊後，柬埔寨當時只剩下約百餘名比丘，這不包括逃到國外的僧人⓱。

公元一九七九年一月七日，越南軍隊入侵柬國，赤棉的殘餘逃去柬埔寨的泰柬邊界上，在山裡組織根據地。越南扶植了韓桑林政權，政府宣布宗教信仰自由政策，但嚴格限制佛教活動，緊密控制在國家管理之下。這時國內估計約有僧侶七千人，交還或修復的佛寺二千餘所，也有些宗教活動被准許舉行。越南的僧人也開始進入柬國，積極活動，試圖將佛教實現「越南化」。因此很多僧人及佛教徒投奔到解放區或逃亡外國。後來民柬人民武裝力量節節勝利，洪森政府為了擺脫困境，被迫對宗教政策做了一些調整，公元一九八五年允許五十五歲以上的人可以出家，規定必須效忠政府，而青年人一律不得出家，這是違背佛教傳統的精神。公元一九八八年起，宗教政策又做了一些修正，國家電台開始播放一些佛教節目。同年四月國會召開會議，對憲法做了修改，第六節規定：「佛教是國教。宗教活動要遵守國家憲法，禁止利用宗教危害國家安全、公共團體和人民利益之活動。」柬埔寨終於回歸傳統，重新確認佛教的作用和地位⑱。

公元一九八九年九月，由於蘇聯和東歐社會主義陣營的政治局勢變化，越南軍隊也撤出了柬埔寨，政府調整了對佛教的政策，民主柬埔寨的新領導人洪森，在甘波（Kempo）地方向人民發表講話，認為政府以往的宗教政策是巨大的錯誤，公開表達道歉之意，請求柬埔寨人民原諒。因此恢復了金邊電台講經活動，每天都要實況轉播國內一個城市的寺院佛事情況。在洪森講話以後，政府宣布柬埔寨所有的寺院都可享受免稅的政策；同時以寺院為基地的戒律學校和巴利語學校也都逐漸恢復。當金邊火車站前佛舍利塔完工時，洪森親自到場剪彩祝賀。自此黨和國家領導人也出席各種重要佛教法會儀式。從公元一九八七至一九九七年，佛教僧團有了很大的發展，僧伽人數從七千二百五十增加到一萬六千四百人，全國各地寺院佛塔亦逐步修復⑲。

現代柬埔寨著名僧人學者有：章納法師（Preah Chuon Nath，一八八三—一九六九），編有《高棉文字典》最為著名，自公元一九四八起曾任大宗派僧長二十年。胡達法師（Preah Huot Tat，一八九一—？），曾為西哈努克大學校長，公元一九七○年繼任大宗派僧長，擔任三藏編譯委員會主席，為高棉文三藏做編譯工作。喬摩法師（Preah Khieu Chum），著作豐富，一生致力佛教知識的普及工作，主要撰有：《生命之問題——據佛陀和學者而言》、《涅槃的概念》、《戒律的概念》等十一冊。潘卡法師（Preah Pang Khart）是著名的佛教史學者，對佛教和印度教有較深的研究，著有《柬埔寨佛教》、《高棉文化與文明》、《吠陀、婆羅門、印度教教義》、《高棉與印度文化、文明》等[20]。

至於中柬兩國佛教的友好交往，公元一九五六年九月柬國僧人參加國際佛教僧侶代表團訪問中國，受到中國佛教協會的盛大歡迎。次年，中國佛教代表團應柬埔寨政府的邀請，赴柬國參加佛涅槃二千五百年紀念盛典，並進行兩週的訪問，參觀安哥窟勝跡，受到熱忱的接待。公元一九六一年世界佛教徒聯誼會第六屆大會在金邊召開，中國佛教協會派遣喜饒嘉措率領的代表團前往金邊參加，受到高規格的接待。同年，柬國政府將新編出版柬埔寨文藏經一部五十五冊，贈送給中國佛教協會。中國佛教協會也回贈一批漢文和英譯佛經給西哈努克佛教大學[21]。公元一九七○年，自朗諾政權建立後，及不斷發生戰爭，兩國佛教交流就減少了。

柬埔寨與越南兩國因歷史遺留的關係，在越南的南部有高棉族人，仍保留上座部佛教信仰，信徒約有八十萬（亦有說一百五十萬）人，寺院四百座，僧侶約一萬人。此上座部佛教早期由柬埔寨傳入，與柬國佛教關係密切㉒。

綜觀現代柬埔寨自獲得獨立後，四、五十年間政府和佛教，可算進入歷史苦難的一幕，國內政治動蕩不安，又不斷受外力干預。二戰結束後，法人勢力被迫撤離印支三國，而美國勢力卻有意要接補這個攤子。當美軍投入越南戰爭，轟炸北越，那時西哈努克領導的柬埔寨政府，因與越南民族解放陣線合作，給北越提供後勤基地，這就使得美國軍方欲除之而後快。公元一九七〇年趁西哈努克出國訪問時，策動他手下的總理朗諾將軍發動了政變，取得政權，廢黜了西哈努克，流亡在外。到了公元一九七五年，赤棉波爾布特取得了國家政權，成立民主柬埔寨，波爾布特卻走上革命的道路，手段殘暴，性格剛愎自用，為了完全超前的「社會主義實踐」，進行全民改造，消滅知識分子和佛教僧人，四年之間就使柬國人民「非正常死亡」了三分之一（二百多萬），成為人間浩劫。公元一九七八年十二月，又遭越南人大舉入侵，次年一月推翻紅色高棉，波爾布特走入窮途末路，他是柬埔寨的歷史罪人，成為一個歷史悲劇人物。直到公元一九九〇年，民主柬埔寨新領導人洪森執政後，國家才漸安定下來，佛教也有了很大的發展。

柬埔寨是君主立憲王國，國王為終身職。皇宮金銀閣寺面臨洞里薩河，最初建於公元一八一八年，公元一九一九年再予重建，占地達十六萬平方公尺，是一組具有東方特色的斗拱飛簷式建築，皇宮分為前後兩院，國王與王后下榻於後院的凱瑪倫宮，前院是國王登基與從事王家與外事活動的場所。

此寺由五千多塊銀瓦片，仿照吳哥朝的巴昂神廟而建造，所收藏之古蹟寶物甚為豐富，其中有一尊鑲有二千零八十六顆鑽石之金佛（重達九十公斤）及公元十七世紀的翠玉菩薩。

❶ 宋立道著：《傳統與現代──變化中的南傳佛教世界》，第一三二頁。

❷ 宋立道著：《傳統與現代──變化中的南傳佛教世界》，第一三四—一三六頁。不和諧主要的原因，法宗派依仗王家特殊關係，一個僧團極少數（僅在首都周邊有寺院）與一個極多數（寺院遍全國都市及農村），享受權力平分秋色。

❸ 宋立道著：《傳統與現代──變化中的南傳佛教世界》，第一三六—一三七頁。

❹ 宋立道著：《傳統與現代──變化中的南傳佛教世界》，第一四四頁。

❺ 山本達郎編：《東南亞細亞的宗教與政治》，第八十六頁。

❻ 崔貴強著：《東南亞史》，第二五五—二五六頁。

❼ 邵敏之編著：《柬埔寨風物》，第三十五頁。

❽ 1. P. V. Bapat: *2500 Years of Buddhism*, p. 430。
2. 宋立道編著：《世界佛教》，第一五五頁。

❾ P. V. Bapat: *2500 Years of Buddhism*, p. 430。

❿ 楊曾文主編：《當代佛教》，第一五三頁。

⓫ 楊曾文主編：《當代佛教》，第一五四—一五五頁。

⓬ Robert C. Lester: *Theravada Buddhism In Southeast Asia*, p. 66說，於公元十四世紀初期，上座部佛教傳入柬埔寨與寮國。

⓭ 楊曾文主編：《當代佛教》，第一五五頁。

⓮ 山本達郎編：《東南亞細亞的宗教與政治》，第八十六及二五二頁。

⓯ 楊曾文主編：《當代佛教》，第一五五—一五六頁。

⓰ 宋立道著：《傳統與現代──變化中的南傳佛教世界》，第一五八—一五九頁。

⓱ 宋立道著：《傳統與現代——變化中的南傳佛教世界》，第一七三頁。
⓲ 楊曾文主編：《當代佛教》，第一五八—一五九頁。
⓳ 宋立道著：《傳統與現代——變化中的南傳佛教世界》，第一七七—一七八頁。
⓴ 楊曾文主編：《當代佛教》，第一六六—一六七頁。
㉑ 楊曾文主編：《當代佛教》，第一六四頁。
㉒ 楊曾文主編：《當代佛教》，第一六五及一九二頁。

第五篇

寮國佛教史

第一章 寮國早期的佛教

第一節 國土與民族

寮國（Laos）位於中南半島的中部，為一內陸國家。北連中國雲南省，東鄰越南，南接柬埔寨，西南與緬甸接壤及與泰國以湄公河為界。地理位置，自東經一百至一百零七點三度，北緯十三點五至二十二點三度，地形南北狹長，全國面積共二十三萬七千平方公里。境內多山和原始森林，海拔一千多尺，有「印度支那屋脊」之稱。全國人口依政府公元二〇〇二年公布，寮國人口總數五百五十二萬五千九百人。公元二〇〇四年估計，約六百多萬。政府在首都永珍；王城於古都琅勃拉邦。

寮國是一個多民族國家，約有三十多個，但主要的有寮族（Lao）、卡族（Kha）、苗族（Meo）三種。寮族占全國人口三分之二，分布於湄公河及其他河流沿岸平原地區；卡族原為土著寮人，散居在全國各地山區，大部分在南部下寮的沙拉灣、阿都坡一帶。苗族人居於上寮各地高原，以川壙為集中。其他有華人、泰人、越人、傜、孟、滿等民族。語言以寮語為主。

因寮國與中國雲南省接壤，寮族本屬中華民族西南邊區民族，同屬於泰族（Thai）。後分數支大量向南方遷移，抵達寮國境內定居的一支，由於崇山峻嶺的阻隔，交通不便，遂漸少與中國文化接觸，後來在政治、文化、宗教方面，直接和間接更多受泰國、柬埔寨等國的影響。這在以下的章節中再說明。

寮國，也稱「老撾」。據歷史學者考證，寮族係出自百越民族演化而來，以僚人為其主要血統，古稱「哀牢夷」。《後漢書・西南夷傳》中，已有「哀牢夷」之名。傳說在周秦時，有九龍族創國，王名九隆❶。這個記載雖不能確信，但由此可證這哀牢夷九龍族在中國歷史上為古代西南夷的一個部落，原居於永昌郡（今雲南省內），以保山一帶為中心。後來哀牢民族沿湄公河南下，移殖於現在的泰國、緬甸、寮國地區。到達寮國境內的哀牢，就漸形成以後的寮國。又哀牢（夷）或僚族，亦有稱為寮族的❷。

《後漢書・哀牢傳》：「二十七年（五十一），賢栗等遂率種人戶二千七百七十，口萬七千六百五十九，詣越雟太守鄭鴻降，求內屬。光武封賢栗等為君長，自是歲來朝貢。」明帝永平十二年（六十九）：「哀牢王柳貌，遣子率種人內屬，其稱邑王者七十七人，戶五萬一千八百九十，口五十五萬三千七百一十一，西南去洛陽七千里❸。」昭帝時，「……以其地置哀牢、博南二縣，割益州郡西部都尉所領六縣，合為永昌郡。始通博南山，度蘭倉水。」考博南山在今雲南省永平縣西南四十里之地，蘭倉水在湄公河上游，為湄公河發源處。可見後漢時漢族已進入今日的寮北。

三國時諸葛亮南征，或謂曾達寮國。晉代中國發生外患，扶南崛起，哀牢曾臣屬扶南。扶南（即高棉、或稱柬埔寨）位於哀牢之南。

唐代有「南詔」興起，自稱為哀牢後裔，建都在今雲南的大理。至五代時晉高祖天福二年（九三七），南詔改稱國號「大理」[4]。

宋理宗淳祐十二年（一二五二），忽必烈南征攻滅大理，置大理、善闡等路宣尉司，並進兵緬甸和越南。這時在先前移民泰境的一支泰族，已日漸強大，於公元一二五七年，由泰族酋長室利因陀羅（Śri Intaratiya）建立素可泰（中國史稱速古台）王朝。另一支進入寮國境內南烏河流域，以猛騷（Muong Swa，即今琅勃拉邦）為根據地，建立川東川通國（Xieng Dong Xieng Tong），初隸屬於柬埔寨安哥王朝，公元一二七七年為素可泰所征服，降為屬國。

素可泰王朝到公元一三五三年，開始衰落，寮國遂脫離泰國臣屬而獨立，建「南掌國」（Lang Chang），都城琅勃拉邦。建國始祖為法昂王（Fa Ngoun，一三五三—一三七三在位）[5]，將國土擴展至湄公河東岸，以湄公河與泰國為界，土地包括今日的川壙（亦稱線款）、永珍、他曲、南他、百細等地，奠定了寮國立國的基礎。

第二節 佛教由柬埔寨傳入

前面說寮族人源出中國西南邊區，據研究中國西南邊疆史地學者考證，自唐代南詔興起，至元朝忽必烈征滅大理，六百多年間，這些地區固深受中國文化的感染，同時也受到東南亞印度文化的影響。這些地區曾信奉佛教，但它是一種混合中印文化兼含著地區民族色彩的信仰。分支南移後的民族，散居於現在寮國境內的寮國人，由於山嶺隔礙，就漸少有接觸原有文化的機會，所以當時寮國人縱有佛教信仰，也不普遍。

從民俗的立場來說，古代寮國民族多數是奉祀鬼神，祭拜祖先，崇拜精靈和自然，佛教也許僅屬少數人的信仰。加以寮國人未建國前是屬部落民族，常常戰爭或受他族征伐，很少有機會注意宗教的信仰❻。

在公元七世紀以前，在寮國南部與柬埔寨接近的占巴塞（Champassak），有一座古剎瓦普寺，是受到柬埔寨安哥文化影響的建築，具有印度教和大乘佛教的風格，曾發現用貝葉書寫的大乘佛教經典。

寮國人在南遷的路程上，除受到柬埔寨文化的影響外，早期也可能受到孟人墮羅鉢底文化的影響，這種文化以信仰上座部佛教為主，當時散布在安哥和緬甸之間，以及在泰國中央平原的周邊地區。考古學家已經在寮國北部的永珍和琅勃拉邦地區發現了與這種文化相聯繫的佛像❼。

寮國史上明確記載有佛教信仰的，是從法昂王建立「南掌國」以後開始。法昂王為川東王之孫，父名法蒂，不容於父川東王，遂被驅逐，攜子法昂同流亡於柬埔寨的安哥王朝。法昂年幼，為一位高僧摩訶波沙曼多（Mahāpāsamanta）長老所教養。法昂十六歲時，吉蔑王見他雄偉英俊，於是就將女兒娘喬樂（Nang Keolot）嫁給他，招為駙馬。

公元一三四〇至一三五〇年之間，法昂希望恢復父親的故土，獲得柬埔寨王之助，統率一支強大軍隊，沿湄公河北上，先進攻巴塞，大獲勝利。再經甘蒙奪取川壙，殺其酋長而立其子，收為屬地。繼進兵化邦，直抵十二版納（今雲南景洪）。回師再戰川東，擊敗其祖父川東軍，祖父自殺死，遂自稱川東王。又進兵攻破泰國清邁駐軍，並在附近征服卡族。最後攻下斐南（Phai Nam，今永珍）。因攻斐南，曾用黃金誘敵，為紀念勝利，改名永金，後又改稱永珍。一三五三年，法昂遂在川東建國獨立，號稱「南掌國」，意即「萬象之邦」，因寮國產象，象是有用而重要的動物，可用以戰爭。土地包括今日寮國中部和北部，泰國的清邁和緬甸東部之地，使寮國真正成為統一強盛的國家❽。

法昂王建國後，政治制度多採仿柬埔寨安哥王朝，制定中央與地方政權。而柬埔寨佛教也正式開始傳入寮國。

法昂王的妻子娘喬樂為柬埔寨王女，是一位非常虔誠的佛教徒，受持在家五戒。當她隨夫到了寮國，國家安定了，可是人民和官員，多數崇拜鬼神、祖先、精靈等，更屠殺牛、象等動物祭祀鬼神，非常迷信和殘忍，心中生起悲憫。同時身居寮國，很難實踐佛教徒的生活，於是她請求王夫法昂從柬埔寨引進佛教，不然就讓她回到柬埔寨去❾。

法昂王幼年隨父流亡柬埔寨時，曾受摩訶波沙曼多長老的教導，有很好的佛教基礎，他受到妻子的請求，很歡喜的就答應了。他隨即慎重選派使節，寫好國書，準備貢物，包括銀三十萬、黃金三萬、各種珠寶，呈獻給柬埔寨國王岳父，請求派遣有德學高僧及攜帶三藏聖典等至寮國弘揚。柬埔寨國王非常歡喜，於是禮請摩訶波沙曼多和摩訶提婆楞伽（Mahādevalaṅkā）兩位長老，率領二十位比丘，三位通達三藏學者，即門羅辛哈（Manrasinha）、門羅摩達（Manramad）、門羅沙達（Manrasad）；賜珍貴金鑄佛像一尊，名「勃拉邦」（Phrabang）及三藏聖典、菩提樹芽枝，供寮國人民供奉禮拜。其他又派鑄造佛像技師、金匠、鐵工、建築寺塔雕刻藝師等。又命令遣派四個村落人民，共五千人，給以種種不同裝飾，護送佛像、經典、高僧、學者至寮國。而且這五千人民就留居寮國，為佛教的護持者，及成為王后、學者的侍從❿。

但另有記載說，娘喬樂到了寮國後，見到法昂王的性格變得凶暴起來，以致人民要謀害他。於是娘喬樂呈書至父王報告，柬埔寨王就命令法昂來朝見，請高僧給以教誨，授予五戒。然後與柬埔寨僧團同回寮國。但寮國史上都是依據前一說法⓫。

公元一三五九年，摩訶波沙曼多長老等全體人員，離開柬埔寨安哥王朝首都，向寮國進發。到達孟皆（Muang Kaa，不知在何處，多數推測在今泰國洛坤拍農Nakhon Phanon 孟皆縣），法昂王知悉，就派大臣前往迎接。

繼續再向龍蟠前進，龍蟠是古名，法昂王建南掌國定都於此。後因著名之「勃拉邦」佛像從柬埔寨迎至首都，尊為「護國佛」或「鎮國之寶」，遂改龍蟠為「琅勃拉邦」（琅或鑾是寮國文「王家的、偉大的」意思），即以佛像之名為首都之新名，一直沿用到現在⓬。

當時法昂王在永珍，於是摩訶波沙曼多長老等往見，報告途中經過情形。國王與后在王宮之北，特為長老領導的僧團建築一座佛寺，就以長老之名稱為「波沙曼寺」（Pāsamanārāma）。此寺今日仍存在，菩提樹芽枝亦植於此寺中。從此長老領導的僧團，開始向寮國人民傳布佛法，國王與王后都是佛教的熱心護持者，很多寮國人都轉信佛教。

另據格蘭特・埃文斯（Grant Evans）著，郭繼光、劉剛、王瑩譯《老撾史》所述，依據歷史學家研究，法昂王建國時期統治的面積和實力，實際是小得多。因為這是根據在一百五十年之後有人編寫一本《坤博隆傳》（Nithan Khun Borom）所誇大描寫的。根據一本寮國文獻《豐沙灣》（Phonsavadan）的記述，法昂是來自湄南河的一個首領。而且寮國上座部的佛教，有很多證據是從蘭那王朝進入寮國的。當時蘭那在孟萊王（Mangrai，一二五九—一三一七）統治下，國土範圍包括今日的緬甸西南部、中國雲南的南部和寮國北部各地，首都設在清邁⓭。還有現代學者認為，對法昂王從安哥攜帶回國的勃拉邦佛像，表示懷疑，不是柬埔寨佛像的樣式，而為孟族人或清邁鑄造出來的⓮。

❶《後漢書．西南夷傳》。又徐松石著：《泰族僮族粵族考》。

❷徐松石著：《東南亞民族的中國血緣》，第四十七頁。

❸《後漢書．哀牢傳》。又郭壽華著：《越、寮、東三國通鑑》，第二二五頁。

❹在泰文歷史上，以及有些西方學者寫東南亞歷史時，每多誇大泰族人古代建國輝煌的歷史，自漢代哀牢、唐代南詔而迄宋代大理。其實廣義的泰民族，包括範圍很廣，哀牢、南詔（後改稱大理），向為中國雲、貴兩省邊區民族，有時獨立，有時直屬中國；這與分支南遷的泰族、撣族、寮族，古代雖有血緣關係，但與以後各國建國本部的歷史，各有不同淵源，不可混為一談。也就是說，哀牢、南詔的建國，是中國雲、貴邊區的泰族；泰國、寮國和緬甸的撣部，是南遷的泰族。

❺D. G. E. Hall: *A History of South-East Asia*, p. 121, 165。

❻辛島昇等譯：《印度支那文明史》，第二一〇—二一二頁。

❼格蘭特．埃文斯著，郭繼光、劉剛、王瑩譯：《老撾史》，第五頁。

❽辛島昇等譯：《印度支那文明史》，第二一〇—二一二頁。

❾同上書，第二一〇—二一二頁。

❿Kavīvaraññāṇa：《東南亞佛教史》（泰文），載《佛輪》月刊第二十卷第二期。但依郭壽華著：《越、寮、東三國通鑑》第二二七頁，記為摩訶波沙曼多長老及四位比丘、四位沙彌至寮國。

⓫Kavīvaraññāṇa：《東南亞佛教史》（泰文），載《佛輪》月刊第二十卷第二期。

⓬1. 石澤良昭譯：《東南亞細亞》，第一〇〇頁，記為金泥塗的石造佛像。
2. 據D. G. E. Hall: *A History of South-East Asia*, p. 238所記，這尊著名佛像為早期斯里蘭卡一位國王送給東埔寨的禮物，被稱為「勃拉邦」（Phrabang）。

⓭格蘭特．埃文斯著，郭繼光、劉剛、王瑩譯：《老撾史》，第七—九頁。

⓮格蘭特．埃文斯著，郭繼光、劉剛、王瑩譯：《老撾史》，第十六頁。

第二章　寮國中期的佛教

（公元一三七三至一八九三年）

由於寮國缺乏佛教史記載，資料是零散的，或從僅存的少數遺物加以推定，時間也不能上下連貫，因此無法了解佛教實際發展的情形。因為搜集的資料有限，只能做簡略的敘述。

法昂王於公元一三七三年去世❶，其子繼位。在公元一三七六年舉行人口調查，得泰族人三十萬，其他各族人四十萬，因此遂被尊為「三十萬泰人的領袖」（Phraya Sam Sene Thai），名拍耶三成泰王（一三七三—一四一六）。更由於人口的調查，軍隊獲得重編，軍勢增強，鄰邦諸國畏敬。拍耶三成泰王執政四十三年，政治制度大備，經濟繁榮，將國內人民分為貴族、平民、奴隸三種階級。明永樂二年（一四〇四），南掌獲得中國的承認，封為「老撾宣慰司」。此王曾建寺及經院，提倡研究佛學❷；並鑄造一尊巨大青銅佛像，供奉於公元一三七二年所建築的摩那蘭寺（Wat Manorom）內。此寺現已被毀，青銅佛像只留存頭部和胸部❸。

公元一四一六年後，越南黎朝創立者黎利，與中國戰爭時，寮國軍隊曾助中國從後面攻擊，自此以後五十年間遂給與越南干涉的口實。雖然寮國很慎重的防止越南擴張政策和報復，但在公元一四七八年，越南聖宗時，仍攻擊南掌，次年攻陷琅勃拉邦，沙提迦拍王（Sai Tiakaphat）不及逃亡，遂後去世。後來他的兩個兒子先後為王，收復和復興了琅勃拉邦。至維蘇王（Visoun，一五〇一－一五二〇）時，曾有多種佛教建築物，其中最著名的，即冠以王名的維蘇寺（Wat Visoun），是建於公元一五〇三年，供奉佛舍利。此寺建築精美，木壁雕刻精緻，屋基向外側伸張，形如寮國的棺狀❹。

維蘇王之子福提沙拉（Phothisarath，一五二〇－一五四八）繼位後，為了利用地利通商，他將首都從琅勃拉邦遷至永珍。因他的母親原來是昌萊（在今泰國北部）王之女，在公元一五四五年，清邁王位缺人，他主張由他兼位，三年後他又委任他的長子即位為清邁王。

維蘇、福提沙拉父子統治時期，曾下令禁止國內一些靈魂論及巫術等的流行，強行拆毀供奉鬼神的祭壇和建築，但結果未成功。又進一步努力提倡宗教和文學，佛教從此得以興盛，當時出現很多位精通三藏博學的高僧，他們將梵文的故事集《五卷書》譯成寮文。在文學方面，一種無韻的詩歌也開始繁榮起來❺。

公元一五四八年，福提沙拉在一次表演馴象時摔傷意外致死。次子自立為王，但其長兄清邁王主張應由他繼承父位，於是將清邁委託一個泰族王子主政，他急忙趕回琅勃拉邦討伐其弟，登上王位，自號塞塔提臘（Sethathirath，一五四八—一五七一）。但在此時，緬甸王莽應龍掃滅群雄，統一全緬後，於公元一五五六年，攻伐北部撣邦，撣邦不敵，轉向清邁求出援兵抵抗，結果莽應龍先滅撣邦，再攻陷清邁。公元一五六〇年塞塔提臘與泰國大城王朝結盟。次年，柬埔寨軍攻琅勃拉邦及巴萊。公元一五六三年，塞塔提臘王遷都至永珍，建築城壘防守。

塞塔提臘王以前由清邁回琅勃拉邦時，曾攜帶一尊綠寶玉佛而回，這時特為玉佛新建一座玉佛寺（Wat Phra Keo或Emerald Buddha Temple）供奉，此寺為三層華麗建築物，殿堂深奧，佛壇巨大（玉佛在一七七八年，被泰國戰勝取走）❻。王又在距永珍北區二公里處，建造一座偉大的「大舍利塔」（Dhātu Luang，寮語稱為塔鑾）。此塔建於公元一五六六年，是在原有的小塔基礎上修建一座大塔，占地八千四百一十八平方公尺，塔是方形，分為三層。底層為四面迴廊，東西長六十點三公尺，南北寬五十八點四八公尺，各邊中央有門可進入，有石階可上，在四面入口處又建有四個門樓。第二層的四周，建有三十座小形方塔環繞。第三層中央是尖高的大塔，亦為方形，下部為蓮花瓣形，中部為三級方形檀柱，上部為尖高的方瓶狀，最高是尖長的塔頂。大塔上部貼鍍金箔，遠望金碧輝煌，莊嚴華麗，為寮國歷代最偉大的建築。在東南亞一般佛塔多數是圓形的，而大舍利塔卻全部為方形，風格獨特，因此成為著名的勝跡。佛塔經過六年建成，塔內供奉佛陀舍利，亦說是供奉佛髮，後加修理，至公元一九三〇年，再加重修，才恢復了它的雄偉。同時國王又在國內各地修建其他六十多座佛寺❼。

公元一五六九年，緬甸軍隊攻入永珍及琅勃拉邦，塞塔提臘王退入山林與之對抗。後緬軍瘟疫發作，自動撤走。塞塔提臘王因為過於窮兵黷武，在一次用兵深入安哥行動中，全軍覆沒而死，自此寮國國勢更加衰弱。公元一五七四年，緬軍再攻入永珍，執住塞塔提臘王之子諾喬柯曼（Nokeo Koumane），而以塞塔提臘之弟主政，至此寮國臣屬緬甸。公元一五九四年，緬甸國內不安，諾喬柯曼獲得釋放而復位。之後，到泰美迦羅王（Thaimmikarat，一五九六—一六二二）時才有一段時間較為安定，此後十五年間就陷於無政府狀態。

公元一六三七年，蘇里亞旺薩王（Souligna Vongsa，一六三七—一六九四）登位後，與越南黎朝神宗的公主結婚，並重新劃定兩國疆界。曾兩次出征川壙，奠定五十七年長期的和平和繁榮。國家安定後，注意著重提倡政治修明，重視宗教，使當時寮國竟成為東南亞佛教的中心，光芒引射到鄰近的國家，泰國和柬埔寨的出家人不少人來到永珍學習❽。

在蘇里亞旺薩王時，有荷蘭人屬東印度公司的湖史多夫（Herit Van Wusthof，一六四一年至寮國）及義大利神父黎利亞（Jean Marie Leria，一六四一—一六四七在寮國），曾至永珍等地訪問，為歐洲人至寮國之始，二人曾留有珍貴的遊記。二人對佛教了解不多，但對當時寮國在蘇里亞旺薩王治下的隆盛，佛教塔寺等精緻優美的建築藝術，讚評很高，描述首都中穿袈裟的僧人比王家衛隊的士兵還要多。黎利亞神父並曾試傳天主教，但受到寮國佛教徒的反對而止❾。

蘇里亞旺薩王死後，寮國又長期陷於國家分裂和外國侵擾的危機。國內琅勃拉邦、永珍、占巴塞分成三國，互相爭奪征伐。三國中的占巴塞先被消滅。公元一七七八年，泰國兵二萬攻占永珍。另琅勃拉邦也一蹶不振，先後淪為泰國的附庸。著名的玉佛和勃拉邦佛像，都被泰人取走。至公元一七八二年泰國僅歸還勃拉邦佛像❿。據說此佛像面部已受損。

公元一八二〇年，昭阿奴王（Chao Anou）模仿曼谷大寺院的樣式，在永珍建造室沙吉寺（Wat Si Saket），佛殿雄偉莊嚴，外面有二重迴廊，供奉一百二十尊佛像⓫。公元一八二六年昭阿奴王突然對泰國宣戰，向曼谷進軍，但遭反擊而受挫。公元一八二八年泰軍奪得永珍，破壞都市，居民十萬人被流放至泰境，毀房屋六千多棟，佛寺佛塔等建築物亦遭破壞很多，並將永珍改屬泰國的一省⓬。

再說琅勃拉邦方面，自公元一七〇七年，因為肯基沙拉（King Kitsarat）及因他蘇（Int'asom）兄弟聯合用兵而勝利。後二人分裂，先由肯基沙拉統治至公元一七二六年，其後因他蘇奪得權力，統治至公元一七七六年。因他蘇期間，緬甸曾於公元一七五二年侵入琅勃拉邦，受其支配，後與泰軍聯合擊潰緬軍，並與泰國結盟。至公元一七七八年，永珍和琅勃拉邦又都成為泰國的屬國。

公元一七九三年，逃往曼谷的阿奴那特王（Anourout）回歸琅勃拉邦，修復都市。公元一七九六年，將以前的越邁寺（Wat Mai）加以重修，安供兩年前從曼谷持歸的勃拉邦佛像。此寺佛殿分七間梁及三層屋廊，前後兩面有兩排圓柱支撐著⓭。佛像後來被移至王宮供奉和保護。今日在越邁寺的大佛像是另外鑄造的⓮。

公元一八三九年，詔迦殊（Souka Seom）受泰國推上王位，直至公元一八五〇年。他在位時，因泰國與越南對立，政治比較安定。至其弟天達王（Tiantha，一八五一－一八六八）繼位後，公元一八六一年，法國博物學者慕胡（Henri Mouhot）抵寮國訪問；其後法人拉格尼（Doudart de Lagree）及格尼爾（Firancis Garnier）所率領的湄公河探險隊，於公元一八六七年四月到達琅勃拉邦，因此法人得知寮國的情勢。

公元一八七三年，泰國侵入琅勃拉邦，獲得宗主國支配權。但由於法國勢力於公元一八五八年已先伸入越南，成為保護國；一面法人又向北伸展侵入柬埔寨，同時壓迫泰國，以海軍在曼谷附近海上炫耀勢力。遂於公元一八九三年訂立「法暹條約」，泰國退出湄公河左岸，承認寮國為法國的保護國⓯。至此越南、柬埔寨、寮國三邦（統稱「印度支那」）都淪為法屬。寮國淪為法國殖民地後，由於法國人政治和經濟的掠奪，而又有意輕忽當地傳統的文化，上座部佛教就不斷地衰落下去。

❶ 辛島昇等譯：《印度支那文明史》，第二一一頁。但依郭壽華著《越、寮、柬三國通鑑》第二二七頁所記，法昂王自其妻娘喬樂死後，性情變為暴虐，且違背與柬埔寨和好承諾，進攻柬埔寨南部，公元一三七三年被放逐，公元一三七八年死於孟南。

❷ D. G. E. Hall: *A History of South-East Asia*, p. 239。

❸ 辛島昇等譯：《印度支那文明史》，第二一一頁。

❹ 辛島昇等譯：《印度支那文明史》，第二一二頁。據著者過去留泰時所見，是一種圓形坐龕，形似塔，貴族多為金、銀、銅等製。到火化時，再移出屍體改為木造坐龕。

❺ 馬樹洪、方芸編著：《老撾》，第七十四—七十五頁。

❻ 玉佛略史，見淨海法師著〈曼谷玉佛寺〉，載《慈航》季刊第三期。

❼ 1. 宋天明編著：《印度支那半島上的國家》，第一〇八—一〇九頁。
2. D. G. E. Hall: *A History of South-East Asia*, p. 244。
3. Philip Rawson: *The Art of Southeast Asia*, p. 158-159。

❽ 郭壽華著：《越、寮、柬三國通鑑》，第二五八頁。

❾ 1. 辛島昇等譯：《印度支那文明史》，第二一四—二一五頁。
2. D. G. E. Hall: *A History of South-East Asia*, p. 415。

❿ 潘醒農編著：《東南亞名勝》，第二五六頁。

⓫ 辛島昇等譯：《印度支那文明史》，第二一六頁。

⓬ 辛島昇等譯：《印度支那文明史》，第二一六頁。

⓭ 辛島昇等譯：《印度支那文明史》，第二一七頁。

⓮ 潘醒農編著：《東南亞名勝》，第二五六頁。

⓯ 辛島昇等譯：《印度支那文明史》，第二一八頁。

第三章　寮國近代的佛教

第一節　法屬時期的佛教

寮國近代史和佛教史都是很不幸的，先是受法國統治五十年，表面上是保護國，實際上是推行殖民地政策；獨立後又一直陷於政府分裂和戰爭中，國家所受的損失極大，人民受盡很多苦難。

法國自公元一八九三年「法暹條約」訂立後，泰國放棄寮國的宗主權，法國遂於次年完全占領寮國。法人重新釐訂寮國政治組織，將全國行政分為兩區，上寮為琅勃拉邦，下寮為康埠，各委任武官一人分別統治。公元一八九九年，法國又將上下寮兩區合為一個行政區，置於法國高級留守使管轄之下。高級留守使的官署初設在素旺（Souvang），後移至永珍。根據公元一九一一年法國總統所頒法令，規定留守使的職權：「留守使賦有在管轄範圍內，決定對當地居民之管理權，並負責執行法國議院之議決條例，法國總統之命令及法國駐越總督府議定各案。」留守使官署並有維持公共秩序、動員徵集軍隊、指揮當地保安部隊的責權。同時，留守使為當地司法組織之最高主持官，有權徵收各種賦稅；甚至寮國王出巡也要獲得留守使的同意，及補助費用。

法人殖民寮國後，對當地傳統的佛教，一開始就以歐洲文化優越和偏見心態看待，認為土著文化野蠻和落後，對佛教採取排斥與冷落，用政教分離的原則，使佛教在人民生活中逐漸被漠視和遺忘，是為了有利於他們的統治。基於政治因素，殖民者採用的策略是：其一，把法人統治政權移設在永珍，而寮國王室和宗教都在琅勃拉邦，使逐漸邊緣化。其二，現在寮國王是法人扶持的，不是通過傳統佛教神聖性合法提供的，如此兩者聯繫的特權就消失了。其三，法人有意培養他們所需要的部族和家族首領，讓他們接受法國教育，甚至信仰天主教，日後成為一批社會中下層精英，讓古老的佛教處於冷落受排斥地位。其四，引進西方法律制度，首先實施在城市中，讓傳統佛教文化對社會民眾的倫理調節功能就被削弱了。以上這些策略，都使寮國佛教面臨難以自保的局面[1]。

但是在法人殖民統治下，佛教也有迴光返照的機會，在公元一九二〇至一九三〇年代間，寮國佛教地位似乎得到了提高，這由於國內社會生活的短暫安定，農村沒有較大的動蕩。人民對於寺院學校的需要增大，青少年僧人到學校讀書增多，有些都市中也新增建了佛寺和佛塔。據公元一九四〇年官方統計，全國有比丘和沙彌四千多人。而形成這樣的原因有二：一是設在越南河內的遠東法蘭西學校，發起考古和宗教研究的結果，激發殖民政府對殖民地傳統文化的興趣，法人開始意識到要了解一些殖民地原有的文化，以便了解當地人民的內心思想。在客觀上這會激起一些法國學者和當地精英，注意研究殖民地的固有文化，包括佛教經典和巴利語等。如在鄰國柬埔寨的金邊，當時就建立了一座研究所，寮國也派一些青年僧去受教育。寮國在永珍和琅勃拉邦有好幾座佛寺，也恢復教授佛學和巴利語。當局也曾頒布有關僧伽法令規章，以整治僧伽風紀。公元一九三七年，在永珍還成立一所巴利語學院。二是第二次世界大戰開始後，法國在印支半島殖民地形勢起了很大變化，但寮國佛教僧伽置於這場暴風驟雨之外，戰後各國因提倡民族主義，佛教而日漸復興❷。

公元一九四二年法人利用寮國傀儡王室頒布《寮國國王關於僧規的敕令》，以法律形式確定僧團的作用和地位，是仿照泰國僧伽制度，將僧王及省、村、寺等級別僧官制度法律化，對僧團進行管理和控制。到公元一九五〇年法人殖民者改變策略，扶植利用佛教，經殖民當局同意，寮國國王簽置詔諭，成立寮國佛教協會，政府成立禮儀部，管理佛教協會的事務。次年國王重新頒布《寮國國王關於僧規的敕令》，對僧人進一步嚴格規定及控制。敕令規定：年不滿十歲者不得剃度為沙彌（第四十二條）；年不滿十八歲者欲剃度為沙彌必須由父母引見行將為其剃度的僧寺住持（第四十三條）。年滿或年過十八歲欲剃度為沙彌或比丘，必須得到縣長批准，取得批准書（第四十四條），如果比丘接受一個沒有獲得批准書的人出家，該比丘將受到僧伽法院的懲處（第四十八條）❸。

二戰期間，法國有戰事於歐洲，日軍南侵，於公元一九四五年三月，一度占領寮國。不久日本戰敗，大戰終了，而法國人殖民統治趁機又重返寮國，把琅勃拉邦取消以前保護領地的地位，與寮國中央省和南方省合併。此時越南和寮國反日游擊隊崛起，到了公元一九五三年，越南解放運動（越盟）武裝進入寮國，然後把他們能控制的地方交給巴特寮，法人殖民政府已感窮於應付。直至公元一九五四年七月「日內瓦會議」後，法國訂出撤出印支半島的日程，寮國才獲得完全獨立。不過寮國雖獲得獨立，實際上國內從這時候開始，一直陷於三角政府分裂的狀態，背景複雜，始終不能完全統一。第一次印支戰爭（一九四六—一九五四）結束後，儘管世亂時艱，風起雲湧，這一時期寮國佛教僧伽人數反有所增加，全國達到一萬三千五百人。一個主要原因是農民害怕服兵役，所以紛紛走入僧伽❹。

總之，法人統治寮國期間，推行殖民地政策，寮國人民百分之九十五為文盲，政治經濟都控制在法人手裡，對寮國文化、教育、宗教等從未重視，幾無貢獻，反受法人種種限制和壓迫。佛教在這樣的情形下，失去傳統的國家保護和支持，自然難有發展機會。不過寮國自從公元十四世紀建國後，即引進上座部佛教信仰，而且四鄰中國、柬埔寨、越南、泰國、緬甸都是信仰佛教國家，寮國在如此的環境中，都直接和間接長期接受了佛教文化，人民絕大多數信仰佛教，佛教早深入普及民間。

寮國過去的舊式教育，佛寺是宗教信仰的中心，也是國民受教育的地方。寮國人受教育，都到佛寺，佛寺是學校，住持為校長，僧人是教師，有規定的課程，由淺至深，並授以佛教教義及有關倫理道德。這和鄰國緬甸、泰國、柬埔寨是相同的。寮國成為法國保護國後，曾將教育權收歸政府，但由於國民教育不普及，佛寺仍保留部分教育權，寮國人如要研究較高深的知識和佛法，都是到佛寺來跟有學問的出家人學習，法人也無法強加禁止❺。

公元一九〇二年，始設小學制度。公元一九二一年才在永珍設立巴威初級中學，後來推及琅勃拉邦、川壙、他曲、素旺、百細等城市。等到初中畢業後，就在巴威學校增設高中部。據記載法人統治寮國五十多年中，寮國人只有五十名中學畢業生，沒有大學，要受大學教育須往越南河內。

第二節　獨立後的佛教

公元一九五四年七月以後，法國從寮國撤軍，不久美國勢力取而代之，扶植親美勢力，抵禦共產黨。寮國獲得獨立後，政治和軍事就陷於分裂狀態，主要分為右派、左派、中立派三個勢力。在互相對立不得已的情形下，協議組成「聯合政府」，而實際上是三頭馬車政策，不能合作，各派都維持和發展自己的勢力，並時常發生政變和戰爭，更有外國勢力的干涉，益使局勢混亂複雜。

公元一九五七年五月，適逢佛涅槃二千五百年紀念，原計畫要舉行盛大的慶祝，欲印刷八十冊巴利三藏的工作，然因受到戰爭的影響，只出了三冊就停止了。

公元一九五九年五月，寮國政府曾公布《寮國僧伽法例》，其中第三條：「寮國國內所有佛教出家人，即比丘和沙彌，須遵守本國僧王所頒布的法令。」第十九條：「僧王有職權選封全國各省比丘，即由各省委員選拔呈請宗教部，再由宗教部長呈請僧王加封。」第二十條：「封立僧王，須依政府所頒之王諭，由宗教部長負責及備好僧王封爵證明，呈請國王加封❻。」

僧伽法例中同時規定，僧伽組織仿政府行政結構，僧伽領袖稱僧王，屬下分省、地區、鄉、村四級；也規定凡十八歲以上青年想要出家，必須得到地區一級政府部門的批准，並開具書面證明。出家以後，僧人隨時要攜帶度牒文書。所有僧人出門旅行，到寺院投止，或者僧人想要還俗，都必須具文上報所在地區行政部門❼。所有這些，政府都是想利用佛教，而又試圖防止僧人和人民的反抗。

公元一九六一年，寮國通過憲法，在前面序文中說：「此憲法，是寮國人民權利的基本諸原則，在法律之前人人平等，對生存方式予以法的保護，並在規定範圍內行使法律條件賦有諸種自由，特別是承認個人的自由，信教自由，言論、著作及出版的自由，以及集會結社的自由。」又「此憲法，關於義務方面，課以對祖國的服務，信仰的尊重……。」本文第七條：「佛教是國教，國王是最高的保護者。」第八條：「國王須是熱心的佛教徒。」

寮國人，特別是寮族都是虔誠的佛教徒，只有其他少數民族部分信仰天主教、基督教、中國的儒道。卡族祭祀祖先，苗族信奉精靈及自然，少數泰族相信鬼神。寮國政府對於宗教文化事務，是由國務院屬下之宗教部負責管理，全國分十二省，每省設立一個教區❽。

寮國人亦與泰、緬、柬埔寨風俗一樣，男子青少年期間，不論貴族和平民，均流行一度入佛寺出家的習俗，研讀佛經及守持戒律。出家時間長短或終生，隨個人自願。出家後住在佛寺，接受教育及受信徒供養。

僧伽行政職權分有五級：一僧王、二省級僧長、三縣級僧長、四村（鄉鎮）級僧長、五佛寺住持。另外又分僧爵為六級，其中如有缺額，均由各級升補。得到高級巴利語學位的可被選任為僧王及省級僧長，得到中級巴利語學位的可被選任縣級僧長、村級僧長、佛寺住持。最高僧伽行政由僧王及五位僧伽委員組成❾。

寮國獨立後，提倡本國文化和宗教信仰。人民普遍信仰佛教，重視生活實踐，愛好和平，向佛教布施，進寺聽僧人說法及受持齋戒。恭敬三寶及接受教誨，其效力勝於政府官員的管理。獨立後政府更協助佛教宣揚教義，勸導官民信奉佛教。政府每年有預算給宗教部，各宗教獲得補助是按信仰人數的比例分配❿。

公元一九六一年，寮國佛教僧伽有一萬八千五百人（亦說一萬人）。在首都永珍成立了摩訶菩提大會的組織。公元一九六五年又在摩訶菩提大會的屬下成立了「青年佛教會」和「新寮國佛教協會」，致力發揚佛教，獲得進展，使在國家戰亂之中人民不背離傳統宗教的信仰。到公元一九七〇年時，寮國約有僧侶一萬六千人，其中青年修學僧四千人，比十年前略有下降。公元一九七二年僧侶增至一萬八千多人，其中十至二十五歲占百分之八十一點五，二十五至五十五歲占百分之八點九，其餘是五十五歲以上者。在學僧人五千二百三十九位。公元一九七五年底人民解放軍取得勝利，成立了寮國人民民主共和國，在戰爭中僧人宣揚佛法及提倡愛國熱忱起了很大的作用。這一年僧侶增至二萬四千多人，佛寺增至二千一百九十三座。新國家成立後，廢除君主制，取消王國憲法，佛教不再是國教，不再有國王為保護者⓫。

公元一九七六年七月，在政府協助下成立了「寮國佛教徒聯合會」，過去幾十年各派互相對立的佛教，終於形式上統一起來。國家人民代表大會強調：「佛教比丘和沙彌，以及其他宗教神職人員都享有信仰本宗教教義的自由。」有六位高僧參加了人民代表大會。政府制訂了《寮國僧伽條例草案》，闡述僧伽在社會中的重要性和應該負起的作用⓬。

公元一九七六年政府號召僧人投入國家經濟建設事業，推行僧人再教育活動，學習馬克思列寧主義，認為佛法義理與社會主義都是消滅人民的痛苦，謀求幸福是一致的。經過再教育的僧人與一般鄉村學校的老師，向人民宣傳國家的政策及配合佛教義理。這種政策剛開始時，僧人為了建設國家的熱情，的確收到一些效果。但是由於政府過分強調，佛教要統一在社會主義思想之下，反而抹殺佛教自身的特徵表現，招致僧伽的不滿，厭倦過多的政治學習，產生反叛心理，紛紛逃避。據一位西方學者報導，在再教育運動中，有一萬五千名僧人受到輪訓，許多僧人離開寺院，僧伽人數銳減。尤其公元一九七九年三月，寮國法宗派八十七歲的僧王、佛教聯合會名譽主席帕．坦雅諾乘船越過湄公河逃至泰國。據說僧王是為了逃避把他送到蘇聯或越南去治病。安排一同出逃的祕書則說，僧王在琅勃拉邦已不能進行弘法的活動。在這樣的情形下，僧人的數目由過去二萬人下降到一千七百人。公元一九八〇年政府對佛教的政策有所緩和，進入佛寺禮佛的信徒陸續增多，在首都永珍大舍利塔寺（塔鑾）有一千僧人，許多佛教節日如期舉行，直到公元一九八八年才逐漸走上正規⓭。

一位永珍巴利語高級學校校長摩訶坎奮披羅鳳針對殖民主義的侵略和傳統宗教文化

的喪失現象，提出保護弘揚傳統文化的主張，高度讚揚了佛陀教法、佛陀生平、佛教儀禮與節日、寮國傳統習慣和道德等。胡阿帕伊（Nhui Aphay）居士等人受現代西方思潮的影響，提出對寮國傳統宗教需要重新認識，補充和改革，革新教義，改革儀禮，重建僧伽，開辦佛教學校，普及佛教教育，選派優秀僧人出國學習，編寫符合現實社會需要的新教科書等，使能適應現代社會，改變那種追求自我解脫涅槃，忽視冷漠社會和自利的做法。他們提出的主張，得到很多人的響應，產生了一定的影響。

另一位永珍僧人摩訶波爾阿難陀（Maha Pal Anantho，一九一一—一九六八），是提倡復興寮國佛教僧界的代表，他強調佛教的傳統性，要求回歸到佛陀的昔日時光，但面對現代複雜的社會，可做小小改革，特別是佛教教育和慈善福利事業方面，以適應現代社會。他曾系統地學習了佛學理論和禪定實踐，力倡佛教復興運動，建造寺院，開辦佛教學校，發行刊物，創辦青年修練中心和孤兒院等，並撰有專著、論文多種。

柬埔寨佛教的大宗派，在公元十四世紀就傳入寮國，因此柬、寮兩國佛教關係密切。寮國與泰國隔湄公河相望，歷史上泰國佛教對寮國佛教曾有深遠的影響。寮國佛教法宗派是由泰國傳入，兩國僧團保持密切往來。寮國的僧人要讀高等佛教學校，都到泰國或金邊就學⑭。

寮國佛教在公元二十世紀最後二十年以及到現在，因國家政治比較安定，改革和有限度的開放，促使國內經濟有了發展，逐漸脫離前一階段的窘迫境遇，出家人在社會上受到人們的尊敬。今天在全國各地，不論城市或鄉村，清晨隨處可見到披著黃袈裟托缽的僧人。佛教重要節日，人民都到寺院參加法會活動，熱心布施。就廣大農村來講，要想改變自己的社會地位，或受到較好的教育，還是要借助出家做沙彌或比丘的途徑。今天永珍大舍利塔寺（塔鑾）僧伽高級學院，就讀的青年僧已達千人。更值得注意的是佛教學校的發展，現在大約每五個村寨就設立一所寺院小學，供男女兒童讀書。

公元一九六一年中、寮兩國建交。公元一九六三年三月在北京成立中國寮國友好協會，中國佛教協會是發起單位之一。同月，寮國國王西薩旺瓦達納訪問中國，曾專程至廣濟寺禮佛及參拜佛牙，受到中國佛教協會等單位熱烈的歡迎。再後中國由於發生文化大革命，兩國佛教暫時停止了交流。

寮國的文化，多數同泰國，受印度文化的影響。湄公河的寮國人與湄南河的泰人是同一種族，語文亦相近，特具有同化的能力。在寮國人未到達湄公河以前，其先是柬埔寨吉蔑文化的進入，及待寮國人建立南掌王國，南部廣闊地區，言語、宗教、美術仍多受柬埔寨文化的影響，且最初佛教是由柬埔寨傳入，可惜早期佛教的作品已少保存。其次，已在本篇第二章中所述，因文化和政治上的原因，蘭那王國[15]和緬甸亦給與寮國在文學、美術、宗教上的影響。最後主要是受泰國的影響，特別是在永珍方面，公元

十八、十九世紀，很明顯的是引進泰國美術的系統⑯。南掌王國建立後數世紀的遺物，除了損毀的雕像，其他都已無存。如僅從建築物而說，從古代損壞的材料樣式考察，初期是被推定經由緬甸傳入印度建築物造型。這種樣式，為東南亞各地建築物的萌芽要素。寮國建築物的獨創性，是大而且寬廣的二層房屋，這在遠東及其他東南亞地區，都為一層房屋。

現在從琅勃拉邦、永珍到沙灣拿吉，沿湄公河岸的城市，都可看到寮國中、後期的文化保存下來的遺跡，包括佛塔、寺院、石窟，以及歷代國王的宮殿和陵墓。

古都琅勃拉邦，多宏偉莊嚴佛寺。除前面已述之著名勃拉邦佛像，最著名和最具代表性的是香通寺（Wat Xieng Thong），興建於一五六〇年，一直受到王室的保護，經過多次整修，佛殿正面的牆壁和梁柱，黑底金色，精緻美觀，殿背的牆面是一整幅的生命樹，兩邊的三層屋簷幾乎觸到地面，形色獨特。在王城郊外約一公里，有一座富士寺，為寮國佛教中心，寺建在一個山丘上。寺中供有一尊斯里蘭卡於公元十五世紀所鑄之著名金佛像，重四百七十八公斤，寮國人亦尊為「護國佛」。王家圖書館內，收藏有寫於貝葉上的巴利文、柬埔寨文、泰文、寮文各種佛教經典。博物館內有很多佛教遺物陳列。在距離古都北面二十公里的地方，有著名的「北墟洞」，洞中岩石上鑿有很多佛龕，雕刻各式各樣大小的佛像，面貌和姿勢表現各不相同，佛像多到不勝計算，因有

「萬佛洞」之稱。據說已有一千多年歷史，是寮國著名的佛教勝跡。每年佛誕節，寮國國王要親到這裡舉行「浴佛」盛典⓱。

琅勃拉邦是寮國永遠的古都，沉靜在美麗的河邊小城，擁有八十多座大小寺院。其中三十二座被聯合國教科文組織列為世界文化遺產，受到保護和整建，原則是採用保存既有、恢復原貌。琅勃拉邦佛寺建築的早期風格，接近泰北古蘭那王國的藝術，立柱長短不一，三層或二層幾乎觸地的重簷中央有皇冠般的金色裝飾，屋頂的最頂端綴有向上突出、做飛向穹蒼狀的龍狀圖案。在傳統的黑底漆層上，以金彩來描繪圖案，裝飾華麗而典雅。十九世紀中期以後，受泰國中部風格的影響，屋簷為單層，立柱長度均整。這些古寺就成了琅勃拉邦的氣質和色彩。除了寺院，琅勃拉邦古老的高腳屋，及沿著河畔而蓋的法式殖民建築區及山邊城區，修整時都要保持原貌。為了保持最完好的市容，減少及避免人口不斷的遷入保護區，也採取不擴建的原則⓲。

在全國寮族人居住的地區，幾乎每個村寨都有佛寺。一個大的村寨甚至有二、三座佛寺。每座佛寺住有僧人三至五名，多至十多名，大的佛寺僧人可達百名以上。佛寺常建在平坦的空曠的地方，多數位於村寨的中心。寺院有佛殿和僧房二、三間。佛殿多為一種高腳式的屋子，屋頂較低，殿內較寬敞，供奉佛像，在節日或佛日信徒們可進入禮佛，聽經聞法、受持五戒，修行禪定等。另有房頂呈多層人字形，看上去像豎立樓梯，這是用為存放經書和佛像的地方。其次就僧眾居住的寮房。不管佛寺大小，都有佛塔、佛殿、僧舍和菩提樹[19]。

佛教在寮國社會、政治、群眾各方面起著重要的作用，佛寺不僅是傳播佛法的場所，而是集文化、教育、工藝、文學、藝術、體育、娛樂，對人民生活起了多種作用，可歸納為以下幾個方面：1.佛寺可做為文化學校，除送子弟出家學習佛學、巴利語、各種知識和道德觀念，有很多學校也設立在佛寺中，僧人可做老師；2.佛寺可做醫務所、草藥，僧人可為群眾治病；3.佛寺可做為聚會場所、議事、商討事情、傳播新聞；4.佛寺可做為體育、娛樂場所，特別是在新年和節日的時候，男女老幼大家一齊來到佛寺，共享歡樂；5.佛寺做為歇憩場所，無論經商、旅行、出外辦事，都像做為自己家一樣；6.佛寺做為學習和繼承傳統技術的地方，如學習雕刻、木工、陶瓷等；7.佛寺做為傳播文學藝術的場所，使文學得以發揚和傳承等[20]。這些佛寺作用看是鬆散，卻把佛教與民眾有著堅強的凝聚力。

琅勃拉邦還保有一個佛教特有的景色，就是在每天清晨天亮時，僧人集體出來托缽的陣容。這種景色在其他佛教國家是很少見到的，有也不能如此壯觀和新奇，這是在一條集王宮與多座佛寺前的老街上舉行。當每天清晨天色曚曨時，街道兩旁一邊已排好無數布施的供養人，面前放好各式各樣供養品，包括飯食、水果、鮮花、日用品……，另一邊有很多東西方各國的觀光客，大家都在等待著。過一會兒，大約有二、三百位僧人，排成一條長陣隊伍赤足走來，接受信眾的供養。信眾們先恭敬虔誠地合掌後，然後將供養品放進僧人的缽中，在供養儀式中大家都不說話。這時另一邊觀光客們就凝目注意觀賞，爭相攝影照相。也有觀光客臨時加入供僧的行列（食物向一旁小販們購買），都感到非常的新奇和欣喜萬分。這時一切交通都停止通行。還有在每天午後，都舉行地攤市場買賣，商販達到好幾百家，擺放各種土產貨品，讓遊客們挑選。這種觀賞僧人托缽或自由逛地攤，成為在琅勃拉邦獨特的一種景色㉑。

首都永珍，有大小佛寺九十多座，在市區就有四十三座。過去原有雄偉的玉佛寺（Wat Phra Keo，一五六三年塞塔提臘王建），即供玉佛之處，因玉佛後為泰人取走，現僅留下斷石殘碑。現在最華麗的佛寺為「室沙吉寺」（Wat Si Saket），是寮國僧王所居，寺內收藏各種銅、石、木造佛像三千多尊，極富藝術價值。其他有維賽寺，為副僧王住處，規模宏大；翁德寺（Wat Ong Teu）是王室的佛寺；帕喬寺現改為王家博物館，館內有很多佛像陳列。

永珍最偉大的佛教勝跡，是「大舍利塔（塔鑾）」，是寮國歷代建築藝術的精華，起源雖被認為有泰國素可泰王朝時的特徵，而形式多樣，是建築物最高的發揮。大舍利塔每年例行有一次隆重的慶祝大會，時間是在十一月十五日至十七日，一連舉行三天，全國休假，由國王率領內閣官員主持揭幕，並在儀式中頒發有功勛章。大會期中，高僧雲集誦經，全國各地很多佛教徒都專程前往朝拜，香花供佛，聽經聞法，布施供僧，認為是無上的功德。在佛塔周圍路途上，更有各種物品展覽會，土產、洋品都有，交易熱絡，又有種種體育比賽和文娛節目。每日趕往參加的人群，從永珍到佛塔，沿途人如潮湧，車輛非常擁塞，歡欣鼓舞，這是寮國傳統的慶典㉒。

關於寮國雕刻佛像的藝術，可說是平凡的，自從公元十四世紀末，佛陀的顏面就成了固定的形式，如摩那蘭寺的佛像，髮頂高聳，兩耳垂長，表現高雅而非現實的，很明顯的，是受了泰國素可泰王朝的影響㉓。至於寮國文學方面，可說是泰國文學方言的一個支流，多數作品著者不明，年代難分。十四世紀中期，由於佛教的廣泛傳播，佛教文學以《本生經》為主，從其中選出十篇，作為講經說法之用，敘述佛陀過去世修菩薩行，獲得種種大果報的情形，深具教訓啟示意義，中間也有夾雜著印度一些民間的傳說。另一廣為流傳的故事集《摩訶索德》，也取材於佛經，敘述佛陀前生十個生世中，最具有智慧的一個生世。除此，僧王摩訶威根據印度民族文學著名的寓言《五篇》（Pañcatantra），將其中四篇的編成寮文《娘丹黛》，大部分是包含在著名的梵文故事中。從公元十六世紀起，產生不少優秀的長篇敘事詩，而宗教作用也愈來愈淺。到公元十九世紀初期，因法國殖民者侵入寮國後，寮國文學有許多詩歌、小說、散文等作品，充滿熱忱愛國的情緒，揭發殖民者侵略的罪行，歌頌人民抗法英勇不屈的事蹟㉔。

在上世紀中出了許多位僧人學者，如摩訶尸羅維拉馮（Maha Sila Viravong，一九〇五—一九八七），公元一九三九年編寫《寮國語文法》，公元一九五七年出版《寮國史》，一九六〇年著《寮國語詞典》，以及收集整理寮國優秀的古典文學作品。在上世紀六十年代，摩訶坎潘維拉吉（Maha Kham Phan Vilachit）、摩訶坎丹提帕里（Maha Kham Than Tipprboury），曾幫助中國培養第一批寮國語人才。他們都是寮國負有盛名而有威望的學者。

寮國在以前，有不少出家人多往泰國受僧教育，甚至國內教授巴利語和寮國文佛學課本，亦採用泰國課本，或經過改編後採用。僧伽行政組織，亦類似泰國。亦有出家人到斯里蘭卡和印度去深造。在國家獲得獨立後，佛教才重視僧教育的發展。

寮國的僧教育因獲得國家支持，被認為是本國教育的一部分。為了改變舊式教育，適應時代需要，在公元一九六四年一月，規定新學制，分為三級：（一）小學：分初級小學三年，高級小學三年，共為六年，相當於國民小學教育。（二）中學：相當初級中學，四年制。（三）佛教高級教育：相當高級中學，三年制。

上面三級教育，是與寮國國民小學和中學年制課程相配合。但初級小學三年，因為是國民義務教育，在年幼未出家之前已經受完，所以佛教不需舉辦，都直接從高級小學開始。小學和中學（初級中學）是由宗教部負責；佛教高級教育，由教育部負責。沙彌和比丘受完各級教育，由學校所屬之宗教部或教育部發給畢業證書。在受完佛教高級教育畢業後，如果是比丘身份，並加上「摩訶」（Mahā，意為大）之尊稱。課程方面，高級小學和中學有佛學、巴利語、寮國文、法文、英文、算數、史地、科學常識、衛生學、人類發達史、教師課程等。佛教高級教育課程有巴利語翻譯及解釋、宗教、佛教史、大乘佛教史、上座部佛教藝術史、印度及東亞哲學史、法文、英文、梵文或中文、日文，及泰、緬、柬埔寨、寮國文學、中國文學、日本文學、天主教、回教史、宗教哲學比較學等。巴利語分為九級，初級從第三級考起，一直到最高第九級。因為寮國比丘可以隨時自願返俗，所以國家規定，凡讀完佛教高級教育後，須經過二年以上為佛教服務，才可自由返俗，亦才有資格投考國立大學㉕。

在寮國境內，據未正式統計，約有華僑六、七十萬人，多為潮籍，他們大多在都市經商，次為做工及種植，對寮國經濟貢獻很大。華僑多保持自己的文化，辦有中文學校，且很多人信仰大乘佛教。在永珍有華僑近五萬人，華僑佛教徒曾創立「中寮佛教社」一所，有普通華僧一位或兩位，沒有中國佛寺。在寮國也有很多越僑，亦多信仰大乘佛教，建有一所「邦廊寺」（Wat Banglong），住有越僧領導信徒，宏揚佛法。總之，寮國自獨立後，佛教雖謀求不斷發展，也獲得國家充分的支持，但因政府分裂，戰爭連年，人民經濟生活困苦，受種種條件所限，佛教的發展和建設，是很緩慢的。

公元二十世紀九十年代統計，寮國共有大小佛寺三千三百一十四座，其中有住僧二千六百九十二座，僧人共有二萬多名。首都永珍有佛寺八十多座，古都琅勃拉邦有九十五座[26]。

❶ 宋立道著：《傳統與現代——變化中的南傳佛教世界》，第一九〇頁。

❷ 宋立道著：《傳統與現代——變化中的南傳佛教世界》，第一九一頁。

❸ 楊曾文主編：《當代佛教》，第一六八—一六九頁。

❹ 宋立道著：《傳統與現代——變化中的南傳佛教世界》，第一九四頁。

❺ 郭壽華著：《越、寮、柬三國通鑑》，第二五五—二五六頁。

❻ Payutto比丘：〈訪問寮國佛教的見聞與感想〉（泰文），載《佛輪》月刊第二十一卷第六—八期。

❼ 宋立道著：《傳統與現代——變化中的南傳佛教世界》，第一九六頁。

❽ 郭壽華著：《越、寮、柬三國通鑑》，第二五七—二五八頁。

❾ Payutto比丘：〈訪問寮國佛教的見聞與感想〉（泰文），載《佛輪》月刊第二十一卷第六—八期。

❿ Payutto比丘：〈訪問寮國佛教的見聞與感想〉（泰文），載《佛輪》月刊第二十一卷第六—八期。

⓫ 楊曾文主編：《當代佛教》，第一六八及一七三—一七四頁。

⓬ 楊曾文主編：《當代佛教》，第一七四頁。

⓭ 楊曾文主編：《當代佛教》，第一七七—一七八頁。

⓮ 楊曾文主編：《當代佛教》，第一七四頁。

⓯ 蘭那（Lanna）意為百萬米田之國，是在公元一二九六年泰國北方泰族領袖孟萊王（Mangrai）所創立，國都在清邁。清邁現在是泰國第二大城市，特具泰國北方文化及佛教色彩。

⓰ 辛島昇等譯：《印度支那文明史》，第二一八—二一九頁。

⓱ 辛島昇等譯：《印度支那文明史》，第二五四—二五六頁。

⓲ 陳玉秀：〈龍坡邦〉，載《故宮文物》月刊第二九二期。

⓳ 馬樹洪、方芸編著：《列國志：老撾》，第四十—四十一頁。

⑳ 馬樹洪、方芸編著：《列國志：老撾》，第四十三頁。

㉑ 著者公元二〇〇九年一月往寮國觀光時在琅勃拉邦親見，同時也參加供僧。

㉒ 宋天明編著：《印度支那半島上的國家》，第一〇八—一一〇頁。

㉓ 辛島昇等譯：《印度支那文明史》，第二二〇頁。

㉔ 辛島昇等譯：《印度支那文明史》，第二一八—二一九頁。

㉕ Payutto 比丘：〈訪問寮國佛教的見聞與感想〉（泰文），載《佛輪》月刊第二十一卷第六—八期。

㉖ 張良民著：《老撾——東南亞唯一的內陸國》，第一六七頁。

第六篇

中國雲南上座部佛教史

第一章　南傳佛教傳入雲南傣族地區

第一節　傣族原始文化與信仰

雲南境內民族眾多，各民族都有自己的宗教信仰。關於佛教的流行，就有漢傳佛教、南傳佛教、藏傳佛教，三者在雲南境內構成具有特色的中國佛教體系，有著重要的地位和影響。大致上說，漢族、納西族、白族、彝族等信仰大乘佛教；傣族、布朗族、德昂族、阿昌族、佤族等信仰南傳佛教；藏族、普米族、納西族等信仰藏傳佛教。

中國傣族主要分布在雲南省西雙版納傣族自治州、德宏傣族景頗族自治州、耿馬傣族佤族自治縣、孟連傣族拉祜族佤族自治縣，其餘散居雲南省的新平、元江、金平等三十餘縣，總面積五萬多平方公里，根據公元二〇〇〇年第五次全國人口普查統計，傣族人口數為一百一十五萬八千九百八十九人。以上這些傣族人聚住的地方，簡稱「傣族地區」；流行信仰的是上座部佛教，也簡稱「傣族地區佛教」。

傣族地區佛教與東南亞的緬甸、泰國、柬埔寨、寮國及南亞的斯里蘭卡，共同構成了南傳上座部佛教文化圈。傣族地區佛教經典內容和南傳巴利語系三藏相同，但編次稍有差別。三藏典籍有巴利語的傣語譯音本及註釋本，也有部分重要經典的傣語譯本，還有大量傣族、布朗族的著述，除經典註釋外，還有天文、曆算、醫藥、歷史、詩歌、傳說及佛經故事等。出家人日常禮儀和生活方式，尤其接近南傳佛教。

西雙版納在傣語中是「十二個千畝田」的意思，即劃分為十二個行政區域，在雲南省最南端，目前是傣族自治州，通常指景洪、勐海、勐臘三縣，人口一百多萬，以景洪為首府。因與緬甸和寮國接壤，也與泰國鄰近，在公元十三世紀後自緬甸和泰國傳入上座部佛教。傣族與緬甸的撣族、寮國的主體民族寮族和泰國的主體民族泰族都有歷史和文化淵源，語言和習俗也與上述民族接近。

傣族歷史悠久，遠在公元一世紀，漢文史籍就有關於傣族先民的記載，公元前一〇九年，漢武帝開發西南夷，建置益州郡，傣族地區是益州郡的西南邊疆。公元六十九年，增設永昌郡。傣族地區屬永昌郡管轄。當時，傣族先民的首領曾多次派遣使者，帶著音樂師和魔術家來到東漢王朝的首都洛陽奉獻樂章，表演新穎的技藝，博得了東漢王朝的讚賞與歡迎，被賜予金印、紫綬，其首領還被封為「漢大都尉」，從而和東漢王朝建立起政治上的隸屬關係。公元八至十三世紀，傣族地區先後隸屬於以彝族、白族為主體建立的雲南南詔蒙氏政權和大理段氏政權。元代，傣族地區隸屬於雲南行省，開始在民族地區實行土司制度，在雲南西部傣族地區設置金齒宣撫司，管轄德宏等地傣族，在南部傣族地區設置徹（車）里軍民總管府，管轄西雙版納等地。明代，又在元代的基礎上加以鞏固，在西部設麓川平緬宣尉司；在南部設車里軍民宣尉司，並設較小土司區，全面推行土司制度。在廣大傣族地區任用世襲的土司、土官，加強了元、明王朝對傣族地區的統治。清代基本上沿襲元、明舊制，但在社會經濟較為先進的內地傣族地區實行「改土歸流」政策，委派流官進行直接統治。民國政府統治時期，在邊疆傣族地區成立縣和設置局。

傣族有其民族的語言和文字。傣語屬於漢藏語系壯侗語族壯傣語支，主要有西雙版納的傣語和德宏的傣納語兩個方言區。傣文是一種拼音文字，有傣文（西傣文）、傣納文（德傣文）、傣繃文、金平傣文和新平傣文五種。這些文字中較通用的是傣文和傣納文。新中國成立後，根據實際需要和本民族人民的意願，在上世紀五十年代對這兩種文字進行了改造，現稱西雙版納傣文和德宏傣文。

傣族文化由三個歷史原因形成：一是百越文化的歷史淵源，即傣族先民固有文化的歷史發展和衍變。二是華夏文化的歷史淵源，在某些歷史時期中，傣族先民與華夏族曾經共同生活在一個地域之內，進行廣泛的接觸和交流。三是印度文化的歷史淵源，因地處雲南邊疆與中南半島為鄰，隨著東南亞接受了印度文化和宗教。由此三種文化融滙於傣族文化體系中，而發展為現今傣族獨特文化的形態❶。

傣族原始社會的發展，跟其他民族一樣，從氏族農村公社到部落，到部落聯盟，其間曾經歷過家長奴役制的社會，繼而發展到初期封建社會，還保存著血緣關係的明顯痕跡，還未進到資本主義階段。公元一九八〇年代中國實行改革開放後，為了促進經濟文化的發展，因傣族聚居地區山川秀麗，資源豐富，西雙版納的原始森林，覆蓋率占全州面積的百分之五十七點一四，德宏州森林覆蓋率占全州面積的百分之四十六點零二，尤以美麗的熱帶和原始森林著稱，所以積極開發旅遊業，但農村公社制度仍基本維持，沒有改變。

傣族人原始宗教信仰包括巫術、寨心崇拜、獵神崇拜、祭穀魂、祖先崇拜等。在傣族原始文化中，人們覺得有一種「物活感」的東西存在，認為許多物體都同自己一樣是活著的。對於活動量愈大的對象，物活感愈強，首先是動物，次為具有生長凋謝現象的植物，再次有運動和變化的日月雨風等。在傣族村寨中都有巫師的存在，巫師的職能具有超自然力，並借超自然力而施行巫術，鬼魂和精靈觀念出現後，被看作能與鬼神交往，並藉鬼神超自然力保護氏族、村社成員、牲畜農作物等，並能驅趕致病的妖邪。巫師並兼管占星術，推算吉時良辰等。現今在傣族人中，仍存有以巫術驅鬼的遺風，認為神是降福人間，而鬼給人帶來災難，人的一切不幸，都歸之於鬼的作祟，而要求助於巫術祭神驅鬼。

在氏族公社和部落時期，生產力十分不足，獲得食物和人口繁殖成為氏族極為重要的事情，寨心就是一種生殖崇拜，是用木樁或石塊形狀表示，埋入地下及高出地面二、三尺，以祈求氏族成員繁衍，並可抵抗敵對氏族的侵略和防禦野獸的襲擊。

傣族古代先民為了採集到食物，也同樣從事狩獵活動，一直到農耕時代。傣族人傳說，早期先民曾有一段大遷徙的曲折歷史，主要以狩獵野獸，採集食物為生，所以至今有崇拜獵神的風俗。當村民們出獵時，先到獵神龕前向獵神祈求庇護；狩獵歸來後，也要到獵神前膜拜❷。

近代傣族人已具有修建和管理灌溉水渠技術，但仍然要選擇一個最吉利的時辰耕種插秧祭拜穀魂，保證豐收，不出意外。有一項「叫穀魂」的宗教儀式，人們在招穀魂時吟唱，開頭一節中說：「穀魂呀！你是王，穀魂呀！你是主，千畝黃穀已入倉，穀魂呀！快回來，穀魂呀！快歸倉❸。」

傣族的祖先崇拜主要分為：家神、寨神、勐神三種。傣人對家神頗為敬重，在每日早晨飯熟後，第一團糯米飯必先敬奉家神享用。寨神和勐神，就是氏族保護神和部落保護神，隨著父權家族的建立和靈魂觀念的發展，產生了對氏族部落領袖的崇拜。在氏族部落領袖的崇拜中，多為過去獻出生命的英雄人物，基本上以血緣關係為紐帶，而加強氏族部落的內聚力量❹。

第二節 上座部佛教傳入的路線與時間

公元前三世紀，佛教由印度傳入斯里蘭卡，是由摩哂陀長老領導的上座部分別說系的銅鍱部，因為大寺（Mahāvihāra）的建立，很快就成為斯里蘭卡的國教，後被稱為大寺派。約於公元一世紀初，又產生了其他不同教派，互相競興達一千多年。特別是在公元五世紀初，印度佛音論師至斯里蘭卡留學，得到極高的成就，領導編譯巴利文三藏和寫了很多註釋書，奠定了上座部佛教思想體系的教學基礎。至公元十二世紀下葉進行佛教改革，大寺派隆盛和獨尊，自稱代表正統上座部的傳承，其他各派逐漸衰亡。然後在公元十二至十四世紀，由斯國再傳入東南亞的緬甸、泰國、柬埔寨、寮國、中國雲南傣族地區，逐漸形成南傳上座部佛教文化圈，三藏經典用巴利語，其他大小乘各派佛教也都漸趨滅亡。流行於中國雲南省西雙版納地區的上座部佛教，是由緬甸和泰國傳入，同屬南傳上座部佛教一系，在教義和修行方面都基本相同。

南傳上座部佛教在何時傳入中國雲南傣族地區，從學者對有關資料研究，及出土碑銘等來考察，因意見的分歧，主張不同，已有十多種說法，大多因為證據不足，或不能做為信史的，在這裡都不做討論。既然斯里蘭卡大寺派上座部佛教，在公元十二至十四世紀，才正式傳入東南亞。大致上是這樣的，公元十二世紀末，斯里蘭卡大寺派上座部系僧團才在緬甸成立。泰國正式承認上座部佛教，是在公元十三世紀中期；柬埔寨及寮國，是在公元十四世紀初期。然後再由泰國和緬甸傳入中國雲南傣族地區，所以南傳佛教傳入雲南傣族地區，應該不會早於公元十三世紀以前。

公元一三六七年，清邁的哥那王（Kue-Na，一三五五—一三八五）在位，禮請斯里蘭卡大寺系的泰僧蘇摩那（Sumana）至清邁，協助建立斯里蘭卡系僧團，並獻出自己的花園，做為弘法道場，這就是著名的花園寺，成為潤派的根本道場。

清邁以後為緬甸屬國或統治時期，曾將潤派（花園寺派）傳入緬北的景棟，然後又由景棟傳入中國雲南西雙版納傣族地區。亦有說清邁哥那王在位時，曾派一批比丘至斯里蘭卡留學，回國後建造了蓮花塘寺，實行阿蘭若生活（林居派）。蓮花塘寺派（也是潤派分山的一支）後來也傳入中國雲南傣族地區。清邁在公元一七七五年為泰國所征服，收為國土。按照以上這段歷史來看，南傳上座部佛教在公元十四至十五世紀，才正式傳入中國雲南傣族地區。

此外，從早期傣文文獻記載來看，西雙版納地區的傣族信仰上座部佛教是在明代初年以後，到明代中期才普遍流行。據學者從語言學研究，在明代時期原始傣語族群曾發生過一次大分化，分為西雙版納傣族、德宏傣族、元江流域傣族、金沙江流域傣族。由於元江流域傣族和金沙江流域傣族不信仰佛教，而西雙版納傣族和德宏傣族盡管信仰佛教，但他們記錄佛經的文字並不一樣，教派也不盡相同。這就說明了原始傣族族群並不信仰佛教。否則後來各支派系應有同一文字的經文，或至少保有佛教的痕跡。因此，佛教傳入西雙版納和德宏，傣族形成全民信仰佛教應不會早於明代❺。

❶ 劉岩著：《南傳佛教與傣族文化》，第四十八頁。
❷ 劉岩著：《南傳佛教與傣族文化》，第五十四頁。
❸ 劉岩著：《南傳佛教與傣族文化》，第五十五—五十六頁。
❹ 劉岩著：《南傳佛教與傣族文化》，第六十—六十一頁。
❺ 鄭筱筠著：《中國南傳佛教研究》，第五十九頁。

第二章　上座部佛教的發展及分派

第一節　上座部佛教初傳發展的情況

為什麼要說上座部佛教在十三以後世紀才傳入雲南傣族地區？學者舉出三點原因：一是與雲南鄰近緬甸、泰國等地區，在公元十三至十四世紀才確立了東南亞上座部佛教文化圈；二是明初以前的漢文資料中，沒有文獻記載傣族地區已有佛教的信仰；三是公元十四世紀上座部佛教才傳入雲南❶。現在略做如下的綜合分析。

西雙版納的傣族與緬甸撣邦的撣族（Shan），在語言習俗等方面都大體相同，兩國邊界相鄰，兩族人民彼此互相往來，歷史悠久，經濟、文化的交流頻繁，佛教交流亦是自然之事。考撣族與泰族原先住在中國南方境內，稱擺夷或哀牢。在九百年前，經過一段很長時間不斷地向南遷移，抵達泰國湄南河流域的稱為「暹」，後稱「泰」；抵達緬甸薩爾溫江流域的稱為「撣」；亦有部分抵達寮國、越南的；留在中國境內的稱為「傣」。

依據緬甸的《琉璃宮史》及高僧般若薩彌的《教史》記載，公元一〇四四年，由阿奴律陀統一緬甸建立蒲甘王朝時，只有緬南（下緬甸）直通、勃朗信仰上座部佛教，緬北（上緬甸）地區是信仰其他教派。公元一二五七年後，當蒲甘王朝衰微下來，撣族人在北方逐漸興起，以芽莊、實皆、瓦城為根據地，建立撣族統治時期，初期上座部僧還很少，反而阿利教派僧多，公元十三世紀中期以後上座部佛教才興盛起來。至公元一三四〇年上座部佛教在邦芽地區有七十七座寺院，僧人增至數千。不久僧團分成三派：住在山林的稱「阿蘭若住者」；住在村落的稱「村落住者」；原有田園收益的僧人被稱為「國僧」或「官僧」❷。

公元十二世紀當蒲甘王朝強盛時，又把勢力伸展至泰國北部的蘭那國（在一〇五六年後建國，都清邁），收為屬地，統治著清邁等地，並傳入上座部佛教，因受蒲甘文化的影響，泰國北部佛教的建築等，都富有緬甸佛教的形式，如清邁的七峰塔，是依蒲甘大菩提塔形式建築的。特別是緬甸勢力統治清邁時，影響了泰國北部的上座部佛教；而清邁的佛教約在公元十四、十五世紀，又傳入緬甸北部撣族的景棟。再經由景棟而傳入中國雲南傣族地區，時間就更晚了，所以說西雙版納上座部佛教是從緬甸傳入，是有根據的，並且開始對傣族等地區的社會、政治和文化產生很大的影響。

公元一三六七年，清邁的哥那王即位後，將上座部佛教傳入緬甸的景棟（當時屬蘭那泰）。另外他又派僧團至中國雲南的西雙版納弘法。蘭那泰和西雙版納種族同源，語言和文化同一體。今日的清邁屬泰國，景棟屬緬甸，西雙版屬中國雲南，而三地文化是不能分割的，同樣流行上座部佛教❸。

除西雙版納、德宏以外，臨滄、思茅兩地也是傣族聚居地區，上座部佛教傳入更晚，臨滄耿馬縣史料記載，公元一四七三年，上座部佛教從緬甸撣邦景棟地區傳入耿馬。靠近內地景谷等地，大約公元十七世紀中期才自緬甸傳入上座部佛教。所以人們往往把寺內僧人稱緬僧，佛寺稱緬寺，佛塔稱緬塔，佛經稱緬文。

公元一五六九年，緬甸國王莽應龍和傣族聯姻，莽應龍的公主娘呵罕（南巴都瑪）嫁給西雙版納首領宣尉司刀應勐，稱金蓮王后，生一子刀韞猛，後來建築一所大佛寺，名「金蓮寺」，此後佛教在西雙版納獲得很大的發展。而莽應龍又娶了斯里蘭卡的公主做王后。宣尉司夫人回到緬甸探親時就能見到斯里蘭卡的公主，所以斯里蘭卡、緬甸、傣族地區，通過這種關係也能有助傳播佛教文化。

更確切地說，公元十四世紀上座部佛教開始傳入傣族，到公元十五、十六世紀才形成大規模信仰，對傣族邊疆民族社會、政治、經濟、文化產生了很大的影響。

再從明初以前有關傣族的漢文文獻來看，未見有資料記載傣族地區信奉佛教的記事。元代義大利旅行家馬可波羅（Marco Polo，一二五四—一三二四）到過雲南傣族地區，在他所著《馬可波羅行紀》第一一九章〈金齒州〉說：「其人無偶像，亦無廟宇，惟崇拜其族之元祖，而云『吾輩皆彼所出』。彼等無字母，亦無文字❹。」明洪武末年（一三九八）錢古訓、李思聰出使麓川後所著《百夷傳》，記當時傣族習俗說：「夷人無陰陽、醫卜、僧道之流。」又說：「其俗不祀先，不奉佛，亦無僧道❺。」《明史・雲南土司傳・麓川》亦載：「平緬（今德宏地區）俗不好佛，有僧至自雲南，善為因果報應之說，倫法信之……位諸部長上。」倫法為公元十四世紀末期麓川王，這說明德宏地區在明代時佛教才為統治者上層所信奉❻。

公元十四世紀中期，東南亞緬、泰、柬、寮國等大體上都已經改信斯里蘭卡大寺派的上座部佛教。由緬甸、泰國傳入中國雲南傣族地區的上座部佛教，而共同形成東南亞上座部佛教文化圈。較早傳入雲南傣族地區的上座部佛教，稱為「潤派」，因為在緬甸蒲甘王朝強盛時，勢力統治泰國北部的清邁一帶，稱為「勐潤」（「勐」傣語為地方、地區意），傣族地區上座部佛教是先由清邁傳到緬甸景棟，再由景棟傳入雲南傣族地區，故稱為「潤派」。潤是潤國，或稱潤那（Yona），派是宗派或部派。早期緬人和泰人指清邁一帶為潤國所在地。

由於僧團比丘們對戒律的解釋不同，在修持和生活方式上略有差別，分為埧（壩）派和孫派❼，意思就是住在山林中的林居派，及住在村落或寨邊的村居派。這兩派都從泰國清邁傳入緬甸的景棟，又再從景棟傳入西雙版納的勐龍、景洪、勐臘、勐捧、易武、勐養、勐旺的傣族地區[8]，林居派主要流行於布朗族地區，景真、勐混、勐海、勐遮、勐阿傣族地區[9]。而後來這兩派界限漸漸縮小，村居派僧人增多，林居派僧人卻愈來愈減少。

後來傣族地區林居派又出現了花園寺派，是從泰國清邁的花園寺派引進，而泰國清邁的花園寺派，早先是從斯里蘭卡傳入。在西雙版納的西定布朗山區和勐遮、勐海、勐混、大勐龍、景洪、勐罕等傣族地區，流行的是上座部佛教蓮花塘寺派，此派是經泰國清邁先傳入緬北的景棟，再由景棟傳入傣族。這兩派由於在戒律問題上發生分歧，蓮花塘寺派主張嚴守林居派戒律；花園寺派則主張改革，戒律較寬鬆。

近代從事研究傣族及東南亞文化的工作，並曾在雲南大學進修歷史學的刀述仁（一九三五—）居士，自一九八四年至今任中國佛教協會副會長兼祕書長、雲南省佛教協會會長。曾介紹傣文手抄本《佛教大事記》，其中也有相似的記述：潤派佛教最初由斯里蘭卡傳入蘭那（勐潤），再由蘭那傳入緬甸的景棟等地，然後再傳入中國邊疆地區。在蘭那君主帕雅莽來（Bayamanlai）時代，佛教振興繁盛，以應達班約（Yingdabanyo）為首的一批比丘到斯里蘭卡學法深造，學成回到蘭那建立了一座佛寺——蓮花塘寺（Vabayobo），持戒精嚴。一說是斯里蘭卡大寺派長老親自到該地來宣教而建立的佛寺。其後，以年達班雅（Nendabanya）為首的一批比丘學成回蘭那後，另建一所佛寺——花園寺（Vasunlo）。最初兩寺及其所屬各寺同屬一個統一僧團，共同參加進行布薩。後來在戒律的解釋上發生爭執，蓮花塘寺僧人主張保持固有的傳統，花園寺僧人則主張在教化民眾和佛事活動方面要進行改革，因而分裂成兩派，各自建立僧團和布薩堂。凡蓮花塘寺派出去傳教或建立的寺院都自稱為「擺壩」，凡花園寺派出去傳教的僧人或建立的寺院都自稱為「擺孫」❿。

蓮花塘寺派（擺壩）傣曆七二〇年（一三六九）以雅那卡皮拉（Yanakapila）長老為首的七百僧人從清邁到了緬甸景棟及附近地區宣教，建立了景棟城市的第一所佛寺——寶象寺（Vazhangjiao），然後進入西雙版納的西定布朗山區和勐遮、勐海、勐混等傣族壩區。花園寺派（擺孫）以西卡班若（Hikabanro）長老為首的一批僧人，繼蓮花塘寺派僧人之後來到景棟宣教，建立了景棟城區一所花園寺派佛寺——紅林寺（Vabaliammg），並在傣曆七三四年（一三八三）傳到西雙版納的大勐籠、景洪、勐罕（橄欖壩）等傣族地區⓫。

據公元一九五六年一分傣文調查報告證明了上面的說法，在版納景洪宣慰街金蓮寺（傣名娃伍罕）是建造最早的佛寺，時在公元一五七〇年。這所佛寺是當時緬甸國王的公主叫南巴都瑪於公元一五六九年嫁給西雙版納宣尉司的第二年，為了紀念父親而建造的，塑的佛像面向瓦城（曼德勒）。此寺已毀，還保存有磚牆痕跡⓬。

從東南亞上座部佛教文化圈的形成，及潤派在蘭那的形成來看，南傳上座部佛教傳入雲南傣族地區的時間，應在公元十四世紀及其之後。當然，不能完全否認在上座部佛教傳入之前，或有其他大乘、小乘部派佛教的傳入，或有遊方僧行化到達短暫的停留教化，例如南詔、大理的佛教，或緬甸蒲甘時期的佛教。但在歷史文獻上，在傣族人地區內，並未發現有關早期大乘佛教及其他小乘部派佛教遺跡存在的報告。

第二節　傣族上座部佛教的分派

上座部佛教傳入雲南西雙版納傣族自治州、德宏傣族景頗族自治州、思茅地區、保山地區等，為傣族、布朗族、德昂族，及部分佤族、阿昌族、拉祜、彝族所信奉。就佛教派別上來看，分為多列、潤、擺、左抵四派。而多列又分達拱旦、舒持曼、瑞竟、緬坐四派。潤又分擺孫、擺壩（潤孫、潤順）。這些派別在傳入之前即已形成⑬。而這些派別教義教制基本相同，只在戒律和生活上有些寬嚴的差別。

一、潤　派

前面已經說過，潤派是傣族人對泰國北部以清邁一帶，即蘭那傳來佛教的稱呼。此派先從蘭那傳入緬甸景棟，公元十四世紀再從景棟分別傳入西雙版納、耿馬、德宏等地，也是傣族流傳最普遍的上座部佛教教派。

潤派中又分擺孫（傣語Baisun，意為村寨寺）和擺壩（傣語Baiba，意為山林寺）二派，也就是分村居派與林居派，主要在對戒律解釋、修持和生活方式上略有差別。擺孫僧人佛寺建在村寨中，與村民往來頻繁，較多還俗，主持宗教儀式，戒律較寬鬆，有寺奴和寺產，僧人或可養馬，也可擁有個人財產。男孩出家受沙彌戒前，由親友背著送入佛寺，得沙彌戒後，著衣規定要偏袒右肩。擺壩僧人以托鉢日中一食，食素，不殺生，麂皮為坐墊，樹皮為被，下山入村落不入民居，禪修中不逃避蟲蝎猛獸，終身修苦行，很少還俗。佛寺初建於山林中，後逐漸建在村寨中，沒有寺奴及寺產。男孩出家受沙彌戒前，受親友歡送騎馬入佛寺。

擺壩與擺孫兩派，最初傳入時有明顯地區分布，後來由於各派傳教，接近信眾，兩派分布地區差別逐漸消失，之後隨著社會的發展，居住山林的擺壩，搬到村寨附近或村寨中建寺，兩派在佛教禮儀和生活方式上，互相漸趨融合了⓮。

二、多列派

公元十五世紀多列派是由緬甸傳入耿馬地區，在孟定、勐簡得到較大的發展。公元十八世紀大規模傳入德宏自治州和臨滄傣族地區、德昂族地區。傣語多列是住山之意。據傣族耿馬一位擺多派長老英德戛說，多列派實際是屬於上座部佛教信阿羅漢一派。多列派在緬甸原有十多個派別，傳入德宏地區的有達拱旦、舒持曼、瑞竟、緬坐四派。近代隨著緬甸統一和佛教興盛，在德宏等地多列派發展迅速，有取代以前傳播較廣和信徒眾多的擺莊和潤派的趨勢。

達拱旦：在四百年前由緬甸傳入德宏州一些地區，因僧人將袈裟摺疊搭掛在左肩上，故稱達拱旦。經過變遷，現在等同擺莊派。目前僅在芒市等地區，有幾所佛寺和少數僧人及信眾，信眾多為德昂族（原名崩龍族）。

舒持曼：據說三百年前由緬甸傳入德宏州的瑞麗、隴川兩地。一百多年前傳到盈江等地的舒持曼，是當地擺莊派比丘到緬甸學習，返回家鄉而傳播的。

瑞竟：據說在公元一五四六年，由緬甸塔瑪沙拉（Tamasala）、瑪哈沙密（Mahasami）二位僧人來孟定傳入，在孟定的允景有十一所佛寺，至今已四百多年。特別是在一百年前，由緬甸瑞竟派教徒二人到德宏盈江縣，當時有十三個村寨的擺莊派，都改學瑞竟派。在臨滄地區的孟定也有瑞竟派流傳，傳入時間要早於德宏州。

緬坐：從緬甸傳入德宏州瑞麗縣，據說僧人在誦戒時，將坐墊的麂皮摺疊搭在左肩上，稱為緬坐。只有瑞麗莊擺占佛寺曾經信奉這個教派[15]。

三、擺莊派

公元十五世紀中葉後傳入德宏地區，分布在德宏州芒市、遮放、瑞麗、隴川、盈江等傣族地區，持戒較寬，佛寺多建在村寨中，信眾較多，與潤派比較接近，關係密切⑯。

四、左抵派

據說左抵派創始人是緬甸芒海的洼拉比丘，在曼德勒出家。三百年前由緬甸仰光傳入德宏州芒市，及由緬甸南罕傳入德宏州的瑞麗和臨滄地區的孟定。上世紀五十年代前，德宏地區已無左抵派僧人，只有在芒市僅有信眾六十戶，已無比丘⑰。

❶ 姚珏著：《天國的邊緣——雲南上座部佛教的歷史和經典》（雲南大學碩士論文），第八頁。

❷ 參見本書第二篇〈緬甸佛教史〉第三章第一節。

❸ 陳炯彰著：《印度與東南亞文化史》，第一三二—一三三頁。

❹ 馬可波羅著、馮承鈞譯：《馬可波羅行紀》，第三二三頁。

❺ 姚珏著：《天國的邊緣——雲南上座部佛教的歷史和經典》（雲南大學碩士論文），第八頁。

❻ 楊學政主編：《雲南宗教史》，第一九四頁。

❼ 在潤派僧團傳入雲南傣族地區之前就分成兩派。

❽ 楊學政主編：《雲南宗教史》，第一九二—一九三頁。

❾ 楊學政主編：《雲南宗教史》，第一九三頁。

❿ 姚珏著：《天國的邊緣——雲南上座部佛教的歷史和經典》（雲南大學碩士論文），第九頁。

⓫ 姚珏著：《天國的邊緣——雲南上座部佛教的歷史和經典》（雲南大學碩士論文），第九頁。

⓬ 姚珏著：《天國的邊緣——雲南上座部佛教的歷史和經典》（雲南大學碩士論文），第九頁。

⓭ 姚珏著：《天國的邊緣——雲南上座部佛教的歷史和經典》（雲南大學碩士論文），第十一頁。

⓮ 姚珏著：《天國的邊緣——雲南上座部佛教的歷史和經典》（雲南大學碩士論文），第十一—十二頁。

⓯ 姚珏著：《天國的邊緣——雲南上座部佛教的歷史和經典》（雲南大學碩士論文），第十二—十三頁。

⓰ 姚珏著：《天國的邊緣——雲南上座部佛教的歷史和經典》（雲南大學碩士論文），第十三頁。

⓱ 姚珏著：《天國的邊緣——雲南上座部佛教的歷史和經典》（雲南大學碩士論文），第十三頁。

第三章　現代傣族地區的佛教

第一節　僧人、佛寺、佛塔、佛教文學

雲南傣族地區上座部佛教的僧人，因教派不同，各派僧人等級和僧職稱謂都有所差別，頗為嚴格和繁雜，現在將它簡化大致上分有六個等級：沙彌、比丘、長老、大長老、僧正長老、大僧正長老（僧統領）。各級都依僧人德學、戒臘等資歷升任。不過一般農民出身的僧人大多只能升至長老，再往上各級，只有貴族出身的僧人才有資格擔任❶。

或更簡單的分為四級：男童入寺以後，學習基礎經文後，就剃度為僧，稱為「帕」（沙彌）；經過學習掌握了基本的佛學知識，且年滿二十歲，可以受具足戒後成為「都」（比丘）；比丘中佛學知識淵博，為人正直，在信徒中有一定的威信，對社會有貢獻的可以升進成為「祜巴」（上座或長老）；全西雙版納最高等級的僧人稱為「祜巴勐」，即最高級的長老，僅選有一位❷。

在雲南傣族地區，男孩到十歲左右，就由父母及親屬舉行隆重儀式，送進佛寺剃度

為沙彌，大多過一段短期出家生活，然後就捨戒還俗。這基於三個原因：一是出家功德可以超度歷代祖先；二是出家功德用來報答父母養育之恩；三是早期村寨沒有學校，男孩出家為僧後才可以學到傣文、民族傳統知識、佛法道理。而且當過和尚的人，將來在家庭和社會上才會受到尊重。

由沙彌進受具足戒後，即為比丘，在此階段如能持戒和學習經論，品學良好，便可擔任基層佛寺住持，略有較高社會地位。具足僧臘十歲，約三十歲左右，便可受推荐為上座或長老，但因南傳佛教都有短期出家習俗，可以捨戒還俗。所以一旦被升為上座或長老，無特殊原因不得還俗。因此如想還俗，在升為上座或長老前，可以推辭掉被推薦。

關於傣族地區上座部佛教寺院的制度，早期管理分為四個等級，最高一級設在召片領（領地）稱為大總寺，它是統領全西雙版納的大總佛寺；第二級設十二個區域及三十六個地方總佛寺；第三級由四個以上村寨所組成的布薩堂佛寺（比丘誦戒等儀式所用），稱為中心佛寺；第四最基層一級是屬於一個村寨的寨佛寺❸。現在的管理制度，是採用佛教協會和總佛寺相結合方法，即以州、縣兩級分別設立總佛寺，由州、縣佛教協會管理；州縣總佛寺之下，是州縣所屬各地區總佛寺，即中心佛寺，都設有布薩堂，管理下屬四、五所村寨佛寺；最基層的是村寨佛寺，即普通僧人居住、修持、教化信眾、舉辦佛事的場所。傣族人每一個村寨幾乎都有一所佛寺，較大的村寨或鄉鎮，有兩所或三所佛寺以上，也有相鄰的幾個小村寨，共有一所佛寺的。

上個世紀六十年代初，整個傣族地區廢除封建領主土司制度後，但佛教有些制度仍需做保存，其中最獨特的就是管理體系中的「波章角色」。「波章」是西雙版納地區的稱呼，在臨滄地區稱「安章」，在德宏傣族景頗族自治州稱「賀路」，也就是僧俗之間的代組織管理人，溝通佛教神聖和社會世俗媒介人，發揮著特殊的重要作用。波章是中國南傳上座部佛教流傳區域內專管佛教事務之人，由群眾推選產生，在佛教管理事務中，主要職責是：在佛教儀式活動中，承擔著儀式主持人的角色；在信眾的管理和佛事活動的安排方面，扮演著組織者和管理者的角色，負責佛教社會層面的管理工作。他還要參與佛教寺院、佛塔的管理工作，對佛寺、佛塔的建立、維修以及相關事項負責，對寺院的經濟負責或參與管理，他負責組織信眾進行佛事活動。但是，他卻屬於世俗之人，在平時他們不脫離生產，未享有任何宗教特權，參加宗教活動時也無任何報酬。他可以管理信眾，卻不得管理佛教內部事務，不得干涉管理僧團。被推選擔任波章職位的人，都是過去為資深僧人（上座或長老級）的還俗者，得到社會和信眾的認可，具有聲望和地位❹。

一般寺院都比較矮小簡陋，形式分有杆欄式、宮殿式、杆欄宮殿混合式。總佛寺以上規模較大，多數為宮殿式。大多數佛寺四周圍以矮牆，形成一個長方形的庭院。主要建築以佛殿為主，殿內只供奉一尊釋迦牟尼佛像，次為鼓房和僧舍部分。有些佛寺也築有佛經亭，為放置佛經之用。佛寺中心設有布薩堂；一些較大的佛寺，在佛殿左側或前面建有舍利塔。

西雙版納傣族地區，是寺多塔少，佛塔分有單塔、雙塔和群塔；高的達數十公尺，小的僅數尺，多用磚石砌成，外敷以石灰塗料，或有繪畫及貼金，塔身皆為實心。佛塔一般由三部分組成，塔基為四方平台，中部塔身有圓形、六角形、八角形等；塔剎（頂部）形式有螺旋式、覆鉢式、疊摺式等；塔基中心往往藏有舍利、經卷、法物等，供僧俗信眾作恭敬禮拜之用。

下面再介紹傣族地區一些著名的佛寺與佛塔。

菩提寺

位於德宏州潞西縣芒市鎮，因寺有一棵古榕而得名，是擺莊派的名剎，建於清代公元一六七五年、一八〇九年及一八一六年擴建，是芒市保存較完整的一座古寺。此寺佛殿為杆欄宮殿混合建築，造型別緻典雅，工藝精巧，獨具特色。殿內懸掛燈籠、傘蓋、彩聯等，富麗堂皇，雕刻、壁畫等，都很精美考究，融合了漢傣文化的精華。

大勐籠寺

位於西雙版納勐海縣大勐籠，據說建於明時公元一四三二年，曾經過三次修葺。全寺分為大殿、僧舍、鼓房三部分。在佛殿前側另建有一小台龕，供奉佛寺保護神及地方神。

曼閣佛寺

位於西雙版納景洪縣城郊，據說建於明時公元一四七七年，已經過三次修葺。佛殿坐西向東，為典型宮殿式建築，殿內用十六根大圓木柱支撐，極為寬敞。右為戒堂，殿後為僧舍。

大寨佛寺

位於思茅地區景谷縣城北一小山丘上，為景谷上座部佛教的總佛寺，建於清順治年間（一六四四—一六六〇），由大殿、戒堂、僧舍、及兩座佛塔構成。佛殿為三重檐構造，外型有內地佛寺建築風格，殿前有山門一道，佛殿前置石獅一對。寺內兩座佛塔因年代久遠，雀鳥銜籽落下生長成樹，而成樹包塔（左塔），及塔包樹（右塔），纏繞著共成一體的奇觀。

五雲寺

位於德宏州潞西縣芒市鎮，因寺門前有五棵大青樹，長年有鷺群棲息，遠望如雲，故得名五雲寺，當地傣語意為金子寺，是潤派的主要佛寺之一。公元一六六五年初建於姐別寨，公元一八〇二年遷到現址重建，佛殿杆欄宮殿式，殿內供有佛陀為太子時的坐像，有三點六公尺高。第一位長老名佐米妹，從泰國清邁來。

大等喊寺

位於德宏州瑞麗縣大等喊寨內，是多列派名剎，建於清乾隆年間（一七三六—一七九五），由正殿、兩座長方形亭閣及相接走廊組成，為杆欄建築。殿內供佛陀坐像，裝飾雕刻色彩明快，形象逼真，具有濃厚的傣族藝術。

曼飛龍佛塔

位於景洪縣勐龍區曼飛龍寨的後山頂上，已有四百年歷史，亦說已有七百年。中央主塔高二十公尺，呈螺旋形，底部直徑八點五公尺；周圍有八座小塔，高十五公尺，每個塔內都供有佛像，遠眺塔形甚似一窩竹筍，直指上空。主塔尖端裝著銅製的天笛，小塔頂部也掛有銅製的佛標，山風吹來，交相發出清脆的聲響。縱觀整座佛塔，造形挺拔優美，巍峨壯觀。在佛塔的左側，新塑有一尊高大的立佛，倍增莊嚴。立佛像後面有佛寺分院，而本院曼飛龍寺是建築在山下村寨中。

姐勒佛塔

位於德宏瑞麗縣姐勒寨的山坡上，已有四百年歷史，曾多次重建，建築形式與緬甸仰光瑞德宮塔相似，為緬式大型群塔建築。主塔高三十六公尺，另有十六座小塔環繞四周，其中內圈小塔四座，高十三公尺；中圈四座，高十公尺，外圈八座，高六公尺。全部塔身呈金色，故也有大金塔之稱。該塔整體錯落有致，工藝精巧，是德宏傣族人吸收外來佛教建築藝術，在斯里蘭卡和東南亞上座部佛教國家享有聲譽。每年在出安居、春節、佛誕節，都舉行佛塔盛會三天。

景真八角亭

坐落在城西十六公里的小山丘上，亭高二十一公尺，周圍共分八個角，每角都疊有十層雙坡狀屋閣，由下往上，層層縮小，最後八角匯集成一個亭頂，上蓋琉璃瓦，亭頂端覆一柄銀製傘蓋，上豎塔剎，造型奇特美觀。與八角亭相連的，就是莊嚴的景真佛寺。塔寺四周，遍植花草，綠樹扶疏，翠竹掩映。據文獻記載，塔和寺是建於公元一七〇一年，至今已有三百年。曼飛龍塔和八角亭的建築，是西雙版納各族人民建築藝術的精華，在東南亞佛教中，亦頗負盛名[5]。

傣族人居住地於緬、泰、寮國北鄰，自佛教傳入以後，創造了自己的文字，由口頭文學進展至書面文學，因受印度文化和佛經的影響，特別是依據《本生經》中的五百五十個故事，一批傣族僧人和文學家，經過改編或再創作為傣文敘事詩和唱詞，而形成佛教文學巨著。

今舉三則故事說明如下：

阿鑾故事

〈阿鑾故事〉是敘述喬達摩（Gotama，佛陀的族姓，即釋迦牟尼）曾經生為動物、植物，如雄獅、白象、金鹿、白鸚鵡、草藥等。到第三十五世後，才生為窮人、富人、王子、國王阿鑾。〈阿鑾故事〉中把阿鑾塑造成一個善良正直、多謀、善戰、英勇的典型人物，具有完美品德，充滿善心，才智過人，及受到天神保佑，能將受苦難的百姓從苦海拯救出來。整個故事始終貫串行善積德、因果報應的內容。

毘輸安多羅本生故事

〈毘輸安多羅本生故事〉（Vessantara-jātaka）被編譯成篇幅不同的三種版本，大型本三十二卷，中型本二十四卷，小型本十六卷，都包括巴利原文音譯、傣語意譯和註疏。故事主要架構描寫毘輸安多羅為大勐王，為了樂善好施，而把喜愛的白象、車、馬、金銀、珠寶等，都布施給一個非常貪婪的婆羅門（天神變現），最後甚至把一對心愛的兒女也施捨出去，終不後悔。這是仿佛經中《太子須大拏（Sudāna）經》的故事，敘說佛陀在因位為須大拏太子時，常行布施修菩薩道的精神。

大隧道本生故事

〈大隧道本生故事〉（Mahā-ummagga-jātaka），是《本生經》第五百四十六篇，集有十九個難題故事。其第八難題說：有一天，國王命令人做兩根大小長短一樣的木棍，要村民們辨認木棍的哪一端是根部，如回答不出來要受罰。村民們都不能回答，於是請來一位智者，智者把兩根木棍放入水中，先沉入水中朝下的一端，就是木棍的根部。國王很高興，免除罰村民，而獎勵了智者。另第十九個故事說：在城外有一個魚塘，魚塘邊有棵樹，樹上有個鳥窩，窩裡上有一塊寶石，寶石的影子映在魚塘裡。有人將此事報告了國王，國王向一位大臣問，如何將寶石取出來？那位愚笨的大臣召集許多人去魚塘裡舀乾塘裡的水，卻一直找不到寶石，可是放滿水後，寶石又出現在水裡。國王找來智者問，你能取出這塊寶石嗎？智者回答說：寶石不在魚塘裡，是在樹上的鳥窩裡。

其他還有〈松帕敏〉的故事、〈召樹屯〉的故事、〈蘭嘎西賀〉的故事，在傣族文學中也流傳很廣❻。

第二節　現代佛教與政治的關係

公元十四世紀初，南傳上座部佛教從緬甸、泰國傳入雲南西雙版納地區，至清代時期佛教最興盛，據粗略統計，西雙版納全境有佛寺一千二百多座，德宏五百多座，思茅、臨滄兩地共有二百多座❼。

公元二十世紀五十年代初期，雲南傣族地區得到解放。公元一九五三年，西雙版納傣族自治州和德宏傣族景頗族自治州先後建立，祜巴勐景洪長老應邀參加了全州首屆政治協商會議，並被選為州政協副會長，不少高僧曾到內地參觀和學習，增加交流，落實宗教政策。公元一九五五年、一九五六年德宏、西雙版納完成和平協商土地改革，至六十年代初，整個傣族地區平穩地過渡到社會主義，廢除封建領主土司制度等。

公元一九五五年，中國佛教協會理事會第二次擴大會議在北京召開，德宏傣族朗德哥長老被增選為常務理事，西雙版納、德宏、臨滄四位比丘、長老被選為理事。公元一九五六年七月，以祜巴勐景洪長老為首組成護持團，把佛牙從緬甸奉迎到昆明市圓通寺，供信徒朝拜。而後再奉迎至西雙版納、德宏、耿馬等地區，供給廣大南傳佛教信徒瞻仰頂禮，朝拜信眾達二十五萬人以上。

據當地政府對西雙版納地區的調查，上座部佛教的佛寺、佛塔、僧人統計，以西雙版納為例，公元一九五六年全州有佛寺五百一十八座、佛塔五十六座、僧人六千二百零三位。公元一九五七年以後，由於受到左派的思想影響，宗教工作中也開始出現失誤，公元一九五八年在大躍進和破除迷信、解放思想的前提下，南傳佛教也受到很大的衝擊。砸壞和搜集大批銅佛像，燒毀佛經，動員僧人還俗，強迫寺中僧人參加生產勞動，養猪養鷄等。有一些僧人被劃為右派分子，或被特務逮捕，引起廣大僧人和信眾不滿，曾出現過成批向外逃亡現象，邊疆因此出現了不應有特殊的局面。到公元一九六〇年左右，傣族佛教僧人和佛寺快速驟減，而且限制宗教活動的內容和時間，信徒有向外發展的心理趨勢。公元一九六四年後，再一次受到衝擊，佛寺被占用關閉，宗教活動被強迫禁止，信教群眾受到清查，有少數的宗教活動因此轉入地下活動❽。

公元一九六六年以後，由於極左路線和文革影響，宗教政策遭到踐踏。全國佛教及其他宗教，在「破四舊」和「橫掃一切牛鬼蛇神」的口號聲中，經歷到一場深重的災難。佛經被燒掉，佛寺被拆毀或被占用，佛塔大多被炸毀，僧人全被迫還俗，或逃亡緬甸；廣大信眾被視為政治上不可靠的人，甚至被批鬥或勞改，南傳佛教也遭受了滅頂之災，瀕於危亡，不剩一位和尚，也沒有一所佛寺能做宗教活動❾。

公元一九七八年後，國家政治撥亂反正，重新貫徹宗教政策，中國佛教協會全面恢復工作，並走上正規，傣族佛教逐漸得到恢復發展。大躍進和文革期間，傣族佛教大部分僧人被迫還俗，少部分人外逃緬甸、泰國，為滿足佛教徒信仰需要，一些寺院在原舊址重新興建。鼓勵外逃的僧人回國，還俗僧人重新出家回到佛寺，迅速恢復到文革前的人數。如西雙版納州於公元一九五〇年有比丘九百三十名，沙彌五千五百五十名；到公元一九八四年，傣族上座部佛教已恢復到有佛寺四百八十五座，佛塔四十一座，比丘已有三百三十八名，沙彌六千三百零九名❿。政府宗教政策落實後，各宗教都受到保護。

但西雙版納經過二十多年的破壞和摧殘，萬事都待復興，尤其是各地都缺乏精通佛學的僧人，因此在上世紀公元一九八五年，有人推薦自緬甸邀請一位青年比丘龍莊回國，當時他只有二十五歲。龍莊是西雙版納勐海人，童年時隨父母去了緬甸，公元一九七三年在緬甸景棟猛養龍「旺壩崗佛寺」剃髮為沙彌，以後就是一系列的求學生涯，讀過中級、高級佛學院。後又到泰國的佛寺進修，公元一九八〇年升為比丘，擔任佛學院的教師。龍莊回國後，初任勐海縣曼壘村的佛寺住持，特別關注教育問題，宣傳正確的佛教知識，在曼壘佛寺開設了漢語文班，為僧人掃盲。他主持制定《西雙版納傣族自治州僧伽管理的若干規定》，其中有兩條：其一是兒童僧侶必須到學校接受國家九年義務教育；其二是僧人住持必須督促寺內的僧人去上學，協助學校教學工作。慢慢地影響力愈來愈大，到公元一九九三年經過選舉，他成為「州佛協會長」，三十三歲時升任設在景洪的「拉紮坦大總寺」住持，統轄全西雙版納的五百七十六所佛寺，稱為「祜巴龍莊」。公元一九九四年，在省佛協和州委部的支持下，「雲南佛學院西雙版納分院」綜合樓建築起來，有了教室和宿舍。另一方面選派一些優秀學員到國內外學習，現在已經有些回來當了學院的老師，學院還有專門的外籍教師教授英語。祜巴龍莊上座說：「時代要發展，民族也要發展。工業化時代、資訊時代，我們也一樣要跟上。」他認為除了精通佛教知識以外，還要熟悉傣文化和漢文化、懂英語、會電腦⓫。祜巴龍莊已多年擔任為中國佛教協會副會長、雲南省佛教協會副會長、西雙版納佛教協會會長。

為了培養僧人的佛學素質和工作能力，公元一九八八年十二月至一九八九年一月，德宏州佛協會在芒市五雲寺，舉行首次巴利語佛學班，自己編寫巴利語系佛學教材，講授佛教史、巴利經典、拜佛誦經、教規戒律四方面的課程。公元一九九三年一月，又舉行第二期巴利語佛學班。公元一九八五年，中國佛學院選派五名學僧到斯里蘭卡留學；公元一九九〇年，雲南省佛教協會又派出十名傣族僧人到泰國留學。另有一些僧人自費到緬甸、泰國學習⓬。

過去西雙版納等地區，傳統上所有兒童都到佛寺接受教育，佛寺是學校，僧人是老師，學習文化（成人也到佛寺接受宗教道德生活）。國家成立公立學校後，西雙版納的少年沙彌，白天則去公立學校讀書，晚上在寺學習經文。如公元一九八六年，西雙版納有一千五百四十位少年沙彌去學校上課。在西雙版納自治區的習俗，流行男孩子（也包括成年男子）一生中，至少有一次到寺院中發心出家，接受佛法熏陶。時間長短隨各人自願，多數是短期為僧而後還俗（達百分之九十五），如此在社會上才會更受到人們的尊重。出家少則三個月（多數在安居期間），多則幾年、十幾年，出家時用法名，還俗後成為在家信徒，仍恢復俗名。沒有出過家的人被認為是不成熟的男人。

由於雲南西雙版納、德宏、臨滄等少數民族地區，特殊的歷史和地理因素，在公元二十世紀五十年代前，仍比較完整地保持封建領主土司政權制度。自公元十四世紀，上座部佛教傳入後，對當地的政治生活產生很深的影響，佛寺通過授予領主土司榮譽性尊稱，而封建領主土司和廣大信眾的布施，也給予寺院經濟上的支持。

據《西雙版納州二〇〇〇年宗教活動場所年檢工作總結》報告說：全州目前宗教活動場所五百八十九所，其中佛寺五百六十三所，教堂二十一所，清真寺五所；有佛塔一百六十八座（其中七十六座在寺外）；有信教群眾二十九萬餘人，其中佛教徒二十八萬餘人，主要是傣族、布朗族和寮國人；有僧眾六千三百五十八人（含外國僧九十二人），其中祜巴（意為師父，相當長老）十二人，沙密（沙門統長老）四人，比丘七百二十六人（含外國比丘五十六人），沙彌五千六百三十二人（含外國沙彌三十六人）；在校僧人二千五百二十九人（小學二千三百五十三人，初中一百六十九人，高中二人，中專五人）⓭。

公元二〇〇〇年第五次全國人口普查統計，全省傣族人口有一百一十五萬八千九百八十九人，占全省人口的百分之八點三五，布朗族人口九萬人，德昂族（原名崩龍族，一九九八年第四次人口普查）一萬五千人，全民信仰上座部佛教；阿昌族三萬四千人和佤族三十八萬人，部分信仰上座部佛教⓮。

據公元二〇一〇年六月二十九日，在北京《中國貝葉經全集》新聞發布會和發行會上報導，西雙版納州政府在州委、州政府、省委、省政府支持下，公元二〇〇一年開始組織力量，編輯貝葉經，經過近十年，由人民出版社發行，現在這部名為《中國貝葉經全集》的集成，公元二〇一〇年四月全部出齊，由編號〇〇一至一〇〇集。這部剛剛出版的《中國貝葉經全集》，是南傳上座部佛教聖典的集成，它完整收入了南傳上座部佛教經、律、論三藏典籍，用傣族文字把經典刻寫在貝葉上，主要是西雙版納地區製作保存使用貝葉典籍。同時，貝葉經有對傣族巴利語的音譯，這在中國是一個創意，大體上可以看作是一部傣文大藏經比較完備的資料。在藏外典籍部分也含有一些傣族高僧等重要的著述⓯。

❶ 鄧殿臣著：《南傳佛教史簡編》，第二〇二頁。

❷ 政府行政部門（Administration）在Google網上發布：〈勐泐大佛寺祜巴勐大長老〉一文，公元二〇〇八年十一月一日。

❸ 鄭筱筠著：〈中國南傳上座部佛教傳播特點〉一文，二〇一二年九月二十四日，《中國社會科學報》。

❹ 1. 鄭筱筠著：〈中國南傳上座部佛教傳播特點〉一文，二〇一二年九月二十四日，《中國社會科學報》。

2. 傅增有：〈東南亞小乘佛教文化圈的形成及其特點〉（論文）。

❺ 佛寺、佛塔取材自楊學政主編：《雲南宗教史》，第二一九—二二二頁。

❻ 上列本生故事，取材自：

1. 劉岩著：《南傳佛教與傣族文化》，第二二六—二三三頁。

2. 鄧殿臣著：《南傳佛教史簡編》，第一九八—二〇〇頁。

❼ 楊學政主編：《雲南宗教史》，第二一六頁。

❽ 姚珏著：《天國的邊緣——雲南上座部佛教的歷史和經典》（雲南大學碩士論文），第十八—十九頁。

❾ 姚珏著：《天國的邊緣——雲南上座部佛教的歷史和經典》（雲南大學碩士論文），第十九頁。

❿ 姚珏著：《天國的邊緣——雲南上座部佛教的歷史和經典》（雲南大學碩士論文），第二十—二十二頁。

⓫ 政府行政部門（Administration）在Google網上發布：〈勐泐大佛寺祜巴勐大長老〉一文，公元二〇〇八年十一月一日。

⓬ 姚珏著：《天國的邊緣——雲南上座部佛教的歷史和經典》（雲南大學碩士論文），第二十二頁。

⓭ 姚珏著：《天國的邊緣——雲南上座部佛教的歷史和經典》（雲南大學碩士論文），第二十二頁，註五十九。

⓮ 取材自雲南旅遊網〈雲南傣族民族風情〉，公元二〇〇六—二〇〇八年。

⓯ 取材自鳳凰網華人佛教，公元二〇一〇年六月二十九日。

附篇

巴利文獻簡介

一、原始巴利聖典的成立

巴利文獻發展階段，依現在學者的意見，可分為下列四期：

（一）聖典中的偈頌（韻文）：公元前三世紀頃。

（二）聖典中的散文：公元前一世紀頃。

（三）聖典註釋書類：公元五、六世紀為中心，及其前後數百年間。

（四）後世的各種文獻：公元十世紀至今。

巴利三藏（Tipiṭaka）如從歷史考察，最初只有「法」和「律」，如佛曾對阿難說：「阿難！法我已宣說，律我已施設。」佛滅度後三、四個月後，在王舍城第一次結集，誦出經和律，還沒有「論」的出現。佛滅一百年，因大天十事，在毘舍離第二次結集，據說也只是重複誦出第一次結集的經律，及論定大天的十事非法。大約在第二次結集後，到佛滅三百年第三次結集期間，論的形式才漸成立。按「阿毗達摩」（Abhidhamma）一詞的構成，義為「勝法」或「對法」等義，即有對「法」（經）加以「特別解釋」的涵義。

第二次結集，便有上座部與大眾部的分裂，這是由於比丘們對經律解釋的意見不同。至佛滅二百年，主要的原始經典當已完成。在佛滅三百年，便有了對研究經典的各種稱呼：如說法者、三藏法師、經師、五部師等。

第三次結集時，與「論」的形成特別有關。據說目犍連子帝須，曾誦出《論事論》（Kathāvatthuppakaraṇa），內容包括駁斥二百五十二個錯誤的論題。結集完成後，即通過派遣傳教師至各國弘揚佛法。摩哂陀被派至斯里蘭卡，據說他攜帶了巴利三藏和註釋。所以第三次結集時，主要的三藏經典已正式成立。佛陀的遺教三百多年來一向以記憶口誦相傳，至這時有些經典已用文字記錄下來。還有阿育王是最為比丘們所讚仰的，在原始聖典中卻完全沒有他的名字；然而阿育王在跋陀羅（Bhadra）的石敕中有勸告研究七部聖典的記載，就有四、五部收在巴利聖典裡，這都可以證明原始聖典成立的經過。

除三藏分類外，佛音論師記載還有五類分法：

（一）佛言，有八萬四千法蘊。

（二）法與律二種，除了律，餘皆是法。

（三）佛言分前、中、後三期說。

（四）五部：長部、中部、相應部、增支部、小部。

（五）九分教：1.契經（Sutta），經文用散文體裁。2.應頌（Geyya），或譯重頌，以偈頌體裁復述前面散文的內容。3.記說（Veyyākaraṇa），有說明、分別、解答的意義；或對經文深祕的事理，而做明顯決了的說明。4.偈頌（Gāthā），偈頌體的經文。5.自說（Udāna），佛陀自己無問自說的語文。6.如是語（Itivuttaka），經首以「世尊如是說」編成的經集。7.本生（Jātaka），敘述佛陀前世的故事集。8.未曾有法（Abbhuta-dhamma），描寫不可思議的證德和奇蹟。9.方廣（Vedalla），依佛音的解釋，「由智能與歡喜所問而成的經」，即問者對於答者感到滿足，這種問答體的經文，必以智能與歡喜為成立方廣的特徵。漢譯解釋為理正文富的大乘經。

巴利三藏聖典的內容如下：

（一）律藏（Vinaya Piṭaka）

I.《經分別》（Sutta-vibhaṅga）：《經分別》是解釋《戒經》（Pāṭimokkha）的一部古老經典。《經分別》分為《大分別》（Maha-vibhaṅga）和《比丘尼分別》（Bhikkhunī-vibhaṅga）。《大分別》是應用於比丘的，根據違犯戒律的重輕分類為：波羅夷、僧殘、不定、尼薩耆波逸提、波逸提、波羅提舍尼、眾學法，共有比丘戒二百二十七條。通常是先說一個初犯戒的比丘名，然後引證鑑別所犯戒條之文，做處罰和懺悔的根據。《比丘尼分別》，亦做以上分類，共有比丘尼戒三百一十一條。

Ⅱ.《犍度》（Khandhaka）：分《大品》（Mahāvagga）和《小品》（Cūḷavagga），說明僧伽生活的規則和方法。《大品》包括初十品；《小品》的十二品是繼續《大品》的。犍度是敘說僧團各種應做事的儀規，如授比丘戒、說戒等。在序品中，提到佛成正覺後，至波羅奈初轉法輪建立僧團的歷史；《小品》末後兩品，提到第一次和第二次結集的事。

Ⅲ.《附屬》（Parivāra）：主要是提供《經分別》和《犍度》的概要，分十九章。據考大概是後來斯里蘭卡僧人的作品，算是戒條的目錄，沒有重要價值。

（二）經藏（Sutta Piṭaka）

巴利經藏分五部，前四部有如漢譯之四阿含（Āgama），是經（Sutta）集或經部（Suttanta）集，記載佛陀的說法，也有是弟子們說的。體裁為長行散文，及加入一些偈頌。各種經的收集因地點、時間和事情發展的不同而有差異。第五《小部》，是對前四部而說的，實際上它包括了十五部不同性質的聖典。經藏是理解「法」的主要來源，與「律」對稱，所以「經」也直接稱為「法」。

I.《長部》（Dīgha-nikāya）：南傳佛教認為《長部》可能是最早成立的，因在《相應部》中，曾引用《長部》內的《梵網經》（Brahmajāla-sutta）。《長部》中特別重要的是《大般涅槃經》（Mahāparinibbāna-suttanta），是追述佛陀臨入涅槃最後一週的情況。《長部》分為三品，共集三十四經。

1.戒蘊品（Sīlakhandha-vagga），有《梵網經》等十三經（一—十三）。

2.大品（Mahā-vagga），有《大本經》等十經（十四—二十三）。

3.當學品（Pāṭika-vagga），有《阿耨災經》等十一經（二十四—三十四）。

Ⅱ.《中部》（Majjhima-nikāya）：組織分根本五十經、中分五十經、後分五十經；共分十五品，各品集有十經，但第十四品集有十二經，合共一百五十二經。

1.根本五十經（Mūlapaṇṇāsa）	(1) 根本說品（Mūlapariyāya）	十經	一—十
	(2) 獅子吼品（Sīhanāda）	十經	十一—二十
	(3) 譬喻品（Opamma）	十經	二十一—三十
	(4) 大雙品（Mahāyamaka）	十經	三十一—四十
	(5) 小雙品（Cūḷayamaka）	十經	四十一—五十

2.中分五十經（Majjhimapaṇṇāsa）	(6)長者品（Gahapati）	十經	五十一—六十
	(7)比丘品（Bhikkhu）	十經	六十一—七十
	(8)出家品（Paribbājaka）	十經	七十一—八十
	(9)王　品（Rāja）	十經	八十一—九十
	(10)婆羅門品（Brāhmaṇa）	十經	九十一—一〇〇
3.後分五十經（Uparipaṇṇāsa）	(11)天臂品（Devadaha）	十經	一〇一—一一〇
	(12)不斷品（Anupada）	十經	一一一—一二〇
	(13)空　品（Suññata）	十經	一二一—一三〇
	(14)分別品（Vibhaṅga）	十二經	一三一—一四二
	(15)六處品（Saḷāyatana）	十經	一四三—一五二
	計：十五品	一五二經	

Ⅲ.《相應部》（Saṃyutta-nikāya）：是在長、中兩部之後，組織分為五品。五品包含五十六個相應，共二八八九經。每個相應根據經的內容而類集在一起的，如第

一「天相應」（Deva-saṃyutta），有八十一經，是說「天」的種種；第五十六相應「諦」（Sacca），有一百三十一經，是說有關四諦法的。佛初次說法的《轉法輪經》（Dhammacakkap-pavattan-sutta），就收在此相應內。相應部組織如下：

1.有偈品（Sagāthavagga）	十一個相應	二七一經	一—十一
2.因緣品（Nidānavagga）	十個相應	二八六經	十二—二十一
3.蘊　品（Khandhavagga）	十三個相應	七三三經	二十二—三十四
4.六處品（Saḷāyatanavagga）	十個相應	三九一經	三十五—四十四
5.大　品（Mahāvagga）	十二個相應	一二〇八經	四十五—五十六
計：五品	五十六個相應	二八八九經	

Ⅳ.《增支部》（Aṅguttara-nikāya）：即增加一支的經集部，組織分十一集（nipāta），一七〇品（vagga），二二九八經，也有說是二二九一經。每集是依法相名數或內容相同的編集在一起，如「一集」第一經中，敘說一個最引誘男人色欲的是女人；「五集」開始是敘說五有學力（Pañcasekhabala）等。但到後面集內，有時發現不

能一貫相符，例如「九集」的第二十八經，名數是四加五而形成；「十一集」的第十一經，是三、三、三、二相加形成。通常每品多數為十經，最多一品是「一集」第二十品有二六二經，最少的品有七經。組織如下：

1. 一集（Ekanipāta）	二十一品	五三一經
2. 二集（Dukanipāta）	十六品	三一〇經
3. 三集（Tikanipāta）	十六品	一六三經
4. 四集（Catukkanipāta）	二十七品	二七一經
5. 五集（Pañcakanipāta）	二十六品	二七一經
6. 六集（Chakkanipāta）	十二品	一二三經
7. 七集（Sattakanipāta）	九品	九十經
8. 八集（Aṭṭhakanipāta）	九品	九十五經
9. 九集（Navakanipāta）	九品	一〇〇經
10. 十集（Dasakanipāta）	二十二品	二一九經

11. 十一集（Ekādasakanipāta）	三　品	二十五經
計：十一集	一七〇品	二一九八經

V.《小部》（Khuddaka-nikāya）：對前四部講所以是小，或稱第五部。此部內收集了很多重要的經典，而且性質也不相同。《善見律》（Samantapāsādikā，律藏註）中記有「破作十四分」，但只舉出十二分，而在巴利三藏小部中輯為十五種，分述如下：

1.《小誦》（Khuddaka-pāṭha）：集有九個短經，是日常念誦的一本小經集，開始有三皈依經文等。

2.《法句》（Dhammapada）：分二十六品，有四二三首偈，以義理相近或連貫性的歸為一品。大部分偈頌都是從其他經典（五部）引錄出來，或是印度文學和道德的名句，為佛理格言詩，是文字中的珠玉，自古以來廣為佛教徒喜愛讀誦，它是進修道德的格言集。

3.《自說》（Udāna）：是集佛陀法喜禪悅的證境，或大悲心救度眾生，而自然流露的隨緣應機語。分八品，每品含十經，共集有八十經，偈頌為佛陀所說，長行敘述事情發生的原因。

4.《如是語》（Itivuttaka）：集有一百一十二個佛陀教誨的要說（經），長行和偈頌互用。各要說開頭都有「如是世尊語」，所以得名《如是語》。組織分一集、二集、三集、四集，集內再分品。

5.《經集》（Sutta-nipāta）：收集了七十二經，從文體研究及與其他經典比較，是非常古風而珍貴的經典。分五品，前四品含五十四經。第五〈彼岸品〉（Pārāyana-vagga），是十八個詩篇，敘述涉及巴婆利（Bāvarī）的十六個弟子，與佛陀的互相問答，敘說則用長行。

6.《天宮事》（Vimāna-vatthu）：描寫天界的種種樂事，分七品，八十五個關於天宮的事情，說明天人前生所作善業，而獲得各不相同的福樂。

7.《餓鬼事》（Peta-vatthu）：記述地獄的種種悲慘，分四品，五十一個關於餓鬼的事情，是受其前生作惡而得的果報。

8.《長老偈》（Thera-gāthā）：是收集佛在世諸聖弟子長老們的法偈，分成二十一集，包含了二百六十四位長老的一千二百七十九首偈頌。這些偈頌表現比丘們的佛法理想，滅除貪瞋癡，追求心靈的寧靜和至高的涅槃。

9.《長老尼偈》（Therī-gāthā）：性質和《長老偈》一樣，分十六集，包含了七十三位長老尼所說的五百二十二首偈頌。

10.《本生》（Jātaka）：敘說佛陀過去世種種善行的功德，分二十二集，有五百四十七個故事。每個故事先以偈頌開始，再用長行敘事，長短不定。《本生》是一部巨大的編集，不但在佛教義理上有價值，在印度文學上也很重要，故事內容善巧而生動。

11.《義釋》（Niddesa）：分為《大義釋》和《小義釋》，都是義釋前面《經集》中的一些經品。可能因為是早期經文的註釋，著者置舍利弗尊者之名。

12.《無礙解道》（Pāṭisambhidā-magga）：分為〈大品〉、〈俱存品〉、〈慧品〉，每品有十個論題，以論述教義及止觀為主。

13.《譬喻》（Apadāna）：是一種故事詩，講述五百四十七位比丘和四十位比丘尼聖弟子們（阿羅漢）過去世的事蹟。

14.《佛種姓》（Buddha-vaṃsa）：是韻文，分二十八章。為佛陀敘述過去二十四佛及佛陀自己的略傳。

15.《所行藏》（Cariyā-piṭaka）：講述佛陀過去種種修行的事蹟，集有三十五個本生故事韻文，皆出於傑出詩僧的作品。

（三）論藏（Abhidhamma Piṭaka）

上座部巴利聖典有七部論，是解釋或討論「法」（經）的，也可說是法的特別補編。其中將教理作有系統的說明，包括佛教倫理、心理、宇宙、知識，以及聖者證德等，做成各種論說。但它的形式和義理，要具有學養的人才可了解，七部論如下：

I.《法聚論》（或《法集論》，Dhamma-saṅgaṇi）：分為四品。是一部描述心理現象的論作。論的開始，先列舉一百二十二個論的主題（論母，Abhidhamma-mātikā）及四十二個經的主題（經母，Suttanta-mātikā）。其次分心的生起、色、總說、義釋四大部分，詳細討論解說一切法的性質。

II.《分別論》（Vibhaṅga）：是分別解說一切法的論。分十八品，建立蘊、處、界、諦、根、緣起、念住、正勤、神足、覺支、道、定、無量、學處、無礙解、智、雜、心法十八種，而做分別解說。

III.《界論》（Dhātu-kathā）：此論分為十四章，論述五蘊、十二處、十八界、四念住、四諦、四禪、五力、七覺支、八正道等，以及一切法攝、不攝、相應、不相應的關係。

IV.《人施設論》（Puggala-paññatti）：起首分六種施設，即蘊、處、界、諦、根、人。但前五種已在《分別論》中詳說，此論專解說人施設，分十品說明人類心理現象的情形；而且內容多數取自《增支部》。

V.《論事》（Kathā-vatthu）：共分二十三品，以問答體解說佛法中二百一十七個問題。如說到人稱「人論」（Puggala-kathā），說到墮落者稱「退失論」（Parihāni-kathā）等；而且以上座部佛教的觀點批駁其他佛教部派的觀點。

VI.《雙論》（Yamaka）：分根（本）、蘊、處、界、諦、行、隨眠、心、法、根的十種雙對，說明一切法的內容，互相的關係，用正反兩面討論心理的特殊現象，如舉善根與不善根雙對、色與色蘊為雙對。

VII.《發趣論》（Paṭṭhāna）：此論詳述一百二十二個論母和二十四緣的關係，也就是將一切法分為二十四緣，而論述的方法，分為順發趣、逆發趣、順逆發趣和逆順發趣，以及三法發趣、二法發趣、二法三法發趣、三法二法發趣、三法三法發趣和二法二法發趣等，解說一切法生起的要素。

以上已將原始巴利三藏做了最簡略的介紹。原始巴利三藏很重要，因為後來南傳佛教巴利學術的發展，如三藏註釋、義疏等，都與原始聖典有最密切的關係。

二、巴利聖典的註釋

巴利聖典文獻，如依內容來講，可分下列六類：

（一）三藏（Tipiṭaka; Text），原始的經典。

（二）註釋（Aṭṭhakathā; Commentary），解釋「三藏」的。

（三）其他巴利文獻著作。

（四）義疏（ṭīkā; Sub-commentary），解釋「註釋」的。又有小義疏（Anuṭikā; Sub-sub-commentary），有如漢文佛典的「抄」。

（五）文法（Vyākaraṇa; Grammar）。

（六）字典或詞典（Dictionary）。

據斯里蘭卡佛教史記載，摩哂陀長老至斯國時，曾攜帶了三藏和三藏註釋，但因為很多早期佛教文獻都失傳了，無法獲得確實的證明。而事實上在公元五世紀初，佛音論師在斯國領導「新註」三藏時，即有種類繁多的「古註」存在；而且在新註中，很多是依據古註而一再引用的。所以巴利文學者，將巴利三藏的註釋分為古師（Porāṇācariya）註釋時期（多數指印度或斯國佚名的著作），佛音論師等為新註釋時期。

巴利三藏註釋如下：

（一）律藏註

1.《一切善見律》（Samantapāsādikā），約公元四二九至四三〇年，佛音在斯里蘭卡著。註釋律藏中的五部，並敘述古代印度社會、政治、道德、宗教、哲學的情況。即後來到公元四八九年，僧伽跋陀羅（Saṃghabhadra）從巴利文譯成中文的《善見律毘婆沙》十八卷。

2.《解疑》（Kaṅkhāvitaraṇī）或《論母註》（Mātikaṭṭhakathā），佛音著，是解釋《戒本》的。

3.《律藏義註》（Vinaya saṅghaṭṭhakathā）或《聖典解脫戒攝義決斷》（Pālimuttakavinayavinicchayasaṅgaha），斯里蘭卡波羅迦羅摩巴忽王時，舍利弗（Sāriputta）註，解釋律的一部分。

（二）經藏註

1.《吉祥悅意》（Sumaṅgalavilāsinī），《長部》註，佛音著。

2.《破除疑障》（Papañcasūdanī），《中部》註，佛音著。

3.《精義顯揚》（Sāratthapakāsinī），《相應部》註，佛音著。

4.《希求滿足》（Manorathapūraṇī），《增支部》註，佛音著。

5.《勝義光明》（Paramatthajotikā），包括《小部》中的《小誦》及《經集》註兩種，佛音著。

6.《法句註》（Dhammapadaṭṭhakathā），這是南傳比丘、沙彌學習巴利文必須研讀的一種基本書。依學者說，是從古斯里蘭卡文註釋譯成巴利文的。《法句註》的體裁，開始先說佛陀說法，接著敘述一個生動的故事，人物多數是當時佛的各種弟子。故事敘完，佛便以一首偈頌或一組偈頌來說明與故事發生連接的關係，最後解釋偈頌的意思。取材多取自《本生經》及其他經典。可能是在佛音時翻譯和編集的，像其他很多註釋一樣，都置以佛音之名。

7.《勝義燈論》（Paramatthadīpanī），這包括《小部》中的七種註釋，即：《自說註》、《如是語註》、《天宮事註》、《餓鬼事註》、《長老偈註》、《長老尼偈註》、《行藏註》，護法著。

8.《本生註》（Jātakaṭṭhakathā），全部包括了五百四十七個佛陀過去世多生行善的故事，而至最後生人間成佛度生。每個故事分四段，即：(1)偈頌，引自《本生經》；(2)過去的故事，用長行敘述；(3)現在的故事，並將過去和現在的故事相銜接起來，說明前因後果的關係；(4)解釋偈頌的意義。《本生註》的內容，取材自各部佛經及古註，顯然也收有不少印度民間流行的故事，經過改寫增飾。有人認為是佛音註，也有說是佛音同時期的學者共同編集而成。

9.《正法光明》（Saddhamma-pajjotikā），為《義釋註》，分《大義釋》及《小義釋》兩篇，優波斯那（Upasena）著。

10.《正法顯示》（Saddhamma-pakāsinī），為《無礙解道註》，大名

（Mahānāma）著。

11.《淨人悅美》（Visuddhajana-vilāsinī），為《譬喻註》，著者不詳。

12.《妙義悅美》（Madhurattha-vilāsinī），《佛種姓註》，佛授著。

（三）論藏註

1.《殊勝義》（Aṭṭhasālinī），為《法集論註》，佛音未至斯里蘭卡之前著。

2.《愚痴排除》（Sammohavinodanī），為《分別論註》，佛音在斯里蘭卡著。

3.《勝義燈論》（Paramatthadīpanī），或《五論註》（Pañca- ppakaraṇa-aṭṭhakathā），包括《界論註》、《人施設論註》、《論事註》、《雙論註》、《發趣論註》，佛音著。

三、其他巴利文獻著作

這一節包括很多重要的巴利文典籍，大多是專論佛法一些特別的問題，或研究三藏的指導書，及《教史》等著作。

1.《彌蘭陀問》（經）（Milinda-pañha），是記述彌蘭陀王（Milinda）與龍軍（Nāgasena）論師討論佛教問題的問答。中譯為《那先比丘經》（三一七—四二〇譯成）。彌蘭陀王約是公元前二世紀末，希臘格勒哥大夏（Graeco Bactrian）的彌難陀王（Menander）。當他與印度文化接觸後，而引發對佛教所生的一些問題。此書內容及所引用的經典，都是代表上座部的意見。成書約在公元一世紀至五世紀。因為在佛音的著作中曾一再引用它，有人認為《彌蘭陀問》（經）不是一個人的作品，這是根據梵文中譯的《那先比丘經》，到第三段即終了，而巴利文又增多後四段，顯然是之後加添的。並且斯里蘭卡從梵文譯成巴利文後，才再增加的，在佛音至斯里蘭卡以前即完成。

2.《導論》（Netti-pakaraṇa），傳說為佛的大弟子摩訶迦旃延（Mahākaccāyana）著，這可能是後來的著者也叫迦旃延。這是一本介紹研究佛法的指導書，約成於公元一世紀初，以論述十六種範疇關係、五種觀察方法、十八個基本論題，做為佛經註疏的運用。

3.《藏釋》（Peṭakopadesa），與《導論》同樣傳為大迦旃延著，是一本介紹研究佛法的指導書。至於《導論》與《藏釋》的著者，究竟為何時代的人物，已無法考知。

4.《島史》（Dīpavaṃsa），這是一部早期的斯里蘭卡史，記載從斯里蘭卡傳說有歷史開始，至摩訶斯那王（三三四—三六二）為止。所以此書約在公元三五二至四五六年之間編成。著者依據他所研究及搜集的一些資料編集而成。雖然其巴利文程度欠佳，而且記事有些是錯亂不正確的，但它卻給斯里蘭卡古史開啟了一道光明，也為後來《大史》等書提供了重要的根據。

5.《大史》（Mahāvaṃsa），此書約在公元六世紀初寫成，著者為大名（Mahānāma），它是註釋《島史》的。並且從三藏註釋中吸取了很多新的資料，把編年史的次序，改寫成極富文學性的史詩。此書在第三十七章終了，顯然被後人纂改添加一部分，以便與《小史》銜接下去。

6.《小史》（Cūḷavaṃsa），它是接續《大史》編寫的，可算是斯里蘭卡的中期歷史。在一〇一章中，其記錄直到英國人去到斯里蘭卡為止。續編《小史》的著者，可能有好幾位不同時代的人，即接續《大史》的第三十七章至七十九章。一般認為是公元十三世紀時，達摩揭諦編寫的。第八十章，從維舍耶巴忽二世（Vijayabāhu II）開始至九十章，以象石城（Hatthisela-pura）的波羅迦摩巴忽（Parākramabāhu）為止，也被認為是一個著者所寫，但歷史不清。接著從波羅迦摩巴忽王至吉祥稱王獅子死後為止，由蘇曼伽羅（Tibbotuvare Sumangala）編寫。最後部分敘述至公元一八一五年，由吉祥蘇曼伽羅（Hikkaduve Siri Sumangala）完成。

7.《清淨道論》（Visuddhi-magga），佛音最偉大的傑作。此論統攝巴利三藏的精義，分為二十三品，以戒、定、慧三大主題，前二品解說戒學，中間十一品解說定學，後十品解說慧學。

8.《入阿毗達摩論》（Abhidhammāvatāra），佛授（Buddha-datta）著，此論頗受當時及後世所敬重。

9.《色非色分別論》（Rūpārūpa-vibhāga），佛授著。

10.《律考》（Vinaya-vinicchaya），佛授著。

11.《最上決定》（Uttara-vinicchaya），佛授著。

12.《攝阿毗達摩義論》（Abhidhammattha-saṅgaha），約公元十一世紀末及十二世紀上半期，斯里蘭卡阿耨樓陀（Anuruddha）著。現代先有法舫中譯，後有葉均中譯。這是南傳巴利語系佛教中一部精拔的作品，字數不多，文簡義豐，略述上座部各種重要的法相及介紹全部論藏的理論，其內容組織，條理非常清楚，共分九品：攝心分別、攝心所分別、攝雜分別、攝路分別、攝離路分別、攝色分別、攝集分別、攝緣分別、攝業處分別等。其中前五品講心法、心所法，第六品講色法、涅槃法，第七品講各種法相，第八品講緣起論，第九品說修定（止業處）、修慧（觀業處）。在南傳各佛教國家，為研究佛法最好的一本指導書。

13.《勝者莊嚴》（Jinālaṅkāra），公元一一五六年佛護（Buddha-rakkhita）著。是運用高度技巧的韻詩寫成，全書分二百五十節，描寫佛陀的生活，為一部文字非常優美瑰麗的佛傳。傳說在他之前，佛授也曾寫過這本同名的書。

14.《勝者所行》（Jina-carita），約公元一二二五至一二二九年，彌騰迦羅（Vanaratana Medhankara）著。也是運用高度巴利文學修養寫成。全書分四百七十二節，記述佛陀一生的事蹟。

15.《佛牙史》（Dāṭhā-vaṃsa），達摩揭帝（Dhammakitti）著。約公元十三世紀初寫成。是敘說佛牙的故事，引用《大史》及斯里蘭卡佛教的傳說。

16.《舍利塔史》（Thūpa-vaṃsa），是用巴利文詩寫成，分十六章。最後八章敘述杜多伽摩尼王造大塔（Mahāthūpā）的經過。著者婆吉沙羅（Vācissara）約是公元十二世紀人。

17.《大菩提樹史》（Mahābodhivaṃsa），公元十二世紀優波帝須（Upatissa）著，是從古斯里蘭卡文譯成巴利文。記述斯里蘭卡菩提樹的歷史。

18.《未來史》（Anāgatavaṃsa），是一本敘述彌勒（Metteyya）未來成佛而繼承釋迦牟尼佛的詩集。著者迦葉波（Kassapa）是南印度朱羅國（Coḷa，亦稱注輦）人。

19.《小學》（Khuddasikkhā），是一本戒律學綱要書。法吉祥（Dhammasiri）著，公元十一世紀，此書由斯里蘭卡文譯成巴利文而保存下來。

20.《根本學》（Mūlasikkhā），也是一本戒律學綱要書，主要在便於熟諳背誦。依照傳說，它的編成是在佛滅二百年後，但從文字上研究，顯然是較遲的作品，一般認為是摩訶沙密（Mahāsāmi）比丘的著作。

21.《名色差別論》（Nāmarūpapariccheda），亦譯《名色章》。是討論阿毗達摩的精要書，有十三章。羯支城（Kāñcipura）阿耨樓陀作。

22.《名色合論》（Nāmarūpasamāsa），又名《安隱論》。討論阿毗達摩的問題，差摩（Khema）作。

23.《諦要略論》（Saccasaṅkhepa），討論阿毗達摩的，分五章，小護法（Culladhammapāla）著。

24.《攝妙法》（Saddhamma-saṅgaha），是一部佛教編年史，分為七章，開始敘說三次結集的情形。著者為達摩揭帝（Dhamma kitti），可能是十四世紀時，阿輸陀（Ayodhyā）的一位比丘編著。

25.《五趣解說》（Pañcagati-dīpanā），是一百一十四首詩，敘述天、人、地獄、餓鬼、畜生五趣輪迴的情形。原著者不詳，可能屬於公元十四世紀人。

26.《聖者時鬘論》（Jinakālamālinī），公元一四九五至一五二五年，泰國清邁寶智（Ratanapaññā）比丘著。

27.《莊嚴結界》（Kalyānī-sīmā），為緬甸南方庇古王朝達磨悉提王（Dhammazedi，一四七二—一四九二在位）著。敘述他在位改革僧團的情形。全文鐫刻在十塊碑銘上，立於公元一四七六年，為緬甸早期佛教史珍貴的文獻。

28.《書史》（Gandhavaṃsa），是一本較遲而重要的巴利文獻書籍史，在緬甸編成，包括聖典歷史，及後期斯里蘭卡和緬甸巴利文獻的著者及圖書目錄。在書末附記由一位阿蘭若住者難陀般若（Nandapañña）寫成。

29.《教史》（Sāsanavaṃsa），是一本佛教史書，緬甸般若薩彌（Paññāsāmi）於公元一八六一年寫成。開始是敘述佛陀的出生，三次聖典結集史，派遣傳教師的經過，以及各國佛教概況的描述，全書共分十章。緬甸佛教史為第六章，記載特別詳細，占全書的一半。此書雖為近代作品，因根據不少古典文獻作成，因而有其重要性。

四、巴利聖典的義疏

巴利聖典的義疏，是對三藏的「註釋」（Aṭṭhakathā）再加以纂述，名為「疏」、「義疏」（ṭīkā），這也包括後人的著作及纂述在內。巴利聖典的義疏簡介如下：

（一）律藏疏

1.《精義燈》（Sāratthadīpanī），疏解《善見律毘婆沙》，斯里蘭卡舍利弗（Sāriputta）著。

2.《猶豫排除》（Vimativinodanī 或 Vimativinodanī-ṭīkā），疏解《善見律》的字義文句，斯里蘭卡優曇缽羅寺（Udumabara-vihāra）大迦葉（Mahākassapa）著。

3.《金剛覺疏》（Vajirabuddhi 或 Vijirabuddhiṭīkā），因著者名金剛覺，也是疏解《善見律》字義文句的。

4.《律義筐》（Vinayatthamañjūsā），是《戒本註》，佛陀那伽（Buddhanāga）著。

5.《吉祥顯示》（Sumaṅgalapakāsinī），是《小學疏》。

6.《律義燈》（Vinayatthasārasandipanī），是《律裁定集》（Vinayavinicchayasaṅgaha）。

7.《隱義顯明》（Līnatthapakāsanā），是《最上律抉擇疏》（Uttaravinayavinicchayaṭīkā），蒲甘奈婆多（Revata）著。

8.《律疑破除》（Vinayavimaticchedanī），是《根本學新疏》（Mūlasikkānavaṭīkā）。

（二）經藏疏

1.《第一真實義筐》（Paṭama-Sāratthamañjūsā），是《吉祥悅意疏》，護法（Dhammapāla）著。

2.《第二真實義篋》（Dudiya-Sāratthamañjūsā），是《破除疑障疏》，護法著。

3.《第三真實義篋》（Tadiya-Sāratthamañjūsā），是《精義顯揚疏》，護法著。

4.《第四真實義篋》（Catuttha-Sāratthamañjūsā），是《希求滿足疏》，護法著。

5.《本生經疏》（Nipātajātakaṭīkā）。

6.《勝義篋》（Paramatthamañjūsā），是解釋佛音《清淨道論》的，又簡稱《大疏》（Mahāṭīkā），護法著。

7.《略義解說》（Saṅkhepatthajotaṇī），是解說佛音《清淨道論》的，又簡稱《小疏》（Cūlaṭīkā）。

8.《諦要略論疏》（Saccasaṅkhepaṭīkā），婆吉沙羅（Vāci-sara）在斯里蘭卡著。

（三）論藏疏

1.《隱義闡明》（Līnatthajotanā），是《法聚論根本疏》（Dhamma-saṅganīmūlaṭīkā），阿難陀著於斯里蘭卡。

2.《隱義顯示》（Līnatthapakāsinī），是《法聚論小疏》（Dhamma-saṅganī-anuṭīkā）。

3.《隱義闡明》，是《分別論根本疏》（Vibhaṅga-mūlaṭīkā），阿難陀著。

4.《隱義顯示》，是《分別論小疏》（Vibhaṅga-anuṭīkā）。

5.《隱義闡明》，是《界論根本疏》（Dhātukathā-mūlaṭīkā），阿難陀著。

6.《隱義顯示》，是《界論小疏》（Dhātukathā-anuṭīkā）。

7.《隱義闡明》，是《人施設論根本疏》（Puggalapaññati-mūlaṭīkā），阿難陀著。

8.《隱義顯示》，是《人施設論小疏》（Puggalapaññati-anuṭīkā）。

9.《隱義闡明》，是《論事論根本疏》（Kathāvatthu-mūlaṭikā）。

10.《隱義顯示》，是《論事論小疏》（Kathāvatthu-anuṭīkā）。

11.《隱義闡明》，是《雙論根本疏》（Yamaka-mūlaṭīkā），阿難陀著。

12.《隱義顯示》，是《雙論小疏》（Yamaka-anuṭīkā）。

13.《隱義闡明》，是《發趣論根本疏》（Paṭṭhāna-mūlaṭīkā），阿難陀著。

14.《隱義顯示》，是《發趣論小疏》（Paṭṭhāna-anuṭīkā）。

15.《入阿毗達摩古疏》（Abhidhammāvatāra-porāṇaṭīkā）。

16.《阿毗達摩顯義》（Abhidhammatthavikāsanī），為《入阿毗達摩論疏》（Abhidhammāvatāra-ṭīkā），蘇曼伽羅（Sumaṅgala）著。

17.《阿毗達摩義分別》（Abhidhammatthavibhāvinī），即《攝阿毗達摩義論疏》（Abhidhammatthasaṅgaha-ṭīkā），蘇曼伽羅在波羅那魯瓦著，僅用了二十四天時間完成。

18.《勝義筐》（Paramatthamañjūsā），為《攝阿毗達摩義論小疏》（Abhidhammatthasaṅgaha-anuṭīkā）。

19.《安隱論疏》（Khemappakaraṇaṭīkā），解釋差摩的《安隱論》。

20.《名色差別論疏》（Nāmarūpaparicheda-ṭīkā），解釋阿耨樓陀的《名色差別論》。

21.《諦要略論疏》（Saccasaṅkhepaṭīkā）。

22.《大史疏》（Mahāvaṃsa-ṭīkā），是關於斯里蘭卡佛教史很重要的一本疏，原書名為《顯揚史義》（Vaṃsatthappa-kāsinī），著者不詳。

五、巴利文法和辭典

（一）文法（僅列舉重要的著作）

1.《迦旃延文法》（Kaccāyana Vyākaraṇa），是巴利文法最早的一部書，著者迦旃延是印度人，此書後來流傳到斯里蘭卡，成為研究巴利語必須學習的課本。這位迦旃延文法家，可能是佛音以後的人。迦旃延開始寫巴利語文法，是受到梵文文法的影響。內容分為八類，即連聲、名詞、造句法、複合詞、名詞轉成語、動詞、動詞轉成語、部分之語詞。每類先列文法規則，次做解釋，再次舉例。

2.《目犍連文法》（Moggallāna Vyākaraṇa），目犍連是斯里蘭卡公元十二世紀著名的巴利語文法家，在他著的《釋目犍連》（Vuttimoggallāna）一書裡，曾敘述他是在波羅迦摩巴忽王（Parākramabāhu，一一五三—一一八六）時代寫的。在他的時代，斯里蘭卡佛教正風行梵文，所以他有意要提倡巴利文及創立巴利文學校，與梵文相對抗。《目犍連文法》共分六類，即：字母及連聲、名詞、複合語、名詞轉成語、動詞、動詞轉成語。每類也用規則、解釋、舉例三個次序。

3.《形色成就》（Rūpasiddhi），或句型成就（Padarūpasid-dhi），組織與《迦旃延文法》同，缺最後第八「部分之語詞」，是解釋《迦旃延文法》的。著者覺愛（Buddhapiya），或燃燈（Dīpaṅkara），約公元十三世紀人。

4.《註釋》（Nyāsa），又名《前燈》（Mukhamuttadīpanī），是解釋《迦旃延文法》的。組織分八類，與《迦旃延文法》同。著者毘摩羅菩提（Vimalabuddhi），斯里蘭卡人。

5.《造句關係》（Sambandhacintā），公元十二世紀僧護（Saṅgha-rakkhita）著，是有名的巴利語聲韻學者。

6.《初學入門》（Bālavatāra），是迦旃延派文法精要的一本小冊，公元十四世紀法稱（Dhammakitti 或妙法稱Saddhamma-kitti）著，依《迦旃延文法》分類解說。

7.《善覺莊嚴》（Subodhālaṅgāra），或單名莊嚴（Alaṅgāra），僧護著，是研究巴利文詩構造的藝術，全書分五章，有三百六十八偈，每偈四句，非常著名。

8.《烏陀耶》（Uttonaya），是說明詩的性質，同為僧護名著。

9.《造句》（Padasādha），是屬目犍連文法派的，著者畢耶達悉（Piyadassī）。同時有一本註釋名為《造句疏》（Pada-ādhāna-ṭīkā），著者為諦多伽摩（Titthagāma），為斯里蘭卡著名著者。

10.《迦旃延語根筐》（Kaccāyanadhātumañjūsā 或 Dhātu-mañjūsā），是研究巴利文語根的，尸羅拔沙（Sīlavansa）著。

關於近代人用英文編寫的巴利文法，對西方人學習巴利語及研究佛學有很大的貢獻：

11.《新巴利課本》第一冊、第二冊（*The New Pali Course Part I、II*），佛授（Buddhadatta）著，以現代英語新方式寫成的文法書。

12.《高級巴利課本》（*The Higher Pali Course*），佛授著。

13.《巴利文會話及翻譯》（*Aids to Pali Conversation and Translation*），佛授著。此書分字彙、會話、翻譯三部分。

14.《巴利語文法》（*A Grammar of the Pali Language*），珀諾拉（V. Perniola）著，是一本有系統的巴利文法書。

（二）辭典

1.《語言光明》（Abhidhānappadīpikā），為巴利文最古的一部字典，公元十二世紀斯里蘭卡著名巴利文法學者目犍連著。也有說這部字典與文法家目犍連同名，但不是同一個人。著者是依梵文《阿摩羅俱舍》（Amarakoṣa）一書的體裁和方法編成，分天文、地理、各種雜名三個部分。每個部分又分數節。全書多數為同義語，將有關的事物歸於同一節內，共一〇〇三節。

2.《巴利語根辭典》（Pālidhātumālā; *A Dictionary of Pali-roots*），沙耶耶（Sayanyan）著。

3.《英巴辭典》（*English-Pali Dictionary*），斯里蘭卡佛授著。

4.《簡明巴英辭典》（*Concise Pali-English Dictionary*），佛授著。

5.《巴英辭典》（*Pali-English Dictionary*），英國佛教學者戴維斯（T. W. Rhys Davids）及施鐵達博士（Dr. William Stede）合著，公元一九二五年巴利聖典協會出版，是一部極有價值權威之著，為學習和研究巴利文最好的辭典。

6.《佛學字典》（*Buddhist Dictionary*），德國三界智（Ñāṇa-tiloka）比丘著。

7.《巴利語專有名詞辭典》（*Dictionary of Pāli Proper Names*）二巨冊，斯里蘭卡馬拉拉色克拉博士（Dr. G. P. Malalasekera）著，為巴利文獻重要巨著。

8.《南傳大藏經總索引》（日文）第一部、第二部，是日譯《南傳大藏經》第七十冊的總索引。第一部二冊，是日譯《南傳大藏經》詳細索引；第二部一冊，是包括巴中日辭典及巴利原典總目錄兩部分。水野弘元著，一九六一年出版。

9.《巴利語文法》（日文），水野弘元著，一九六八年出版。

10.《巴利語辭典》（日文），水野弘元著，一九六八年出版。

南傳佛教部派略表（附解說）

簡言

二千五百年前佛教產生在印度，佛滅度後一百多年，原始佛教發生分裂，初分成上座部和大眾部，史稱為根本分裂。此後，兩部又再分裂成十八部或二十部等，稱為枝末分裂。佛教在印度流行了一千六、七百年，一般學者分為三期：（一）原始佛教時期。（二）部派佛教時期。（三）大乘佛教時期。當然，也有其他不同的分類法。到公元十二、十三世紀，印度佛教走向衰微，以及後期大乘密教漸與印度教混合，又加以回教徒的入侵，印度佛教受到迫害而趨於滅亡。

公元前第三世紀，印度佛教在阿育王大力護持下，於華氏城舉行第三次結集後，便派遣九支僧團到國內外各地傳教。其中由摩哂陀長老率領的一支共有五位比丘、一位沙彌、一位男居士，約在公元前二四六年抵達斯里蘭卡。這一支僧團是屬於印度分別說部（或分別說系）的上座部。當他們抵達斯里蘭卡後，受到天愛帝須王熱誠的接待，聽了摩哂陀的說法，便皈依佛教為信徒，奉獻御花園建造大寺供養他，經過五十年努力傳教，佛教便成為斯國主要的宗教，奠定佛教二千多年的基礎。

佛教初傳斯里蘭卡二百年間，都以大寺上座部為中心。到公元前一世紀末，從大寺中分裂出無畏山寺派，此派除弘揚上座部本身佛法外，並容納來自印度的法喜部及大乘佛教思想，而受到保守傳統的大寺派激烈反對。至公元四世紀又從無畏山寺中分裂祇園寺派，自此三派鼎立競爭達一千年之久。

公元十一世紀後，斯里蘭卡因為經過多次與異族戰爭，佛教也經歷過多次衰微和復興，在不斷掙扎圖存及僧團淨化中，唯獨大寺派能獲得重興，盛極一時。當這消息傳到東南亞一些已有佛教的國家，如緬甸、泰國、柬埔寨等，就選派青年沙彌、比丘往斯里蘭卡留學，或奮勇自往學習，並在大寺派下重新受比丘戒，然後各自回到本國，而引進大寺派的戒法系統。情形大致是這樣的，最先是緬甸，其次是泰國南部，在公元十一世紀開始，直到十二世紀末，一個傳統保守的斯里蘭卡上座部僧團才在緬甸建立起來。泰人正式接受上座部佛教，是在十三世紀中期；柬埔寨和寮國是在十四世紀初期；十四世紀和十五世紀初，由泰國清邁及緬甸景棟，再傳入中國雲南西雙版納的傣族地區。

這樣，斯里蘭卡佛教與東南亞佛教國家，同為上座部系統，關係非常密切，僧團和民間佛教徒之間，互相往來，互相學習，互相補助。即當斯里蘭卡佛教興盛時，把大寺派的上座部佛法傳播到東南亞緬、泰等地區去；到斯國佛教面臨危亡時，又從緬、泰等國再引進回來。他們具有強韌的生命力，佛教傳布到那裡，就能普及全民信仰，而形成民族和國家凝聚力量，抵抗異族和西方殖民者的侵略。他們很保守，維持上座部傳統的純潔性，不容易接受容納其他佛教部派的思想，或新的進步觀念。

南傳上座部佛教各國比丘和信徒們，誦經都是用巴利語，所以修習佛法必須研讀巴利語。據傳巴利語在古印度是一種口頭俗語，沒有獨立的文字。佛陀住世時也常用巴利語為人民說法，使聽的人更容易了解。據考摩哂陀是印度優禪尼國（Ujjenī）人，是講巴利語的區域。佛教傳入斯里蘭卡後，到公元前一世紀，大寺派比丘們為了保持佛法的正統和純潔性，便使用僧伽羅語（Sinhalese）字母併音將巴利語三藏書寫在貝葉上，以求做永久的保存。後來佛教傳入緬甸、泰國、柬埔寨、寮國、中國雲南傣族地區，也各自使用本國語言字母音譯書寫巴利語聖典，或譯成自己國家的語言文字。南傳佛教徒這一努力，而使巴利語聖典保存下來。

這一篇〈南傳佛教部派略表〉，是依據拙著《南傳佛教史》資料編寫而成，自知由於個人知識所限，並不夠完整成熟。至於南傳佛教部派資料的取捨，只能取其重要而有影響的宗派陳列出來，其他不很重要的小支派就略去，敬希高明者多作指教。南傳上座部佛教的範圍，在地理上包含五個國家和一個地區，在時間上斯里蘭卡上座部佛教已流傳二三〇〇年，緬甸八百年，泰國七百年，柬埔寨、寮國、中國雲南傣族地區約六百多年。

（一）印度佛教部派

佛滅一〇〇年 ／ 佛滅二〇〇年 ／ 佛滅三〇〇年

印度佛教部派

- 大眾部
  - 一說部（說出世部）
  - 高拘梨柯部（雞胤部）（二〇〇年末）
    - 說假部
    - 多聞部
    - 制多山部（六〇〇年）
      - 東山部
      - 山王部
      - 西山部（北山住部）
      - 義成山部（八〇〇年）
- 上座部
  - 雪山部
  - 犢子部
    - 密林山部
    - 正量部
    - 賢胄部
    - 法上部
  - 上座部
    - 說一切有部
      - 經量部
    - 分別說部（上座部）
      - 化地部
        - 法藏部
      - 飲光部
      - 上座部
        - 大寺部
        - 無畏山部
        - 祇園寺部

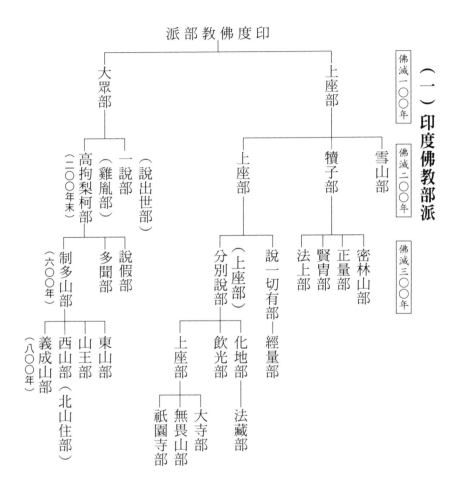

解說：

1.上表引用自葉均教授所著《南傳上座部佛教源流及其主要文獻略講》一文，他說是依根據《二千五百年的佛教》第六章所附的一個部派源流表。

2.約在公元前二四六年，由摩哂陀傳入斯里蘭卡一系的佛教，出自分別說部的上座部，這一系的佛教南傳之後，始終以大寺為正統。所以說南傳上座部佛教，實際上是以大寺派為正統的佛教。

3.佛教傳入斯里蘭卡以後，仍稱為上座部，到了分有大寺、無畏山寺、祇園寺三大部派後，而大寺派仍然代表保守的上座部。到公元十二至十五世紀，又逐漸傳入東南亞的緬甸、泰國、柬埔寨、寮國及中國雲南傣族地區。

（二）斯里蘭卡佛教部派

- 大寺上座部（公元前二四七—二十九年）
  - 大寺部（公元前二十九年—公元一七五三年）
    - 暹羅派（一七五三年泰國傳入）
      - 摩羅婆多寺
      - 阿耆羯梨
      - 拘提
      - 賓多羅
      - 迦耶尼
    - 緬族派（一八〇二年緬甸傳入）
      - 烏梵
      - 那梵羅庵利耶
      - 波婆羅比帝耶
      - 格羅訶比帝耶
      - 格羅多羅
    - 孟族派（一八六四年緬甸傳入）
      - 阿古勒沙
      - 庵爾羯利瓦
      - 可倫坡
  - 無畏山寺部（公元前二十九年—公元十二世紀末）
  - 祇園寺部（公元四世紀—公元十二世紀末）

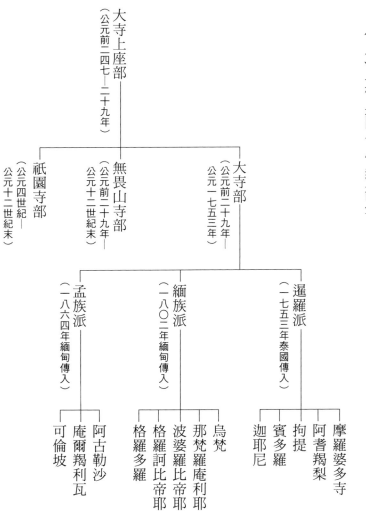

解說：

1.公元前二四六年，摩哂陀至斯里蘭卡傳播佛教，經過近五十年的努力，因受到王家貴族統治者和人民的擁護，即有很多人發心出家為比丘及比丘尼，佛教迅速便形成斯里蘭卡主要的宗教信仰，經過一百多年傳播和發展，奠定了堅固的基礎。

2.公元前二十九年，大寺僧團發生分裂，一部分僧眾另成立無畏山寺。大寺派維持保守傳統，無畏山寺派接受印度跋闍子（屬大眾部系）的法喜部，大乘中觀、瑜伽、密宗等學派，盛極一時。至公元四世紀初，又從無畏山寺分裂出祇園寺一派，自此長期三派鼎立，互相競爭達一千多年。中國東晉法顯法師，約在公元四一〇年訪問斯里蘭卡，在無畏山寺住二年，他在《佛國記》中描述說，無畏山寺住五千僧，大寺住三千僧，祇園寺住二千僧。而在《大史》中立有五部，即大寺派、無畏山寺派、法喜部、祇園寺部、沙竭羅部（海部）。

3.公元十二世紀下半葉，波羅迦摩巴忽一世（Parākramabāhu I，一一五三—一一八六）進行佛教改革，淨化僧伽歸於統一。這時實際上無畏山寺派和祇園寺派已甚衰微，而大寺上座部因有公元前一世紀末巴利三藏的結集，公元五世紀後有大量佛典的註釋，特別是波羅迦摩巴忽一世熱心的護持，在此基礎上得到重興。

4.公元十四世紀，異國勢力侵入南印度及斯里蘭卡，印度教徒達米爾族在斯國北部已形成一個獨王國，因此北部佛教消聲匿跡。僧伽羅族人一面抵抗外來勢力，一面又要對抗北部問題。至公元十五世紀，斯里蘭卡已分裂成三個小王國，即北方查夫納、西南部拘提、中部山地康提。

5.公元一五〇五至一九四八年，形勢更為險惡，斯里蘭卡遭到來自西方葡萄牙、西班牙、英國殖民者的侵略和統治，前後長期達四百四十一年。他們從軍事、政治、經濟掠奪，利用天主教做文化侵略，到處焚毀佛像經典，破壞寺塔，壓迫佛教徒，目的就是要消滅佛教。

6.到公元十八世紀時，斯里蘭卡佛教幾近滅亡，連一位正式清淨的比丘都沒有。面對這樣悲慘的現實，許多僧伽羅人為佛教前途擔憂，其中有一個沙彌戒行團，由薩羅難迦羅（Saranaikara）大沙彌領導，建議國王由泰國和緬甸引進僧團及戒法系統，續佛慧命。於是派出使節團往東南亞泰國大城，請求泰王派遣僧團來斯里蘭卡傳授戒法。於是泰僧以優婆離為首的十位比丘，於公元一七五三年抵達斯里蘭卡，重新建立僧團，後被稱為暹羅派。公元一八〇二年又由緬甸引進新僧團，稱為緬甸派。公元一八六四年再引進緬甸孟族人僧團，稱為孟族派。三派發展至後來，又分成十多個小派。

（三）緬甸佛教部派

緬甸佛教部派

- 緬甸原有上座部（傳說公元前二四七年須那、鬱多羅至金地傳教）
- 緬甸宗（傳說傳承自須那、鬱多羅，到十二世紀末由上座部阿羅漢派形成）
- 僧伽羅宗
  - 尸婆利派（十三世紀初）
  - 多摩陵陀派（十三世紀初）
  - 阿難陀派（十三世紀初）
    - 大寺系統上座部（一四七五年統一）
      - 善法派（十八世紀末）
      - 瑞景派（一八六〇年）
      - 達婆羅派（十九世紀）

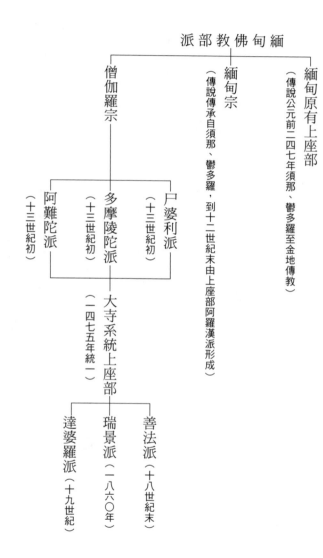

解說：

1.公元一〇四四年，緬甸阿奴律陀王建立了蒲甘王朝，並進行宗教改革，提倡上座部佛教信仰，尊重來自緬甸南方直通的上座部高僧阿羅漢為國師。此一僧團自認是公元前三世紀印度阿育王舉行第三次結集後，派遣須那、鬱多羅至金地傳教，而一直傳承下來。

2.公元十二世紀下葉，緬甸孟族人鬱多羅耆婆國師率團訪問斯里蘭卡佛教，留下弟子沙彌車波多，在大寺修學十年，並受比丘戒，然後帶著四位外國比丘回到緬甸，依斯國大寺派創立僧伽羅宗（亦稱鬱多羅耆婆車波多派），而原有傳統上座部阿羅漢系，就稱緬甸宗，上座部由此分成兩派。車波多圓寂後，僧伽羅宗又分裂為尸婆利派、多摩陵陀派、阿難陀三派。

3.公元一四七五年，緬甸南方庇古王朝達磨悉提王，選派比丘和沙彌四十四人，至斯里蘭卡大寺派重新受比丘戒。當他們回國後，進行佛教改革，淨化僧團，統一為大寺系統上座部。

4.至公元十八、十九世紀的近代，僧團又再分裂善法派、瑞景派、達婆羅派等。

（四）泰國、柬埔寨、寮國佛教部派

- 泰柬寮佛教部派
  - 泰國原有上座部（傳說公元前二四七年須那、鬱多羅至金地傳教）
  - 大寺系統上座部（十三世紀傳入）
    - 泰國大宗派（繼承大寺系統上座部）
      - 泰國大宗派（繼承前期宗派）
      - 柬埔寨大宗派（十四世紀由泰國傳入）
      - 寮國大宗派（十四世紀中期由柬埔寨傳入）
    - 泰國法宗派（一八二九年創立）
      - 泰國法宗派（繼承前期宗派）
      - 柬埔寨法宗派（約一八八九年由泰國傳入）
      - 寮國法宗派（十九世紀由泰國傳入）

解說：

1.泰國、柬埔寨、寮國上座部佛教，關係非常密切。柬埔寨在公元十四世紀中葉民間已漸流行斯里蘭卡大寺派系佛教，但在歷史上記載不清是從哪裡傳入？稍後由泰國傳入大宗派。寮國佛教的大宗派是由柬埔寨直接傳入，所以三國佛教同列成一表。

2.公元一一九〇年，緬甸車波多曾帶了四位外國比丘回緬甸，其中有斯里蘭卡比丘

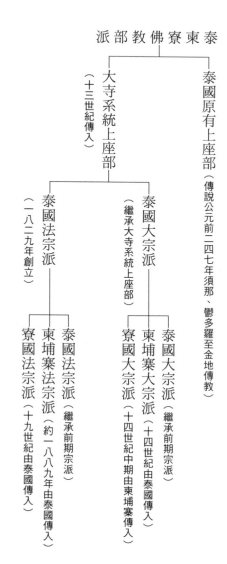

羅睺羅，後來在他還俗前，曾先往泰南洛坤弘法，成立斯里蘭卡大寺系僧團，得到國王和人民的信仰，當時洛坤是屬於印尼室利佛逝血統的馬來王統治。在十三世紀後，亦常有斯里蘭卡僧人赴東南亞緬甸及泰國弘法。

3.泰族人首先立國的素可泰王朝（一二五七—一四三六），有一碑銘記載說，第三代名王坤藍甘亨曾建造佛寺供養來自洛坤的斯里蘭系僧團，駐錫弘揚佛法。到公元一三六一年，素可泰第五代立泰王，派使臣至斯里蘭卡延請高僧彌曇迦羅（Medhamkara）至素可泰弘揚佛法，淨化僧團。次年，又特別邀請斯里蘭卡僧王來泰國為自己出家的戒和尚，在芒果林寺（Ambavanārāma）實行短期出家生活。如此就影響了後來泰國男子一生中至少一次短期出家的風氣，一直延續至今。

4.泰國曼谷王朝拉瑪第四代王在登位之前，曾出家做比丘二十七年，在公元一八二九年創立了法宗派，而稱以前原有的僧團為大宗派。

5.大宗派於十四世紀傳入柬埔寨，再由柬埔寨傳入寮國。法宗派也於公元一八六七年傳入柬埔寨和寮國。

6.泰國、柬埔寨、寮國上座部佛教，自分成兩大宗派後，一向大宗派僧人約占百分之九十左右，法宗派僧人只占少數百分之十，但傳統上法宗派受到王家貴族的支持，持戒也比較嚴格，在國內享有較高的聲譽，因此兩派有時常暗中產生不和。

（五）中國雲南上座部佛教部派

中國雲南上座部佛教部派

- 潤派（一三六七年自清邁、景棟傳入）
  - 花園寺派（傣語稱擺孫Baisun，意為村寨寺，戒律寬鬆）
  - 蓮花塘寺派（傣語擺壩Baiba，意為山林寺，戒律嚴格）
  - 擺潤（一四七三年由清邁傳入臨滄耿馬地區）
  - 擺順（十七世紀由緬甸賀南傳入耿馬地區）
- 多列派（十五世紀由緬甸傳入德宏、臨滄地區）
  - 達拱旦（四〇〇年前由緬甸傳入）
  - 舒特曼（三〇〇年前由緬甸傳入德宏州的瑞麗、隴川）
  - 瑞竟（一〇〇多年前由緬甸瑞竟傳到德宏州盈江縣）
  - 緬坐（從緬甸傳入德宏州瑞麗縣）
- 擺莊派（Baizhang意為寺院，十五世紀由緬甸傳入德宏等地，戒律甚寬）
- 左抵派（洼拉比丘創立，緬甸芒海人。三〇〇年前傳入德宏芒市、瑞麗、臨滄）

解說：

1.潤派，潤是潤國，或稱潤那（Yona，中譯臾那國），派是宗派或部派。所以潤派意即指潤國的宗派。據文獻記載十五世紀末泰國清邁僧人智寶著《聖者時鬘論》和公元一八六一年緬甸高僧般若薩彌著《佛教史》中說，都認為潤國是在泰北清邁一帶，歷史上曾稱泰北一帶為潤國或潤那國。

2.公元十三至十五世紀，由泰族人在泰北建立的第一個蘭那小王國，都城設在清邁。那時清邁因受到柬埔寨的影響，有人信仰大乘佛教；受到當地孟族人的影響，有人信仰上座部佛教。公元十六世紀受到緬甸入侵，成為緬甸附庸國，公元一八九二年被泰國併入，信仰上座部佛教。

3.公元一三六七年，清邁的哥那王（Kue-Na，一三五五—一三八五）在位，禮請斯里蘭卡大寺系的泰僧蘇摩那（Sumana）至清邁，協助建立斯里蘭卡系僧團，並獻出自己的花園，做為弘法道場，這就是著名的花園寺，成為潤派的根本道場。

4.清邁為緬甸統治時期，曾將潤派（花園寺派）傳入緬北的景棟，然後又由景棟再傳入中國雲南西雙版納傣族地區。據說清邁哥那王在位時，曾派一批比丘至斯里蘭卡留學，回國後建造了蓮花塘寺，實行阿蘭若生活（林居派）。蓮花塘派後來也傳入中國雲南傣族地區。按照這段歷史來看，南傳上座部教在公元十四至十五世紀，才正式傳入中國雲南傣族地區。

5.泰國的清邁、緬甸的景棟、中國雲南的西雙版納，三地在歷史上時常屬不同的國家，而在、種族、語言和文化同為一體，都是信仰上座部佛教。

6.多列派、擺莊派、左抵派等，是隨著緬甸景棟上座部佛教的發展，又再傳入中國雲南傣族地區的。

南傳佛教大事年表

時期	重要事蹟
前十五世紀	雅利安人入侵印度恆河流域。
前十世紀	印度婆羅門教成立。
前六二三	佛陀出生（依南傳佛教說）。
前四八三—四四五	傳說維舍耶率眾自南印度渡海抵達斯里蘭卡，征服土著，開創維舍耶王朝，成為第一代國王。
前三七七—三〇七	半荼迦婆耶王，定都斯里蘭卡阿耨羅陀城。
前二七三？—二三二	印度孔雀王朝阿育王在位。印度阿育王與目犍連子帝須長老派遣傳教師至各地弘法。其中摩哂陀長老派至斯里蘭卡；須那和鬱多羅二位長老派至金地。斯里蘭卡天愛帝須王（前二四七—二〇七）建大寺，上座部教團確立。僧伽密多比丘尼攜菩提樹分枝移植斯國，成立比丘尼僧團。天愛帝須王營建塔園寺。

前一九九	摩哂陀長老在斯里蘭卡圓寂。
前一九八	僧伽密多比丘尼在斯里蘭卡圓寂。
前一〇一—六十九	斯里蘭卡度杜多摩尼王護持佛教，建造大塔、摩利遮伐帝塔、九層銅殿。提倡慶祝「衛塞節」。
前四十三—二十九	斯國因戰爭發生大饑荒。比丘在中部摩多羅阿盧精舍結集巴利三藏，書寫三藏及三藏註釋於貝葉上。
前二十九—十七	斯國僧團第一次發生分裂，從大寺派中分出無畏山寺派。
公元一世紀	印度犢子部至斯國無畏山寺，成立法喜部。
六十九	中國雲南增設永昌郡，傣族地區屬永昌郡管轄。
八十九—九十二	斯國迦尼羅闍奴帝須王，處死圖謀反對他的六十位比丘。 徼國事鬼神者字混填，至扶南為王。
二世紀上葉	扶南王范蔓征伐金鄰（金地）等國。
二二二—二三二	孫權時（二二二—二五二）交、廣刺史呂岱，遣從事朱應及中郎康泰往扶南、林邑等地。

二六九—二九一	方廣部至斯國無畏山寺弘揚教義。
三〇九—三二二	斯國方廣部受到抑制，僧人被驅逐返回印度。斯國佛教第二次發生分裂，南山寺沙竭羅部成立。印度僧友第一次抵斯國。
三三四—三六二	斯國摩訶斯那王護持大乘佛教，大寺遭毀。僧友第二次抵斯國，弘揚大乘。僧友被刺死，修復大寺。
	祇園寺建成，奉獻沙竭羅部；大寺再被廢棄九個月。
三、四世紀	緬甸境內有驃國（室利差呾羅國）之建立。
四世紀中葉	斯國《島史》編成。
三六二—三八九	大寺修復。造摩哂陀長老金像。南印度迦陵伽國陀多王子，攜佛牙逃至斯國。
	斯國在印度佛陀伽耶聖地建造斯里蘭卡佛寺。
三八九—四〇九	斯里蘭卡出現精刻的大乘菩薩像。

三八九—四一〇	達摩瞿諦長老將巴利文經典譯成僧伽羅文。佛授論師至斯里蘭卡受僧伽教育。
四〇九—四三一	法顯自印度回歸，途經斯國住二年（四一〇—四一二），求得《彌沙塞律》、《長阿含》、《雜阿含》、《雜藏》等歸國。佛音論師在斯國，完成巴利三藏註釋，著《清淨道論》。護法論師繼續完成《小部》註釋。四二六年及其後，斯國兩批比丘尼十九人至中國南京，傳授比丘尼戒法。
四〇〇年前後	憍陳如赴扶南為王，改用天竺法，扶南（柬埔寨）印度化，信婆羅門教。
四三三—四五八	南印度陀密羅族人侵入斯國統治達二十五年。
四六〇	斯國界軍王復國，建造多尊巨大佛像及彌勒菩薩像等。
四七八—四九六	斯國在悉耆利耶山上開鑿石窟，刻有多幅精美壁畫。四八四年，扶南王闍耶跋摩遣天竺僧人釋那伽仙至中國上表，獻佛坐像、牙塔等。

五世紀末	下緬甸勃朗（卑謬）附近，出土薄金片巴利語經文。
四九六—五一三	印度一王子攜帶佛髮逃至斯里蘭卡。 扶南國僧伽婆羅（五〇四）及曼陀羅（五〇三）攜梵本往中國譯經。
六世紀初	《大史》編成；推定於五一八年以前完成。
五一四—五四八	五一四年，扶南留陁跋摩自立，為虔誠佛教徒。五一九年遣使向中國獻天竺栴檀佛像等。 約五三六年，印度一部《法界論》被帶至斯國。 真諦三藏抵達扶南；五四八年攜梵本至中國譯經。 五四〇年後，扶南國都為真臘攻陷，淪為屬國。
五六八—六〇一	印度僧人明護至斯國住大寺；辯論擊敗方廣部。
六世紀末	泰境內湄南河流域的孟族人，建立墮羅缽底國，信仰上座部佛教，以佛統為中心。
六一一—六四一	柬埔寨之真臘伊奢那先王，訂定濕婆教為國教。 六三三年斯國內戰及發生篡位，佛教遭受破壞。

六四一—六五〇	斯國僧人往各地弘法。風行研究阿毗達摩。
六五八—六七四	斯里蘭卡最勝菩提四世，護持三派佛教。提倡念《守護經》。王后建寺供養比丘尼僧團。
八世紀初	柬埔寨之真臘，分裂陸真臘和水真臘二國。
八世紀下葉	室利佛逝（爪哇）強盛，越海控制馬來半島及泰境洛坤。信大乘佛教，並傳入馬來亞及泰境南部。水真臘陷於戰亂，為室利佛逝勢力所統治。
八〇二	柬埔寨闍耶跋摩二世創立安哥王朝，脫離室利佛逝屬國關係。建造神殿，奉祭陵伽。
八三一—八五一	印度金剛乘部傳入斯里蘭卡。南印度般底耶國大軍征入斯國，古都阿耨羅陀城被毀壞，遂遷都至波羅那魯瓦。
八五一	斯里蘭卡斯那王二世戰勝般底耶國。

八七一—八八一	無畏山寺派中有糞掃衣部，分出成為獨立一部。 斯那王二世調和僧團三大派清淨和合。 安哥王朝營造巴肯廟。
八八九—九〇〇	安哥王朝耶所跋摩建耶所達羅城，開鑿東池。在王城及各地建同名的濕婆教派、毘濕奴教派、大乘佛教僧院。僧院設有僧長及規章等。
九四七	印度朱羅軍侵入斯國占據阿耨羅陀城，佛教衰微。
十世紀中後	柬埔寨安哥王朝，建班台斯利神廟。
十一世紀上葉	一〇〇二年，安哥王朝蘇利耶跋摩一世，勢力伸展至泰境孟族人之羅斛，提倡佛教，排斥其他宗教。 朱羅人攻占阿耨羅陀城，夷為灰燼。統治波羅那魯瓦五十三年，提倡婆羅門教，佛教遭受破壞。

一〇四四—一〇七七	一〇四四年緬甸阿奴律陀王建立蒲甘王朝。一〇五七年，攻占南方直通，迎請孟族高僧信阿羅漢及巴利三藏，尊信及提倡上座部佛教，驅逐阿利派僧團。 斯里蘭卡王維舍耶巴忽一世，於一〇七〇至一〇七一年破朱羅軍，恢復王朝。國內僧團衰微，遂派使至緬甸迎請緬僧至斯國傳戒及弘法。
一〇九〇	緬甸蒲甘著名阿難陀塔寺落成。
一一一二—一一五〇	一一一二年，緬甸江喜陀王豎立《彌塞提》碑銘，四面刻寫巴利文、驃文、緬文、孟文，內容相同。 一一一三至一一五〇年，柬埔寨安哥王朝蘇利耶跋摩二世營造偉大的安哥寺。 一一四四年，緬甸蒲甘建造他冰瑜寺。

一一五〇——一二二九

一一五〇至一一六〇年，安哥王朝達朗因陀羅跋摩二世公開傾向大乘佛教，使王室宗教信仰轉變。

一一五三至一一八六年，斯里蘭卡名王波羅迦摩巴忽一世在位，征服朱羅國及遠攻緬甸。一一六五年調和三派僧團團結一致，結束長期諍論。

一一八〇年，緬甸國師鬱多羅耆婆帶領僧眾多人往訪斯里蘭卡，留下車波多在大寺受教育及受比丘戒；一一九〇年返回緬甸，帶領四位異國比丘同返，成立斯里蘭卡僧團。至一一九二年，緬甸僧團形成兩派：即原有僧團稱「緬甸宗」，車波多傳入的稱「僧伽羅宗」。不久，僧伽羅宗又發生分裂，分成三個支派。

一一八一至一二二九年，柬埔寨王闍耶跋摩七世在位，擴張國土。在全國建醫院一〇二所，驛站一二一所，經營安哥王城及巴戎寺。

一二一五年，南印度迦陵伽國摩伽王進攻斯里蘭卡，統治二十一年，提倡婆羅門教，破壞佛教。

一二三六	維舍耶巴忽三世在斯里蘭卡南方達婆提尼耶建立新王朝，復興佛教。
一二五五頃	斯國法稱增訂《大史》。
一二五七	泰族人在泰境內首先建立素可泰王朝。
一二六〇頃	南印度波羅王朝覆亡，佛教在印度漸趨滅亡。
一二八二頃	印度迦陵伽國聯合陀密羅人侵入斯里蘭卡，統治二十年，提倡婆羅門教。
一二八三	素可泰創立泰文；自泰南洛坤迎請斯里蘭卡僧團至素可泰城弘揚佛法，建阿蘭若寺。
一二八七	緬甸南方撣族人建立庇古王朝。
一二九六	元朝周達觀隨使至柬埔寨，將其見聞撰成《真臘風土記》。 泰國北部清邁王朝建立，推行佛教。

一三〇七	柬埔寨安哥王朝室利因陀羅跋摩讓位，出家為僧，專心弘揚上座部佛教，一三〇九年著成柬埔寨最早巴利語碑文，柬國大乘佛教及婆羅門教，逐漸衰亡。
一三五〇	泰國中部阿瑜陀耶王朝（大城王朝）建立。
一三五三—一三七六	一三五三年，寮國法昂王建南掌國，都琅勃拉邦。一三五九年，自柬埔寨傳入上座部佛教。一三五四至一三七六年，泰國素可泰王朝立泰王著《三界論》。迎請斯里蘭卡僧人至素可泰弘揚佛法。一三六二年，在芒果林寺短期捨身出家。一三六二年，緬甸重修瑞德宮佛塔（大金塔），由九公尺增至二十多公尺。
一三六九—一三七三	清邁蓮花塘寺派（擺壩）及花園寺派上座部佛教先傳入緬甸撣族景棟，然後再逐漸傳入中國雲南傣族地區西雙版納的勐遮、勐海、勐混、大勐籠、景洪、勐罕（橄欖壩）等地。
一三七八	素可泰淪為大城王朝的附庸。
一三九〇	庇古戰勝來侵的北方阿瓦，建瑞摩陶佛塔紀念。

一四三一	泰人攻陷柬埔寨安哥王城。
一四三六	柬埔寨廢棄安哥，遷都百囊奔（金邊）。
一四三六	素可泰王朝滅亡。
一四四一—一四九二	泰國清邁王朝三界王在位。一四五五年建大菩提寺，一四七七年集高僧約百位於大菩提寺結集三藏，經一年完成。清邁風行研究佛法，高僧學者輩出。約一四六三年泰國阿瑜陀王朝怛萊洛迦王入朱拉摩尼寺出家八個月。
	一四五三至一四七二年，緬甸南方庇古信修浮女王護持佛教，晚年增修瑞德宮佛塔（大金塔），以九十磅黃金塗刷塔頂。一四七二至一四九二年，達磨悉提繼位，於一四七五年，選派四十四位比丘往斯里蘭卡受戒，然後回國，改革僧團，結束了三百多年來各派的對立，和合為一派。一四七六年，達磨悉提王立《莊嚴結界》碑文。
一四七三	上座部佛教從緬甸撣邦景棟地區傳入雲南耿馬。
一五〇三	寮國維蘇王建造維蘇寺。

一五〇五	葡萄牙人勢力漸伸入斯里蘭卡。斯里蘭卡全島，分成查夫納、拘提、康提三國。
一五三一	緬甸南方東固王朝建立。
一五三九	緬甸南方庇古王朝被東固王朝消滅。
一五四〇—一五五五	緬甸思洪發破佛，殺死三百六十比丘，燒毀塔寺及經典；一五五五年東固王朝征滅阿瓦王朝，緬甸統一。
一五五六	緬甸征滅清邁王朝。
一五六三—一五六六	一五六三年寮國永珍建玉佛寺。一五六六年建大舍利塔。一五六四年，緬甸攻破大城（阿瑜陀王朝）。
一五六九	緬軍攻陷大城，泰王被俘，大城王朝前期滅亡，成為緬甸一省，置官統治達十五年。
	緬王以公主娘呵罕妻西雙版納宣慰司刀應勐，稱金蓮王后，生子刀韞猛，後建「金蓮寺」，此後佛教在西雙版納獲得很快的發展。
一五七四	緬軍攻入永珍，寮國臣屬於緬甸。

一五八四	泰國納理遜王子，中興大城王朝。
一五九三—一五九四	泰軍攻陷柬埔寨的馬德望、暹粒、巴薩克及首都羅屋克，至此柬埔寨處於泰國控制下。
一五九九	斯里蘭卡拘提國亡，直接置於葡萄牙統治之下。
一六二一	斯里蘭卡查夫納亡，直接受葡萄牙統治。
一六三四—一六六二	寮國蘇里亞旺薩王在位五十七年（一六三七—一六九四），政治修明，重視宗教活動，使寮國成為東南亞的佛教中心。 一六五八年，荷蘭逐出葡萄牙在斯國勢力，取而代之。 一六六二年，泰軍征服清邁。
一六七五	雲南德宏州潞西縣芒市鎮建菩提寺。
一七〇一	雲南傣族地區建造景真八角亭。
一七〇八頃	緬甸佛教僧團中，發生僧人著衣論爭。
一七五三	斯里蘭卡佛教衰微，引入泰國佛教成立暹羅宗。
一七五四	緬甸貢榜王朝興起，東固王朝滅亡。

一七六七	泰國大城王朝後期被緬甸軍消滅。中泰混血兒鄭信起兵光復泰國，建立吞武里王朝。
一七七五	泰軍攻克緬人控制的清邁，劃入泰國領土。
一七七八	寮國淪為泰國的附庸。
一七八二	泰國鄭王被殺，吞武里王朝亡；曼谷王朝建立，定都曼谷，建玉佛寺、菩提寺等。
一七八八	泰國佛教召開僧伽長老會議，整編巴利三藏。
一七九六	英國人逐出荷蘭人的勢力，代替統治斯里蘭卡各沿海邊區。
一八〇二	緬甸僧團傳入斯里蘭卡，後稱緬甸派。 斯里蘭卡康提被英軍攻破，全島淪為英國殖民地。
一八〇九—一八二四	泰國佛教實行巴利文教育改革。
一八二六	英緬第一次戰爭結束。
一八二九	泰國僧團創立「法宗派」；而稱原有僧團為「大宗派」。

一八五三	英緬第二次戰爭結束，英人統治緬甸沿海地區。 泰國修建佛統大塔。
一八五七	緬甸敏東王遷都至曼德勒。
一八六〇—一八七三	一八六三年柬埔寨成為法國的保護國，結束與泰國宗主國關係。 一八六四至一八七三年，斯國羯那難陀比丘，與基督教經過五場公開辯論，擊敗基督教徒，大振斯國人心，並引起世人的注意與同情。 一八七一年，緬甸曼德勒舉行第五次三藏結集。 一八七三年，斯里蘭卡佛教成立智增學院。
一八八〇	美國奧爾高特上校夫婦抵達斯里蘭卡，創立佛教靈智學會，協助斯國佛教復興。
一八八五	斯國設計佛教教旗，成立佛教星期日學校。 十一月英緬第三次戰爭爆發，英軍攻陷曼德勒，貢榜王朝滅亡；次年元旦英國宣布統治緬甸。

一八八六	斯里蘭卡佛教成立阿難陀學院及楞伽學院。 緬甸雷迪上座提倡「內觀禪」，風行後世。
一八九〇	曼谷大舍利寺佛學院成立，為高級巴利文研究中心。
一八九一	印度菩提伽耶摩訶菩提協會成立。 斯里蘭卡達摩波羅成立摩訶菩提協會。
一八九三	寮國淪為法國保護國。 泰國出版完備的巴利三藏；成立皇冕佛學院，為高級佛學研究中心。
一八九四	泰國佛教法宗派，創《法眼》雜誌。
一八九八	斯里蘭卡青年佛教會成立，全島設立星期日學校。
一九〇二	泰國佛教公布僧團規章。泰王命令建大理石寺。
一九〇六	緬甸佛教青年會成立，號召民族獨立及復興佛教。
一九〇七	柬埔寨在法國保護下，向泰國交涉索回馬德望、暹粒、詩梳風及東北等失地。

一九一四	柬埔寨在首都百囊奔成立高級巴利文學校。
一九二〇	印度加爾各答摩訶菩提總會成立。
一九二五	泰國再修編巴利三藏，全藏出版四十五冊。
一九二六	摩訶菩提協會在英國倫敦成立分會。
一九三〇	柬埔寨於百囊奔成立佛教研究院。
一九三三	柬埔寨佛教在國內設立初級巴利文佛學院。
一九三七	四月，緬甸與印度分治。
一九四〇	中國法舫法師抵斯里蘭卡留學。
一九四一	泰國佛教制訂僧伽憲章，設立僧伽內閣及僧伽議會等。
一九四六	泰國皇冕佛學院改為皇冕佛教大學。
一九四七	泰國大舍利寺佛學院改為摩訶朱拉隆功佛教大學。 馬哈希禪修中心在仰光成立，傳授內觀禪修法。

一九四八	一月四日，緬甸宣布獨立。 二月四日，斯里蘭卡宣布獨立。
一九四九	七月，法國承認寮國在法國聯邦下獨立。 法舫法師抵斯里蘭卡任教。
一九五〇	世界佛教徒聯誼會在斯里蘭卡成立，五月在可倫坡召開第一次大會。 緬甸佛教在政府協助下，公布設立僧伽法庭、宗教部、佛教評議會。
一九五四	緬甸仰光和平石窟造成，舉行第六次結集。 六月，斯里蘭卡佛教調查委員會成立。 七月，日內瓦會議後，承認寮國獨立。
一九五五	十月十五日緬甸政府迎請中國佛牙舍利巡迴展出。
一九五九	柬埔寨西哈努克佛教大學成立。

一九五六	五月二十四日，緬甸第六次結集圓滿，盛大舉行佛滅二千五百年紀念大會。 斯里蘭卡佛教調查委員會報告。 十月二十二日，現今泰王拉瑪九世出家半月。
一九五七	五月，泰國隆重舉行佛紀二五〇〇年紀念大會。
一九五八	斯里蘭卡智增佛學院、智嚴佛學院都升格為大學。
一九五九	寮國公布僧伽法例。 九月二十五日斯國一激進僧人槍殺班達拉奈耶克總理。
一九六〇年代初	雲南傣族地區平穩地過渡到社會主義，廢除封建領主土司制度。 一九五六下半年，佛牙舍利迎至西雙版納、德宏、耿馬等地區供廣大信徒瞻仰。
一九六〇	一九六〇年泰國在印度菩提伽耶建「佛陀伽耶泰寺」。 一九六〇至一九六四年後，傣族佛教僧人和佛寺驟減，佛寺被占用關閉，宗教活動被強迫禁止。

一九六一	六月，中國佛牙舍利迎至斯國各地公開展覽四個月。 八月，緬甸佛教國教化案通過後，政情不穩。
一九六二	三月，緬甸軍人執政，成立「革命評議會」，廢除佛教國教化案。佛教評議會解體。 泰國修改僧伽憲章頒行。
一九六三	泰國僧團高層宗派意見紛爭，高僧披莫丹遭拘捕。
一九六四	世界佛教徒聯誼會總會遷至曼谷。 泰國在英國倫敦建「佛光寺」。
一九六六	斯里蘭卡宣布以佛日代替星期日休假。 中國佛教及其他宗教，在「文化大革命」中，經像被燒掉，佛寺被拆毀或被占用，佛塔多被炸毀，僧人被迫還俗，傣族地區有些僧人或被迫逃亡到緬甸。
一九七〇	三月，柬埔寨在美國的支持下，朗諾發動政變，推翻西哈努克，廢除君主立憲制，改名為高棉共和國。
一九七二	五月二十二日斯國通過憲法改國名為「斯里蘭卡共和國」。

一九七五	四月，赤棉奪取了國家政權，成立民主柬埔寨，波爾布特為黨和國家最高領導人。至一九七九年間，柬埔寨知識分子與佛教受到重大破壞。
一九七六	七月寮國政府協助成立「寮國佛教徒聯合會」。制訂《寮國僧伽條例草案》。
一九七八	一九七八年後，中國政治撥亂反正，重新貫徹宗教政策，中國佛教協會全面恢復工作，並走上正規，傣族佛教也逐漸得到恢復發展。
一九七九	一月，越南軍隊入侵柬埔寨。 三月，寮國法宗派八十七歲帕坦雅諾僧王逃至泰國。
一九八一	斯國成立「斯里蘭卡佛學巴利文大學」。
一九八五	中國佛學院選派五名學僧到斯里蘭卡留學。
一九八七	中國佛教協會趙樸初會長率團到曼谷出席國際佛教學術交流會，並進行訪問一週。
一九八九	洪森為柬埔寨新領導人，佛教得到逐漸恢復。

一九九〇	六月雲南省佛教協會派出雲南傣族上座部佛教青年僧十名赴泰國留學。
二〇〇〇	據西雙版納州統計，有佛寺五百六十三所，僧眾千三百五十八人。
二〇〇九	斯里蘭卡政府軍五月中旬，徹底擊敗猛虎解放組織，結束二十五年來長期內戰。
二〇一〇	《中國貝葉經全集》經十年製作完成公布，主要是將雲南西雙版納上座部佛教傣文經律論三藏等典籍刻寫於貝葉上，編號為〇〇一—一〇〇集。

參考文獻

一、中文

【書籍】

中譯南傳《大念處經》。
《佛國記》，《大正藏》第五十一冊。
《大唐西域記》，《大正藏》第五十一冊。
《善見律毘婆沙》，《大正藏》第二十四冊。
《高僧傳》，《大正藏》第五十冊。
《續高僧傳》，《大正藏》第五十冊。
《大唐西域求法高僧傳》，《大正藏》第五十一冊。
《南海寄歸內法傳》，《大正藏》第五十四冊。
《後漢書．西南夷傳》。
《三國志》卷六十，〈呂岱傳〉。
《晉書》卷九十七，〈扶南傳〉。

《梁書》卷五十四，〈海南諸國〉、〈扶南傳〉、〈天竺傳〉。
《隋書》卷八十二，〈真臘傳〉、〈赤土傳〉。
《舊唐書》卷一九七，〈真臘傳〉、〈列傳〉、〈墮和羅傳〉、〈驃國傳〉。
《新唐書》卷二二二下，〈真臘傳〉、〈驃國傳〉。
《宋書》卷九十七，〈扶南傳〉。
《南齊書》卷五十八，〈扶南傳〉。
《明史》卷三二四，〈真臘傳〉、〈暹羅國〉。
《太平御覽》卷七八七，康泰《扶南土俗》。
印順法師著：《原始佛教聖典之集成》，正聞出版社，一九七一。
宋趙汝適撰：《諸蕃記》。
元周達觀著：《真臘風土記》。
馮承鈞著：《中國南洋交通史》，香港太平洋書店。
馮承鈞著：《歷代求法翻經錄》，商務印書館。
馮承鈞校注：《瀛涯勝覽校注》，中華書局，一九五五。
馮承鈞譯：《占婆史》（Georges Maspero原著），商務印書館。
伯希和著、馮承鈞譯：《扶南考》（收在《史地叢考續編》），商務印書館。

許雲樵著：《南洋史》上卷，星洲世界書局。
葉均著：《攝阿毗達摩義論》，嘉義法雨道場，一九九九。
陳明德著、淨海法師譯：《泰國佛教史》，《海潮音》第四十六卷，第五至八期。
韓廷傑著：《南傳上座部佛教概論》，文津出版，二〇〇一。
韓廷傑譯：《島史》，慧炬出版社，一九九六。
韓廷傑譯：《大史》，佛光出版社，一九九六。
李謀等譯注：《琉璃宮史》，上卷、中卷、下卷，商務印書館，二〇一〇。
柳宗玄編：《世界之聖域七．錫蘭的佛都》，臺灣環華出版事業，一九八一。
柳宗玄編：《世界之聖域九．緬甸的佛塔》，臺灣環華出版事業，一九八一。
馬哈希講述、U Myint Maung編譯：《緬甸禪坐》，方廣書屋，二〇〇四。
馬可波羅著、馮承鈞譯：《馬可波羅行紀》，臺灣書房，二〇一〇。
馮汝陵著：《緬甸史話》，香港上海書局，一九六二。
馮汝陵著：《泰國史話》，香港上海書局，一九六二。
馮汝陵著：《東南亞史話》，香港上海書局，一九六一。
藍吉富主編：《世界佛學名著譯叢第五十七冊．東南亞佛教概說》。
巴素著、郭湘章譯：《東南亞之華僑》，上冊，正中書局，一九六八。

D. G. E. 霍爾著、中山大學東南亞歷史研究所譯：《東南亞史》，上冊，商務印書館，一九八二。
楊曾文主編：《當代佛教》，東方出版社（北京），一九九三。
鄧殿臣著：《南傳佛教史簡編》，法音文庫，一九九一。
賀聖達著：《東南亞文化發展史》，雲南人民出版社，一九九六。
賀聖達著：《緬甸史》，人民出版社，一九九二。
賀聖達、李晨陽編著：《緬甸》，社會科學文獻出版社，二〇一〇。
劉岩著：《南傳佛教與傣族文化》，雲南民族出版社，一九九三。
宋立道著：《傳統與現代——變化中的南傳佛教世界》，中國社會科學出版社，二〇〇二。
宋立道著：《神聖與世俗——南傳佛教國家的宗教與政治》，宗教文化出版社，二〇〇〇。
宋立道編著：《世界佛教》，河北省佛學院，二〇〇〇。
平川彰著、顯如、李鳳媚譯：《印度佛教史》上冊，嘉義新雨道場，二〇〇一。
楊學政主編：《雲南宗教史》，雲南人民出版社，一九九九。
吳焯著：《佛教東傳與中國佛教藝術》，浙江人民出版社，一九九一。

David K. Wyatt著、郭繼光譯：《泰國史》，東方出版中心，二〇〇九。

格蘭特・埃文斯著、郭繼光、劉剛、王瑩譯：《老撾史》，東方出版中心，二〇一一。

朱振明著：《泰國——獨特的君主立憲制國家》，香港城市大學出版社，二〇〇五。

張良民著：《老撾——東南亞唯一的內陸國》，香港城市大學出版社，二〇〇五。

郭壽華著：《泰國通鑑》，三民書店，一九六七。

郭壽華著：《越、寮、東三國通鑑》，三民書店，一九六七。

王蘭著：《斯里蘭卡的民族宗教與文化》，昆侖出版社，二〇〇七。

馬樹洪、方芸編著：《老撾》，社會科學文獻出版社，二〇〇七。

姚枬、許鈺編譯：《古代南洋史地叢考》，香港商務印書館，一九五八。

Brian Harrison著、聯營出版公司編輯部譯：《東南亞簡史》，新加坡聯營出版公司。

崔貴強著：《東南亞史》，新加坡聯營出版公司。

樂觀著：《護國衛教言論集》，上冊、下冊，香港佛教雜誌。

陳正祥著：《真臘風土記研究》，新加坡青年書局。

瑪戈著：《泰柬旅遊漫記》，新加坡青年書局，一九六六。
瑪戈著：《泰國藝術叢談》，星洲世界書局，一九六七。
藍吉富主編：《中華佛教百科全書》（七），中華佛教百科文獻基金會，一九九四。
姚珏著：《天國的邊緣——雲南上座部佛教的歷史和經典》（雲南大學碩士論文），二〇〇二。
淨海法師著：《佛國日記》，《海潮音》第四十三卷連載。
棠花著：《泰國四個皇朝五十君主簡史》，泰京，一九六四。
徐松石著：《東南亞民族的中國血緣》。
英國吳廸著、陳禮頌譯：《暹羅史》，臺灣商務印書館，一九八八。
江勤政著：《印度洋明珠——斯里蘭卡》，上海錦繡文章出版社，二〇一〇。
陳炯彰著：《印度與東南亞文化史》，臺北大安出版社，二〇〇五。
潘醒農著：《東南亞名勝》，新加坡南島出版社，一九六三。
卡瑪拉．提雅瓦妮琦著、法園編譯群譯：《消失的修行森林——森林回憶錄》。
邵敏之編著：《柬埔寨風物》，香港益群出版社，一九七〇。
宋天明編著：《印度支那半島上的國家》。

丘繼華著：《暹羅七百年史》，泰京香港書報印刷公司，一九五一。
常任俠編：《東方佛教文化》，臺灣木鐸出版社，一九八八。
劉必權著：《世界列國誌．泰國》，川流出版社，二〇〇八。
劉必權著：《世界列國誌．斯里蘭卡》，川流出版社，一九九六。
劉必權著：《世界列國誌．柬埔寨、寮國》，川流出版社，一九九八。
盧偉林著：《緬甸散記》。
石澤良昭譯：《東南亞細亞》。
鄭筱筠著：《中國南傳佛教研究》，中國社會科學出版社，二〇一二。
梁英明著：《東南亞史》。
傑克．康菲爾德著、新雨編譯群譯：《當代南傳佛教大師》，圓明出版社，一九九七。

【期刊】

陳明德著：〈暹羅佛教漫談〉一文，載在《現代佛教學術叢刊．東南亞佛教研究》。
陳明德著：〈泰國僧伽行政史略〉，《海潮音》，第四十三卷第八期。

聖嚴法師著：〈錫蘭佛教史〉，《慈航》季刊，第三十五期。
聖嚴法師著：〈近世的錫蘭佛教〉，《佛教文化》，第五期。
〈柬埔寨著名的歷史遺產——吳哥古蹟〉，《考古》雙月刊，一九七二，第三期。
（柬埔寨佛教史第三章主要參考資料）
嚴智宏：〈南傳佛教在東南亞的先驅：泰國墮羅鉢底時期的雕塑〉，載《臺灣東南亞學刊》，二卷一期，二〇〇五年。
徐玉虎著：〈柬埔寨之宗教〉，《海潮音》，第四十卷第四期。
淨因法師著：〈初探南傳佛教興盛之因〉，講於「生活禪夏令營」，經講話錄音整理而成。
林欣著：〈試論南傳佛教的傳承〉，載於香港《內明》，第二八一期，一九九五年八月。
鄭筱筠著：〈中國南傳上座部佛教傳播特點〉，《中國社會科學報》，二〇一二年九月二十四日。
傅增有：〈東南亞小乘佛教文化圈的形成及其特點〉（論文）。
宋哲美著：〈中寮文化關係〉，《東南亞研究》第一卷。
M. M. 安姆斯著、程慧餘譯：〈佛教的革新在錫蘭〉，《海潮音》，第四十六卷第六期。
了參法師著：〈錫蘭佛教的現狀〉，載《海潮音》。
淨海法師著：〈泰國佛統大塔〉，《慈航》季刊，第十一期。
淨海法師著：〈曼谷玉佛寺〉，《慈航》季刊，第三期。
淨海法師著：〈仰光大金塔〉，《慈航》季刊，第十二期。
淨海法師著：〈英國佛教史〉，《獅子吼》，第六卷第一期。
Robert C. Lester著、淨海法師譯：〈東南亞的上座部佛教〉，《覺世》旬刊，第六一五號後連載。
華宗僧務委員會：〈泰國華僧弘教簡史〉，《海潮音》，第五十三卷第九期。
印海法師譯：〈柬埔寨之佛教〉，載《海潮音》第四十卷第四期。
廣興、圓慈合譯：〈斯里蘭卡的僧伽教育〉，載《法音》月刊。
《社會評論》雜誌（泰文）特第四號〈佛教與泰國社會〉專號，一九六六年八月。
王鍾承著：〈吉蔑王的沉思〉，《故宮文物》月刊，第二九二期，二〇〇七。
楊芳綺著：〈高棉的微笑〉，《故宮文物》月刊，第二九二期，二〇〇七。
陳玉秀著：〈龍坡邦〉，《故宮文物》月刊，第二九二期，二〇〇七。
胡進彬著：〈萬塔之城——蒲甘〉，《故宮文物》月刊，第二九二期，二〇〇七。

二、日文

前田惠學著：《原始佛教聖典の成立史研究》，東京山喜房佛書林，一九六四。
立花俊道等著：《南方圈の宗教》（十六位名家執筆），大東出版社，昭和十七年。
《望月佛教大辭典》，十冊，東京世界聖典刊行協會。
アジア・エートス研究會編：《アジア近代化の研究》，東京御茶の水書房。
栗原古城譯：《インドの佛教》（講座佛教III），大藏出版株式會社，昭和四十二年。
《錫蘭島の佛教》，《日本讀書協會會報》，第二五九期。（原著：R. S. Copleston: *Primitive and Present in Magadha and Ceylon*, 1908, London）
山本達郎編：《東南アジアの宗教と政治》，日本國際問題研究所，昭和四十四年。
日本佛教時代社編：《佛教大年鑑》，佛教タイムス社，昭和四十四年。
高田修著：《印度南海の佛教美術》，創藝社，昭和十九年再版。
水野弘元著：《パーリ語文法》，附錄II　パーリ關係重要な參考文獻，山喜房佛書林，一九六八。

靜谷正雄著：《扶南佛教考》。
佐藤俊三著：《阿育大王》。
辛島昇等譯：《インド支那文明史》，みすず書房，一九六九。（原著：George Coedes: Les Peuples De La Peninsule Indo-chinoise）
永田逸郎譯：《アンコール遺址群》，育生社弘道閣。
五十嵐智昭譯：《ビルマ史》，北海出版社，昭和十八年。
杉本直治郎著：《東南アジア史研究Ⅰ》，第二版，巖南堂，一九六八。
龍山章真著：《南方佛教の様態》，弘文堂，昭和十七年。
大日佛教本會編纂：《南方宗教事情とその諸問題》，東京開成，昭和十七年。
高田修著：《佛教美術史論考》，中央公論美術出版，一九六九。

三、英文

Walpola Rahula: *History of Buddhism in Ceylon*, Colombo, 1956.
Wilhelm Geiger: *The Mahāvaṃsa or The Great Chronicle of Ceylon*, 1964, PTS, London.
E. W. Adikaram: *Early History of Buddhism in Ceylon*, Colombo, 1953.

P. V. Bapat: *2500 Years of Buddhism*, Reprinted 1959, Government of India.

Sir Charles Eliot: *Hinduism and Buddhism*, Vol. III, Reprinted 1962, London.

D. G. E. Hall: *A History of South-East Asia*, 1964, London.

Brian Harrison: *South-East Asia A Short History*, 1963, London.

Wilhelm Geiger: *Pāli Literature and Language*, 1968.（附了參譯：《巴利文獻》，《海潮音》，第三十四至三十五卷。）

G. P. Malalasekera: *The Pali Literature of Ceylon*, 1958, Colombo.

Prince Dhaninivat: *A History of Buddhism in Siam*, 1960, Bangkok.

Robert C. Lester: *Theravada Buddhism in Southeast Asia*, 1973, The University of Michigan.

The Way of the Buddha, 1956, Government of India.

Philip Rawson: *The Art of Southeast Asia*,1967, London.

四、泰文

Chusukdi Dipayaksorn：《錫蘭佛教史》，泰京，一九六五。（斯里蘭卡佛教史主要參考書）

Dumrong Rajanubhab：《錫蘭的暹羅宗》，泰京。

陳明德著：《泰國佛教史》，一九五六，泰京皇冕佛教大學。（泰國佛教史主要參考書）

Kavīvarañāṇa：《東南亞佛教史》，《佛輪》月刊，第十六至二十卷，摩訶朱拉隆功佛教大學編。（東南亞佛教史主要參考書）

Citapañño：《巴利文獻》，《慶祝佛曆二五佛紀特刊》，泰京，一九五六。

《泰國碑文集》，上、下二冊，泰國藝術廳。

Phrapatana Trinaronk：《泰國佛教的發展情形》。（泰國佛教史第二章第三章主要參考書）

泰國藝術廳編：《泰國藝術》，泰京，一九六二年。

慶祝佛曆二五〇〇年紀念委員會編：《慶祝佛曆二五〇〇年紀念特刊》（泰文）。

Payutto比丘著：《訪問寮國佛教的見聞與感想》，《佛輪》月刊第二十一卷第六至八期。

《佛教與泰國社會》，泰京《社會評論》雜誌特號。

五、巴利文

Dīpavaṃsa（《島史》），附 H. Oldenberg 英譯，1879，London。
Mahāvaṃsa（《大史》），PTS 1964，London。
Dhammazedi（達磨悉提）：Kalyāṇīsīmā（《莊嚴結界》），附英譯、泰譯，Bangkok Times Press，1925。（緬甸南方佛教史主要參考書）
Paññāsāmi（般若薩彌）：Sāsana-vaṃsa（《教史》），附英譯，Bangkok Times Press，1962。（緬甸佛教史主要參考書）

六、其他（補助資料）

馮承鈞編：《西域地名》，中華書局，一九三〇。
國立編譯館訂：《外國地名譯名》，商務印書館，一九五五及一九九七。
張其昀主編：《世界地圖集第一冊》《東亞諸國》，中國地學研究所，一九六五。
《梵漢對照梵和大辭典》，日本鈴木學術財團出版。
《梵藏漢和四譯對照》：翻譯名義大集，日本鈴木學術財團出版。
水野弘元著：《南傳大藏經總索引》第二部，日本學術振興會，昭和三十六年。
水野弘元著：《パーリ語辭典》，春秋社，一九六八。

棠花編著：《泰華大辭典》，曼谷體育工業公司出版，一九五五。

G. P. Malalasekera: *Dictionary of Pali Proper Names I & II*, The Pali Text Society, Reprinted, 1960, London.

Franklin Edgerton: *Buddhist Hybrid Sanskrit Grammar and Dictionary*, 1970, India.

T. W. Rhys Davids: *Pali-English Dictionary*, PTS, London.

McFarland: *Thai-English Dictionary*, 5th Printing 1969, Stanford University Press.

索引

中文索引

二畫

三畫

四畫

五畫

六畫

七畫

八畫

九畫

十畫

十一畫

十二畫

十三畫

十四畫

十五畫

十六畫

十七畫

十八畫

十九畫

二十畫

二十一畫

二十二畫以上

外文專有名詞中譯對照表

A

Abhayagirivihāra 無畏山寺
Abhidhammattha-saṅgaha《攝阿毗達摩義論》
Abhidhamma-yojanā《阿毗達摩述記》
Abhidhānappadīpikā《名義燈》
Achaan Chah 阿姜查
Achaan Dhammadaro 阿姜達摩達羅
Achaan Jumnien 阿姜朱連
Achaan Maha Boowa 阿姜摩訶布瓦
Achaan Mun 阿姜曼
Achaan Naeb 阿姜念
Achaan Pathunta U Vilasa 巴頓塔威拉沙（比丘）
Achaan Sao 阿姜索
Achaan Sing 阿姜辛
Adam's Bridge 亞當斯橋
Adam's Peak 亞當峰
Admiral Westerworld 威西特烏爾得
Aggabodhi I 最勝菩提一世
Aggabodhi Ⅱ 最勝菩提二世
Aggabodhi Ⅳ 最勝菩提四世
Aggadhammā-laṅkāra 最勝法
Aggavaṃsa 最勝種
Ahalepola 阿哈力波拉
Akhalu 霍剎魯洞
Akyab 若開族
Alagakkonāra 阿羅伽瞿那羅（大臣）
Alagakkonāra 阿羅伽瞿那羅王（中國史稱亞烈苦奈兒王）
Alaungsithu 阿隆悉都
All Ceylon Buddhist Congress 全錫蘭佛教徒會議
All Ceylon Buddhist Students Federation 全錫蘭佛教學生聯合會
All Ceylon Congress of Bhikkhu Societies 全錫蘭比丘團體會議
All Ceylon Women's Buddhist Association 全錫蘭婦女佛教會
Alu-vihāra 阿盧精舍
Āmaṇḍagāmaṇī 阿曼陀伽摩尼
Amarapura 阿摩羅補羅
Amarapura-nikāya 緬甸派
Amarasiri-saddhammavaṃsamahā-nikāya 不滅吉祥正法統大宗派
Amarāvatī 阿摩羅缽底
Ambagaha Pitiya 菴婆伽訶比提耶
Ambasāmaṇera 菴婆沙彌
Ambatthala-vihāra 菴婆他羅寺
Ambavanārāma 芒果林寺
American Missionary 美洲教會
Amoghavajra 不空、不空金剛

Anāgārika Dharmapāla 達摩波羅
Ānanda 阿難陀
Ananda College 阿難陀學院
Ananda W. P. Guruge 古魯吉
Anāpānasiti 《出入息念》
Anaukpetlun 阿那畢隆
Anawrahta 阿奴律陀
Anekibhinda 阿尼劫賓陀塔
Ang Chan 恩倉王
Angkor 安哥
Angkor Borei 安哥波利
Angkor Wat 安哥寺
Anglican Missionary 英國教會
Anindita-pura 無毀城
Anourout 阿奴那特王
Anulā 阿耨羅
Anurādhapura 阿耨羅陀城
Arakan 阿拉干
Ari 阿利僧派
Ari-aṭṭhuppatti《阿利僧利生記》
Ariṭṭha 阿利吒
Ariyālaṅkāra 雅利安楞伽羅
Ariyavaṃsa 雅利安溫薩
Asgirī 阿耆羯梨、馬山寺派
Aṭṭhasālinī《殊勝義》、《法集論義疏》
Atthayojaṅā-anuṭikā《義解小疏》
Austro Asiatic Language 澳亞語系
Avukana 奥卡那
Ayutthaya 阿瑜陀耶、大城

B

Badaratittha 巴陀羅提他
Badara-vanavāsī 毘陀羅毘那婆斯
Bahalamassu-Tissa 多鬚帝須
Bakong、Bakheng 巴肯廟
Balthazar de Sequeira 石奎拉
Banteay Chmar 班台乍瑪寺
Banteay Srei 班台斯利神廟
Baphuon 巴普昂廟
Bassak 巴沙克
Bassein 巴森
Batavia 巴達維亞（雅加達）
Bati 巴蒂
Batticaloa 標特卡羅亞
Bayamanlai 帕雅莽來
Bayinnaung 莽應龍
Bayon 巴戎寺
Benares 貝那拉斯
Bentara 賓多羅
Bhadra 婆多利（神名），跋陀羅（地名）
Bhallika 婆利迦
Bhaṇḍuka 半荼迦
Bhātikābhaya 婆帝迦無畏王
Bhavavarman I 波婆跋摩一世
Bhavavarman II 波婆跋摩二世
Bhikkuṇī-passaya 比丘尼寺
Bhu Khau Tong 金山塔
Bhūmikiti-atula 國譽無比寺
Bhuridatjātaka《槃達龍本生》

Bhūvenaikabāhu 婆吠奈迦巴忽
Bhūvenaikabāhu I 婆吠奈迦巴忽一世
Bhūvenaikabāhu IV 婆吠奈迦巴忽四世
Binnya U 頻耶宇王
Bodawpaya 孟雲王
Bodhi 菩提（比丘）
Boromaraja 波隆摩羅闍
Boromaraja II 波隆摩羅闍二世
Boroma Trailokanātha 怛萊洛迦王
Borom Kos 波隆科斯
Botumradey 波東拉迪寺
Brahmamuni 梵牟尼
Buddhadāsa 佛使王
Buddhadāsa bhikkhu 佛使比丘
Buddhadatta 佛授
Buddhaghosa 佛陀瞿沙、佛音、覺音
Buddhaiśvarya 佛陀最勝寺
Buddha Jinarāj 清那叻銅佛
Buddhaṅ-kura 佛陀拘羅
Buddha Pāda 佛足山
Buddha's Day 佛日
Buddha Sīha 獅子金佛像
Buddha śrisarvajña 最勝遍知佛
Buddhavaṃsa 佛種（宗派）
Buddhist Publication Society 佛教出版協會
Buddhist Research and Mental Welfare Association 佛教研究與心靈福祉協會
Buddhist Sunday School 佛教星期日學校
Buddhist Theosophical Society 佛教靈智學會
Buddhist University 佛教大學
Buddhraja 佛為王者之像
Burgher 保加族（荷蘭）
Burman 緬族

C

Cakkavāḷa-dīpanī《鐵圍山燈論》
Calchi 考爾基
Candovara 旃陀婆羅
Candrabhāṇu 旃陀羅婆那
Cāradīpaka《行者明燈》
Caturaṅgabala 車都朗伽毘羅
Cetiya-Pabbata 塔山
Chai Vatnārāma 猜瓦那寺
Chaiya 猜耶
Chakraphat 節迦羅博
Chamlong Srimuang 占儂少將
Champa 占婆
Cham Pasak 占巴索、占巴塞
Chanmyay Yeiktha Meditation Center 恰密禪修中心
Chao Anou 昭阿奴王
Chao Phay Chakri 昭披耶查克里
Chapaṭa 車波多
Charles Duroiselle 杜羅塞爾
Chau Kou 蓽姑
Chavannes 沙畹
Chenla 真臘
Chilow 契魯

Chola、Coḷa 朱羅國、注輦
Chudamani 珠陀摩尼
Chulalonkorn 朱拉隆功
Chumbom-nikāyārāma 春蓬尼柯耶寺
Citrasena 質多斯那王
Citrasena Mahendra-varman 質多斯那
Citta 質多
Cittalapabbata 質多羅山
Cochin-China 交趾支那
Colomandel 科羅曼德
Colonel Henry Stell Olcott 奧爾高特
Compendium of Philosophy《哲學概要》
Cora-Nāga 鳩羅那伽王
Cuḷagaṇṭīpada《小聖典》
Cuḷahatthadīpanī《小掌燈明》
Cūḷavaṃsa《小史》
Cuḷavimalabuddhi 小淨覺
Cūma 遮摩（女王）
Curzon 庫仁

D

Dakiṇavarāma 南林寺
Dakkhiṇāgiri-vihīra 南山寺
Dambulla 丹波羅（佛窟）
Damiḷa 陀密羅族
Danok 達諾佛塔
Danta Kumāra 陀多鳩摩羅
Danta-pura 佛牙城
Dāṭhāpabhuti 達多波普帝
Dāthāvaṃsa《佛牙史》
Dāṭhopatissa II 達多波帝須二世
Davin Silva 達文西爾瓦
D. E. Smith 史密斯
Deva、Āryadava 提婆
Devānaṃpiyatissa 天愛帝須王
Devarājā 王即神
Devasāra、Tisarana 鐵薩羅（尼）
Dhamma 曇摩（沙門）
Dhamma-ācariya 法師、法規、法的規範
Dhammācāra Nikāya 法師派
Dhamma-cetiya 達磨支提王
Dhammadassī 法見
Dhammadūta-vidayālaya 佛法使者學院
Dhammadhipesa 達磨提比沙
Dhammadinna 法授
Dhamma Joti 內觀禪修中心
Dhamma-khandha 法蘊
Dhammakitti 達摩揭帝
Dhammapāla 護法
Dhamma-rakkhita 達磨勒棄多
Dhammaruci 法喜、法喜派
Dhammasaṅgaṇī《法集論》
Dhammasaṭṭha《法典》
Dhammasenāpati 法軍
Dhammayutika-nikāya 法宗派
Dhammazedi 達磨悉提
Dharanindravarman II 達朗因陀羅跋摩二世
Dharmadhātu《法界論》
Dharmmarkitti 法稱

Dharmapāla 達摩波羅（王）
Dharmaparākramabāhu 達摩波羅迦摩巴忽王
Dharmaraja College 法王學院
Dharmarājika Vihāra 法王精舍
Dhātu Luang 大舍利塔、塔鑾
Dhātusena 界軍王
Dhinanda 提難陀
Dictionary of Pali Proper Names《巴利語專有名詞辭典》
Dīghavāpi 底伽婆畢
Dīpavaṃsa《島史》、《島王統史》
Divakara（Divakarapandita）提婆迦羅
Dominicans 明道會
Dona Catherina 卡塞利那
Don Juan Dharmapāla 頓景達摩波羅
Doudart de Lagree 拉格尼
Dravidian（古印度土人）野蠻族、邊地、達羅比吒
D. S. Senanayake 森納那亞克
Duarte Fernandez 芬南德斯
Dufferin 杜弗林
Dumrong Rajanubhab 丹隆親王
Dūrasankara pariveṇa 突羅商羯羅佛學院
Dutch Reformed Faith 荷蘭改革信仰派
Duṭṭhagāmaṇi 杜多伽摩尼王
Dvāra 門、門徑
Dvāra-nikāya 達婆羅派、門徑派
Dvāravati 墮羅缽底

E

East Baray 東池
Eastern Mebon 東彌朋
Ekaṅsika 偏袒派
Ekathotsarot 厄迦陀沙律
Eksath Bhikkhu Peramuna 比丘統一會議
Eḷāra 伊拉羅
Emerald Buddha Temple 玉佛寺
Eyyadhamma 伊耶達磨

F

Falk 福克
Fa Ngoun 法昂王
Feriya Souza 費利耶穌塞
Firancis Garnier 格尼爾
Funan 扶南
Furtado 伏塔都

G

Gāla-vihāra 伽羅寺
Gāligat 伽梨伽國
Galle 加耳
Gallizia 伽利齊亞（主教）
Gaspar da Cruz 克魯斯
Gawdaw-palin 伽陀波陵塔寺
General Council of Buddhism Associations 緬甸佛教團體總會
Ganthā-bharaṇa《聖典資具》
German Dharmaduta Society 德國佛法使者協會

J

Jaina 耆那教
Jaiya闍耶
Jamabudhaja 闍摩菩陀闍
Jambukolaṭṭana 瞻部拘羅吒那
Janakabhivamsa Sayadaw 傑拿克法師
Jātakavisodhana《本生淨化》
Jayamaṅgala 勝利吉祥（塔）
Jayarajadevi 闍耶羅闍提鞞
Jayavarman 闍耶跋摩
Jayavarman Ⅱ 闍耶跋摩二世
Jayavarman Ⅲ 闍耶跋摩三世
Jayavarman Ⅶ 闍耶跋摩七世
Jayavira Bandara 舍耶維羅般陀羅
J. B. Fradd 佛拉德
Jean Marie Leria 黎利亞
Jedavana Pagoda 祇園寺塔
Jesuits 耶穌會
Jetavana-nikāya 祇園寺派
Jeṭṭha-Tissa I 逝多帝須一世
Jeṭṭha-Tissa Ⅱ 逝多帝須二世
Jhandasāratthavikāsinī《廣義明偈》
Jinakāla-mālinī《勝者時鬘論》
Judson 賈生

K

Kaccāyanabheda《迦旃延文法論》
Kaccāyana-sāra《迦旃延文法要略》
Kadamba 迦坦婆
kala 迦羅
Kālī 凶惡女神伽梨
Kaliṅga 迦陵伽
Kalyāṇa 迦耶那
Kalyāṇā-cetiya 迦耶那塔
Kalyāṇāvihāra 迦耶那寺、莊嚴寺
Kalyāṇī 迦耶尼
Kalyāṇīsīmā《莊嚴結界》、《迦梨耶尼結界》
Kambe 坎貝村
Kambuja（Cambodia）柬埔寨
Kambujanikāya 柬埔寨派
Kampan 甘攀山
Kandian Perahera 康提遊行盛會
Kanduboda Meditation Center 肯杜玻達禪定中心
Kandy 康提
Kaṇirajānu-Tissa 迦尼羅闍奴帝須
Kaṇṭakakhipa 乾多迦乞波
Kapila 迦毘羅
Kapilapura 迦苾拉城
Karalaidde Bandara 迦羅來德般陀羅
Karan 克倫族
Kārika《論作者》
Kāsi 迦尸國
Kassapa I 迦葉一世
Kassapa Ⅱ 迦葉二世
Kassapa V 迦葉五世
Kataragāma 迦多羅伽摩
Kauṇḍinya 憍陳如
Kaveri 迦吠利（河）

M

Māgha 摩伽王
Māghāta 禁殺、禁屠
Maha Bodhi Society 摩訶菩提協會
Maha Bodhi Society of India（MBS of India）印度摩訶菩提協會
Mahābodhivaṃsa 《大菩提樹史》
Maha Bodhi Vidayālaya 摩訶菩提學院
Maha Chodok Yanasithi 摩訶求度耶那希提
Mahācūlika Mahātissa 摩訶鳩利迦大帝須王
Mahadam-mayaza Dipati 狄波帝
Mahādāṭhika-Mahānāga 大鬚大龍王
Mahādevalaṇkā 摩訶提婆楞伽
Mahādhammakathi 摩訶達磨迦提
Mahādhātu Rājavidyalaya 大舍利寺學院
Mahajana Eksath Peramuna 大眾統一黨
Mahājāti《大本生詞》
Maha Kham Phan Vilachit 摩訶坎潘維拉吉
Maha Kham Than Tipprboury 摩訶坎丹提帕里
Mahamakut Rājavidyalaya 皇冕學院
Mahāmani 摩訶牟尼佛塔
Mahāmayamunī 摩訶摩耶牟尼
Mahāmeghavana-udayāna 大雲林園
Maha Mongkut 摩訶蒙骨
Mahānāga 摩訶那伽
Mahānāma 大名（王），大名（比丘）
Mahanga 摩辛伽
Mahānikāya 大宗派
Maha Pal Anantho 摩訶波爾阿難陀
Mahāpāsamanta 摩訶波沙曼多
Mahāsādhujana 大善勝
Mahasami 瑪哈沙密（僧人）
Mahāsāmi 摩訶沙密（比丘）
Mahāsāmī 大主（宗派）
Maha-sarakhram 嗎哈沙拉堪
Mahāsena 摩訶斯那王
Mahāsatipatthāna-suttanta《大念住經》
Mahasi 馬哈希寺
Maha Sila Viravong 摩訶尸羅維拉馮
Mahasi Meditation Centre 馬哈希禪修中心
Mahasi Sayadaw 馬哈希長老
Mahāthūpa 大塔
Mahātissa 大帝須
Mahātittha 摩訶提達
Mahā-ummagga-jātaka〈大隧道本生故事〉
Mahāvaṃsa《大史》、《大王統史》
Mahā-veligaṅga R. 大吠利河
Mahāvijitāvī 大勝者
Mahāvihāra 大寺
Mahāvikramabahu 摩訶毘羯摩婆訶
Mahāvimalabuddhi 大淨覺
Mahāvisuddhācariya 大淨阿闍梨
Mahendra-parvata 摩醯因陀羅山
Mahendravarman 摩醯因陀羅跋摩

Moggallāna Ⅲ 目犍連三世
Mogok Sayadaw 莫哥法師
Mogok Meditation Centre 莫哥禪修中心
Mohnyin Monastery 莫因寺
Mohnyin Sayadaw 莫因法師
Mon-Khmer 孟吉蔑、孟吉蔑語
Mon、Rāmañña 孟族、孟人
Motte Lawbert 摩特勞勃（主教）
Moulmein 毛淡棉
Muang Kaa 孟皆
Mūlakaccāyanayojanā《根本迦旃延文法述記》
Muṇḍa 文荼族、文荼語
Munindaghosa 牟尼陀瞿沙
Muong Swa 猛騷
Myazedi《彌塞提碑》
Myingyan 敏建

N

Nāga 那伽，龍、蛇、象
Nāgadīpa 龍島
Nāgapaṭṭana 那伽波多那（寺）
Nakhon Pathom 佛統
Nāgārjuna-nikonda 龍樹山
Nāgasena 那伽仙
Nakhon Phanon 洛坤拍農
Nakhon Si Thammarat 洛坤
Nakon Pan 洛坤攀
Nakuan Shan 那坤暹
Ñāṇā 正智
Ñāṇābhisasa-nadhajaṃ 若那毘沙陀闍
Ñāṇābhivaṃ-sadhammasenāpati 智勝種法軍
Ñāṇakitti 智稱
Ñāṇalaṇkāra-sumana 智善心
Ñāṇasiddhi 智成就
Ñāṇatissa 正智帝須
Ñāṇavara 智願
Nandabayin 難陀巴因
Nandamāla 難陀摩羅
Nandamannya 難陀摩若寺
Nandopananda-sutta《難陀優波難陀（龍王）經詞》
Nang Keolot 娘喬樂
Ñāṇodaya《上智論》
Nārada 那羅陀
Narai 那萊王
Narapati 那羅波提王
Narapatisithu 那羅波帝悉都
Narathihapate 那羅梯訶波帝
Naresuen 納理遜
Nat 納特
Nātha 土地神那特
Navanagara 新城
Nayakar 那耶卡族人
Neak Pean 那伽般寺、幡龍寺
Nendabanya 年達班雅
Netti-ṭikā《導論疏》
Ne Wan 尼溫
Ngaungu Sawrahan 修羅漢王

Nhui Aphay 胡阿帕伊
Nigaṇṭha 尼乾陀
Nikāya-saṅgraha《部派集論》
Nikāya-vinaya-vaddhana 戒律進步派
Nokeo Koumane 諾喬柯曼
Nok Iang 洛央
Nokon In 那空膺
Norodom 諾羅敦王
Nyanaponika Mahāthera 向智長老
Nyāsa《註釋》、《提示》、《導引》
Nyaungyan Sayadaw 尼雅長老

O

Okpo Sayadaw 奧波法師
Olcott College 奧爾高特學院
Old Prome 舊勃朗

P

Pabbājaniya-kamma 擯出罪
Padhānaghara pariveṇa 波陀那迦羅佛學院
Pagan 蒲甘
Pāli 巴利語、巴利文
Paṃsukūla Nikāya 糞掃衣派
Paṃsukūlika 糞掃衣者
Panadura 巴那都羅
Pañcatantra《五篇》
Paṇḍita 哲士
Panditarama Sasana Yeiktha 班迪達禪修中心
Paṇḍitavibhāga 哲士等級
Paṇḍukābhaya 半荼迦婆耶王
Pāṇḍya 般底耶國
Pāṇḍu 槃荼族
Paññājotābhidhaja 般若殊多毘陀闍
Paññāloka 智光
Paññāsāmi 般若薩彌
Panthagu 班達古（國師）
Parākramabāhu I 波羅迦摩巴忽一世
Parākramabāhu II 波羅迦摩巴忽二世
Parākramabāhu III 波羅迦摩巴忽三世
Parākramabāhu VI 波羅迦摩巴忽六世
Parākramabāhu VIII 波羅迦摩巴忽八世
Paramadharmacetiya-pariveṇa 勝法塔學院
Paramārtha 波羅末陀、真諦
Paramatthabindu《二諦滴論》
Paramatthadīpanī《勝義燈論》
Paramatthamañjūsā《勝義筐》
Paramidipani—Manual of Perfections《成就者手冊》
Parimaṇḍala 遮蔽身體
Parameśvara 最高的君王
Paritta《守護經》
Parāyanavuthu《所趣處因緣》
Parittaṭṭha-kathā《護經義解》
Pariveṇa 佛學院、佛教學校
Pariveṇa Teachers' Training College 教師養成學院
Pārupana 披覆派
Pasak R. 巴塞河

Pāsamanārāma 波沙曼寺
Pāsāṅsa 波僧沙
Patānī 貞操神帕蒂尼
Patañjali 巴丹闍梨語典
Paṭhama-cetiya 佛統塔
Path of Purity《清淨道論》
Pātimokhavisodhanī《戒本明解》
Paṭṭhānagaṇānaya《發趣論註》
Payao 拍堯
Paya-thonzu 都朱寺
Payathonzu 波耶頓茲寺
Pegu 庇古、白古
P. G. Mundyne Tipitaka Press 蒙提尼三藏印務處
Phai Nam 斐南（今永珍）
Phanomrunk 拍隆藍石宮
Phan Phan 盤盤
Phimeanakas 非米阿納卡神殿
Phnom 山
Phnom Kulen 古連山
Phothisarath 福提沙拉
Phrabang 勃拉邦
Phra、Prah 孛賴
Phra Bhavana-viriyakuhn 定精進法師
Phrajairaja 帕猜羅闍
Phra Kittiwuttho 吉滴烏篤
Phra Maha Montri 帕摩訶蒙特里
Phra Monkolthepmuni 蒙坤貼牟尼
Phra Phimontham 披莫丹
Phra Nang Klao 帕難高
Phra Phothirak 覺護比丘
Phra Sudharmayanathera 正法乘
Phra Thepwedhi 了天法師
Phraya Sam Sene Thai 三十萬泰人的領袖
Phu Khao Tong 金山塔
Phya Dhamma Prija 披耶達磨巴里差
Phya Taksin 鄭信
Pindale 平達力
Ping R. 濱河
Pinya 邦芽
Poḷonnaruva 波羅那魯瓦
Pol Pot 波爾布特
Polynesian 波尼西亞族
Pong Tuk 邦德
Ponha Yat 龐哈耶特
Popa Hill 波巴山
Poya Day 波耶日、齋戒日
Pranpuri 盤盤
Pra Phetraja 帕碧陀羅闍
Prasat Andet 巴塞安德
Prassat Tong 巴薩通
Preah Chuon Nath 章納法師
Preah Huot Tat 胡達法師
Preah Khan 普拉坎寺
Preah Khieu Chum 喬摩法師
Preah Ko 普利科廟
Preah Pang Khart 潘卡法師
Preah Sihanur Raja（Buddhist University）西哈努克佛教大學
Prei Kmeng 波利敏式

Presby-terian 長老會教派
Prof. Maung Tin 蒙廷教授
Prome 卑謬、勃朗
Pubbārāma 東林寺
Pūjā-valiya《供養史》
Puṇṇovāda《富樓那所教經詩》
Pupphārāma 花園寺
Purāṇaṭikāvuttoya《古疏說》
Pushkaraksha 普希迦羅沙
Putalam 普塔林
Pyinbya 頻耶（王）
Pyu 驃族

R

Rāhura 羅睺羅
Raicambandāra 羅康般陀羅
Raiygama 羅伽摩
Rājarāja I 羅闍一世
Rājasiṅha 王獅子
Rājasiṅha I 王獅子一世
Rājasaṅha II 王獅子二世
Rajathani 拉差他尼鎮
Rājendravarman 羅闍因陀羅跋摩
Rakkaṅga 羅迦伽
Rama I 拉瑪一世
Rama II 拉瑪二世
Rama III 拉瑪三世
Rama IV 拉瑪四世
Rama V 拉瑪五世
Rama VI 拉瑪六世
Rama VII 拉瑪七世
Rama VIII 拉瑪八世
Rama IX 拉瑪九世
Ramadhipati 拉瑪鐵波底
Ramadhipati II 拉瑪鐵波底二世
Ramakian《拉瑪堅》
Rāman 羅摩
Rāmañña-nikāya 孟族派
Rāmaññadesa 羅摩那提沙
Rāmāyaṇa《羅摩衍那》
Ratmalana Dharmāloka 法光
Ratnagiri I. 拉德乃奇黎島
Ratana-sutta《寶經》
Ratnapura 羅多那城
Rayong 羅勇
Razadarit 羅娑陀利王
Religion and Politics in Burma, 1965《緬甸的宗教與政治》
Retan 離多
Revata 離婆多
Ridi Vihāra 利提寺
Robert Brownrigg 布朗里
Rohaṇa 羅訶那
Roluos 羅盧奧斯
Roman Dutch Laws 羅馬荷蘭法律
Rudravarman 留陁跋摩
Ruvaṇṇaālī 金鬘塔

S

Saddabindu《聲明點滴》

Saddaniti《聲則論》
Saddasārattha-jālinī《聲韻精義》
Saddattha-bhedacintā《音義分析》
Saddatthabheda-cintā《聲義分別》
Saddavutti《聲形論》
Saddhamma-cāra 妙法行
Saddhammaguru 正法師
Saddhammakitti 妙法稱
Saddhammañāṇa 妙法智
Saddhamma-nikāya 善法派
Saddhammaransi Meditation Centre 沙達馬然希禪修中心
Saddhamma-siri 妙法吉祥
Saddhā-Tissa 沙陀帝須王
Sagaing 實皆
Sāgala 沙竭羅派
Saiburi 柿武里
Sai Tiakaphat 沙提迦拍王
Silāmeghavaṇṇa 尸羅彌伽梵那王
Salilakīḷita 戲水節
Sāmaṇeranikāyasīlavatta 沙彌戒行團
Samatara 三摩呾吒
Samati 沙摩底
Sambala 三婆樓
Sambor Prey Kuk 三波比利古
Saṃkrānti 僧迦羅底
Sāmorin 沙摩林人
Saṃvarajātaka《防護童子本生》
Samudragupta 娑摩陀羅笈多王
Sañci 山奇（佛塔）
Saṅghamitra 僧友
Saṅgha-mittā 僧伽密多
Saṅghapāla 僧護（長老），僧伽婆羅
Saṅgharāja 僧王
Sanghasabhaū 僧伽會
Saṅgha-varman 僧鎧
Saṅkhepavaṇṇanā（阿毗達摩）簡釋
Saṅkhyapakāsakṭīkā《法數疏》
Sankili 三基立
Saññī-vāda 有想論
Santāna 桑多那
Saraṇaṅkara 薩羅難迦羅
Sa Roi 沙萊湖
Sārthavāha 薩薄、商隊主
Sāsanavaṃsa《教史》
Sasserruva 沙希魯婆
Sāvali 尸婆利
Sawan 沙旺洞
Sawlu 修羅
Saterm 沙塘
Seikkhun 實肯
Sena I 斯那一世
Sena II 斯那王二世
Sethathirath 塞塔提臘
Shambhu-pura 三波城
Shan 撣族
Shin Arahan 阿羅漢、信阿羅漢
Shinsawbu 信修浮（女王）
Shwebo 稅布
Shwedagon Pagoda 瑞德宮佛塔（大金塔）

Shwegyin 瑞景村
Shwekugyi 瑞古佳（塔）
Shwemawdaw 瑞摩陶佛塔
Siam 暹羅
Siam School 暹羅宗
Sidatsaṅgraha 僧伽羅語文法
Sīgiriya 悉耆利耶山
Sihaḷamahā-sāmī 信哈羅摩訶薩彌
Sīhasura 尸訶須羅王
Silākāla 尸羅迦羅
Sīlavaṃsa 戒種
Sīlavatta 戒行團
Silver Pagoda 銀閣
Sīmālaṅkāra《戒壇莊嚴》
Sīmāvicāraṇa《戒壇抉擇論》
Siṃhaḷanikāya 僧伽羅宗
Siṅhala 師子、執師子，僧伽羅族
Siṅhaladvīpa 獅子島
Siṅhalajāti-samāgama 錫蘭人學會
Singu Min 欽拘明
Sirimaṅgala 妙吉祥
Siri-Meghavaṇṇa 吉祥雲色王
Sirisaddhammālaṅkāra 室利薩達磨楞伽羅
Sisovath 西索瓦王
Sitāwaka 悉多瓦迦
Sittang R. 西湯河
Śiva 濕婆
Skanda 戰神塞康陀
S. N. Goenka 葛印卡
Sokka-te 須迦帝
Soma 蘇摩
Soṇa 須那（比丘），須那（大臣）
Songtham 頌曇
Souka Seom 詔迦殊
Souligna Vongsa 蘇里亞旺薩王
Souvang 素旺
Śri Ārāma 室利寺
Śrīdeva-mitra 吉祥天友
Śri Intaratiya 室利因陀羅提耶
Śrindravarman 室利因陀羅、室利因陀羅跋摩
Śriksetra 室利差呾羅國
Śri Laṅkā 斯里蘭卡、師利楞伽
Śri Mara 室利摩羅
Sripāda 聖足山
Śri-rāhula 室利羅睺羅
Śrisarvajña 最勝遍知寺
Srivijaya 佛逝
Śri Vijaya Rāja-siṅgha 室利毘舍耶王獅子
Śri Vikrama Rāja Siṅgha 維迦摩王獅子
Stung Sen 斯頓仙
Subandha 須般陀
Sudaungpyi 須丹辟寺
Sulak Sivaraksa 素拉司瓦拉差
Sumaṇa 須摩那
Sumanakūṭa 須摩那峰
Sudhamma-purī 善法城
Sugyi 蘇紀
Sukhothai 素可泰
Sulamani 修羅摩尼塔寺

Sumedha-kathā《善慧論》
Sunanta 須難多
Sunettādevī pariveṇa 須奈多提婆寺
Sunlun Meditation Centre 孫倫禪修中心
Surāja-maggadīpanī《善王之道》
Suriyakoda 蘇利耶拘陀
Suryavarman I 蘇利耶跋摩一世
Suttaniddesa《經義釋》
Suvaṇṇapabbata 蘇槃那山、金山
Suvaṇṇasobhaṇa 須婆那蘇拔那
Suvaṇṇabhūmi 金地
Suvarṇadvīpa 金洲、金地、蘇門答臘
S. W. R. D. Bandaranayaka 班達拉奈耶克
Syāma-vaṃsa （Siam School）暹羅宗

T

Tabhau 達拋山洞
Tabinshwehti 德彬瑞蒂
Tagaung 德貢
Tāla 多羅菩薩
Talaing 得楞族
Tāmalinda 多摩陵陀
Tamasala 塔瑪沙拉
Tambapaṇṇīya 銅鍱部
Tambapaṇṇi-dvīpa 紅掌島
Tamil United Front 泰米爾聯合解放陣線
Ta-mo-kiu-ti 達摩瞿諦（高僧）
Tanbralinga 單馬令
Taninganwe 多尼犍毘
Tapassin 苦行者
Ta Prohm 塔普羅寺、塔普羅式
Tapussa 多婆富沙
Tāranātha 多羅那塔
Taungbalu 東巴奴
Taunggwin 坦溫
Taungpulu Monastery 唐卜陸寺
Taungpulu Sayadaw 唐卜陸法師
Thado-minbya 達多明波耶
Thagyamin 天帝
Thai 泰族
Thaimmikarat 泰美迦羅王
Thalun 他隆王
Thammaraja Luthai 立泰王
Thaton 直通
Thatpinnyu 他冰瑜寺
The Buddha Sasana Council 佛教評議會
The Buddhist《佛教徒》
The Dutch East India Company 荷蘭東印度公司
The Maha Bodhi《摩訶菩提》
The Marble Temple 大理石寺
The Pali Literature of Ceylon《錫蘭巴利文學》
Theravāda 上座部
Thibaw 施泊
Thihathu 梯訶都
Thohanbwa 思洪發
Thonburi 吞武里
Three Pagodas Pass 三塔徑
Thudhamma Gaing 哆達磨派

V

Vabalianmg 紅林寺
Vabayobo 蓮花塘寺
Vācavācaka《語聲論》
Vazhangjiao 寶象寺
Vedana 受、感受
Vaitulyvāda 方廣部
Vajirañāṇa 金剛智
Vājiriyavāda 金剛部
Vajjiputtaka 犢子部
Vajraparvata 金剛山派
Vajra-yāna 金剛乘
Valivita 瓦利維達村
Vanarat 溫那叻（僧王）
Varañāṅa-muni 聖智牟尼
Varāsaṅghanātha 毘羅僧伽那塔
Varman 跋摩
Vasabha 毘娑婆王
Vasunlo 花園寺
Vaṭṭagāmaṇi 伐多加摩尼王
Veal Kantel 維爾坎特碑
Vedisa 卑提寫村
Velitera 吠利德羅
Veḷuvihāra 竹林精舍
Ven Dr. K Sri Dhammananda 達磨難陀長老
Vepulla 毘波羅
Vessagiri-vihāra 吠舍山寺
Vessantara-jātaka〈毘輪安多羅本生故事〉
Vessantara-jātaka-dīpanī《毘輪安多羅本生燈論》
Vibhajjavāda 分別說部
Vicanatthajoti《語義光明》
Vidayā-layalaṅkāpariveṇa 智嚴學院
Vidyodayapariveṇa 智增學院
Vijaya 維舍耶
Vijayabāhu I 維舍耶巴忽一世
Vijayabāhu II 維舍耶巴忽二世
Vijayabāhu III 維舍耶巴忽三世
Vijayabāhu IV 維舍耶巴忽四世
Vijaya-bāhu VI 維舍耶巴忽六世
Vijayarāja-pura 勝利王城
Vikramabāhu I 維迦摩巴忽一世
Vimala-dhamma 淨法
Vimala-dharmasuriya I 維摩羅達摩蘇利耶一世
Vimala-dharmasuriya II 維摩羅達摩蘇利耶二世
Vimalasuriya 維摩羅蘇利耶
Vinayayojanā《戒律述記》
Vinayamuṭṭādīpanī《律興起解釋》
Virāṅkuravihāra 維朗俱羅寺
Viraparakrama-narenadrasingha 那奈陀信哈
Viravarman 毘羅跋摩
Visākha Day 衛塞日、佛誕節
Viṣṇu 毘濕奴
Visoun 維蘇王
Vissāsa 毘沙沙

Vittoni 維多尼
Vocanch 福康村
Vohārikatissa 弗訶利迦帝須王
Vyādhapura 毘耶馱補羅

W

Walanesiddhartha 瓦拉悉達多
Walpola Rahula 羅睺羅
Walter Wijewaradana 維哲瓦拉達那
Wareru 華列魯
Wareru Dhammathat《華列魯法典》
Wat Arun 黎明寺
Wat Banglong 邦廊寺
Wat Bovoranives 母旺尼域寺
Wat Buddha Padīpa 佛光寺
Wat Cheng 鄭王寺
Wat Chiengman 清曼寺
Wat Culāmaṇī 朱拉摩尼寺
Wat Dhammakāya 法身寺
Wat Jayamangala 勝利吉祥寺
Wat Kosavat 哥薩瓦寺
Wat Mahādhātu 大舍利寺
Wat Mongkut 皇冕寺
Wat Manorom 摩那蘭寺
Wat Ong Teu 翁德寺
Wat Pah Ban That 帕邦塔寺
Wat Pākao 巴考寺
Wat Patun 巴通溫寺
Wat Phimai 披邁寺
Wat Phra Keo 玉佛寺
Wat Phra That Lampang Luang 南邦大舍利寺
Wat Phrasri-ratnamahādhātu 大舍利寺
Wat Preah Keo Morokat 帕胶莫洛卡寺
Wat Rajaphradis 叻帕提寺
Wat Rajpobidh 叻母匹寺
Wat Rakhang 勒康寺
Wat Saket 沙凱寺
Wat Sam-vihāra 三毘訶羅寺
Wat Si Saket 室沙吉寺
Wat śrimahādhātu 吉祥大舍利寺
Wat Suandok 花園寺
Wat Suan Moke 解脫自在園
Wat Sudassana 善見寺
Wat Sukontawas 世康塔瓦斯寺
Wat Tepsriudravas 貼素燐寺
Wat Thai Buddhagaya 佛陀伽耶泰寺
Wat Tow Kote 托國寺
Wat Vanchai 旺猜寺
Wat Varajeṣṭhārāma 婆羅車多伽藍
Wat Visoun 維蘇寺
Wat Xieng Thong 香通寺
Western Baray 西池
Western Missionary 西方教會
West Mebon 西彌朋
William Wilberforce 韋勃福斯
World Buddhism《世界佛教》
World Fellowship of Buddhists 世界佛教徒聯誼會

X

Xieng Dong Xieng Tong 川東川通國

Y

Yajñavarāha 耶若婆羅訶

Yanakapila 雅那卡皮拉（長老）

Yapahuwa 耶波訶伐

Yasama-nisula 耶舍摩尼須羅塔

Yasava-ḍḍhana-vatthu《譽增論》

Yasodharapura 耶所達羅城

Yasovarman 耶所跋摩

Yavadvīpa 爪哇島

Ye-Ba 衣巴（王）

Yingdabanyo 應達班約

Young Men's Buddhist Association 青年佛教會

Z

Zabu Meet Swe Press 札布密特瑞印經處

Z. Aung 恩格

智慧人 22

南傳佛教史

History of Theravada Buddhism

著者	淨海法師
出版	法鼓文化
總監	釋果賢
總編輯	陳重光
編輯	李金瑛
封面設計	化外設計
地址	臺北市北投區公館路186號5樓
電話	(02)2893-4646
傳真	(02)2896-0731
網址	http://www.ddc.com.tw
E-mail	market@ddc.com.tw
讀者服務專線	(02)2896-1600
初版一刷	2014年12月
初版三刷	2023年10月
建議售價	新臺幣880元
郵撥帳號	50013371
戶名	財團法人法鼓山文教基金會一法鼓文化
北美經銷處	紐約東初禪寺 Chan Meditation Center (New York, USA) Tel: (718)592-6593 E-mail:chancenter@gmail.com

法鼓文化

國家圖書館出版品預行編目資料

南傳佛教史 / 淨海法師著. -- 初版. -- 臺北市：法鼓文化, 2014.12
面； 公分
ISBN 978-957-598-654-4（平裝）

1.佛教史 2.東南亞

228.38 103019466